# 正倉院文書事項索引

関根真隆編

吉川弘文館 刊行

# 序文

本書は、恩師石田茂作先生より与えられたテーマによるものである。先生は仏教考古学者として著名であるが、それとは別に正倉院宝物調査にも深くかかわられた。大正末年、時の帝室博物館総長大島義脩博士より正倉院御物の調査を命ぜられ、以来、毎年秋の曝涼期間中、奈良に滞在され、北倉から順次調査に当られ、それは先の敗戦後、三、四年頃まで続いたようである。その間の調書は今日でも用いられているが、それをもとに『正倉院御物図録』全十八冊（昭和三年～同三十年）を刊行され、今日の調査研究の基礎を築かれた。その図版のレイアウトといい、その簡にして要を得た解説といい、後人の及ぶところではない。

先生の持論は、〝もの〟と文献の両輪であった。正倉院宝物の研究に、それと同時代の正倉院文書の整理が必要と考えておられ、本書の出発点もそこにあったわけであるが、本書はそれのみならず広く奈良朝文化研究に、いささか裨益するであろうことを確心するものである。

さて、本書は凡例にも記したが、『大日本古文書』（編年之部）（第一巻・明治三十四年〔一九〇一〕～第二十五巻・昭和十五年〔一九四〇〕、東京大学史料編纂所編）、約一万五千頁弱のなかにみる物名語、その他事項の索引である。なかには法隆寺、大安寺各伽藍縁起并流記資財帳、阿弥陁院宝物目録、あるいは奈良朝写経願文なども収めるが、その大部分は正倉院校倉に伝来した正倉院文書であるので、書名は『正倉院文書事項索引』とした。文書の年代は凡そ大宝二年（七〇二）から宝亀十一年（七八〇）である。

ところで正倉院文書の最大の価値は周知のとおり、今より千二、三百年前の人々が、それも不特定多数が、それぞれの目的で筆をとって書いたナマの記録が今日に伝えられた所にある。したがって本書に収録する語は、その奈良朝びとが書いた文中からそのまま拾い集めた、奈良時代に確実に存在した語であることを強調しておきたい。奈良時代のものとして、『記紀』『万葉集』『風土記』があることは又周知であるが、ただこれらは写本として現在にあるわけで、その純粋性は正倉院文書には及ばない。

近時のマスコミ流の土器の墨痕を文字と看做し、文字受容の上限を云々する論法を借りれば、本書に集めた語は確実に奈良時代まで遡及するということである。性格は異なるが、わが国最古の分類体辞書『倭名類聚鈔』が承平年間であるなら、本書はそれを約二百年さかのぼる分類体語彙編と称させてもらってよかろう。

そして右にもふれたが、大事な点は、これら物名語に対応する多くの正倉院宝物が存在することである。本書はそれらの対比が主目的ではないが、その対応する多少のことは、各項の後に略記し、近年刊行の『正倉院宝物』全十冊（毎日新聞社、平成六年〜同九年）の図版頁を示して文献の実態をある程度認識してもらえるよういささか意を用いた。

その一例として、『倭名類聚鈔』が「杉」について、「音衫一音繊和名須木見日本紀私記今案俗用椙字非也」（巻二十）とするが、『国家珍宝帳』にみる鏡の箱の記録に「椙」とあり、伝存するその箱材は植物学的にも正しく今日のスギ材に相当するということで、文献と実例の対応する例が、いかに貴重かということを示してくれる。源順は何を根拠に右説を記したのであろうか。

次に、本書で意を用いたのは異体字の問題である。これは原稿整理の最終段階で繰返し『大日本古文書』と照合、点検している内に、原稿の字体が適当に略字・正字体になっていることに躊躇いをもった。最終段階でいささか泥縄式になったが、それで基本的には『大日本古文書』が用いるものにという方針にした。右書編者は、奈良時代の墨筆での字体をなるべく活字で表現するべく努力している。その第一巻巻末に「異字一覧」としての文中一節に「當時慣用ノ文字ハ、務メテ其舊ニ依リタルガ故ニ、新ニ活字ヲ製セシモノ極メテ多シ」と記す。この異字の新、改鋳のことは巻五までで、以下そのことにふれないのは、その辺を境に諸般の事情あって編集姿勢に変化が生じたのだろう。いずれにしろその労を多としたい。ただどれだけ正確に字体を採録し得たかといえば、折々挿入の写真図版と比べてもわかるように、物理的にも完全は期し難かったようである。

例えば「青」は多く「靑」とするが、偶々、写真版が挿入される「靑班」(④一七九)は写真版では「青班」である。また他の写真版を通覧すると「経」「経」が「經」に統一されたり、また活字では「明櫝」が、『正倉院古文書影印集成』(八木書店)にみると「明櫝」であったりする。「明」は「法隆寺金堂釈迦像光背銘」中にもみる字体である。かような点もあるが、本書ではつとめて『大日本古文書』が示すものをとることに努力した。

それは、異体字はそれなりに留意すべきであると思うからである。

例えば『大日本古文書』が糸を「絲」「絲」とする例を、天平六年出雲国計会帳、同年尾張国、同九年但馬国、同十年周防国各正税帳にみる。これを念のため、先掲、影印集成本で確認すると、出雲国帳(正集三十)の「緋絲」(①五八九)は「」、同「養絲」(①五九八)は「」、尾張帳(正集十五)の「紫絲」(①六一〇)は「」、同「絲」(①六一二・六一三)は「」「」、但馬帳(正集二十九)の「絲」(②五八)は「」、

同「絲」(②五九)は「絲」、周防帳(正集三十六)の「絲」(②一四〇)は「絲」とみる。これら諸例共通の点は、共に地方上申の公文で、年代的に、文書中では古い方に属することで、なおいえば地域的には広範囲ということだろう。要は公文では「糸」でなく、「絲(絲)」を用いたのだろう。あるいはキヌ糸の意かもしれない。そしてこの字体の数少ない今一例は天平十九年の『法隆寺資財帳』(②六一二)である。現在のものは江戸期の写本で、『大日本古文書』収載の底本は未見だが、この字体であるとすれば、右諸例からみて、それは奈良時代の記録をかなり忠実に筆写したように感じられる。同年『大安寺資財帳』(①六三六)には「交易絲」とみえ、新訂増補国史大系本『続日本紀』が「絲」とするのは、これらの流れであろう。

またごくありふれた例、「稲」でいえば、天平年間の諸国の正税帳その他にいくつかの字体をみる。これはかつて、『正倉院古文書影印集成』の解説原稿執筆のため原本調査をしていた時に興味をもって眺めていたことであったが、いま影印集成本でその例を拾えば、折々の担当筆者の書癖もあろうが、

(一)稲　(二)稲　(三)稲　(四)稲(稲)　(五)稲

などである。これを各地の出土木簡の図版での管見例では、神奈川県宮久保遺跡(『木簡研究』第六号六〇頁、一九八四年)、埼玉県小敷田遺跡(同上、第七号図版五、一九八五年)、滋賀県西河原森ノ内遺跡(同上、第八号図版三、一九八六年)、長屋王家木簡(『平城宮発掘調査出土木簡概報』第二一号図版三、一九八九年)、大阪難波宮跡遺跡(『木簡研究』第二二号図版一、二〇〇〇年)が右掲の(一)類である。また大阪府柏原市安堂遺跡(『木簡研究』第九号図版六、一九八七年)、兵庫県市辺遺跡(同上、第二二号七四頁)等は(三)類であろう。画数が多く、書き順もからみ、ポピュラーな語は変化し易いのかもしれない。どの字体が古例なのか、地域的な問題もあるのか。因みに新訂増補国史大系本『続日本

紀』が「稲」とするのは㈣の系統といえる。

『日本書紀』天武天皇十一年三月にみる「新字一部四十四巻を造らしむ」は、中国の皇帝が漢字の統一をはかったり、独特の字をつくったりしたのに一脈通じるが、この時、イネの字体はどのようなものであったろうか。右掲の例はそれ以後にまた多様化したのだろうか。

いま一例として、「阿弥（彌）陀仏」をとりあげてみよう。今日の辞書類では上記であるが、『大日本古文書』の例を拾うと「阿弥陁仏」である。これを木本好信氏編『奈良朝典籍所載仏書解説索引』にみると、見出しは「阿弥陀経」とされるが、『大日本古文書』は殆んどが「阿弥陁経」で、ごく少例が「陀」である。とすれば当時の大勢は「阿弥陁」でなければなるまい。これは既刊の影印集成本を通覧しても凡それで良い。

これを金石文にみると、大阪府河内長野市、観心寺の戊午年阿彌陀如来像の光背銘は「彌陁佛像」とあり、戊午年は斉明天皇四年か（『造像銘記』、考古学会、大正十五年）という。また奈良県明日香村の川原寺裏山出土塼仏如来三尊像片裏面刻名に「阿弥他」とある（光森正士『阿弥陀如来像』〔『日本の美術』二四一号〕、昭和六十一年）。これは或いは「陁」かもしれない。これは偶々、先般龍谷大学図書館特別展で展示された天宝十三載（七五四）の『無量寿観経讃述』の文中に「阿弥陁佛」が散見された。「陀」でも「陁」でもよいではないかといわれるかもしれないが、そうであろうか。国史大系本『続日本紀』に、「阿弥陁浄土畫像」（天平宝字四年七月癸丑条）、「阿弥陀浄土院」「阿弥陀丈六像」（同五年六月庚申条）、「阿弥陀佛」（同年同月辛酉条）などとみるが、右述の例に照していえば、なかでも宝字四年条の「阿弥陁」とする例が、『続日本紀』編纂時の原史料の香りをよくとどめたものといえよう。

異体字の二、三の例をとりあげたが、これらを常用漢字で通り一遍にしたのでは浮かび上らない問題であろう。

要は本書のような史料的なものは、できる限りその字体であるのが望ましく、それが『大日本古文書』が示す異字の例をつとめてとりあげた理由である。ただ先記のようにどこまで原文書通りかという懸念は残るし、又物理的に完全とはいかないが、つとめて努力をしてみると、本書はそれらしい雰囲気が出たのではないかと思っている。

以上、何分にも多岐、多例で一人の目では行き届かない点、見落し、拾い方の不備、加えて数字に弱い私のことで、巻・頁数の勘違い等々、多々問題点が出ることと思うが大方のご教示が頂ければ幸いである。

最後に、奈良時代の人々が直接筆をとって書いた語句から構成した本書を通覧していただいて、奈良朝文化のいかなるかを感じとってもらえれば本書の目的は達せられたと思っている。

本書をつつしんで恩師 故石田茂作先生に献呈したい。

# 目次

序文
凡例
一　織物・糸綿・服飾……一
(一)布・絁・帛・絹……一
(二)錦・綾・紗・羅など……七
(三)糸・綿・木綿など……三
(四)衣服・衣・袍など……一五
(五)袴・裳……一九
(六)衫・褌……二一
(七)前裳・早袖など……二三
(八)帯……二三
(九)履物・襪……二四
(一〇)湯帳・手巾……二六

（一一）被・衾……二七
（一二）冠・櫛・髪刺・口脂・笏……二八
（一三）佩飾（刀子など）……二九
（一四）衣……三一

二　食料・食用具……三三

（一）穀　類……三四
（二）蔬菜類……四五
（三）海藻類……四九
（四）果物類……五三
（五）動物性食料……五四
（六）調味類……五五
（七）飯・粥・羹・茹・韲・漬物……六二
（八）酒・氷・乳……六四
（九）補食・糒・餅・索餅・粉……六五
（一〇）食膳用具……六七
（一一）調理用具……七一
（一二）貯蔵用具……七三
（一三）薪炭類……七四

㈣ 碓・箕・中取・食薦など……七六

三 建　築……七八

㈠ 家・宅舎・屋・門・殿……七八
㈡ 堂・塔・廊・房……八二
㈢ 倉・蔵・椋……八五
㈣ 建築部材……八九
㈤ 釘など……一〇三
㈥ 厨・温室・厠……一〇五

四 武器・武具……一〇七

㈠ 兵器用度……一〇七
㈡ 刀　剱……一〇七
㈢ 弓・鞆・弩……一一一
㈣ 靫・胡禄……一一三
㈤ 箭・楯……一一四
㈥ 甲……一一五
㈦ 鞍・鉾・烽など……一一七

## 五　文　具……………………………一一九

(一) 筆……………………………一一九
(二) 墨……………………………一二三
(三) 硯……………………………一二六
(四) 紙……………………………一二六
(五) 杜……………………………一六一
(六) 印……………………………一六二
(七) 糊……………………………一六二
(八) 軸……………………………一六三
(九) 帙……………………………一六七
(一〇) 籤……………………………一七五
(一一) 綺・緒（巻子本の紐）……………………………一七六
(一二) 書　法……………………………一七九

## 六　調　度……………………………一八三

(一) 厨子・机・坐具など……………………………一八三
(二) 鏡……………………………一八八
(三) 筥・箱・函・匣・合子類……………………………一九〇

(四) 櫃・明櫃・折櫃・辛櫃など……一九三
(五) 帳・帷・覆・褥・幌・幕……一九六
(六) 袋・帙類……一九九
(七) 帯緒……二〇一
(八) 屏風・障子……二〇一
(九) 薫爐・火爐・燈爐……二〇五
七 佛像・菩薩像……二〇九
(一) 佛像・菩薩像……二〇九
(二) 佛座・佛光など……二一五
八 佛具……二一七
(一) 經机・香花机・經嚢など……二一七
(二) 高座・礼盤など……二一八
(三) 麈尾・如意・香爐・念珠……二二〇
(四) 袈裟・陰背など……二二二
(五) 幢・幡・蓋……二二三
(六) 鍾……二二五
(七) 幡蓋莊嚴用その他玉・鈴……二二五

(八) 香・花・燈……二二六
(九) 供養具・鉢・鋺・盤・箸……二二七

九 樂・樂器・遊戯具……二三一
(一) 樂……二三一
(二) 樂器・樂具……二三一
(三) 面……二三五
(四) 遊戯具……二三六

一〇 諸道具……二三八
(一) 刃器……二三八
(二) 砥・鐵精・木賊……二三九
(三) 轆轤・墨壺・墨縄……二三九
(四) 篩・波氣・篦……二四〇
(五) 農具・鍬・鉏・鉼・鎌など……二四一
(六) 綱・縄……二四二
(七) 朸・筬・箒……二四四
(八) 鏁子・鎰・鈎・匙・鏁(くさり)……二四四
(九) 度量衡・竿子・(竿師)……二四六

一一　車馬・船桴・輿など……二四九
(一)　車……二四九
(二)　馬・牛・蒭秣……二五〇
(三)　船・桴……二五一
(四)　輦・輿……二五二
一二　香・薬、身体部位名、疾患……二五三
(一)　香……二五三
(二)　薬……二五四
(三)　薬袋・裹・壺など……二五八
(四)　身体部位名、疾患など……二六〇
一三　工芸材料・技法……二六九
(一)　金工……二六九
(二)　玉・石・瑠璃・土工……二七八
(三)　木・竹・葛工など……二八二
(四)　牙・角・瑇瑁・貝工など……二八六
(五)　皮革・羽毛工など……二八八

(六) 漆工・壌・平脱・平文……二九〇
(七) 染織・三纈・刺繡・染料……二九四
(八) 彩色・顔料・膠……三〇〇
(九) 繪・畫・下地……三〇四
(一〇) 形……三〇七
一四 工　人……三〇九
一五 錢・質物・本利……三一五
(一) 錢……三一五
(二) 質　物……三二三
(三) 本・利……三二三
一六 布施・祿……三二四
(一) 布　施……三二四
(二) 祿……三二七
一七 土　地……三二八
(一) 田……三二八

(二) 薗地・畑……三三一
(三) 地……三三二
(四) 圖籍など……三三三
一八 動物・植物……三三四
(一) 動物……三三四
(二) 植物……三三四
一九 その他……三三六
二〇 祭祀・行事……三三七
あとがき……三三九

# 凡例

一　本書は東京大学史料編纂所編『大日本古文書』（編年之部）全二十五冊にみえる物名語、その他事項の索引である。
各語の後に記す「①二三四」は、第一巻の二三四頁の意である。ただし第二十五巻の附録部分は「㉕一二三」とした。同附録は「正倉院御物出納文書」として平安時代以降の正倉院宝物の記録であり、宝物研究に欠かせないので収録した。

二　編者先行発表の索引（『奈良朝食生活の研究』、『奈良朝服飾の研究』、『正倉院年報』、その他）も、改めて整理し直して分類収録した。

三　語の配列順は、語彙が多岐、多数にわたるため、五十音順では、かえって全体がわかりにくくなる難があるので、使用の便を考え、用途類別に編成し、関連語を寄せる方針をとった。

四　字体は、基本的に『大日本古文書』所載のものを用いることにつとめた。その理由は序文でふれた。

五　各語において（　）を多用したが、たとえば「蘓（蘇）」は、二通りの字体がみえることを意味する。これは右の四に関連するためである。
また「中紅（紙）」は、「紙」のなかに「中紅」があり、両者が一語になってない場合、その他を示す。

六　同一語でも内容の異なる場合、たとえば「帯」は、衣服、机、帙などにみるが、わかる限り、それぞれに分類して掲示した。

七　各項末に、物名語理解の一助として、正倉院宝物中で例示し得るものがある場合、『正倉院宝物』全十冊（毎日新聞社刊、平成六年〜同九年）によって示した。その場合、北倉編Ⅰの二三四頁は「㊇Ⅰ234」とした。

八　本索引は全体的に多岐にわたり、厳密な分類は困難であり、相互にまたがる例も多いので、他の分類例も参照されたい。
九　原稿作成の最終段階で直木孝次郎氏編『正倉院文書索引――官司・官職・地名・寺社編――』（平凡社刊、一九八一年）のうち、本索引でとりあげた語彙を参照し、一部補った。
また元稿よりの清書、点検などで一時、元龍谷大学大学院生岡森福彦氏のお世話になった。
一〇　本索引は元来は、物名語を主とし、関連する事項を含めたものであるが、書名を「事項索引」とした。そのため、事項自体は徹底したものでない点をお断りしておく。

# 一 織物・糸綿・服飾

## ㈠ 布・絁・帛・絹

布

[1]四一一・五九四〜五九六・六三四・
六四一 [2]五九・六八・六九・一一
八・一四〇・一九五・三九一・三九
三・三九四・三九六〜三九八・四〇〇
〜四〇七・四〇九・四一三〜四一五・
四一七・四一八・四二二〜四二四・四
二六〜四三三・四六九・四七九・五七
六・六四〇・六四四・六四七 [3]二四
〇・二四二 [4]一四八・二八四・二九
三・三五一・四一一・四二三・四四
四・四七七・五〇四・五〇五 [5]一四
五・二八九・三〇五・三〇七・三〇
九・四八八・六七六・六八二 [6]一六
五・一六六・二七二・二七四・四二
三・四二五・四五一・四六七・五一一
〜五一三・五一八・五三六・五三九・
五四一・五六八 [7]二三三・二三四・
二五七・二六一・二六四・二六六 [8]
二一七・二二三・二八五・三七七・五
四三・五七七 [9]二九九・三一九 [10]
二七三・三〇四・三〇七・三一六・四
三六 [11]四七・三四九・三五一 [12]二
三九〜二四一・四二九 [13]五八・五
九・六一・九〇・九五・二四五・二六
六・三七六・四九一 [14]三・一一・一
四・二三七・三三八・三四四・四〇
二・四〇八 [15]五二一・五三・六〇・六
二・二〇〇・三五〇・四五三 [16]七
〇・八五・三〇八〜三一二・三一四・
三一五・五一五・五二四 [17]二三七
[18]四五八・五四八 [19]二九八・二九
九・三〇一〜三〇五・三〇七〜三〇九
[20]三二三 [21]二三六・二七六・二七七
[22]五一・五九・三七七・三七八 [23]五
六八 [24]三七・二四一・二九三・三二
四・四一七・四一八 [25]九七・二一〇
〜二一二・三〇二・三二四・三二五
㉕四九・五〇・六一・六二・八三・八
四

調布

[1]五五三・五六三・五六八・五七
〇・五七二・六三四 [4]三五一・四〇
四・四二〇・四六八・四七五〜四七
七・五〇四・五〇五 [5]一〇三・二〇
二・二一〇・二三三・二五五・三〇
三・三〇七・三一六・三一七・三九
一・四〇五・四一二・四一三・四八八
〜四九二・五〇四・五〇六 [6]一七・
五三・五九・六一・六三・七五・八
九・一二五・一三八・二二七・二五
二・二八五・二九四・三一八・三一
九・三六九・三八〇・三八一・三八
三・四二四・四五〇・四五一・四五
四・四七〇・四七四・四七七・五〇

〇・五一五　⑬五九　⑭四九・二一七五・二七六・二九七・三三一・三五〇・三七一・三七八・三八一・三八三・三八四・三八八・四一九・四二二⑮六〇・六一・一三五・一八二・一八九・二〇八・二三〇　⑯二一〜二三・七六・七八・九一・九三・二七二・二八二・三〇〇・三三八・三四五・三四七・三五四・三五五・四〇九・四一三・四二六・四七七・五〇六・五一六・五一九　⑱五・二三・二四・一一一・二一一・五四三・五四五　⑲一二一・二四五・三〇五・三〇九・三一九⑳二二二・三二一　㉑四九二・四九八・五〇四・五一九・五二五　㉔二九・三七　㉕九七・一一三・二三七・二九九・三〇四・三〇五・三一六・三二三〜三二五・三三九・三五五

庸布　①五七〇　②一九九・二五四・三八九・三九〇・三九二・三九五・三九八・四〇七・四〇八・四一〇〜四一二・四一四・四二〇・四六七・六三七④四二〇・四二三・四七一　⑤二九三・三〇三・三〇七・三一六・三九二・四〇七　⑥二〇・五九・六四・七六・一四〇・二五二・三七九・三八一・四五一・四七〇・四七八・五〇〇⑦二六四　⑮二四八　㉑四八五・四九二・四九八・五〇五・五一二・五一七㉓三一九　㉕二三七・三二〇・三四〇

庸布　⑦二二九　⑫一九五　⑬六〇　⑭五〇・四〇三・四〇八　⑮二四六　⑯一五・二二・二三・六二・七〇・七六・八九・九二・二七三・四二六・五〇八⑰四八九　⑱五八八　⑲一一五・二四五　㉔二九四　㉕二二二

調庸布(國司)　②一一五

祖布　④三五一・四〇四・四二〇・四七五〜四七七・五〇四・五〇五　⑤一三二・三〇〇〜三〇二・三〇四〜三〇七・三七一・四八九・五〇五・五〇六⑭二九七・三八一・三八三・三八四⑮三二〇・三二六・三三八・四四三・四五八　⑯七二〜七八・八一・八六・八九・九〇・一〇四・一一七・一一八・一二一・二四一・二七三・三七七・五一六

祖布　⑭二七五・二七六　⑮二九一・三一九　⑳三三三　㉕三〇四・三〇五・三二三〜三二五

租布　㉕九七

商布　①五五三・五五四・五六四・五七〇・五七二　②五七六・六一二　④四一五　⑥二五二・三七九・三八二・四五二・四七〇・四七八・五〇〇　⑪一七〇・三五二　⑫二五六　⑬二四四・二五九・三七一　⑮四七一　⑲一一五・一一九・二四五　㉑四八六・四九二・四九八・五〇五・五一二・五一八㉓三一九　㉔三〇・三七〜三九　㉕二一一

(国交)調布　④四六九

国交凡布　④四六八　㉕三一六(國)

祖交易布　④四七二　⑯二八二　㉕三二〇
(祖)

交易布　②六三八　⑨三一八　⑭二四三

税布　③一一二

(陸奥)調布　④四六八・四六九　⑤二三三
　⑮二〇九　㉕三一六・三一七
常陸(調布)　④二七九・四六九・四七一
　⑭四四一　㉕三一七・三一九
下野(布)　㉔五六〇
上総(總)細布　①五六二・五六八・五七
　〇・五七九・五八〇　⑭二〇一・二三
　六　㉔三六
上総(調布・布)　④四六九　㉕一三・二〇
　九・三一七
下総(調布)　④四六九　㉔五六〇
下総(布)　㉕三一七
武蔵(調布)(布)　④四二〇　⑤一四五
相摸貲(調布)　④四六八・四六九　㉕三一
　六・三一七
相摸(調布)　⑤三〇五
信濃(調布)(布)　⑤一四五・二三三・三〇
　五(調)　⑮二〇九　㉔五六〇
越後(調布)　⑤二三三　⑮二〇九
佐土(調布)　⑤二三三　⑮二〇九
凡布(調布)　④四六八・四七〇　⑯一五・
　一〇六・二八二　㉕一三・三一六・三
　一八

細布　①五六二・五六八　②六三七・六四
　四・六四七　④二七九・三五一・四〇
　三・四二〇・四六八〜四七一・四七五
　〜四七七・五〇四　⑤二一〇・二四
　三・二七〇・二九一・三〇九・三一
　九・三三〇・三八〇・三九二・四〇
　五・四八八〜四九二・五〇四〜五〇六
　⑥二九七・四〇九・四一二・四八二・
　五〇〇　⑫二九〇　⑬五八・五九・二
　五〇　⑭七八・二七五・二七六・二九
　六・三三一・三七〇・三七八・三八
　一・三八四・三八八・四〇〇・四一
　九・四二一　⑮六七・六九・一三四・
　一八九・二四三　⑯一五・二三・六
　一・七〇・九四・一〇四・一〇六・一
　二一・一三三・一三五・二七二・二八
　二・三四五・三五四・四〇九・四一
　三・四二六・五〇八・五一六・五二
　⑰七・九　㉑五二四　㉔四一・三二八
　㉕三〇四・三一六・三一八・三一九・
　三二三〜三二五・三三九　㉕一四三
紫細布　④一〇七　⑫二九一(袋)

貲布　④四七六　⑮三一九・三三四　⑯二一
　四一・二七一　⑰二七三　㉕三二四
細貲布　④五〇四　㉕三〇五
細布貲　⑥一五五
薄貲布　④四七一　⑯三〇〇　㉕三一九
太貲布　⑯二八二
馬來田布　㉔三一八
望陀布　②六三七　⑥二九四　⑯二七二・
　二八二・三三八
望陀(調布)　②六三七　④四六八〜四七一
　⑤三九七　⑯二八二　㉕三一六〜三一
　九
長布　②六一二・六三七　六四四・六四五
　⑥五七〇　⑨三一八・三一九　㉕三六
　四
短布　②六三八
黄布　㉕一三
紺布　②六〇八・六一一・六三八・六四
　五・六四七　④一五二〜一五八　⑥三
　八〇・四五〇・四六六・四七〇・四七
　七・五〇〇　⑳三二三　㉑四八五・四

九二・四九八・五〇四 ㉕一四二・一四三
紺細布 ㉕一四三
染布 ⑭四〇三・四〇八
洗布 ③五〇八・五三八 ④四七一 ⑪三五一・五二一 ⑫四五九 ⑮五二・六〇・六一 ⑯三八三 ㉔四二 ㉕三一九
白布 ②六一一・六四五 ⑦二五五 ⑫二四一
白洗布 ⑨六〇五
太布 ⑬五九
牒世布 ⑯五八〇
曝布 ⑨三六四
熟布 ③五八一
葛布 ①五七四・六三四
布端 ⑤六七六・六八二 ⑥一一一・四五一
裏布 ⑫四二九
絞布 ①五五三
見布 ⑥三八一 ⑦三九
相折布 ⑦三九
絁 ①五五三・五六八・五六九・五七二・五七四・五九五・六四一 ②一一九・一四〇・四三九・六四三・六四四 ③一一二・二二〇・二四〇・二四二・五八一・六四〇 ④二八三・二八四・三五一・三六四・四〇二・四二〇・四二二・四二三・四四四・四四五 ⑤一四五・二五五・二八九・二九一・三〇二・三〇三・三〇五・三〇七・三一六〜三二〇・三三〇・三八〇・三九一・三九六・四〇六・四八八・四九〇〜四九二・五〇四〜五〇六 ⑥一五・一七・五八・六〇・六三・七四・一三六・二二六・二九二・三七九・四四九・四五二・四六五・四七〇・四七七・四九九・五九二 ⑦二三三・二六六 ⑨三一八・三一九 ⑩二七一・二七二・三〇七 ⑪九四・一七〇・三二七・三五四 ⑫四〇・二四〇・二七四 ⑬五三・五九・六〇 ⑭七八・二三六・二七五・二七六・二九五・三三〇・三三七・三四三・三六七・三七〇・三七七・三八一・三八四・三八七・四〇〇・四三一 ⑮六七・六九・二〇〇・二三〇・三一四・三七五・四六二・四六三・四七〇 ⑯一四・二一〜二三・六一・七〇・七八・八八・八九・九一〜九五・一二一・一二二・一三一〜一三三・一三五・二九九・三〇八〜三一五・三三七・三四二・三四五・三七八・四二五・五〇七・五一六 ⑱二二一・二四・五四二・五四四 ⑲一二〇・三〇五・三一四 ⑳三一一・三一二・三三二・三三四 ㉑二七六・二七七・四八五・四九二・四九八・五〇四・五一七・五一九 ㉓三一九 ㉔一四・三八・四〇・一一五・一一六・三一五・三一六 ㉕一三・一四・四七・一一三・二二一・三三六 ㉕六一
凡絁 ⑥一三七
中絁 ①五六九
悪絁 ⑮三七五
国交絁 ④四六二
調狭絁 ①五九四
調絁 ②六五・二七八・六三六 ⑤三一七 ⑥一六・二五二 ⑭三七 ⑮一八九 ⑯九三・二八二 ⑲一一三・二四四
交易絁 ②一一九・六三六

東絁 ③五七九 ④五〇四 ⑥二五二・三八〇 四四九・四五〇・四七〇・四七七・四九九 ⑭四一九 ⑮一三四 ⑲一一三・二四五 ⑳三三四 ㉑四八五・四九二・四九八・五〇四・五一二・五一七 ㉓三一九 ㉕一五二・三〇五
緑東絁 ⑥四一一
呉桃染東絁 ⑥一三七
常陸(絁) ④四六二 ⑯三〇〇 ㉕三一〇
下野絁 ④四六二 ㉕三一〇
下毛野(絁) ④四六〇 ㉕三〇八
甲斐調(絁) ④四二〇
越前(絁) ④四六〇・四六二 ㉕三〇八・三一〇
遠江(絁) ④四六二 ⑯三〇〇 ㉕三一〇
三川白絁 ④四五九～四六一 ㉕三〇八・三〇九
參河白絁 ⑭五四
美濃絁 ⑭六三・一八五 ㉕三一〇
美乃絁 ㉕二五〇
美濃絁 ④四六二
伊世(絁) ⑨三一八
近江(絁) ④四六一 ⑨三一八 ⑭二〇一・二三六 ⑯二九九(封) ㉕三〇九
丹波(絁) ④四六一 ⑤一四五 ⑯三〇〇 ㉕三〇九
但馬(絁) ④四六〇・四六一 ⑨三一八 ⑯二九九(封)・三〇〇 ㉕三〇八・三〇九
但馬調(絁) ⑤三〇五
(但馬)国交易(絁) ⑤三〇五
亘憣(絁) ④四六〇・四六一
因幡(絁) ⑯二九九(封) ㉕三〇八～三一〇
亘幡交易(絁) ⑤三〇五
溢幡(絁) ⑭二一九～三一一・三三三・三三五～三三八・五三・六〇・六一
憣磨(絁) ④四六一
播磨(絁) ⑯二九九(封) ㉕三〇九
俻中絁 ④四六二 ㉕三一〇
俻中調絁 ④四六〇 ㉕三〇八(俻)
安藝(絁) ④四六一 ⑯三〇〇 ㉕三〇九
讚岐(絁) ⑯二九九(封)
讚岐絁 ④四六一 ㉕三〇九
讚岐調(絁) ④四二〇・四六〇 ㉕三〇八
(讃)
土左帛絁 ④四五九 ㉕三〇八
白橡絁 ④一五六 ⑥四一一・四四九 ⑫四八〇 ⑬一七三
橡絁 ⑦二〇八 ⑫一九五・一九六 ⑭二九・三四・三七・三八・四三・五一・五三・六〇～六二・四二三 ⑮六九
黄絁 ②九八 ④一六一～一六三・一九二・五〇四 ⑫二四〇 ⑭四二二・四三一 ㉕一八六・三〇五
淺緑絁 ⑯五八七
中緑絁 ⑥四一一
緑絁 ②六四四 ④一六三・一七〇 ⑤六七三・六七五・六八〇～六八二 ㉔五
(マヽ)(縁絁)
縁絁 ⑮三一四 ⑯五七六 ㉕一〇九
縹絁 ⑤二四三・六七三・六八一
碧絁 ④一六〇～一六五・一六七～一六九・一七六
紺絁 ④一二三 ⑫四九八
緋絁 ②五九・六九・六四七 ③六三一 ④六一・一四八・一五二～一六〇・一六三～一六九 ⑥四一一・四一九・四四八・四六九・四七七・四九九 ⑫四八〇・四八三・四九八 ⑬一・三八

⑯四四一・五七二　㉑四八五・四九二・四九八・五〇四・五一一・五一七　㉔三四　㉕一八六　㉕五〇・八四・一〇六
紫絁　②六四四　④二八七　⑫四八〇
蘇芳絁　⑯四四一
雑色絁　⑥四一一
五色絁　⑰一二七
染絁　④一八四
白絁　④一五七・一五八　⑤三一七　⑫一九五・二五六　⑭二九～四五・五一・六二・六三・一八五～一八七・三六七　⑯九二　⑳三〇九　㉕二五〇
纈絁　⑥四一九・四四八・四七〇・四七七　㉑四八五・四九二・四九八・五〇四（絕）・五一一・五一七
夾纈絁　④一六二
臈纈絁　㉕二〇七
緋臈纈絁　⑯五八七
生絁　②一九三・六一二　④四六二　⑤二〇二・二一〇　⑥三七〇　⑮一八二・一八九　㉑四八五　㉕三一〇

（生）白絁　㉕二五〇
黄生絁臈纈　⑯五七四
黄臈纈生絁　⑯五八七
緋生絁合□　⑯五八〇
紫生絁臈纈　⑯五七四
□□綠生絁臈纈　⑯五七四
雑絁　②六四三
薄絁　①五七二　⑤三六九　⑯二九〇（薄買絁）
練絁　②五九八
練白絁　⑯三八六
功徳絁　㉔三一五
帛絁　②六四〇・六四四　④一〇八・一六一～一六三・四六〇・四六三　⑤二〇二・二一〇　⑦二四三　⑫二四〇　⑮一八二・一八九・二四三　⑯三五四　㉕六一・三〇八・三一一
絹絁　⑥四七〇・四七七・四九九　⑬二六七　⑳三三五　㉑四八五・四九二・四九八・五〇四・五一二　㉕四七
絹絁　⑥四四九・四五〇　㉑五一七　㉓三一九

帛　①五六三・五六八・五六九・五七二・六三四　②六四四　③五〇八・六四七　④六一・一〇七・一四八・一五三～一五八・一六一・五一二　⑤二四三・四四三・四八四～四八六・五二三・五三〇・五三七・五三九・五四〇・六七八　⑥二九七　⑨二九九　⑪三四九・四九九・五二一　⑫二四〇・二八九・四二九・四七三～四七七・四八一・四八二・四八五　⑬二〇八～二一一・二四五　⑮五二・六一・六二・四四〇　⑯五六八・五七四・五七七・五八〇・五八五・五八六　⑰九・一〇六・一二六　㉔二九　㉕六一・三〇四・三一〇・三二四　㉕三七・四九・五〇・八四・一三八
白帛　④二九九・四七七　㉕三一五
赤帛　②六四四　④四七七　㉕三一五
淺綠帛　⑯五七七
綵帛　②六四一　⑬二一三
絹　⑦二二三　⑨四五一　⑩九・二六七　⑯五一五　⑳三三四　㉔四八五　㉕四七・五〇（白、赤）

絁　[1]五九二・五九五(梪絁状)・六一一　[2]一五三　[3]八(蒒絁)・二一九(蒒絁)　[5]四八八
美濃調絁　[16]三〇〇
備中長絹　[4]四六二(俻・絁)　[16]三〇〇　㉕三一〇(俻中)
生絹　[12]二四一(羂)　[16]二七三
帛絹　[16]二七三
薄絁　[3]四六四
白絁　[4]一七八
絹(白、赤)　㉕五〇
皂絁　[4]一二二
紺絁　[4]一二二
縹絹　[12]二八八
緑絁　[4]一四二・一四六〜一四八
黄白碧緑等絁　[4]一七八
梪絁　[1]五九三・五九五
六丈練絹　㉕一二〇

## ㈡　錦・綾・紗・羅など

錦　[1]六〇九・六一〇　[2]六四〇・六四一・七一〇　[3]六五〇　[4]一四四・一四八・一五〇・一五二・一七〇・五一二〜五一五　[5]五三九・六七五〜六七七・六七九・六八〇・六八三　[16]五七四・五七六・五七八　[20]三二〇・三二六　[24]四四七　㉕三六・四一・四九・一〇九・一二〇・一二二・一二八・一三八
錦絁　[2]六九
黄地錦　[4]一五四・一五五
黄地古錦　[4]一五四
褐色地錦　[4]一七〇　㉕一〇九
褐錦　[4]五一〇
縹錦　[4]五一五
縹地錦　[4]一五三　一五五〜一五八
縹地堕目形錦　[4]一五五
碧地錦　[4]一二六・一六一・二〇二
碧地堕目形錦　[4]一五二
淺緑地錦　[16]五八〇・五八六
緑地錦　[4]九〇(縁は緑ヵ)・一三九　[13]一　[16]五八〇
緑地碧地錦間縫　[4]一二六(間縫とは縦方向の側同志で継ぎ合せ縫い)
青錦　[4]五一〇　㉕八一
紺地錦　[4]一五七　[20]三三三
紺花錦　[4]五一五
黒地錦　[4]一五二・一五五・一五六・一七〇
紅地錦　[4]一二七・一三二
纁地錦　[4]一五四〜一五六
纁地花形錦　[4]一五三
纁地小花錦　[4]一五四
纁地菱形錦　[4]一五二・一五四〜一五七
纁地田次形錦　[4]一五五
緋錦　[9]六一三　[13]一七三　㉕八一・一二三
緋地錦　[4]一三三・一三五・一三七〜一四〇・一五二・一五四・一五七・一六一・一六三・一七〇・四一三　[13]一　[14]三二七　[16]五七七・五八〇・五八六・五九一　㉕四九・五〇・八四
深緋地錦　[4]一五七
緋地小花錦　[4]一五二
緋地花錦　[4]三三七

赤錦 [2]五九七
紫錦 [4]五一五 [7]七
紫地錦 [4]一三二・一三九・一五三・一六二 [5]六七九 [13]一 ㉕八二・一〇五・一四〇
紫花錦 [4]五一五
紫地雲幡錦 [4]一五四
紫二科錦 [4]五一五
紫地鳳形錦 [4]一七〇 ㉕八三・一〇五・一〇九
淺紫錦 [12]二八八
紫紺錦 [7]二一六
黒紫黒錦 [9]六〇九
白錦 [4]五一五
白地錦 [4]一五四・一五六・一五七 [16]五七七・五八〇
帛錦 [4]一四八
白斑錦 [4]一五二
白地葛形錦 [4]一五二・一五三・一五七
髙(高)麗(麗)錦 [2]六四三 [4]一二六・一三一・一三二・二〇二 ㉕八二・一〇五
高麗(麗)小町錦 [4]四一三 [14]三二八
緑地髙(高)麗(麗)錦 [4]一三二〜一四一・一七六 ㉕一〇五
緋地髙麗錦 [4]一三二
白地髙麗(麗)錦 [4]一三三〜一三八・一四〇
紅緑綱地高麗錦 [4]一七六
秘錦 [2]五九五・六〇一・六〇八・六三九・六四〇・六四一 [4]五一〇・五一二・五一四・五一五 [7]六・七 [16]五九一
緋地秘錦 [4]一三四
碁磐科子錦 [2]五九七
科子錦 [2]六〇一 [4]五一一
長斑(斑)錦 [4]一七〇 ㉕八三・一〇九
龜甲錦 [4]一五二〜一五八・四 三(龜) [14]三二七
菱形錦 [4]一五三
町方錦 [12]二
町形錦 [4]一五三
物口錦 [4]一五二〜一五六
陰馬錦 [2]六四一
二席錦 [4]五一五
堕目形錦 [4]一五二・一五五
疑鳥錦 [4]一五二〜一五四・一五六・一五七
鳳形錦 [4]一七〇
車釧錦 [4]一五三
雲綱錦 [4]四一三 [14]三二七
雲幡錦 [2]六四一 [4]一五四(幡)
雲幡 [2]五九七
鹿形錦 [16]五八六
葛形錦 [4]一五二・一五三・一五七
木形錦 [2]六四三
花形錦 [2]五九四 [4]一五三・五一一
花錦 [4]三三七・五一五
小花錦 [4]一五二・一五四
呉人錦 [2]六〇八
古錦 [4]五一四
毛錦 [2]六〇八
一色錦 [20]三三三
繼錦 ㉕一四〇
唐綿(綿は錦ヵ) [2]六四〇
兩面 [16]五九一 [17]一〇九
兩面錦 [4]五一五
黄地兩面 [16]五七七・五八〇
白橡兩面 [16]五七七
呉桃染□兩面 [16]五八〇
縹地兩面 [16]五七七・五八〇

紫両面(袋) ㉕六九
縁地鹿形両面 ⑯五八〇
白緋地交 ④四一四 ⑭三一八
綾 ①六〇九 ②一一六 ④八七・一六一
⑤六七六
綾 ⑦一九九・二〇〇 ⑫三九・四八〇・
四九六・四九九
黄綾 ⑫四七四・四七六・四七七・四八
二・四八四・四八六・四九六〜四九
八・五一一
褐綾 ③五七八
縹綾 ④六六
縹綾 ⑫四七八・四八〇・四八一 ⑬一四
四
碧綾 ④一二二・一二三・一七八
碧綾 ④一六一〜一六三・三三七
浅緑綾 ④一三一・一三二・一三四・一三
九
淺緑綾 ④五一二
淺縁綾 ⑫二九〇・四七三・四八〇・五一
一(縁は緑ヵ) ⑬一七三 ⑯三八三・
五八七 ⑰八九 ㉕一〇五
淺縁綾絁 ⑯三七八(縁は緑ヵ) ⑳三二七

緑綾 ②五九七 ④六一・一七六
綠綾 ④一五九 ⑥四六七
縁綾 ⑦一九八 ⑫四七六・四七九・四八
一・四八二・四八五(縁は緑ヵ)・四八
六・四九〇・四九二(縁は緑ヵ)・四九
六・五〇四・五〇九(縁は緑ヵ)・五一
〇・五一二(縁は緑ヵ) ⑬一四二 ⑯
五八三 ㉑三三六 ㉓一二六・一二七
㉕六一
緑綾 ④五一二・五一五
縁縫綾 ㉕七四
深綠綾 ④九九
深縁綾 ⑫四七三・四七五・四八二(縁は
緑ヵ)・四八四(縁は緑ヵ)・四八五(縁
は緑ヵ) ⑬一七四・一八〇 ㉕一七
九・一九二
袊緑綾 ②六四一
紺綾 ④一二三・一二四〜一二六・一二〇
一・一二〇二・一二〇四・一二〇五
皂綾 ④一二二・一七八
紅綾 ⑦一九九
緋綾 ②六四一 ③六三一・六五〇・六五
二・六五三 ④二七・二八・三八・六
一・八五・八六・九九・一三一〜一四
二・一四四・一四七・一五七・一五
九・一六〇・一九八 ⑤四三五・四四
三
緋綾 ④五一一・五一二・五一四 ⑦一九
九・二〇〇・二〇四・二一五・二一六
⑪三五三・三五四 ⑫三九・二九〇・
二九一・四七三〜四七六・四七八・四
八〇・四八一・四八三〜四八五・四八
七・四八九・四九八・四九九・五〇
三・五〇八・五一〇〜五一二 ⑬三
八・一〇〇・一一五・一五六・一七三
⑯四六八〜四七〇 ㉕一七九・一八六
㉕七三・一〇四・一〇五
緋綾絁 ②九八
緋小綾 ⑳三三四
緋花形綾 ②六〇一
緋葛形綾 ②六〇一
赤綾 ②五九七・六四四
薄朱二科綾 ④五一五
紫綾 ②五九七・六四四 ④六一・一三
一・一三九・一六〇・一九八 ⑤四三
五・六七七・六八〇
紫綾 ④一〇六・一六一・一六三・五一六
⑦一九八〜二〇〇・二一一・二一六

[12]四七五・四七六・四七八〜四八六・四九〇・四九六・四九九・五〇四・五〇九・五一〇・五一二　[13]一・一四二　[16]一〇四・三七七・三八三・五八〇・五八七・五八八　[23]一二六〜一二八　㉕六九・一〇四・一〇五・一一五
紫綾絁　[2]九八　[6]四一一
紫綾絁　[16]三七八　[20]三一七
紫綾袷　[16]五八七
紫小綾　[20]三三三
紫葛形綾　[2]五九三
紫羅綾　[2]五九七・六〇一
赤紫羅綾　[2]五九四
赤紫綾　[4]一三五・一三九・一四〇・一六〇・四一四
赤紫綾　[4]五一五・五一六　[12]三九　[13]一七四　[14]三一八
赤紫(綾絁)　[20]三一七
赤紫花形綾　[4]五一二
黒紫綾　[4]一三一〜一三八・一四〇　[5]六七六・六七七
黒紫綾　[4]五一四・五一五　[7]二一七　[16]五七六
黒紫(綾絁)　[20]三一七

黒紫二科綾　[4]五一二
深紫大綾　[20]三三三・三三四
黒紫大綾　[20]三三三
白綾　[4]六一・一七八・一九九　[5]六七五・六七八・六八三
白綾　[4]五一二・五一四・五一五　[7]二一六　[12]二九〇　[16]五八〇　㉕一三九
帛綾　㉕四九・八四
白地綾　[16]五七七
白練綾　[4]一七〇
白練綾　㉕一四・三五・四八・一〇九
白帛綾　㉕八三・八八
帛綾　㉕四九・八四
四色綾　[2]六四〇
淺緣綾絁　[16]三七八(緣は綠ヵ)　[20]三一七
縹纈綾　[4]一四四
縹纈綾絁　[6]四一一
小綾　[20]三三三・三三四
大綾　[20]三三三・三三四
花形綾　[2]六〇一　[4]五一二
葛形綾　[2]五九三・六〇一
二科綾　[4]五一二・五一五
花(ヵ)緑綾　[4]五一五(「寧楽遺文」は花とする)

雲繝綾　[4]一六六・一六七・一六九
雲納綾　[4]一六九
班綾　[2]六四一
唐綾　㉕一二八
紗　[1]五七四　[13]二六六・三四三
紗絁　[4]四六三　㉕三一一
白紗絁　[16]二九〇
浅緑沙　[2]六〇一
緋紗　[4]一六二
赤紗　[2]六四三
紫沙　[2]六〇一
紫紗　[2]六〇八・六四〇　[16]五八六
紫籠目紗　[2]六〇八
赤紫紗　[2]六〇〇
黒紫沙　[2]六〇〇
黒紫紗　[4]五一六
夾纈紗　[16]五八六
甲纈沙　[5]六七七
沙合纈　[5]六七六・六八三
交縫紗　[2]六四四
羅　[2]一一六・六四〇　[6]四六七　[7]六　[14]三〇〜三二・三五・三七・四一・五

四・六〇〜六二一・五七四・五九一 [16]
五七四・五七八・五九一 [21]二三七
㉕六一・二五〇
羅絁 [13]二五八 [14]五一
唐羅 [2]六四〇
籠目 ㉕三六四
淺緑羅 [9]六一〇
緑羅 [2]六四〇 [7]二一一 ㉕一四〇
紅羅 [4]一二六・一五九・四一三 [14]三二
八 ㉕七三
緋羅 [9]六一五
紫羅 [2]六〇一・六四〇・六四三 [4]一〇
六・一二三・一二四・二〇〇・二〇一
[5]六七八 [7]七・八・一九八・一九
九・二〇一・二〇七・二〇八・二一
六・二一七 [9]六一〇 [11]三五四 [12]
四八七 [16]五八七・五九一 [24]二九
㉕一〇一・一四〇
赤紫羅 [2]五九六 [4]一三二・一三三・四
一四・五一四・五一六 [14]三二八
黒紫羅 [4]一三二・一三八 [4]五一六 [12]
四七三 [13]一八〇 ㉕一九二
皂羅 ㉕四九・八三・一三八
子科黒紫羅 [2]五九六

白羅 [4]一七〇・四一三 [7]二五 [12]二九
〇 [14]三三七 [16]五七六・五九〇 ㉕
八三・一〇九
紫羅綾 [2]五九七・六〇一
赤紫羅綾 [2]五九四
纐羅 [5]六七八
合纐羅 [5]六七七・六七八
夾纐羅 [4]一七〇 [16]五八六 ㉕八三・一
〇九
羅夾纐 [4]一七六
臈纐羅 [16]五七四・五七七
白羅印文 [12]二九〇
黄紬 [4]一四七
褐色紬 [4]一二二 ㉕五・四八(褐)
紫紬 [4]一四四
黒紫紬 [4]一三八・一四〇 ㉕八二・一〇
五(黒)
白者町方織 [11]五
赤紫都牟岐 [4]五一五
織成(絨) [2]六二七・六四四 [4]一二二
㉕五・八・七一
紫地織成 [4]一五七

高麗織絨 [2]六四四
織絨佛像 [2]六二七
織綵 [13]一
赤峰子揞 [4]五一四・五一六

## (三)　糸・綿・木綿など

糸　[1]四六六　[2]五九・六九・一一八・一九三・六三六　[3]五七九・五八一　[4]一四四・一四六〜一四八・三三九・三五一・三六六・四二〇・四六三　[6]一三七・二九三・四一二・四九九　[7]一四六　[14]一三・七九・二七五・二七六　[15]六八　[16]二八二　[21]二七六・二七七　[24]三七・四〇・三一五・三一七　[25]四七・五〇・六九・一五二・二〇六・三一一
絲　[1]五九八・六〇二・六〇六・六一二・六一三　[2]六一二
絲　[2]五八・五九・一四〇・六三六
蒸　[15]三七五
(調)糸　[16]二八二　[25]三一一
調緋絲　[1]五八九
(国交)糸　[4]四六五　[25]三一三(國)
(祖交易)糸　[4]四六三　[16]二八二　[25]三一二(祖)
養絲　[1]五九八・六〇六
交易絲　[1]六〇二
交易絲　[2]六三六
尾張商糸　[25]二一二
(伊勢)糸　[4]四六三　[25]三一一
(伊賀調)糸　[4]四六五　[25]三一三
(但馬国(國)養父郡封)糸　[4]四六四　[25]三一二
(曰播国(因幡國)氣多郡封)糸　[4]四六四　[25]三一二
(美作)糸　[4]四六三(美作)　[25]三一一
(伊預)糸　[4]四六三　[25]三一一
(伊預調)糸　[4]四六四　[25]三一三
染色糸　[2]四四〇　[8]五六〇
糸染料　[6]四一二
黄糸　[1]五六二　[4]一五七(組)　[24]三二一
緋絲　[1]五八九
緋糸　[6]四一〇・四一九・四四八　[16]五九二　[24]三四
赤糸　[2]六四四・六四六
赤糸細　[2]六〇六
紫緑糸　[16]三七八
紫絲　[1]六一〇
紫糸　[12]二九一　[16]五七八・五八四・五八五・五九二
五色絲　[2]五九五
五色絞糸　㉕六〇
押金着糸　[16]五八八
(生)糸　[1]五六九・六一二　[6]二九三・三七五・四一〇・四一九・四四八・四七〇・四七七　[21]四八五・四九二・四九八・五〇四・五一二・五一七　[24]三三
(帛)糸　[6]二九三・四一〇
練糸　[24]三三・三六
白練糸　[16]五八九
縫糸　[2]一一九　[11]三四九　[13]二四五
織糸　[2]六九
組糸　[2]六九
苧糸　[16]八五
麻糸(抜)　[1]六三四
纒糸(絲)　[4]一四四・一四六〜一四八
綿　[1]五九四・五九五・六一一　[2]三九・五九・六九・一四〇・四一九・四五八〜四六六・四六八・四六九・四七五〜四八〇・五九七・六一二・六三七　[3]二四〇・二四二・二四七・五〇八・五三八・五七九　[4]二八三・二八四・四〇三・四二〇・四四四・四四五・四六五・四七五・四七六・五三五　[5]二九

二・三〇四～三〇八・三一三・三一
六・三一八・三三〇・三二九・三七
三・三九一・三九六・四〇六・四八
八・四九〇～四九二・五〇四・五〇六
⑥一七・一三七・二九三 ⑦一二三・
一二四・一四六・一八五・二三四・二
六八 ⑨三一九 ⑩二七一・二七三・
三〇七 ⑪四九九・五二一 ⑫四〇・
一九五・二三九・二七四 ⑬五三・二
四六・四九二 ⑭六三・二四三・二九
六・三三一・三七〇・三七六・三七
八・三八一・三八四・四二二 ⑮二
七・六八・一六二・二四六・二四八・
四六三 ⑯三一・六一・七〇・七二～
八三・八五～八七・八九・九二・九
三・九五・一〇三・一〇九・一一五・
一一七・一一八・一二一・一三二・一
三四・二七三・二八二・三〇八～三一
五・三三七・三四〇・三四三・三四
五・三七七・四二五・四三〇・四三
一・五〇七・五一五・五一六 ⑱二
四・五八八 ⑳三三五 ㉑二七六・二
七七・五二五 ㉔四一・六八・一一
五・一一六・三一七・三二三・四一

七・四一八 ㉕一三・四四～四八・五
〇・五二・九七・一一三・一五二・一
六八・二五〇・三〇四・三一三・三三
五・三三六
白綿 ⑨三一八 ⑯二四一 ㉕一五八
黒(黑)綿 ⑥二五二・三七九・三八〇・四
五〇・四七〇・四七七・四九九 ⑮三
五一 ⑲一一五・二四五 ㉑四八五・
四九二・四九八・五〇四・五一二・五
一七 ㉕四五
雑黒綿 ㉓三一九
唐綿 ②六四〇
調綿 ①五六三・五六八・五六九 ②三
九・六三七 ④三五一・四六五・四六
六 ⑤二〇二・二一〇・三〇〇～三〇
三・三〇六・三〇七 ⑥一五～一七・
五八・六一 ⑭二九～四五・六〇・一
八五・二七五・二七六 ⑮一八二 ⑯
九・七四・七五・八九・九〇・二七
三・二八二・三〇〇 ⑱三二・一一
⑳三二四・三二五 ㉔二九・三七 ㉕
一六九・二二一・二五〇・三一三
庸綿 ②二七三・二七八・四二一・四六
七・四六八・四七〇～四七四・四八

〇・六三七 ④四六五・四六六 ⑥一
七・五八・六二・六三・二五二・二九
三・三七九・三八〇・四一一・四五
〇・四七〇・四七七・四九九 ⑳三二
四 ㉑四八五・四九二・四九八・五〇
四・五一二・五一七 ㉓三一九 ㉕二
五〇・三一三
庸綿 ⑫一九五・一九六 ⑭二九～四五・
五一・五四・六〇～六二・一八五～一
八七・四三八 ⑯二七三・二八二 ⑱
二三・一一二 ⑲一一五・一二一・二
四五 ㉕二二一
国交綿 ④四六五～四六七 ㉕三一三(國)
交易綿 ②六三七 ⑤三一八 ⑯八〇・九
四・一一一・一三〇
祖交易綿 ④四六五・四六六 ㉕三一三
(祖)
商綿 ㉕二二一
(調庸祖(祖)交易)綿 ④四六六 ㉕三一四
越綿 ⑭四三一
(越中小屯)綿 ⑥二九三
(越中)綿 ④四六八 ㉕三一六
(越中調)綿 ④四六五・四六六 ㉕三一
三・三一四

越中綿調　④五〇四　㉕三〇五
(越中)調綿　⑤三〇〇・三〇六
(但馬国(國)養父郡庸)(但馬庸)綿　④四六
　六・四六七　㉕三一四・三一五
(囙憣国(因幡國)氣多郡祖(祖)交易)綿　④
　四六六　㉕三一四
(囙憣国(因幡國)氣多郡調)綿　④四六六
　㉕三一四
(囙憣(因幡)庸)綿　④四六七　㉕三一五
(囙憣(因幡)商)綿　④四六七　㉕三一五
(出雲)綿　④四六六　㉕三一四
石見調綿　⑭五四
(石見庸)綿　④四六六　㉕三一四
(筑紫調)綿　④四六五～四六七　㉕三一
　三・三一五
(筑紫小屯)綿　⑬二四六
(豊後)綿　④四六六　㉕三一四
(肥後)綿　④四六六　㉕三一四
練綿　⑪四七
小屯綿　⑳三二三
焼綿　⑮三〇
綿甲　①五九四
白牒(綿)　②五九七
疊綿　②六三七

木綿　①五五四・五五六・五七〇　⑥二〇
　〇・二五二・三八三・四五四　⑦一
　六・二六八　⑪一六四・二七九・三八
　八・三九〇　⑬二五〇・二七七・三四
　九　⑭六・二〇・二八〇　⑯三五五
　⑲二四五・三一九　⑳二二二　㉑四八
　八　㉕二一一・三五五
苧(紵)　①五五四・五七〇・六一一・六三
　四(紵帳)　②一四〇　③五七五　⑦二
　六八　⑫一八〇・二五六・二八七　⑭
　三三五・三四四　⑯三〇二　㉔三七～
　三九
交易苧　①六一〇
麻　①五七〇　⑤三一八　⑯七九・九四・
　一二一・一三〇　㉕二一一
麻被　①三九四
麻衣　①三九五
麻(浄衣)　⑫二三九　㉔一〇
麻朝服　①六三四
麻(袈裟)　②五九七
麻袋　⑤五四〇

白土料麻　⑮一六五
細麻(浄衣)　①三九四
白麻(浄衣)　①三九四
白橡麻　⑫二九一
熟麻　④五〇五　⑥二五三・三八四・四五
　五　⑭三一〇　⑮一七四　⑯二七八
　⑲二四五・三一九　⑳二二三　㉕三五
　五
麻代　⑤二四〇

## (四) 衣服・衣・袍など


衣服 [2]六〇七(—具) [4]三一・三四七(穢—)・四六二・四六七 [5]四八六・五四〇 [6]二二八・二八八(穢—) [9]五 [15]一六二・二一〇・二一一・三一三・四六五 [17]五九六・六〇二 [22]二一一 [25]三一〇・三一五

衣服樻 [15]三一三

礼服 ㉕一三八

朝服 [4]四六七・四七四・四七五 [25]三一五・三三二・三三三

(朝服)(六位・七位・初位・无位) [4]四七四 [25]三二一

麻朝服 [1]六三四

夏服 [4]四六二 [10]二七二(夏料) [12]二七〇(浄衣・夏料) [18]五七二 [25]三一〇

夏衣服 [6]四七五・五一四(夏衣) [8]四六〇(夏服衣) [15]四六三(夏服衣)

冬衣服 [4]四六二・四六七・四七〇・四七二 [6]三九〇 [7]二六八 [10]二七二(冬料) [12]二七〇(浄衣・冬料) [16]三〇八・三一〇・三一四 [19]三〇五、[25]三一〇・三一五・三一九・三二〇

羅服 [16]五九一

神幣帛薄服 [25]二一二

赤練服 [25]二一一

師子衣服 [5]五四〇

衣 [1]三九四・五五三 [2]六四一(男、女)・六四七(衣具) [4]四七二・四七四・四七五 [5]四八一 [8]二一八 [10]二七三 [11]三四七 [13]五二一・二四三・二四四 [15]三二九 [17]五八〇・五九五・六〇〇 [25]三一〇・三三二・三三三

御衣 [15]三七六

女衣 [10]二七三

凡縫衣 [4]四七四 [25]三三二

白小衣 ㉕一二〇

錦小衣 ㉕一二〇

單衣 [4]四七三 [5]六七三 [6]一二・一八(單)・七一・一三九・二五二・三一九・三八一・三八三・四五〇・四五一 [8]二一七・五七九 [12]二三九・二四一 [16]五九三 [17]六〇五 (穢—)[18]四六八(穢—) [19]二四五・三一九 [20]二二二 [21]五〇四・五〇五・五二四・五二五 [24]二二五・三一八 [25]三五五 ㉕三五・五〇・八四・一三八

襌衣 [4]四七四・四七五 [15]三三八 [25]三二二・三三三

布單衣 [5]六七三 [6]一二・一八(布單)・七一 [12]二三九・二四一

細布單衣 [21]五二四

調布單衣 [6]二五二・三一九・三八三 [19]二四五・三一九 [20]二二一 [25]三五五

祖布襌衣 [15]三三八

生單衣 [8]二一七

黄生染單衣 [24]三一八

緋單衣 [16]五九三

橡單衣 [8]五七九

橡襌衣 [4]四七五

橡襌衣 [4]四七四 [25]三三二・三三三

穢單衣 [17]六〇五 [18]四六八

布衣 [5]六七八(深染・赤染) [8]二一八

調布衣 [4]四七五(洗染・雑摺衣、白布衣) [6]四五四 [25]三三二(同上)

白布衣 [4]四七五 [25]三三三

布縫衣 [4]四七五 [25]三三三

麻衣 [1]三九五

細麻(衣)　①三九四
細布洗染衣　④四七五　㉕三二三
黄生衣　⑧二一八
綿衣　④四七四・四七五(細布、祖布)・五
　○四　⑥一三・一五・一三九・四四八
　⑯四二五・四三○　⑱五四八　㉑五二
　四・五二五　㉔四二　㉕三○五・三二
　二・三二三(細布、祖布)・三二四　㉕
　一四四
帛綿衣　④四七四　㉕三二三
練綿衣　⑱五四八
細布綿衣　㉕三二三
祖布綿衣　④四七五・五○四　㉔四二
袓布綿衣　㉕三○五・三二三・三二四
黄綿衣　④四七四　㉕三二二
白橡綿衣　④四七四(橡)　㉕三二二
白橡綿□衣　④四七五　㉕三二三
雑色刾物綿衣　④四七四　㉕三二二(雑)
捺揩綿衣　⑥四四八
雑皀衣　②六四七
黄衣　⑪三四七　⑬二四四
緋衣　⑯五九三
橡衣　①三九四
袖衣　⑮二○○
雑摺衣　④四七五　㉕三二三
楷衣　⑦二二九
縹揩衣　⑭四四一
洗染(衣)　⑪三四七・三六○　⑬二四四
洗染(調布衣)　④四七五　㉕三二三
穢衣　⑥一六八　⑰五五七・五七四　⑱五
　四二　⑳五七
浄(淨)衣　①三九四　②一六九・九五・
　四九一　③四六四・四六五・五三八・
　五八二　④二四○・二七八・二七九・
　三一七〜三二九・三三四・三五一・四
　五九・四七三　⑤一三二・二二○・二
　四三・二八八・三○九・三一○・三一
　二・三九八・四一二・四八二・四八九
　〜四九二・五○五・五○六　⑥六〜一
　四・一六〜一八・二○・五八・六○・
　六二〜六四・七一・七四・七六〜七
　八・一三七・一四二・一五五・一六
　○・二九二〜二九五・二九八・三○
　七・三二三・三七五・三八○・三八
　一・三八三・四一○・四一二・四一
　五・四二二・四四八・四五一・四五
　四・四六二・四七八・四八四　⑦一一
　五・二二九(紅、楷衣)・二三三・二五
　七・二六一・二六四・二六五・二六八
　⑧二一八・五七八〜五八一　⑩二七
　一・三○六・三○七・三一六・三一七
　⑪一六九・三二七・三六○・五二八
　⑫二三八〜二四一・二七○(冬料、夏
　料)・二七四・三四五・三四九　⑬五
　二・五三・九○・九五・二四四〜二四
　六・二五八・二五九・二六二・三六五
　〜三六八・三七○・三七六・三八五・
　四六二　⑭一一・七七・七八・一七四
　〜一七七・一八○・一八二・二○一・
　二二五・二三六・二三七・二四三・二
　七五・二七六・三三○・三三三・三五
　○・三六九・三七○・三七七・三八
　七・四○○・四○七・四一九〜四二
　二・四四五　⑮五二・六○・六二・六
　七・六八・一五六・一八九・二○○・
　二五一・三一一・三一九・三二○・三
　七五・四五八　⑯一三・一五・二三・
　三三・三四・三七・三八・七七・七
　八・八二・八七・一○六・一○九・二
　四一・三三九・三四五・三五三・四一
　四・四七七・五一八・五一九・五二一

○・一二一 [20]三二一・三二三 [22]五四 [24]一一四・一一五 [25]一三・一四・三三九・三四○
御帛袷袍 ㉕三五
帛袷袍 ㉕四九・八四
帛綾袷袍 ㉕三五・五○・八四
女袍 [13]五八
單袍(袴) [3]五三八 [5]五三九 [6]六・八〜一二・二○・六三・七五・一四○・二二六・二九四・二九五・三六九 [10]二七二 [12]二三九 [14]三八八 [16]五七二 [17]一七五・五五八・五六○ [18]四五八・五四二・五四五
布單袍 [6]六〜一二 [12]二三九 [17]一七五 [18]四五八
調布單袍 [6]三六九
袷袍 [6]五九 [16]二三 [18]二三・二四
綿袍 [2]三○ [5]二九二・二九三・三九一 [6]二九二・二九四・二九五 [7]一一五 [14]三五○ [15]六七・六八 [16]一四・一五・六一・六二・三四二・四二六 [18]五八八 [19]一二○・一二一・三四○
帛袍 [7]一一五
布袍 [6]一一 [10]三一六 [16]一一六 [18]四七一・四七二・五八八 [20]三二一・三二三 [24]一一四・一一五
細布袍 [5]五○四・五○六
大斑布袍 [22]五四
深染布袍 [22]五四
祖袍(袴) [16]五二一
緋袍 [16]五九一
赤袍 [16]五八九
橡袍 [11]三四八 [13]二四五
緋臈纈袍 [5]六五七 [17]七一
甲頡袍 ㉕一四○
帛綾袷袍 ㉕五○
袍衣 [5]五四○
浄(淨)袍 [2]三○ [7]一一六・一二三
大孤(之)児袍 [5]四八五・五三九
襖子 [2]三○・三○七 [5]二九二・三九一・三九六・三九七・四○六・四八四〜四八六・五○四・五○六・五三九 [7]一一五・一一六・一二二 [10]二七二・二七三・三○六・三○七 [11]一七○ [12]二七四・二七五 [13]五三 [14]三五○ [16]一四・六一・六二・八七・一一五・三三七・三四二・三四三・四二五・五○七・五○八・五一六・五二四・五七○・五八七(淺緑綾、淺緑絁) [18]五八八 [24]一一四・一一五 [25]一三・二一二
襖子(絮綿) ㉕三五・四九・八四
襖子(袷) ㉕三五・四九・八四
橡襖子 [25]二一二
頭單襖子 [5]四八六
殘綀襖子 [16]五七○
樂頭襖子 [5]四八四
半臂 [1]六三四 [2]六四七(辟) [5]五三九 [16]五六六・五七一・五七七・五八○・五八六
半臂 [16]五七七(白地綾錦表緋裏、□□地臈纈羅襴、緋地錦表緋淺緑帛裏雜□襴、白地錦表帛裏千納襴、黄地兩面表緋裏臈纈襴、白橡臈纈(兩面)表緋裏臈纈襴、縹地兩面表(身)雲間襴、縹□裏臈纈襴) 五八○(緋地錦身、白地錦身、縹地兩面身、呉桃染地兩面身、緑地錦身、淺緑地錦身、緑地鹿形兩面身、白綾縫物地、黄地兩面身、縹地兩面□、□地錦

# ㈤ 袴・裳

二・三二四・三四〇・三五五
袴(絮綿) ㉕三五・五〇・八四
單(襌)袴 ④四七六・五〇四 ⑥七五・一三九・二二七・三八三・四五〇 ⑯七六 ⑱五四三・五八八 ⑳二二三 ㉑五〇五・五二四・五二六 ㉕三〇四・三二四・三五五
調布單(襌)袴 ④四七六・五〇四 ⑥三八三 ⑳二二三 ㉕三〇四・三二四・三五五
細布單(襌)袴 ④四七六 ㉑五二四
袷袴 ②三〇七 ④四七六 ⑤四八四・四八六・五三九・六五七 ⑥五九・四四八 ⑧五七九 ⑰七一 ⑱二二・二三・二四(袷)
(帛)袷袴 ④四七六 ⑤四八四・五三九 ⑧五七九 ㉕三二四
白練袷袴 ⑤六五七 ⑰七一
綿袴 ④四七六・五〇四 ⑤四〇六 ⑥一五・二九三・二九四・二九六・四四八〜四五〇 ⑮六八 ⑯一五 ⑱五四八 ⑲一二〇・一二一 ㉑五二五 ㉕三〇四・三〇五・三二四
練綿袴 ⑱五四八
(帛)綿袴 ④四七六・五〇四(被袴) ⑥四四八 ㉕三〇四・三二四
(調布)綿袴 ④四七六
(細布)綿袴 ④四七六・五〇四 ㉔四一 ㉕三〇四・三二四
(祖布)綿袴 ④四七六・五〇四
(祖布)綿袴 ㉕三〇五・三二四
(貲布)綿袴 ④四七六
綿袍袴 ⑯四二六 ⑱五八八
帛袴 ②六四八 ⑤四八二・五二三・五三〇
布袴 ②三〇 ⑥七一 ⑦一一五・一一六・二三〇・二三三・二六四 ⑫二三八 ⑭二四三 ⑮六七 ⑯一一六 ㉔一一五・一一六
(調布)袴 ⑥二五二・二九八・三一九・三六九・四五四 ⑲二四五・三一九
細布袴 ⑤五〇四・五〇六
祖布袴 ④三五一 ⑭二七五(祖)・二七六
祖袍袴 ⑯五二一
麻袴 ⑦二六四
緑袷袴 ⑥四四八
三臺袴 ⑤四八六
笛吹袴 ⑤五四〇
酔胡袴 ⑤五四〇
皷撃帛袴 ⑤五二三
中樂唱歌帛袴 ⑤四八二
衣袴 ④四七二〜四七四 ⑤四八九 ⑥七七・七八 ⑪一七〇 ⑫一九四 ⑯一三・三五五 ㉕三二〇・三三二
單衣袴 ④四七三 ㉕三三一
淨衣單袴 ⑯七六
浄衣袴 ⑥四四九
布衣袴 ⑥一三・一四・七七・七八 ⑳三二二
布單袍袴 ⑥六・八〜一二 ⑰一七五
綿袴奴 ⑯五六八(緋裏)
裳 ②五九七・六四三 ⑥五九・七六・二九五 ⑩二七三・三一六・三一七 ⑱五四三・五四四・五四六 ㉕二一一
裙 ①六三四 ⑱二三
單裳 ⑥五九
縹裳 ㉕二一一
青裳 ①六三四
緑裳 ①六三四
東裳 ④四七七 ㉕三二五

褶（羅襴） ㉕三五・五〇・八四・一三八
絮綿褶（羅襴） ㉕三五・五〇・八四・一三八

## (六) 衫・褌

汗衫（衩・衩） ②六四七 ③四六四・五三八 ④二七八〜二八一・四〇三・四二三・四七五 ⑤二七〇・二九二・三九一・三九六・四〇六・四八四〜四八六・五〇四・五〇六・五三七〜五四〇・六三六 ⑥六〜一四・一九・六三・七一・七五・七七・一三七・二二七・二九三・二九六・三二五・三六八・三八〇・四四九 ⑦一一五・一一六・一二二・二三〇・二三三・二六四 ⑩二七二・三〇六 ⑪一七〇・三四七〜三四九・三六〇 ⑫二七四 ⑬五三・六〇・二四四〜二四六・二六二・三六五〜三六八・三七〇・三七六 ⑭二九五・三三〇・三五〇・三七〇・三七七・三八八 ⑮六七・六八・四七〇 ⑯一五・六一・三三七・三四三・四二五・五〇七・五一六・五二四・五六八・五七〇・五七二・五七四 ⑰一七五・五五九・五六〇（衧衫） ⑱四五八（衧衫）・四七一・五四三・五四五・五七二一・五八八 ⑲一二〇 ⑳三二一〜三三三 ㉑五二四 ㉔一一四（干衫）・一一五 ㉕一三・一四・三二三 ㉕三五・五〇・八四
帛汗衫（衩） ②六四七 ④四七五 ⑤四八四〜四八六・五三七・五三九・五四〇 ⑮六七 ⑯五六八・五七四 ㉕三三三
練汗衩 ⑤五三八・六三六
緋汗衫 ⑯五七二
呉桃染汗衩 ⑥一九
衩 ⑤四八九
衫 ⑮五二・六七〜六九
帛衩 ⑤四八一・五三九
白衫 ⑯五八〇
布衫（衩） ⑤四八二・四八五・四八六・五三九・五四〇・六五八 ⑮六七 ⑯三二五
細布衫 ⑮六七
庸布衫 ⑮六七
單橡衫 ⑮六七
笛吹帛衩 ⑤五三九
笛吹帛汗衩 ⑤四八五
皷打布衩 ⑤四八五・五三九（皷）
酔胡帛汗衩 ⑤五三七・五四〇（酔）

酔胡布衫　⑤四八五・六五八(酔、衫)　⑯三二五(酔、衫)

宗明楽布衫　⑤四八六

金剛力士戟持帛衫　⑤四八一

素方皮兒布衫　⑤四八二

紫綾袖繼(衫)　⑯五八〇

褌　①六三四　②三〇　③五三八　④二七八〜二八一・四〇三・四二三・四七六　⑤二九二・三九一・三九六・四〇六・五〇四・五〇六・五三〇・五三九　⑥六〜一三・一九・六三・七一・七四・七五・七七・一三七・二二六・二二七・二九三・三二五・三六九・三八〇・四四九　⑦一一五・一一六・一二二・二三〇・二三三・二六四　⑩二七二・三〇六　⑪三四七〜三四九・三六〇　⑫二七四　⑬五三・六〇・二四四〜二四六・二六二・三六五〜三六八・三七〇・三七六　⑭二九六・三三一・三五〇・三七〇・三七七・三七八・三八八　⑮六七・六八・四七〇　⑯一五・六一・三三七・三四三・四二五・五〇七・五一六・五二四　⑰一七五　⑱四五八・四七一・五四二・五四三・五四五・五七二・五八八　⑳三二〜三二三　㉑五二四　㉔一一四・一一五　㉕一三・一四・三二四

裩　⑤二七〇

帛褌　①六三四　⑤五三九

内褌　⑥八

下袴　⑮六七・六八

水褌　②三〇　⑦一一五・一一六・一二二・二三〇・二三三・二六四　㉔一一四・一一五

白褌　⑫二五一

## (七)　前裳・早袖など

前裳　①五五三　③四六四　④四〇四・四七〇・四七三　⑤二九三・四〇七・四八九　⑥一七・六〇・六一・七六・一三九・一四〇・二九五・四七八　⑪三五一　⑬五二・五八・六〇・二五九　⑭二九七・三五〇　⑯一五・六二・二四一・四二六・四七七・五〇八・五一六　⑰一七五　⑱一一一・一一二・五四四・五四六・五八八　㉕二〇八・三一八・三二一・三四〇

皮前垂　⑫二五一

早袖　④四〇四　⑤二九三・四〇七・四八九　⑥一七・六〇・六一・一三九・一四〇・二九五・四七八　⑬二五九・二六六　⑭二九七・三五〇　⑯六二・四七七・五〇八・五一六　⑰一七五　⑱一一一・一一二

速袖　④四七七　⑱五八八(連袖)　㉕三二五・三四〇

櫛借　④四七七　㉕三二五(雑色袷)

手衣 ②六四三 ④四七二・四七三 ⑯二一七三 ㉕三二〇・三二一

## (八) 帯


帯 ②六四三(金作、高麗錦、銀作、黒作、銀鏤) ⑤五三八〜五四〇・六七三 ⑪三六〇 ⑭四四一 ⑮四七〇 ㉕五〇 ㉕三五

御帯 ④一二二・一二六・一二七・一七六 ㉕五〇・八四

班貝鉸具 ④一二七

鉸具 ④一七六

布帯 ⑤四八二 ⑭二四三 ⑮五二・六〇・六二 ⑯一三 ㉕一四三・一四四

帛羅帯 ㉕一三八

革帯 ⑯五七〇・五七九(小帯各牛角銭形)・五八〇(一条在牒世布)・五八七

練帯 ②三〇 ⑦一一五(練)

要帯 ⑤四八六

牛角銭形(革帯) ⑯五七九

牛角胥帯 ㉕一四〇

小赤皮帯 ⑯五六八

皮帯 ㉕一二〇(銅石)・一二三

小帯(革帯) ⑯五七九

鞊鞢帯 ④一二六(班貝) ⑤四八二・五三九 ⑯五六八(大、小、赤皮、小赤皮)

吉膜鞓 ④一二七

緊膜班犀角(御帯) ④一七六

金銅銭革帯(幉攝・无牒攝)(木銭押金薄) ⑯五八七

班犀偃鼠皮御帯 ④一二六

班貝鞊鞢御帯 ④一二六

赤紫黒紫縚綬御帯 ④一二七

縚綬御帯 ④一二七

丸鞆犀角帯 ㉕一二八

唐散樂帯 ⑤五三八

舞人皮帯 ㉕一二四

呉女従帯 ⑤五四〇

呉女従胥帯 ⑤四八五

勒肚巾 ⑯三二五・五六八(緋於帛裏)・五七〇(吐、脱ヵ)・五八七

勒肚巾 ⑤五四〇(苐)・六五八

胥裶 ⑤五四〇

## (九)　履物・襪

菲　③五三八　④三九九・四〇四・四三三・四三六・四三七・四四〇・五三六　⑤八五・二五一・二九四・三一八・三九〇・三九六・四〇七・四一三・四一四・四一六　⑥二四・八七・一〇三・一五六・一七四・一九四・二〇三・二〇五・二二四・二四三・二七六・二九二・三〇二・三七一・三七五・四〇〇　⑭二九七・三五〇・四一九　⑮九・五二・六〇・六二・六六・八一・八三・一二六・三一一　⑯一七・二三・六三・七九・九四・一一六・一二一・三〇四・三三七・三四七・三五四・四一〇・四一四・四二六・四八〇・四八一・四八八・四八九・四九一・五〇九・五二六・五二七・五三〇・五三五・五六五　⑰二四〇・二四七・二四八・二五一・二五七・二七〇・二八一・二九三・二九四・二九六・三二一　⑱二二・一八・五八七　⑲三二一　⑳三二一・三二二　㉑四八九　㉕二八六・二八七

屝　⑬二二一・二四一・二四三・二五八・二六二・二六五・三三九・三四四・三六五〜三六八・三七〇・三七六・三八六　⑭一〇・一一・一五・五六・七六・七八・三〇三・三三七・三四三　㉕一四

木履(屐)　②三〇　③五三八　④四〇四・四三三・四三六・四三七・四四〇・五三六　⑤二九四・三一八・三二三・三二五・三九〇・三九六・四〇七・四一三・四一四　⑥二四・八七・一〇三・一五六・一七四・一九四・三〇二・三七一・四八二・五〇五　⑩三〇八　⑫二四〇　⑬三四三・三七一　⑭二九七・三五〇・四一九　⑮六六・一二六　⑯六三・七九・八四・八五・九四・九九・一〇〇・一二一・一二六・一二七・三〇四・三三七・三四七・三五四・四一〇・四二六・五〇九　⑰二三七・二四〇・二四四・二四七・二八四・二九三・二九六・三〇四　⑱二一・一八・五八七　㉑五二〇　㉕三四〇

木沓　④三九九　⑦二三四　⑬三七六　⑭五六・二六二・二六三・三〇三・三三五・三三七・三四三　⑮三一一　⑯一一六・四八〇・五二七・五二八・五三四・五六五　⑰二七三・二九九・三〇〇・三〇三　⑳三二一　㉕一四

履　⑤四八六

沓　②六四三　③四六四　⑫二七五　⑬五三　⑮三五〇　㉕一四三

舄　⑤五四〇

柒履　⑥一六二　⑰五八八

柒涅沓　㉕一四三

阿志波祢履　⑯四八二

白皮沓　④五〇七　⑮一二五(歪)

女沓　②五七二　⑯二八二

庇持沓　⑤五四〇

緋沓　②六四三

麻沓　⑤五三九

淺絁沓　⑯八五

屦皮　②五六(御屦牛皮)・六六(御屦皮)・六八(御屦皮)・一三八(御屦料牛皮)

鞾沓　②六四八

鞾　⑤四八二・四八六・五四一

靴 [16]五七〇・五七九・五八一・五八七
鞋 [2]六四三 [5]五四〇 ㉕三一・三七・六五・八三・一四三
草鞋 [5]四八七
紫絲鞋 ㉕六五
紫糸結鞋 [4]一七八(鞋) ㉕三一・三七・八三
緋糸刺納鞋 [4]一七八(鞋) ㉕三一・三七・八三
繡線鞋 [4]一七八(鞋) ㉕三一・三七・八三(唐)
線鞋 [2]六四三 ㉕六五
男錦鞋 ㉕六五
錦綿鞋 ㉕一四三
柒皮鞋 ㉕一四三
錦鞔鞋 ㉕一四三
柒渥(沓) ㉕一四三
皂皮(沓) ㉕一四三
皂(沓) ㉕一四三
和[良久豆]カ [16]四八二
山久豆 [16]四八二
差懸 ㉕一三一
膊覆行藤 [2]五九
行縢 [4]一五二

織脛纏 [2]六四一
崑崙脛裳 [5]五三七
襪(襪、韈、韤) [2]三〇 [3]五三八 [4]四〇四 [5]二七〇・二九一・四八五・四八六・五三九・五四〇 [7]一一五・一一六・二三四(懱)、二六四(纈) [10]三〇八・三一六 [11]一六九 [12]二四〇・二四一・二七四 [13]五二・五九 [14]二九七・三五〇 [15]五二一・六〇・六二 [16]一五・六一・三二五・三二六・五〇七・五六八・五八一 [18]五八八 [24]一一五・一一六・二二五
䙦 [4]四二三 [5]五四〇・六五八・六五九 [6]一三・一四 [11]三六〇
布襪 [7]二六四(布纈)(布縵[7]二三〇は[7]二六四によれば布襪の誤りか) [16]五六八・五八一
襪布 [5]二七〇
錦襪 [5]五三九
錦襪 ㉕一二四
加樓羅襪 [5]五三九
皷撃䙦 [5]六五八 [16]三二五(襪)
酔胡(䙦) [5]六五八 六五九

醉胡襪 [16]三二五・三二六・五(襪)
大孤父襪 [5]四八五・六五八(䙦) [16]三二一
鈋盤打襪 [5]四八五
鈋盤襪 [5]四八五
鉦盤襪 [16]三二五
袜 [3]四六四 [4]二七九～二八一・四七六 [5]三〇九・三九二・三九七・四〇五・五〇四・五〇六・五三七 [6]七～一一・一三・一八・一九・五九・六三・七五・一三九・二二八・二九五・二九八・三六九・三八一・四五〇・四五一 [8]五七九 [11]三四七～三四九 [12]二四一 [13]二四四～二四六・二六二・三六五～三六八・三七六 [14]三三一・三七一・三七八・三八八 [15]六七・四七〇 [16]一〇六・三三八・四〇九・四一三・四二六・五一六・五二四 [17]一七五 [18]二四・四五八・五四三・五四五 [20]三二一・三三三 [21]五二四 [25]一三・二五・三三九
(調布)袜 [6]三六九
帛袜 [5]五三七
緋袜 [5]五三七

金剅桙持緋袜 ⑤五三七
鈋盤擊袜 ⑤五三七
呉女従帛袜 ⑤五三七

## (一) 湯帳・手巾

湯帳(悵) ①三九四 ②三〇・一六九 ③四六四 ④二七九~二八一・四〇四・四二三 ⑤二九一・四〇五・五〇四 ⑦一一五・一一六・一二一・一三〇・二三三・二五七・二六一・二六四 ⑧五七九 ⑩二七三・三一六・三一七 ⑪一六九(張)・三四七~三四九 ⑫二四〇・二四一・二七四 ⑬五二一・九〇・九五・二四四~二四六・二六二・三六五~三六八・三七〇・三七六 ⑭二九七 ⑮六七・四七〇 ⑯五・六一・四二六・五〇七 ⑱五八八 ㉕一三・一四(帳湯)・三三九
温(溫)帳(悵) ⑤五〇六 ⑥七~一四(張)・一五・一八・六三・七五・一三九・二二八・二五二・二九五・二九七・三八一・三八三・四五一・四五四(慍)・四七八(張) ⑯五二四 ⑰一七五・五五八~五六〇 ⑱四五八・五四三・五四五 ⑲一二一・二四五・三一九 ⑳二二三・三二一・三二三 ㉑五
〇五・五二五 ㉕三五五
湯帷(惟) ⑤三九二・三九七 ⑬五八・五九 ⑭三三一・三五〇・三七一・三七八・三八八 ⑮六七 ⑯三三八・四〇九・四一三・四二六・五一六
調布湯帳(帷) ⑮六七
手巾 ②三〇・三五〇 ③五〇八 ④二七九・三五一・四〇四 ⑤二九一・三九二・三九七・四八九 ⑥六・二四・七六・二三八・四五〇 ⑦一一五 ⑧二一六・二二三・二八五・三七七 ⑪三四七・五二一 ⑬五二一・二四四・二五八・二六一・三六六・三七六 ⑭二〇・二四三・二七五・二七六・二九七・三三一・三五〇・三七一・三七八・三八八 ⑮四七〇 ⑯一五・二三・六一・三三八・三四七・四〇九・四二六・四七七・五〇七・五一六 ⑱五四四・五四六 ⑲一二一 ⑳三二二 ㉔一一五・一一六・二四一 ㉕三三九
手巾桙(柒涅) ㉕一四二
古手巾 ④三五一 ⑭二七五・二七六
細布手巾 ㉕一四二

手浄布　③一〇五
巾　①三九四・五五三・五五四・五六三・五六四・五七二　②六四七　③四六四・五三八　④三二〇・四七〇　⑤四〇五　⑥五九　⑦二二九・二六一・二六四　⑧二一七　⑨二　⑩四三六　⑪一六九・三二七・五五七　⑫三九・二四〇・二四一・二七四・三四四　⑬五八・五九・九一・九六　⑮六七・四七〇　⑯二七二　⑱二四・五八八　㉑五一九　㉔三七〜三九　㉕一四・三一八
布巾　②六四七　⑧二一七　⑨二　⑱五八八
巾布　⑩四三六　⑫二三八
帛巾　⑪五五七　⑫三九・二四一
堂巾　㉑五一九
雑巾　①五五四・五七二　㉔三七(雑)
雑工巾　④四七〇　㉕三一八(雑)
拭(拭)布　①五五三　⑭四〇三　⑯四七五
拭巾　⑥四五二　⑬二五九
頤懸　⑮五二・六〇・六二
咽巾　⑥三八一・四五一(布)

## ㈡ 被・衾

被　①三九四・六三四　②三〇・六四三　③五三八　④三三九・四七七・五〇五　⑤二九二・三九一・三九七・四九二・五〇六　⑥一一〜一三・六三・一三七・一五五・一九八・二九三・二九四・二九七・三七五・四〇九・五〇七　⑦一一五・一一六・一二二・二六七　⑧二一八・五七八〜五八一　⑩二七三・三〇六・三〇七　⑫二四〇・二七四・二七五　⑬四九一　⑭九・一六・七九・二六一　⑮五三・六七・六八　⑯一五・六一・六二・一一六・三三八・三四三・五〇八・五一六・五二四　⑰一〇・五五八〜五六〇・六〇七　⑱五四八・五八八　⑳五〇一　㉔一一七・三二八　㉕一三・三〇四・三〇五・三二五
短被　㉕二一一
帛被　①六三四　⑫二四〇
(白帛)被　④四七七　㉕三二五
(赤帛)被　④四七七　㉕三二五
(練)被　①三九四　⑱五四八
(布)被　④四七七・五〇四・五〇五　⑤一〇三　⑫二四〇　⑮五三　⑰一〇　㉕三〇四・三二五
(細布)被　④四七七　⑤五〇六　⑥四〇九　㉕三二五
(調布)被　④四七七・五〇四・五〇五　⑤一〇三　㉕三〇四・三〇五・三二五
(祖布)被　④四七七・五〇四・五〇五　㉕三〇四(祖、以下同)・三〇五・三二五
麻被　①三九四　⑧二一八・五七八〜五八一　㉔三二八
綿被　⑱五四八
橡(被)　④四七七　㉕三二五
衾　②一六九　④三三九　⑤三九一・四〇六・四一二・四一三・六七三・六八一　⑥八・一〇〜一四・四八二・四八四・五〇〇　⑦二三〇・二三四・二五七・二六四　⑧二一七・五七九　⑬五三・九〇・九五・三七六・三八一　⑭一三・二六二・二六三・三五〇　⑯一三九・一七五　⑲一二一　㉑五〇三・五二五　㉕一二三・一二四

帛衾 [5]六七三・六八一 [6]八 [8]二一七 [17]一七五
布衾 [16]一三 [21]五二五
細布衾 [6]四八二・五〇〇 [17]九
調布衾 [5]四一二・四一三
麻衾 [6]二一七・五七九
綿衾 [6]九

## (三) 冠・櫛・髪刺・口脂・笏

御礼服冠 ㉕三五
礼服御冠 ㉕四九・八三・八四
礼冠 ㉕四九・八四・一三八・一二九
御凡冠 ㉕三五
凡冠 ㉕四九・八四・一三九
黒紫組纓 ㉕四九・八三・一三八
白線組緒(礼服御冠) ㉕四九・八四
旒 ㉕四九・八四・一三九
冠(冠) [1]三九四・五五三 [2]三〇 [3]四六四・五三八 [4]二七九・四〇三・四〇四・四七〇・四七三 [5]二九一・二九三・三九二・三九七・四〇五〜四〇七・四八六・四八九・四九一・五〇五・五〇六・五三九 [6]七〜一二・一七・六〇・六一・六四・七五・七六・一三九・二九五・二九八・四七八 [7]一一五・一一六・一二二・一二九・二三三・二六一・二六四 [12]二四〇・二四一 [13]五二一・五七〜六〇・九一・九六・三六五〜三六八・三七〇・三七六 [14]二九六・二九七・三三一・三五〇・三七〇・三七八・三八八 [15]六七・六九・四七〇 [16]一五・二三・六一・六二・三三八・四〇九・四一三・四二六・四七七・五〇八・五一六 [17]一七五 [18]一一・一一二・四五八・五四三〜五四六・五八八 [19]一二一 [20]三二二 [24]三七・三九 ㉕一三・三一八・三二一・三三九・三四〇
布冠 [20]三二二
冠布 [1]三九四(冠布短) [15]四七〇
絹冠 [13]五七
位冠(赤) [2]六四六
帽子冠 [16]五八七
圓冠 [5]四八五・五四〇
止利冠 [16]五八七
綾冠 [16]五八七
籠目冠 [16]四八二
巾子 [3]五三八 [5]五三九
末額 [5]四八二・四八六
桙舞末額 [5]四八六
櫛 [5]四八二
牙梳 [3]五七九 ㉕四六

牙鏤梳　[25]四九
髮刺　[3]五七九
髻墨刺　[2]六二五
銀髮刺　[2]六四六
口脂　[25]四九
牙口指壺　[2]六四六
笏　㉕三六・四一・八一・一〇三
牙笏　[3]五八一　[4]一二二・一二七・一二
八　㉕三六・四一・八一・一〇三
通天牙笏　[4]一二八　㉕三六・四一・八
一・一〇三
大魚骨笏　[4]一二八　㉕三六・四一・八
一・一〇三
銀爵　[2]六四五
牙爵　[2]六四六
金涅杖　[2]六四六

## ㈢ 佩飾(刀子など)

御刀子　[4]一二六・一二七・一七六　㉕四
一(金銀荘)・八〇・一〇二・一〇三
十合鞘御刀子　[4]一二七　㉕三六(御ナ
シ)・四一・一〇二
黒柿把刀子　[4]一二七
三合鞘御刀子　[4]一二七　㉕四一・一〇二
棗木把刀子　[4]一二七
紫檀把刀子　[4]一二七・一二九
沉香把刀子　[4]一二七
斑犀把刀子　[4]一二七
小三合水角鞘御刀子　[4]一二七　㉕一〇二
白犀把刀子　[4]一二七
烏犀把刀子　[4]一二七
水角鞘御刀子　[4]一二七　㉕四一・一〇三
犀角鞘御刀子　[4]一二七　㉕三六(御ナ
シ)・四一・一〇三
金銅作唐刀子　[4]一二九　㉕三六・四一・
一〇三
唐(唐)刀子　[4]一二九　㉕三六・四一・一
〇三・一〇四(寶鈿荘、鞘吉膜、金銅
荘懸)
十合合歡刀子柒鞘　[4]一二九
三合合歡刀子柒鞘　[4]一二九
金銀荘刀子　㉕三六
十合鞘刀子　㉕三六
三合鞘刀子　㉕三六
水角鞘刀子　㉕三六
犀角鞘刀子　㉕三六
金銀荘(御刀子)　㉕四一
金銀作御刀子　㉕八〇
金銀作刀子　㉕八〇
小刀　[2]五九七　㉕八〇・八一
雑小刀子　㉕八一
唐小刀子(金玉餝、着鞋韉緒)　㉕八一
大刀子　[5]三二九　㉕四八
金薄綵繪木鞘大刀子　㉕三一・三五・四
八・一一三(刄本金鏤)(紫檀銀塗綵繪
把)
大(刀子)　[14]四二七　[16]六七・五一三
小(刀子)　[14]四二七　[16]六七・五一三
太(刀子)　[5]四一一
玉石把　[4]一二九　㉕一〇三
犀角把　[4]一七六
白犀把　[4]一二七

班犀把　④一二六・一二七
烏犀把　④一二七
沉香把　④一二七
大沉香把　④一七六
黒柿把　④一二七・一二九
棗木把　④一二七・一二九
紫檀把　④一二七・一二九
紫檀銀絲繪把　㉕一一三
黒柿把鈍　④一二七
紫檀把鑽　④一二七
紫檀把錯　④一二七
黒柿把錯　④一二七

韒　④一二九　㉕八〇・一〇四
鞘尾　㉕一一三
韒口尾　④一七六
金銀約韒口　④一二七
柒韒　④一二九
紫檀韒　④一二六
紫檀一鞘(納小刀子)　㉕八一
白犀韒　④一二六
白牙韒　④一二六・一七六
斑竹韒　④一七六
水牛角韒　④一七六

緑牙撥鏤把韒　④一二六
紅牙撥鏤把韒　④一二六
金銅蒲陶文裁寶鈿荘韒　④一二九　㉕一〇四
韒金銀　④一二六
革三鞘一具(納小刀子、着赤紫縚綬帯)　㉕八一
十鞘一具(納小刀六　鈍一　木錯二　錐一)　㉕八〇
三鞘一具(納小刀子)　㉕八〇
水牛一鞘　㉕八一
小水牛三鞘　㉕八〇
犀角一鞘(納小刀子)　㉕八一
牙一鞘(納小刀子)　㉕八一
鞘口　④一二七・一七六
金口　㉕一一三
金銅口　④一二七
金柒銅口　④一二七
金銀荘口　④一七六
金銀口　④一二七
銀口　④一二七
金鏤口　④一七六
金銀飾　④一二六

金銀鏤鈿　④一二六
雑采寶珠縄　④一二六
垂飾　④一二六
鞊韄緒　㉕八一
赤紫組係　④一二七
黒紫組係(紅地錦御袋)　④一二七
黒紫赤紫組係(御袋)　④一二六
赤紫黒紫繝縚係　④一七六
吉膜係　④一二九
白組係　④一二六・一七六
雑采組係　④一二六
吉膜金銅荘懸　④一二九　㉕一〇四
紫組懸　④一二六
犀角(柄)　㉕八一
牙(柄)　㉕八一
濱鐵刃　④一二九　㉕一〇四
鏤刃本　④一二七
金玉　㉕八一
金銀作　④一二六
金銀荘　㉕四一
金鏤　㉕一一三
偃鼠皮御帯　④一二六　㉕一〇二
斑犀偃鼠皮帯　㉕三六

班犀偃鼠皮御帯　④一二六　㉕四一（斑、以下同）・八〇・一〇二
斑貝鞊鞢御帯　④一二六　㉕四一（斑、以下同）・八〇・一〇二
斑貝鞊鞢帯　㉕三六
縚綬御帯　④一二七
縚綬鞊鞢御帯　㉕一〇三
赤紫縚綬帯　㉕八一
赤紫黒紫縚綬御帯　④一二七　㉕三六（御ナシ）・四一・一〇二
御袋　④一二六・一二七　㉕四一・一〇二
深紅袋（金銀作御刀子）　㉕八〇
御袋（緑地碧地錦間縫黒紫赤紫組係）　④一二六
犀角船　②五九七
象牙尺（長三寸）　②五九七
象牙縄解　②五九七

## ㈣　蓑

田蓑　①六〇九
笠蓑　⑭三二五
頸蓑　⑮三七五（依正誤表）

布はすべて平織の麻布である。木綿《もめん》の布はまだ無い。奈良時代の布は、正倉院にさまざまな形態で多く伝え、それによって当時の実態が知られる。いわゆる調庸布と称する布が大多数で、その織密度は一センチ平方当り、経緯の糸数は一〇本弱で、比較的ごつごつした風合である。これが平均的で、商布・交易布と墨書銘のあるものは、それより更に粗く、細布・貲布は、こまかく柔らかである。

絁・帛・絹は、いずれも蚕糸による平織の織物であるが、本項記載例数からも明らかなように「絁」と称するのが圧倒的に多い。それを示すように調庸銘として「絹」の例はまだないようである。

錦は、経緯に色糸を用いて多彩な文様を表現したもの。経糸に色糸を用いたもの、緯糸に色糸を用いたものがあり、前者を経錦、後者を緯錦と今日称するが、奈良時代にはそれらを区別するような名はみない。因みに前者が古式で法隆寺伝来品に、後者はそれより新しいと考える正倉院に、それぞれ多い。

綾は、色糸による文様表現ではなく、織地に変化をつけ、織文による文様表現をしたものである。大別して平織の地に異組織で文様を表現した平地綾文綾、綾地に異組織で文様表現した綾地綾文綾の二種がある。法隆寺伝来品には前者が多く、正倉院には後者が多くみえる。本編に収録する「無綾文」「有綾文」は、それらを指すと思われる。

紗・羅は、佐々木信三郎先生によれば綟組織と称されるもので、紗は経糸左右がからむ綟組織のもの、羅は全体が網目のようにからむもの。これらの特長は網目状であるから空間が多く、織物としては薄物であることである。正倉院の遺例を量的にみると、紗は少なく、織方の複雑な羅の例がなぜか多い。

織成は現存の北倉1七條織成樹皮色袈裟（(北)I 12 13 127）にみる。『国家珍宝帳』にそのように記すもので、後世の綴織の組織に緯糸が通ったものである。

糸は、本項にみるのは、基本的にはキヌ糸とみてよい。正倉院の実例をみると、当然であるが、麻布製品には麻の縫糸、絹製品にはキヌの縫糸が用いられている。

綿は、いわゆる真綿で、モメン綿ではない。図版ではみえないが、南倉144袋類拾六点（(南)

Ⅱ220～222）のなかに「真綿入」とあるのがそれである。つまり綿入りの袋で、袷に縫った袋の間に綿を入れ、袋に入れる品物のアタリを弱める配慮のものである。

木綿は、ユウで木材の靭皮質という。正倉院に、南倉148ノ71木綿壹裹（南Ⅲ70）が、未使用の状態で束ねられている。また南倉70鏡の鏡背の鈕につける例、第一一号（南Ⅰ221）、第二二三号～三〇号（南Ⅰ225 226）など具体例である。

衣服、服飾類は、拙著『奈良朝服飾の研究』を参照されたいが、正倉院伝来の衣服類について一言すれば、大きく二分して考えられる。一つは中倉202所属（中Ⅲ39 40 166～197）で、素朴な麻布製（主に調庸布）の袍などが多い。これは造東大寺司工房関係のものであろう。いま一つは、南倉118大歌四物～同142襪（南Ⅱ34～76 116～214）の、主に樂服類で、錦、綾、羅あるいは多彩に染めた絁などを用いた華やかな素材のものである。後者には用いた樂名、衣服名を墨書するのが貴重である。これによって当時の衣服名が確実に知れる。

帯には、中倉88紺玉帯殘欠（中Ⅱ33 155）、同101雜色縚綬帯（中Ⅱ37 170）など、北倉、中倉、南倉に多くの類をみる。特に樂関係には勒吐巾と称するものがある。南倉122狛樂駒形帯第七号（南Ⅱ130）にはその墨書銘がみえ、それと知られる。南倉140帯拾参條又四裹（南Ⅱ196～198）がそれらである。

履物類は、北倉152繡線鞋四両（北Ⅱ50 167 168）、南倉143履参両拾八隻（南Ⅱ76 77 215～219）、儀式用の南倉66衲御禮履壹両（南Ⅰ82 210）などがある。文献にみる木履に該当する例は正倉院にはみない。

冠としては、北倉157禮服御冠殘欠（北Ⅱ52～56 174～182）がある。

櫛は、中倉123牙櫛参枚（中Ⅱ179）がある。髪刺の類は正倉院には伝えない。

笏は、北倉10牙笏壹枚（北Ⅰ152）、同11通天牙笏壹枚（北Ⅰ153）、同12大魚骨笏壹枚（北Ⅰ153）など『珍宝帳』所載の品々を伝え、中倉にも86木笏壹枚、同87魚骨笏壹枚（中Ⅱ154）をみる。

杖は、南倉65杖五枚（南Ⅰ209）がある。二枚は瑇瑁、一枚は假斑竹、二枚は椿である。

装身具として、刀子は刃物であるが、きらびやかな造りが多く、装身具としたい。北倉にも北倉5線牙撥鏤把鞘（北Ⅰ24 143）をはじめ、『珍宝帳』所載の何点かを伝え、中倉131刀子六拾口（中Ⅱ39～50 181～198）と中倉にも多数伝える。そのほか、中倉97犀角魚形壹雙（中Ⅱ38 168）から中倉127水精玉貳拾九枚（中Ⅱ180）にかけて、玉、魚形、小尺、小合子などをみるが、これらも佩飾具と考える。

これらの佩飾品で注意しておきたいことは、先に帯類の遺品の多いことを述べたが、これらと右の各種の佩飾品あるいは刀子類は元来繋がっていた。つまり帯に刀子や各種の佩飾品が懸着したのが本来の姿であった。それを『正倉院御物目録』のように整理する際に、バラバラにされてしまったようである。その本来の姿を後世にとどめようとして残した一例が、中倉103黄楊木把鞘刀子壹雙（並繫着雜色縚綬帯）（中倉101）（中Ⅱ37 170）の姿らしい。天平貴族はそのようなものを佩飾としていたのであり、多分、大佛開眼会に際して奉献したのであろう。刀子の刃はみな鍛練され、実用に耐える刀身が納っている。

本項最後の「犀角船」「象牙尺」「象牙縄解」は、一セットで正倉院にみるいわゆる佩飾類である。三寸の象牙尺は正倉院の佩飾の小尺の類である。

# 二　食料・食用具


食料(析)　①三九九・四〇〇・四〇八・四二〇・四三八・四六一～四六三・四六五・六〇七～六〇九　②六二・七七・九〇・一一七・一三九　④五四・三二七・三三五・三六二　⑤二六六・二六八　⑦一七三・二七五・二七六・二七九・二八一・二八三・二八五・二八八・二九〇・二九一・二九三・二九四・二九六・二九八　⑪四八　⑭九〇・九二～一〇六　⑮三九・五三・一三八・一四〇・一四三・一四五・一五七・一六五・一六七・一八三・一九〇・二二九・三二〇・三五七・三六三・三六四・三七九・三八三・三八五～三八七・三八九～三九三・三九六・三九九・四〇五・四〇六・四一二～四一五・四一七・四一九・四二一・四二四・四三一・四三四・四三七・四四五・四七七・四八〇・四八一・四九六　⑯一一

常食料　⑤六～三三・二六七～二六九・二八六・三八一・四三七　⑥九二・一四四・一八一・二三三・二四三　⑮一八七・一九一・二二五・三七八～三九二・三九四～四三六・四七二～五〇〇

食料物　⑭九一

食物　⑤一二六～一二八・一三〇・一三八・一九八・一九九・三三一・三四八・三五三・三七八・三八〇　⑭一〇六　⑮三七五　⑯八〇・八九・九五・二〇二・二二二・二四一・二八八・二九〇・三八一・四九六

雑食物　⑯三七九

食物代　⑭一九八・二〇〇・二〇四・二四三　⑮四五二

粮　①六一六　②一五　④三六八・三七〇・三七一・四二八　⑥一二二　⑮四〇八・四一五　㉑二七九　㉔三二四

滔肴　③三五八

滔食料　②一九九

御贄　①六〇五　②一〇二(贄)

大御贄(使)　②二七一

半食　⑤七・一〇・一一・一三・一八・一九・二一・二二・三〇　⑮三七九～三八一・三八五・三九七・三九九・四〇一・四〇二・四一二・四一九・四二三・四三一

半食加米　⑮四〇四

食法　②一三四　⑪四八六　⑮二五六・四〇一(交名給法、在別巻)

公二觧(廨ヵ)食法　②一五

國司部内巡行食法　②一五

半食給帳　⑤一八

半食帳　⑤一九

## ㈠ 穀類

稲(稲・稲) ①三九七～四一二・四三六・四六一・四六二・四七二・六一五 ②三五・三八・三九・四九・五五～五八・六〇～六二・六五・六九・七六・七七・八四・九〇・九六・一〇二・一〇四・一〇五・一一四・一四二・一五三・一九二・一九四・一九五・一九九・六二〇・六五八・六五九 ③二四〇・二四二・二四七 ④五二・五七・八〇・一一一・一二二・一二九・二二〇・二四六・二四八・二五五・二七五・三五九・三六〇・三六四～三六六・四一四～四一六・五一七 ⑤二四三・五三六・五六三・六一三・六四六・六四七・六四九・六五二 ⑥一一九・一二〇・五九五 ⑦二二三 ⑭二六九～二七二 ⑮一二四・一二九 ⑯二八三 ⑰一一一 ㉑二八二 ㉕七〇・二六三
新稲 ②一四二
古稲(稲) ①三九八・四〇二・四〇五・四〇八・四一一・四一七・四三一・四三三・四三六・六一八 ②七・一四二・
古用畬稲 ㉕二六三
殘(残)稲(稲) ④五七・一一二・一三〇・二四六・二四八・三六四
春殘稲 ④二四六
抙失无實悪稲 ②六五八
公用稲 ①四二〇・五九七
官稲(稲) ①五八七・五九一 ②六三・六四・一三七
郡稲(稲) ①四二〇・四六一・四六六・四六八・四六九・四七一・四七二・六一四
神戸稲 ①三九七・三九九・四〇〇・四〇三・四〇四・四〇六・四〇七・四〇九・四一〇・四一二
神戸田祖料割充稲 ②七七
税稲 ①五八七
神税苐稲 ①五九一
輕税銭直稲(稲) ①四〇五・四〇八・四一一・四二〇
負稲(稲) ①四〇二・四〇五・四〇八・四一一・四三〇・四三二・四三四・四三六・四三八
債稲(稲) ①四五二・四五四・四五六・四五七・四五九・四六八・四六九・四七二・六一三・六一七・六二六 ②九・二四・四〇・七一・七二・一二〇・一二四・一四一・一九六
免稲(稲) ①四五二・四五四・四五七・四五九・四六八・四六九・四七二・六一三・六一七・六二五・六二六 ②九・二四・三四・七一・七二・一二〇・一二四・一四一・一九六
免給稲(稲) ②一六・一八・一九・四三・五〇
論定出擧稲 ②六二六
論定出擧夲稲 ②六五一
春秋貳度出擧官稲 ②六三
春夏二時借貸并出擧雜官稲 ②一三五
借僙稲 ④三五九
收(収)納稲(稲) ②五～七 ④二五五・四一五
収納當年官稲 ②六四
収獲之稲 ④二五五
賣得稲 ②一九五・一九九
買稲 ②一九九
(田)租稲 ④一一一 ⑦四六・四九

傭稲 ②一三七
中宮職交易絁直并運擔夫庸稲 ②一一九
皇后宮交易雑物直并運擔夫庸稲 ②一一九
㓛稲（稻） ④五三〜五五・一一二・二四
七・二五一
㓛充稲 ④五四 ⑤五三六
功傭給稲 ②一四七
給功直稲 ②一四七
給稲（稻・稲） ②一五・一〇五・一一七・
一四七
用稲（稻・稲） ①四六五・六一五 ②八四
④二五一
用度稲 ①六一〇
直（直）稲（稻・稲） ①四〇五・四〇八・四
一一・四二〇・四六四〜四六八・四七
〇・四七一・六〇九〜六一三・六一八
②一三・一八・三三・三九・四三・五
八・五九・六四・六五・六八・六九・
七五〜七七・八九・九〇・一一七〜一
一九・一三四・一三九・一四五・一四
七〜一四九 ④二五二・三五九・三六
四 ⑤五五五・五五七・五七五・五七
七〜五八三・五八五・五八六・六四六
〜六五一・六五六 ⑥五七七・五九〇
〜五九二・五九五 ⑨六四三 ⑭二六
九・二七〇・二七二 ㉕二六三
稲直 ④二七五
賣直稲 ②一八
價稲（稻・稲） ①四三六・六一一・六一二
②六四・一三七・一三八・一四〇〜一
四二・一九二〜一九五・五二二 ③三
四四・三五五・三五六・三八九・三九
〇 ④五二・五五・二四六・二五一
⑨二五五 ⑪一一三・一一四 ⑭二六
九・二七二
充稲 ④五五
粁（料）稲（稻・稲） ①四三〇・四三四・四
三五・四三九・四六五・六一二 ②一
三・一六・四九・五五・五八・六二・
六八・七六・七七・九〇・九一・一一
七・一九二・一九四 ④八〇・三六五
㉑二八二
御料稲 ④三六四
料割充稲 ②七七
米料稲 ④三六五
舂稲 ②四三・五五・一四七
舂米粁稲 ①四三〇・四三四・四三五・四
三九
食稲（稻・稲） ②一三〜一五・四二・四
三・四八・四九・五四・五五・六二・
六四・六七・六八・七八〜八〇・九一
〜九三・一一四・一一六・一一七・一
三〇〜一三八・一四五〜一四八 ④五
四
食粁（料）稲（稻） ①四六一・六〇七〜六〇
九 ②六二 ④一一二・二四七・二五
一
飼稲 ②一〇五・一三八
飼秣稲 ②一〇五
粥糧料稲 ②五八
秣稲 ②六四
醸滔粁稲 ①四六五 ②一六
兵家稲 ②一九五・一九六
雑色稲 ①四一四
雑用稲（稻） ①六一六・六二三 ②一一
④五三・一一一・二一九・二四七
監月料稲 ②九〇
春秋釋（奠）料稲 ②一三
先聖先師并四座料稲 ②一三
供祀幣稲 ②三七
祭春月滔稲 ②一四一
射田利稲 ①六〇一

穀底敷稲　②三三一・三三五・三三八
驛起稲　①五九七
上下貳箇國中宮職桵稲　②六一
公廨田二町准獲稲　②六二
和泉宮御田苅稲　②七八
全稲(稲)　②三三一・三三三・三三五・三三八・三三九
寺稲　⑤六一三
大安寺稲　㉕二六三
薬師寺稲　㉕二六三
僧寺稲　㉕二六三
尼寺稲　㉕二六三
觀世音寺之稲　⑭二六九・二七〇・二七二
二寺稲　②一一五
國分二寺料稲　㉑二八二
造寺料稲　㉑二八二
供養料(析)稲(稲)　①六〇八　②一三・一七・一一七・一九二・一九四
布施料稲　①六〇八
通分稲　②六五八
僧分稲　②六五八
功徳分稲　②六五八
盂蘭瓮分稲　②六五九
温室分稲　②六五九
放生稲　②八一
買為寺田直稲　⑤五七七
儲府料春稲　②四三
府雑用料春稲　②一四七
遣新羅使料春稲　②五五
御畫無稲　④三五九
種稲　①三九七・三九九・四〇〇・四〇二・四〇八・四一一
賀麻伎種稲　①四〇八
稲依子(種子名ヵ)　④五〇七・⑮一二四
越特子(種子名ヵ)　④五〇七・⑮一二四
苗實　⑤六四二・六五三
倉稲　⑥一二〇
頴(穎・頴)　①三九六・三九八・四〇一・四〇三・四〇六・四〇八・四一一〜四一三・四二七・四五四・四五七・六一六・六一七　②三三〜三五・三七〜四〇・七六・八〇・一〇四・一一八・一五三・一九九・二四七・二四八　③四六八
古頴(穎)　①四一八・四一九・四二一　②三五　③四六八・四六九
穎古頴　③四六八
遺頴　①四二七　②一五三(頴)
神戸穎　②三九
祖頴　①四〇三
大税穀頴　①四一三
雑色穎　②三三
糯米頴　①六一六
粁頴　②一一八
田祖料穎　②三七
雑用頴　②一〇四
神社造用頴　①四五四・四五七
天平七年檢税使乞様古頴　②三五
頴(穎・頴)稲(稲・稲)　①三八九・三九〇・三九六〜四〇三・四〇五・四〇六・四〇八・四〇九・四一一・四一二・四一四・四一五・四一八・四二〇・四二一・四二九〜四三二・四三三・四三五・四三七〜四三九・四五二〜四六〇・六〇七〜六一一・六一五・六一九・六二三・六二五〜六二七　②七・九・一一・一二・一六〜二一・二四・三二・三七・三八・四一・四二・四四・四五・四七・四八・五〇〜五三・五六・六四・七〇・七三・七五・

七六・八一・八三〜八九・九三〜九六・一〇三・一二一・一二四・一二五・一二七〜一二九・一三七・一三九〜一四二・一四四・一四五・一九七・二〇〇 [3]四六八 [4]二四八・四一六
穎禾 [2]五〇
古穎稲 [2]八七
遺穎(穎)稲(稻) [1]六二六 [2]五〇・七五・八九
田祖穎稲 [2]八七
己税穎稲 [2]二一
出擧穎稲(稻) [1]四五二・四五四・四五五・四五七・四五九 [2]二四
借貸穎稲 [1]六二五・六二六 [2]一四一
収納穎(穎)稲(稻) [2]八六・八七 [4]二四八
加納穎稲 [2]八四
料用穎稲 [2]一四〇
雑用穎稲(稻) [2]一二・五六
醸酒穎稲 [1]六〇九 [2]一四一
底敷穎稲 [2]八一・八五・八六・九四・九五
漕送功割用穎稲 [4]四一六
遣唐使第二舩供給穎稲 [2]一六
向京防人參般供給穎稲 [2]一三九
中般防人玖伯伍拾參人二日半料穎稲 [2]一三九
後般防人壹伯貳拾肆人二箇日料穎稲 [2]一三九
神社穎稲 [2]一四一
改造神社料用穎稲 [2]一三七
籾 [1]三二七 [2]一〇〇・六五八 [4]三六〇 [21]二八〇・三六一
近江國籾 [21]三六一
穀(穀) [1]三九七〜四〇三・四〇五〜四一三・四一七・四二七・四三五・四五二・四五四・四五七・五八七・六〇七・六一四・六一五・六一八・六一九・六二七 [2]九・一〇・二四・三三・三四・三六〜四〇・四五・四八・五三・五五・六四・七一〜七三・七六・八〇・八九・一〇二〜一〇四・一一五・一二一〜一二三・一二六・一二八・一三〇・一三五・一三七・一四一〜一四三・一四六・一九六・二四七・二四八・六一九 [3]四六九 [21]二七四・二八四(賑給)
(秏) [1]三九七〜四〇二・四〇五・四〇七・四一〇・四一二・六二六 [2]八〇・八二・一〇六
(簸) [1]四五二〜四五八・六二七 [2]一二・一七〜一九・四一・四五・四七・七〇・八一・八八・九三・一〇六・一四三・一四六 [2]一九六・一九九
(未簸) [2]四一・四五・四七・一〇六・一九六・二〇〇
五穀 [6]五三 [16]二九二
稲(稻・稲)穀(穀) [1]三八九・三九〇・三九六・三九八・四〇三・四〇五・四〇六・四〇八・四〇九・四一一・四一二・四一八〜四二三・四二五・六〇七 [2]一七〜一九・三六・四〇・四二・四四・四七・四八・五一・五三・七五・七六・八〇〜八六・八八・八九・九三〜九六・一〇六
粟穀 [1]四一八・四二〇 [2]一二・一七 [3]四六八
屯田稲穀 [1]四一一
實穀 [2]一〇三
腐穀 [2]三六
遺穀 [2]三四

欠穀(穀)　①三九六・三九八・四〇三・四〇六・四〇八・四一一　②七三・一〇二・一二三・一二五・一二八・一三〇
免穀　②三四・四〇
債穀　②四〇
盗穀　①四一一
祖(租)穀　①四五二・四五四・四五七・四五九・六一八・六一九・六二五・六二六　②一二〇・一四三
田租穀　②一四二・一四五(祖)
輸租(祖)穀(穀)　①四一七・四二七　②七五・八八・二六一
輸田祖穀　①四三一・四三三・四三六
官租穀　②一四三
官納租穀　②一四三
封戸租穀　②一四三
故左大臣藤原家封穀　②一四三
税穀　②七・一〇六
大税稲穀　①四二一
大税穀(穀)　①三九七・三九九・四〇二・四〇七・四一〇・四一三・四一五・四二八〜四三二・四三四・四三五・四三七・四三八
正税穀　①四三九・四五一・四五三・四五五・四五六・四五八・六〇七・六一四・六二四　②六・三二・三七・一九九
神戸穀(穀)　①四〇〇・四〇一・四〇八・四一一・四一二
神戸租穀　②一四二
動穀　②三六
動用穀(倉)　①四五五
不動穀(穀)(倉)　①四二八・四二九・四三一・四三七・四三八　②二二・三六・一〇三
地子穀　①四〇八
正倉穀　①三九六
雑用穀　①四五六・四五九　②二四
糯穀　㉑二七四
賑給稲穀　②七六・八九・九六
賑給穀　②一三五・二〇六・二一〇・二一六・二二一・二二四・二二八・二三四・二三五・二三七・二三八・二四一
賑給高年等穀　②一一五
賑給高年之徒穀　②一〇四・一四一
賑給高年并疫病徒穀　②三四
賑給高年并疫病伯姓穀　②三九
官奴婢食断穀　①四〇八
不動及不除耗穀　①六二六
税稲為穀　①五八七
禾穀　②五二
郡稲(稲)穀(穀)　①三九八・四〇五・四〇八・六〇七
屯田稲穀(穀)　①四〇三・四〇五・四一一
輸(輸)祖稲(稲)穀　①四二二・四二三
輸田祖稲穀　①四一九
大税稲(稲)穀　①四一八・四二一
正税稲穀　②四〇・四七
軽税銭直稲穀　①三九八
地子稲穀(穀)　①三九八・四〇五・四〇八
賑給稲穀　②七六・八九・九六
急戸賑給稲穀　②九六
高年八十年已上賑給稲穀　②九六
高年寡鰥惸獨等人賑給稲穀　②九六
官奴婢食断稲穀　①三九八
米　①三九八・四〇五・四〇八・四一一・四一九・四二二・四二三・四三〇・四三四・四三五・四三九・五五一・五五二・五七一・六〇七・六〇八・六一七　②五六・五八・六〇・六一・六三・六四・七六・七七・九〇・一〇四・一〇

五・一一八・一五〇・一五一・二五四・三八九〜四二五・四二七〜四三三・四五八〜四七五・四七七〜四八〇・六一九・六五八・六七〇 ③三五八・四六六・四六九・五八三 ④二九・七六〜八〇・二二〇・二五五・二六四・三二七〜三三五・三五九〜三六二・三六五〜三六七・三六九〜三七四・四〇五・四一六・四二一・四二四・四二七・四三四・四三八・四五〇・四五五〜四五八・五一七・五三三・五三八・五三九 ⑤五〜三三・六五・七二・七五・八六〜八九・九五〜九七・一〇五・一〇六・一一一〜一一三・一二〇〜一二二・一三四・一三六・一四〇・一四一・一四三・一四四・一四七・一四八・一五五〜一五八・一六一・一六二・一八四・一八五・二〇三・二〇六・二〇八・二〇九・二一四〜二二一・二二七〜二二九・二三一・二三九〜二四三・二四五〜二五〇・二五六・二六一・二六二・二六四〜二六九・二七四・二七八・二八一・二八四〜二八七・二八九・二九

五・三〇一・三一三〜三一六・三一八・三二〇〜三二二・三三〇・三五三・三六〇・三六五〜三七一・三八一・三八三・三八五〜三八七・三九三・四〇〇・四〇一・四〇九・四三六・四三七・四四一・四四四〜四四六・四七八・四九七・五三六・七〇五〜七〇八 ⑥五〇・五一・五三・五四・五六・六一・六五・六七・六九・七一・七四・七九・八四・八九・九三・一一四・一二五・一四〇・一七八・二〇一・二〇三・二二六・二二八・二二九・二三一・二五三・二七八〜二八二・二八四・三〇〇・三〇一・三二〇・三二六・三三二〜三六七・三七一・三七五・三八四・三八五・三九二・四〇〇・四一三・四二〇・四五五・四七一・四八〇・五〇三・五九二 ⑦三六・三七・四五〜四九・一四五・一七四・一七五・二三四・二三八・二七〇・二七一・二七三・二七五〜二八六・二八八〜二九六・二九八〜三〇〇 ⑧五四三・五四四 ⑨一九二 ⑩三一〇・三一五・五四一 ⑪四八・三二

八・三五一・三五二・三七三・四二二・四八六〜四八九 ⑫一八〇・二五五・二七〇・二七六・三四五・三四九 ⑬五五・五七・二一七・二五四・二五五・二八〇・二八五〜三一七・三三九・三四四・三四九・三七七・四三一・四三三・四七〇〜四七五 ⑭一六・一七・二七・四七〜四九・五三・五五・五九・八一〜一一三・一九八・二四〇・二四四・二四五・二四七・二五九・二六五・二六六・二八四・二九八・三〇四・三二六・三三六・三三九・三五二・三五六・三六〇・三六一・三八一・三八三・四一九・四二四〜四二七・四二九・四三〇・四三一〜四三六・四三八〜四四二・四五〇 ⑮七・一五〜一七・一九〜二三・二八・三二〜三五・四七〜四九・五三〜五六・七四・八二・八四〜八七・一三五・一四五・一四八・一五二・一五四・一五五・一五七・一五九〜一六一・一六四〜一六七・一七三・一七四・一七七・一七九〜一八一・一八三・一八七・一八八・一九一・一九

一

黒(黑)米 ④七七〜七九・三六七・五三九 ⑤五〜三〇・三三・七二・八七・一一一・一三四・一四〇・一四一・一六二・二四〇・二四二・二四五・二四七・二六六・二六七・二六九・二八七・二九五・三一三・三一四・三一八・三二〇・三二二・三三〇・三六五・三六七・三六八・三七〇・三七一・三八五・三八六・三九三・四〇九・四三六 ⑥六五・六九・七九・二三一・二五三・三〇一・三八四・三八五 ⑪四八七 ⑭四二四・四二七・四三〇・四三二・四三四・四三五・四三八・四四〇・四四一 ⑮一五〜一七・一九〜二一・三二一・四七・五三・七四・八二・八五〜八七・一三五・一四五・一四八・一五四・一五七・一五九〜一六一・一六七・一七三・一七七・一七九・一八七・一九一・一九四・一九八・二二一・二二三・二四三・二四四・二四八〜二五〇・三四二・三四六・三五九・三六〇・三七六・三七八〜四〇三・四〇五・四〇八〜四三六・四四六・四七一〜四八三・四八五〜四九三 ⑯三四〜五〇・六四・七九・八四・九四・九五・九七・一〇九・一一一・一一九・一二一・一二三・一二五・一三〇・一三三・一七七・二四六・二四七・二九一・三五〇・三八六・五一一 ⑰四二八 ⑱五七三 ⑲二四五・三二九 ⑳二二三・二二四 ㉔一二六 ㉕二七六・二七七・二七九〜二八三・二八五・二八九・二九二〜二九五・二九七・二九八・三五六・三五七

白米 ①四一九・四二三・四二三・六〇七・六一七 ②五六 ③四六九 ④七九・三六七・四一五・四二一 ⑤五〜三三・一一二・一三四・二三二・二四五・二六六〜二六九・二八五・二八九・二九五・三〇一・三一三・三三二一・三六五〜三六八・三九三・四〇九 ⑥五三・五四・六五・六九・七一・七九・二〇一・二三一・二五三・二七九・二八〇・二八一・三八四 ⑦二三四 ⑪四八七 ⑬二八五 ⑭二七・四二四〜四二六・四二九・四三〇・四三二〜四三四・四三六・四三八〜四四一 ⑮一五〜一七・一九〜二一・二三・二八・三二・四七・五三・七四・八二・八五〜八七・一三五・一五四・一五七・二〇八・二二一・二四四・二四九・三四六・三七六・三七九〜三八三・三八五・三八七・三八八・三九二〜三九六・三九八〜四三七・四六九・四七一〜五〇〇 ⑯三四〜五〇・六四・七二・八二〜八四・八八・九七・一〇二・一〇九・一二五・一二八・一七七・二四六・二四七・二八二・二九一・三五〇・三七三・四九九・五一一 ⑱五七三・五七四・五七六・五七九 ⑲二四五・三二九 ⑳七五〜七七・二二三 ㉔一二六 ㉕二七二・二七四・二七六〜二八八・二九〇〜二九九・三五六

粉米 ②一一八

糠米 ①六一一

新米 ⑪三五一・三五二

古米 ④四二七 ⑪三五二 ⑭三六一

去年米 ④三五九・三六六

食米 ①五五一 ②五六・一五〇・一五

二 食料・食用具

粮米
一・六七〇
五・一四七・二三九・二八一・三六〇
六・五三六
九・三七六
二三・[7]三六・三七・一七五
[6]二一四・二二三・二二二
[4]五三三三
[5]六五・七
[18]五八八
九・四八六
二・二九八～三〇〇
二三・二八三～二八五・二八八～二
九二・二九八～二
[11]四八
[9]九一・一
[12]一八〇
二四・二二一九
[15]五五四
[16]二四九
[19]三二四
[21]五二六
[24]二
[14]
二八
[1]五五一・五五二
[2]五六・七六

給米
九・三七六
八・四七九
六・三七六
[5]一一四
[4]一五～四一九・四二五・四六
[18]二九
[2]五八・六〇・六一・六三三・六四

間食米
四一五
[16]三〇・三一・三九
[15]五七・一五四・三五九～三六二
[5]一五四・一六三・二二六・四〇

酒(酒)米
四一五
[1]四一九・四二三
[16]五八

焼米
[6]八四

春(春・巻)米
[1]三九八・四〇五・四〇

祖(租・祖)米
～七九・二五五
五・四三九・六〇七
[4]七九
[5]一〇六・一一
[2]五六
[4]七七

膚(庸)米
九九
[5]一二三
[2]四〇一・四八〇
[6]五九二
[15]一五八
[16]

交易米
一
[16]一二四六
[25]一五八

地子米
[4]七九
[15]二五五

直(直)米
三六
[7]四五～四九
[4]七九・八〇
[5]五

公廨米
二・九・七六・七七・七九
[8]

舩載米
[4]八〇

海損米
[4]七八・七九

亡(正)米
八・四一一・四三〇
[6]八九・一七八
[18]五

乗(乗)米
六～三三
[17]四四〇
[2]五六

定米
[4]八〇・三六五
[7]二三八・二七
[18]五

麦
六
[1]五九七(麦帳)
[2]七六(交易麦)
[15]五四
[16]

大麦
一八
[25]二三三(麥)

小麦
一・四一九・四〇
[4]四六(小麦)
[5]三二一・三三二・三三七

⑰四八九　⑱七・一一・二七・五七五・五七九・五八一　⑲二四五・三一九　⑳二二四・二二七・三二三・三二五　㉑四八八・四九五・五〇一・五一四・五二〇　㉔二七・四八五　㉕二三三・二四九・二七一・二七五・二七七・二七九・二八一・二八二・二八五・二八六・二八八・二八九・二九一・二九三〜二九五・三〇四・三〇五・三五七
生大豆　④二八八　⑥八八・九八・二二五・二三九・二七七　⑬二六四・二七一・二七四・二七五・二七八・二九六・三〇九・三二二・三二七・三四三・三四六・四七四　⑭一・四　⑯二九九　⑰二四一・三一五・三一六　⑱三・一四・三〇　⑲三三三　㉕二三三
醤(醬)大豆　②六五　⑥五二・九五・一四七・一八二・一八四・二三六・三〇一・三三一・三三七・三七二　⑰二六六　⑱一〇・二七　㉕二一一
醤豆　②五六
煎(料)(分)大豆　②一〇五・一九二・一九四　⑤二三　⑮四八四
餅交(料)大豆　②一〇五・一九二・一九四
腊大豆　⑥九二・一四四・一八二・二三三
曺豆大豆　③二二〇
(糊料大豆、「五　文具」(七)糊項参照)
小豆　①五五五・五六〇　③四六七・五〇八・五三八　④七九・三二七〜三三五・四〇六・四五六・四五七・五三六　⑤二二・三三・二六七・二六九・二八五・二八六・二九七・三一一・三一三・三一四・三六九・三七四・三九五・四一一・四七九　⑥五〇・五三・五六・七三・九五・一一四・一二五・一四七・一八四・二二五・二三六・二三九・二五三・二七七・三〇一・三二〇・三二六・三七一・三七六・三八四・三八五・三九三・四〇〇・四一三・四二〇・四五五・四五六・四七一・四八一・五〇四　⑦二六六・二七九　⑩三〇九・五四二　⑪三二九・四八六・四八八・四八九・五二三　⑫二七七　⑬五六・五七・一一七・一一九・二五四・二五五・二五八・二五九・二八五〜三一七・三四〇・三四二・三四五・三五〇・三六九・三七九・四三二・四七〇〜四七三　⑭一八・五八・八一〜一〇五・一一三・一九九・二四五・二四七・二五九・二六六・二九九・三三六・三三八・三四二・三四四・三五六・三五八・四二三・四三二・四三三・四三五・四三七・四三八　⑮一五・一六・一八〜二二・二四・三二〜三四・七二・七八・八四・八七・四七四　⑯一六・六六・七一・一〇七・一〇九・一一〇・一二二・一二九・一三一・二九一・三四九・三五二・三八六・四一一・四一九・四七七〜四八二・四八七〜四九一・四九六・五〇一・五〇三・五一三　⑰三二三・四八九　⑱一一・二七・五七五　⑲二四六・三一九・三二三　⑳七六・二二四・二二七　㉑四八八・四九五・五〇八・五一三・五二一　㉔二七　㉕二三一・二四八・二四九・二七一・二七五〜二七七・二七九・二八一・二八二・二八五・二八六・二八八・二八九・二九一・二九三〜二九

九・三五六・三五七
餅交(料)小豆　②一〇五・一九二・一九四
大角(角)豆　⑤三六四・四七九　⑬一一七・一一九・二六七・三〇三・三四二・三四六・四七三　⑯四七五・四八一・四九五・五〇〇・五〇三　⑰二六七
生大角(角)豆　⑥八八・九八・二三五・二三九・二七七　⑬三四三　⑯二九九　⑰二四一・二四四・三一五　⑱三・一四・三〇　⑲三三三
生角豆　⑬二六四・二九六・三四六
青大角豆　③四一一
佐ゝ氣　②一七九　⑦二三一
薭　①六〇九・六一六
葟子　①四六五・六〇九・六一六　⑭三五八
胡麻(子)　①六〇九・六一六　②四三　④五〇四・五〇五　⑬二五四・二五五・三〇三・三〇七・三〇八・三五〇・三七九・四三一・四七〇　⑭一八・一〇二・一〇三・二四四・三五七　㉕二三三・三〇四
荏　①六〇九・六一六　⑫一八〇　⑭三五七

## (二) 蔬菜類

生菜　③四六五・五八二　④四〇二・四三三・四三八・四五七　⑤二八六・三九〇・四〇八・四七九・七〇五〜七〇八　⑥一〇六　⑦二六六・二七二・二九八〜三〇〇　⑨三〇一　⑩三一〇・三一五・五四〇　⑪三一七・三七二・四八六・四八八・四八九　⑫二五五・二七〇・二七五・三四四・三四八　⑬五四・一一七・一一九・二四一・二四三・二五八・二五九・二六〇・二六三・二八三・三三八・三四二・三四三・三四四・三四八・三四九・三七五　⑭八・二七・四八・二四二・二九五・三〇三・三五一・三七二・四一九・四三五　⑮四・一六・一八・一九・二二・二四・三二・三四・六六・七三・八一・八四・二四五・二五二・四五七　⑯一四・三四六・三四八・四一一・四一二・四七六・四九五・五〇一・五〇三　⑰四八八　⑱二一・五八七　⑳二二六・三二八　㉔一二八　㉕一五九・

三四三
雑(雑)生菜 ⑥一〇六・一六〇・一九八・二四二 ⑭三三九・三四五 ⑯二九八 ㉔二八
菜 ②一八三〜一八八 ④四五〇 ⑤七五・一五八・一八四・一八六・二二八(採菜)・四三六 ⑦三七・二二九・二三〇・二三一・二三三・二三五・二三六・二三八・二六五・二六六 ⑬三〇一・三〇二 ⑭四五〇 ⑮一六六・四六六 ⑯六三・八五・三八五・四九八
雑(雑)菜 ①五五五 ②一一七・一八四・六七一 ⑤三四八・四九七 ⑥九八・一八九 ⑨一九二 ⑭一九八 ⑮五四 ⑯一八八・二八八・二九七・三四八 ⑱一四・一六・三〇・三三一・一〇六 ⑲一二〇 ㉓五一七
干菜帳 ①五九八
菁(菁) ①五六一 ②一八九 ④三二七〜三二九・三三一〜三三五 ⑥八九・九一・九九・一〇七・一一五・一三六・一五一・一七六・一九〇・二〇二・二二五・二三三・二四〇・二七七 ⑦二七三 ⑬二六四・二六六・二六九・二七二・二七五〜二七九・二八二・三〇九・三一四・三一五・三一七・三四六・三四九・三五一・四七二・四七三 ⑭一・四・七〜九・一四・七一〜七五・八一〜八四・八六〜九〇・九二・一〇五・一一〇・二三七・三〇三 ⑯一七〜一九 ⑰二四六・二五三・二五五・二六二〜二六七・二六九・二七一〜二七三・三〇五・三〇六・三二〇・三三二・三三四〜三三七 ⑱四・六・一五・一六・二一・三一・三二・一〇四 ⑲一一〇・一一一・一一六・三三二四 ⑳三一〇・三一一 ㉕三三二・三〇一
菁(菜)奈 ⑭九〜一一・一五・七六・七八・八〇・九二〜九七・九九〜一〇四・一〇九・一一〇・二〇四・二一五・四〇〇・四〇二
菁奈根 ⑭九五
蔓(蕪)菁 ⑤三八一 ⑦二三〇(蔓菜) ⑯二九七 ㉕九
青(青)菜 ②一七九・一八三 ⑤二九四・三二一・三三三・三三六・三七二 ⑦二三五 ⑬四七四 ⑯二〇・八一〜八六・九七・九八・一〇一・一〇二・一〇四・一二四・一二五・一二八・一三六・二八六・五一〇
茎立 ⑯四七九
薊(薊) ①五六一 ②一七九(莇) ④三二八・三三〇〜三三二 ⑦三三一 ⑬二七二・二八一・二八二・二八五・三〇八・三二〇・三二四・三四九・三五一・四七一・四七二 ⑭八一・八三・八五〜八八 ⑯二九七・四七八〜四八一
葉薊 ⑥一三六・一五一・一八一・一九一・一九三 ⑰二八一・二八五
薊羽 ⑥二四一 ⑱一〇五
萵苣(苣) ①五六二 ⑥一九一 ⑮九九 ⑯四七八・四八一
羊蹄 ⑥一三六・一五二 ⑰二八〇・二八一
蕗 ①五六〇 ⑬二七一・二八五・三四九 ⑯二九七 ㉕八
葵 ①五五五 ⑮九九 ⑯二九七
芹 ①五六一 ⑥一七六・一八一・一八九 ⑪三五二 ⑮三一三・四四七 ⑯一一三

〇・一九一・二九七・四七八・四八〇・四八一・四九〇〜四九二　⑰二九五
茎(莖)芹　⑥一三六・一五二　⑯二九七・四七九・四八七〜四八九　⑰二七四〜二七八
葉芹　④五三六　⑤二二・三七四　⑯二九七　⑰二七二・二七三・二八〇〜二八二
芹種　⑥一三六・一五四　⑰二八一
芹(町)　⑤一八六・三五二
水菍　①五六一　②一七九・一八四・一八六　③四一二　④三三四　⑤三六四　⑥八九・一〇〇・一〇六・一七六・一八一・一九〇・一九三・二四一　⑦二三〇・二三六・二七二・二七三　⑬二五八・二六四・二六六・二七九・二八五・二九六・三〇八・三四〇・三四六・三五一　⑭二・八九・九一(水慈)・九二(水慈)　⑯一九一・二一二・二八八・二九七　⑰二五一(水芯)・三〇五　⑱四・一五・一六・二一・三一・三三一　㉕二四八
藾良自　⑯二九七

蘢葵(葉)　③四一一　⑪二八〇
蘢子　⑬二七七・三二〇・三一四・三一七・三四九・三五一　㉕二三二
蕨　①五五五・五六一　⑥一三六・一五三・一七七・一八一・一九二・一九三　⑮三七四・四四四・四五八　⑯二九七・四七八〜四八一　⑰二八三・二八六・二八七・二八八・二九一・二九五・二九八
和良比　⑯四八七・四八九・四九二
茶　①五五五・五六一　②一七九・一八四　④三二七・三二八　⑥八八・九九・一三六・一五三・一七七・一九二・二二五・二七七　⑦二三〇・二三六　⑬二六一〜二六四・二六八・二六九・二七七・二七八・二八〇・二八一・二八八五・二八七・二九〇・二九三〜二九六・三〇二・三一七・三四〇・三四五・三四九・三五一・三七〇・三七一・四七〇　⑭三・五・八三　⑯二九七　⑰二四一・二八九・二九八・三〇五・三〇七・三〇八・三〇九　⑱四・一五・三一　⑲三二四　㉕二三二
莪　⑥一三六・一五三・一九三　⑯二九七・四七八・四七九　⑰二八三・二八五・二八六
蓴　⑥一七六・一八九　⑯四九一・四九二　⑰二九一
根蓴　⑤三二三　⑯一九・二〇・九八・一二五
奴縄　⑮三一三　⑯八四(根縄)
太良　⑥一三六　⑰二八六・
多羅　⑥一五三　⑯四七九・四八〇
太羅　⑥一七七・一九二　⑰二八九
藾我奈　⑥一三六・一五二　⑰二七九
川骨　⑮三一三
荊根　⑯一〇二
荊骨　④四三三・四三八　⑭三〇三
荇　⑭三〇三
葛葉　⑮四五八
慈葉　⑭一二・一五・七七・二一五
菰(苽・茭)　①五五六　②一七九・一八三・一八六　⑤三六四　⑦二三五・二七二(苽)・二七三　⑪二八〇　⑬二八五・二九九・三〇一〜三〇四・三〇六〜三一七・三七一・四七〇・四七一・四七三〜四七五　⑭八一・一〇〇〜一

〇六・一一三　⑰二四一・二四四・三一四・三一八・三三三　㉔二八
青葅　⑪二八〇・三二三　⑬二六一・二六三・二六四・二六六・二六九・二七一・二七二・二七四・二七六・二七九〜二八一・二八三・二八五・二八九・二九二・二九五・二九八・二九九・三〇五・三一二・三一五・三四〇・三四六・三四九・三五一・三六八・三七〇　⑭一・二・四　⑯二九八　㉕二三六・二四八
菜葅(菹)　③四一〇　⑦二三一　⑯二八八　㉕一五四・一五五
生葅(菹)　④二八八　⑥二三五・二四二・二七七　⑬二六四　⑰三一〇〜三一三・三一五・三一七・三一九・三二二・三二五　⑲三二四
熟(熱、勢、熨)葅(菹)　②一七九　③四一〇　⑪三二三　⑬二六〇・二六四・二八〇・二八九・二九六・三四三・三四六・三四八・三七〇・三七一
保蘇治葅　⑦二三一
黄葅(菹)(子)　⑥八八・九九・二二五・二三九・二七七　⑰三一五　⑱四・一四・三〇　⑲三二四　㉕一五四
冬葅　④三三四　⑭九〇・九六・九八・二一六(酢漬)
鴨葅　④三三〇・三三二　⑭一・八五〜八七
賀茂葅　⑬二八〇
茄子　①五五六　②一七九・一八三・一八六　③四〇六・四一〇　④三二七・三二八・三三一　⑤三六四　⑥八九・九九・一〇〇・一〇六・二二五・二三三・二四二・二七七　⑦二三三・二三五　⑪二八〇　⑬二六〇・二六二〜二六六・二七〇・二七二・二七五・二七六・二七八〜二八〇・二八五・二八七〜三〇五・三〇八・三一〇〜三一五・三四〇・三四五・三四九・三五一・三六四・三六九・三七一・四七〇・四七一・四七三〜四七五　⑭一・五・六・八三・八六・九五・九六・一〇一　⑯一九二・二一二・二九八　⑰二四三・二四五〜二四七・二五〇・三一〇・三一二・三一四・三一五・三一七・三二〇　⑱四・七・一五・一六・二一・三〇〜三二一　⑲三二四　㉔二八　㉕二三二・二四八
生茄子　④三二八〜三三四　⑭八四〜八九　⑰三一一〜三一三
干茄子　⑥九二・九九　⑱七(茄子・干料)・一五・三一
芋(芧)　⑤三二一・三二五・三七二　⑭一三〜一五・七九・八〇・一〇二・一〇三・一〇四・二一四・二三七・三三九・三四四・四〇一　⑯九六・一〇一・一二四・一二五・一二七・一三一・二九八・四七八・四七九・四八一・四八七〜四九〇・四九二　⑰二五九・二六〇・二六一・二六七
家芋　⑤三二一　⑯八二・八五・九七
干芋(芧)茎　⑥二〇三・二四三・二七七　⑲三二四
芋茎　⑥二〇三・二二六・二七八　⑲三二四
芋柄　⑬二六四(芋)・三四六
署預　⑬四七〇(薯蕷)　⑭三五七　⑯四七八・四八〇　⑰二六七
芼　⑯四七八〜四八〇　⑰二六七

大根　⑤三一・三二一・三七二　⑬二八
○・四七○　⑭一二～一五・七八～八
○・一○○・一○一・一○四・一一
○・二○四・二一五・二三七・三○三
⑯八四・八五・九六・九八・一○二・
一二四・一二五・一二八　⑰二六七
蘿菔　⑬三四九・三五一
蓮根　⑭三五七　⑯四七九・四八一　⑰二
六七
竹子　⑥一七六・一八八　⑰三○三
筝　⑯二九八
(冬筝)　㉔四八七
蒋子　⑥一七六・一八八
薦子　⑯二九九　⑰二九八
茸　⑬二八一・三四九・三五一・四七○
⑭八
枚茸　⑮四九二
草茄　⑬二六九・二七一・二七六・三○八
河(阿カ)布毗　⑯四八○
毛弥良　⑯四九一
茗子　⑬二六三
麥生菜　⑪三五二

保蘇支　⑯四八八
川菜　⑮四五八
鴨頭　⑯四八一

## ㈢　海藻類

海菜　①五五二　⑤三一三　⑩三○九　⑪
三七三・四二三　⑯一○九
雑海菜　③五八三　⑫二七一・三四五・三
四九　⑮四七○　⑯二九二・三八○・
㉔二七
海藻(藻・藻・藻・蔡)　①五六五・六四一
②六七一　③四六七　④三二七～三三
五・三六○・三七二・四○六・四二
一・四二四・四三五・四四○・四五
○・四五五～四五八・五二六・五三七
⑤六・八・九・一四・一五・一七・二
○・二九・三三・七○・八六・八九・
九五～九七・一○五・一一○・一一
二・一二二・一三五・一四四・一五
八・一六五・二○四・二三七・二三
九・二八九・二九六・三○一・三一
三・三三二・三九四・四一○・四七九
⑥五○・六五・六九・七四・九六・一
一四・一二五・一四九・一八六・二三
七　⑦二三○・二三四・二三五・二三

八・二七一・二七二・二七六・二七九・二八〇・二八一・二八三〜二八八・二八七〜二八九・二九一〜二九九・二九八〜三〇〇 ⑨一九二・三〇〇・三一九 ⑩三〇九・三一五・五四二 ⑪三二九・三六六・四八六・四八七・四八九 ⑫二五五・二七七 ⑬五六・一一八・二五四・二五五・二八五〜三一七・三三九・三四五・三五〇・三七八・四三一・四三四・四三五・四七〇〜四七五 ⑭一七・二七・四九・五三・五五・五九・八一〜九二・九四〜一一三・一九九・二四五・二四七・二五九・二六七・二九九・三三六・三四一・三五四・三八一・三八三・三八四・四一七・四二三・四二九・四三一・四三二・四三三・四三五・四三八 ⑮七・一五〜一七・一九〜二一・二三・三二〜三五・七二・七六・八〇・八四・八五・八七・一四三・一四八・一四九・一五三・一六五・一六六・一八三・一九一・二一五・二四四・二五三・二五六・三四七・三九五・三九六・四一五・四五二・四八四・四八五 ⑯一一・六六・七一・七二・八五・八八・九八・一〇九・一一七・一二五・一三一・一七八・一八四・二五〇・二九二・三四八・三五一・四一一・四一二・四二三・四七四・四七九・四八二・四八九・四九〇・四九四・四九七・五〇〇・五〇三・五一二 ⑰四八九 ⑱一二・二八・五七四〜五七六・五八一 ⑳二三六・三二五 ㉑二八〇 ㉔二七・一〇二・一〇四・一二六・一二八 ㉕一五六・二三二・二四九・二六四・二七一・二七五〜二七八・二八〇・二八三〜二八六・二八八・二八九・二九一・二九二・二九四〜二九八・三四二

若海藻 ⑯一〇五

切海藻 ㉕二九四

搗海藻 ⑬三〇四〜三〇六

海藻(蒸)根 ⑥八八・⑭四二三・四二八 ⑮七二・七七 ⑰二四二・二四八 ⑱三 ㉕二七二・二九八

伊勢(埶)(海蒸) ⑥一四九・一八六

長門(海蒸・藻) ⑥一四九・一八六 ⑯三七二

滑海藻(蒸・蒸・蒸・蒸) ③四六七 ④二六四・三二七・三二九・三三一・三三三〜三三五・四〇六・四二一・四二五・四三六・四四〇・四五五〜四五七・五三七 ⑤六・八・九・一四〜二二・三三・七〇・八六・八九・一一〇・一一二・一二三・一三四・一三六・一四〇・一四四・一五八・一六五・二〇四・二一六・二三七・二八九・二九六・三〇一・三二〇・三二六・三五八・三六〇・三六九・三九四・四一〇・四七九 ⑥五〇・六二・六九・九六・一一四・一二五・一三五・一四九・一八六・二三八・二五三・三八五・四五六 ⑦二八八・二八九・二九二〜二九四 ⑩三〇九・三一五・五四二 ⑪三二九・四八六〜四八九 ⑫二五五・二七七 ⑬五六・一一八・二八六〜二八九・二九一・二九三〜二九七・二九九・三〇〇・三〇二・三〇三・三〇六・三〇八・三一〇・三一四・三一五・三三九・三四五・三五〇・三七八・四三一・四三二 ⑭一

八・二七・五九・八一〜八四・八六〜九〇・九二〜九四・九六〜九九・一〇一・一〇二・二九九・三三六・三四一・三五四・三八一・三八三・四二三・四二九・四三〇・四三二〜四三五・四三八 ⑮一五〜一七・一九〜二一・二三・三二〜三五・七二・七六・八〇・八五・一四三・一四八・一四九・一五三・一五七・一六三・一六五・一六九・一八三・一九一・二一五・二四四・二五四・二五六・三四八・三五七・三五九・三六三・三七九〜三八三・三九一・三九三〜四〇二・四一一・四一七・四四三・四四七〜四四九・四五八・四五九・四八四・四八五 ⑯一一・一八・六六・七一・七二・八七・八八・九六・一〇一・一〇二・一一七・一二四・一二八・一三一・一七八・二五〇・二九二・三四八・三五一・四一一・四一二・四二二・四七四・四九〇・四九四・四九七・五〇〇・五〇三・五一二 ⑰四八九 ⑱一二・二八・五七三・五七五・五七六・五七九 ⑲二四五・三一九 ⑳二二四・二二六・三二五 ㉑三六〇・三六一 ㉕二三二・二六四・二七一・二七六・二七八・二七九・二八一・二八四・二八五・二八七・二八九〜二九一・二九三・二九五・二九八・三四二・三五七

荒(荒)海藻(蒤) ④三三一 ⑤六五 ⑦二七九 ⑭八七

若(若)滑海藻(蒤・蒤) ④五三五 ⑤一二・二二・三二〇・三五八・三七三 ⑮一六九・一七三・三八三・三八五・三九一〜三九三・三九六・三九七 ⑯一九・九六・一二四・四七八・四七九 ⑰二七一

搗滑海藻 ⑬二六一・二八五・二八七・二八八・二八九・二九二・二九三・二九五・二九九・三二一・三二六・三四〇・三四二・三四五・三五〇 ⑰二四七

末滑海藻(蒤) ①五六五 ②一七九 ④三二九・三三二〜三三四・四五六・四五七 ⑥八八・九七・一七六・一八八・二三八 ⑦二三一 ⑪四八六・四八八・四八九 ⑭二七・八二・八四・八八・八九・九一・九三・九六・九八・二一六・三〇七・四三一・四三五 ⑮一五〜一七・一九〜二三一・三二〜三四・七二・七六・八五・八七 ⑯二九二・四八二 ⑰三〇二・三〇六・三〇八 ⑱三・一三・二九・五七三・五七六 ㉕二八〇・二九八

滑海藻(蒤)根 ⑥九七 ⑱一三・二九

大凝(菜) ④四三六・四四〇 ⑤二九七・三九四・四一〇・四七九 ⑥一七五・一八七 ⑬一一八 ⑭三五五・四二三・四二八 ⑮一六・一七・一九〜二二・三二〜三四・七二・七六・八〇・二五六 ⑯六六・七一・三四八・三五一・四一一・四七四・四八二・四九四・四九七・五〇〇・五〇三・五一二 ⑰二九九・四八九 ⑳二二六 ㉕二九八

心太 ①五六〇 ②一八〇 ③四六七 ④三二七・三三〇〜三三二・四〇六・四五七 ⑩三二〇・五四二 ⑪三二九・四八六・四八八・四八九 ⑫二七七 ⑬五六・五七・二六四・二九六・二九

七・二九九〜三〇八・三一一〜三一
四・三一六・三四二・三四五・三五
一・三六九・三七八・四三二　⑭一
八・五九・八二・八三・八五・八六・
八七・九一・九四・九七・九九・一〇
一・一〇三〜一〇五・一九九・二四
五・二九九・三三六・三四一・三八
一・三八三・四一七・四三五・四三
七・四三八　⑮一五・八四　⑯一六・
四八二　⑳三三六　㉔二二八　㉕二四
九・二六四・二七一・二八〇・二八
三・二九三
己々大　⑭三二七
小（少）凝（菜）　④四三六・四四〇　⑤二九
七・三〇一・三九四・四一〇・四七九
⑥五〇・九六　⑬一一八　⑭三五五・
四二三・四二八・四三四　⑮一六・一
七・一九〜二二・三二〜三四・七二・
七六・八〇・二五六　⑯六六・七一・
七二・八八・三五二・四七四・四九
四・四九七・五〇〇・五〇三・五一二
⑱一二・二八　㉕二八六・二九三・二
九四・二九六〜二九八
伊岐（伎）須（湏）　①五六六　④四五六・四
五七　⑩五四二　⑪四八六・四八八・
四八九　⑭四三五　⑮一五・八四
伊皮滔　㉕二七一
凝海菜　②一八六　⑦二三六・二七九・二
八八・二八九・二九二〜二九四・二九
八・二九九
凝菜　⑯四八二
布乃利　④三二八・三二九・三三一・四五
七　⑤二九七・三三三・三九四・四七
九　⑥八八・九六・一七六・一八八・
二二五・二三九・二七七　⑩三〇九
⑪四八六・四八八　⑬一一八・二二六
四・二七〇・二七一・二七六〜二七
九・二八七・二八八・二九五・二九
六・二九八・三〇八〜三一一・三一四
〜三一七・三四三・三四五・三四九・
三五一・四七〇〜四七五　⑭四・六・
一四・七五・七九〜八一・八二〜八
七・九四〜一〇三・一一三・一二五・
二三七・三三九・三四四・四二三・四
三七　⑮一五〜一七・一九〜二二・三
二〜三四・七二・七七・八四　⑯六
六・七一・八二・八七・九八・一二
五・三四八・四七四・四八二・四九
四・四九七・五〇〇・五〇三・五一二
⑰二四二・二四八・二五一・二五七・
二九四・三〇〇・三〇八・三一七・三
一九・三三二〜三三四　⑱三・一二・
二八　⑲三三三　㉕二三二・二四九・
二七一・二八〇・二八一・二八四・二
八五・二八七・二九一・二九四・二九
五・二九八
布能利　①五六五
布乃理　⑤三二五・四一〇　⑦二八〇　⑭
三四八　⑮八〇　⑯八四・一〇〇・一
二七・二九二・三五一
布能理　⑤三七二　⑯一〇三
不乃里　⑬三〇〇〜三〇二・三〇八
不野里　⑬三一〇
不乃利　②一八〇
海松　⑤四七九　⑬一一八・四七〇　⑭四
二八・四二九　⑮七二・七七・二五六
⑯四七四・四九四・四九七・五〇〇・
五〇三　⑰二四二
美留　⑯四八二
生海松　⑥八九・九七　⑬二六一・二八

一・二九二・二九三・三四二・三四五・三四九・三五〇 ⑰二四一 ⑱四・一三・二九
干海松 ⑤三三五 ⑥五六・六二・七四・一五〇・一八七 ⑯一〇〇・一〇五・一二七 ⑰二五五
紫菜 ⑤三一七・四七九 ⑥八八・九六・一七五・一八七 ⑬一一八 ⑮二五六 ⑯九二・二九二・四七四・四九七・五〇〇・五〇三 ⑰二四二・二四八・二九八 ⑱三・一二・二八
青(青)乃利 ⑤三二六 ⑯一〇一・一二八
阿波佐 ⑭四二八 ⑮二五六 ㉕二九五〜二九七
古毛(古母) ①五六六 ⑤三二一 ⑭四三六・四五〇 ⑯二〇・八二・八五・八六・九七・一二四
生古毛 ⑤三三三・三二五 ⑯九八・一〇〇・一二五・一二七 ⑰二六六
干古毛 ⑤三二五 ⑯一〇〇・一二七
薀 ⑭一〇四・一〇六〜一〇八・一九九・二四五
㢝(鹿)角(角)菜 ⑤四七九 ⑭四二八 ⑯四九四・五〇〇・五〇三
角(角)俣 ④四五七 ⑪四八九 ⑬一一八 ⑭四二八・四三五・四三七 ⑮一五〜一七・一九〜二一・三二一〜三四・七二・七六 ⑯四七五・四八二・四九七 ㉕二七一・二七八・二八六・二九二・二九六〜二九八
於期(己) ⑥八八・九七 ⑬一一三 ⑯四七四・四九四・五〇〇・五〇三 ⑰二四〇 ⑱三・一二・二八
奈能(乃)利(理)曾 ⑤三二六 ⑮二五六 ⑯一〇一・一二八・二九二
毛都久 ⑯二九二
母豆久 ①五六六
茂付(附) ⑥一三五・一五〇 ⑭三三九・三四四 ⑯四七九〜四八一 ⑰二八五
可氣毛 ⑮二五六
木綿菜(木佇乃利・木綿乃利) ④四五六 ⑪四八八 ⑭四二三 ⑮七八・二五六 ㉕二七二
都志毛 ⑤三二一 ⑯九七・一二六 ⑰二六一
茂濱菜 ①六〇五 ⑭四二八 ㉕二七八
醢海 ⑥一八七
昆布 ㉕二六四

## (四) 果物類

菓(子) ⑤三六三 ⑬一一九・三四三・三四八 ⑭三 ⑮二四五 ⑯五〇一
雑(雜)菓子 ②一三 ④四三三・四三八 ⑤四七九 ⑥四五 ⑬一一七 ⑯二九八・三八〇・四七六
李(子) ⑥八八・九八・三三五・三三九・二七七 ⑯二九八 ⑰二四一・二四四・三一六 ⑱三・一四・三〇 ⑲三二三
桃(子) ②一八四 ③四一二 ⑥八八・九八 ⑦二三五 ⑬二八〇・三四八・三五一 ⑯一〇・二九八 ⑰二五一 ⑱三・一四・二九・一〇六
梅子 ⑥一七六・一八八 ⑰三〇三
枇杷(子) ⑥一七六・一八八 ⑯二九八 ⑰三〇三
梨(子) ⑬二八〇・二八一・三四八・三五一 ⑭六・三五七
橘(橘・橘)(子) ②一一三 ④三三〇 ⑤三三一・三三六 ⑭八六 ⑯九六・一〇一・一二八 ⑰二六七

小橘子　⑯一二四
甘子　⑰二六七
胡桃　⑤三二六　⑯一〇一・一二八
呉(呉)桃子　⑤四七九　⑬一一七・一一九　⑯四七五・四九五・五〇〇
柿　⑰二六〇
干柿(子)　⑤三二一・三二二・三二六　⑭一三・一六・七九・一〇一・二一四・三三八・三四四・三五七・四〇一　⑯八四・九六・九八・一〇一・一二四・一二五・一二八・二九九・四七九・四八一　⑰二六七
山桃子　⑯二九八
棗　⑬二八〇・三四八・三五一
郁子　⑭三五七
栗(子)　②七九・九二　④三三四・四七二・四七三　⑬四七一～四七三　⑭七・一三～一五・五八・七九・八〇・八九・九二・九五・九八・一〇二～一〇四・二一四・二三七・三五七・四〇一　⑯四七九　⑰二五五・二六〇
生栗(子)　⑤三二一　⑥一三五・一五一　⑬二八〇・二八一・三四八・三五一　⑭九四・九六～九八・一〇〇　⑯八四・九七・一二五・二九八　⑰二六七・二七九
干栗(子)　⑤三二二・三二六　⑭三三八・三四四　⑯八四・九七・一〇一・一二二・一二五・一二八・四七八・四八〇・四八一
搗栗(子)　⑤三二一　⑯九六・一二四・二九八
栗林　②六一七
伊知比古　⑯二九九

## (五)　動物性食料

乳牛　②六四・一三八
鳥　⑤三八七
鶏(帳)　①五九八
鶏(養仕丁)　②四二九　⑧五四三・五四四
鴨　⑤三八八
鯖　④四二七
鯖　⑭三六一
堅魚　①六四一(奐)　②一九九
鰯　⑫一八〇
生鰯　㉒二一三
年魚　⑤二五二
鮒　⑮三七四・三七五　㉕三五〇
氷魚　⑯二五
鰒　①六四一　②一三
白貝　①六一〇・六一六
宍　②一五三　⑦二二三
柄宍　②一〇二
堅奐(人名)　①五二四
堅魚(人名)　③三五九・三六八
堅魚(賣)(人名)　①一四一

鯖(麻呂)(人名) ①三三六
娑婆(賣)(人名) ①一四〇
佐婆(賣)(人名) ①一四一
真鯖(人名) ③三五九・三六八

## (六) 調味類

塩(塩・塩・鹽) ①四六一~四六七・四六九~四七一・四七三・五六五・五七二・五七四・六四一 ②一二・一七・三三・三九・五五・五六・六〇~六四・六八・七〇・七二・七三・一一四・一一七・一二三~一二五・一二八~一三七・一三九・一四四・一四五・一六六・一八九・一九三・一九四・二五四・三八九~四二五・四二七~四三三・四五八~四八〇・六七一 ③四六六・五八三 ④二六四・三二七~三三五・三六一・三六九・三七〇・三七二・四〇五・四二一・四三五・四三九・四五〇・四五五~四五七・五〇五 ⑤六・八~一七・一九~三三・七五・八六・八七・九〇・九五~九七・一〇五・一二二・一三六・一四〇・一四一・一五八・一六一・一六二・一六五・二〇四・二〇六・二一四~二一七・二二〇・二二九・二三二・二三九・二四〇・二九五・三〇一・三一三・三一九・三二一・三三一・三五八・三九三・四〇九・四三六・四七九・五三六 ⑥五〇・五一・五三・五六・六五・七四・九一・一一四・一二五・一三三・一四三・一八〇・二三二 ⑦一四六・一七四・一七五・二三〇・二三四・二三八・二七一~二七六・二七九・二八一~二八六・二八八~二九四・二九七~三〇〇 ⑧五四三 ⑨一九二・三〇〇 ⑩三一一・三一五・五四一 ⑪三二八・三七三・四二二・四八六・四八七・四八八 ⑫一八〇・二五五・二七〇・二七六・三四五・三四九 ⑬五五・五七・一一八・二五四・二五五・二八五~三二七・三三九・三四五・三五〇・三七七・四三一・四三四・四七〇~四七五 ⑭一七・四八・五三・五五・五八・五九・八一~一一三・一九九・二四五・二六七・二九八・三一〇・三二六・三三六・三四〇・三五二・三八一・三八三・三八四・四一七・四一九・四二三・四二六・四二七・四三三・四三四・四三八・四四〇 ⑮七・一五~一七・一九

〇二・一一七・一二三・一二五・一三三・一三六・二五一・二九六・三四八・三五〇・四一一・四一二・四二一・四七五・四九五・五〇〇・五〇三・五一一・五一四 ⑰四八九 ⑱五七三 ⑲二四五 ⑳二一四・二二六 ㉔二七・一二六・一二八 ㉕二三一・二三三・二四九・二六四・二七二・二七五・二七六・二七九・二八八・二九〇〜二九五・二九七・三四二・三五六

荒（荒）醤（醬） ⑤三二一・三七二 ⑥八七・九一・九二・一一四・一三五・一四四・一七五・一八一・一八二・二二四・二三三・二七六 ⑯一八・八四・九八・一〇二・一二五・一二八・三四八 ⑰二四〇・二四二・二四七・二四八・二五一・二五四・二五九・二六〇・二六二・二六四・二六五・二六七〜二七〇・二七二・二七五〜二七七・二七九・二八一・二八五・二八八・二九〇・二九一・二九三・二九五・二九八・三〇〇・三〇七・三一一・三二二・三二四・三二六 ⑱三・七・八 ⑲三二三

滓（滓）醤（醬） ①五五二 ④三三四・四〇五・四三五・四四〇 ⑤二一 ⑦一七四・一七五・一三〇・一三四・一三五・二三八・二八〇・二八三・二八四・二八七〜二八九・二九二〜二九四・二九八〜三〇〇 ⑬二五六・二九三・三四〇・三七八・四三一 ⑭八九・二九九・三五四 ⑯二五二・五一四 ㉔二七・一二六・一二八

糟（糟）醤（醬） ③四六七 ⑤二九六・三九四 ⑦二七九 ⑩五四二 ⑫二七七 ⑬五六・二五五・三〇〇・三〇四・三四五・三五一・四三三 ⑯六六・七一・一〇二・五一二

醤（醬）滓（滓） ①五六五 ⑤一三・一八・二一・三三・三七・九五・九七・一二三・一四一・一四四・一五九・一六六・二〇四・二一四・二一六・二二〇・四一〇 ⑦二八一・二八二 ⑬二五四・二八五・三〇六・三一〇 ⑭三三六・三四〇・三八四 ⑮八〇・一四〇・一六三・一六五・一六七・一七三・一七九・一八三・二〇四・三五九・三六二・三六三・三八〇・三八二・三八五〜三八七・三八九・三九一・三九二・三九四・三九七・三九八・四六四・四七四 ⑯一六・二五二・三五一 ㉔二七 ㉕二七二

醤（醬）糟（糟） ④三三三 ⑥一八二 ⑬二八五・二八八 ⑭一七・五七・五九・八九・九九・一〇〇・一〇二〜一〇四・四一八・四二四・四三二 ⑮二五三 ⑰四八九 ㉕二八二

糟交醤 ⑭四二七 ㉕二七七

好醬 ⑯一七一

吉醤（醬） ⑤二八九 ⑯四八二

醤（醬）悪 ⑤二八九 ⑥二五三 ⑲三一九

上醤 ⑭二四五

下醬 ⑭二四五

中（品）醤（醬） ⑤三一九 ⑯九五・一二五

真作醤 ⑤三三二 ⑯九八（眞作醬）

酢宰醤 ⑦二三四

末醤（醬） ①四一四・四五二〜四五五・四五七〜四六〇・五六五 ②五六・一一七・一二一・一七九・一八四・一九三・一九五・一九七・二〇〇・六七一 ③四六七・五八三 ④三二七〜三三

二 食料・食用具

末蘇 [13]四七一

市末醤（醤） [5]

粳末醤

豉 [2]

醤司 [4]四二一

酢(酢)　①五五二　②三三・三八・四二・四六・四八・五三・一二一・一九三・一九五・一九七・六七一　③四六七・五八三　④三二七〜三三五・四〇五・四二一・四三五・四三九・四五五〜四五七・五二五・五三八　⑤一二・一六・三三・三七・六八・一四四・一六六・二〇四・二三七・二九六・三一九・三二二・三三一・三七二・三九四・四一〇・四七九　⑥五〇・五二・七三・九三・一一四・一二五・一四六・一八三・二三五・二五三・三八五・四五六　⑦一七四・一七五・二三〇・二三四・二三八・二七一・二七二・二七六・二七九・二八一〜二八四・二八七〜二八九・二九一〜二九四・二九七〜三〇〇　⑨一九二　⑩三〇九・三一五・五四二　⑪三三九・三七三・四二一・四八七・四八八　⑫二五五・二七一・二七七・三四五・三四九　⑬五六・一一八・二五四〜二五六・二八五〜三一七・三四〇・三四五・三五〇・三七八・四三一・四三三・四三四・四七〇〜四七五　⑭一七・二七・五六・五七・五九・八一〜一〇八・一一〇・一一三・一九九・二四五・二四六・二九九・三二七・三三六・三四一・三五四・三八一・三八四・四一八・四二四〜四二七・四三四・四三九　⑮一五〜一七・一九〜二四・三一〜三五・七一・七五・七九・八四・八六・一四〇・一六五・一八三・二一五・二二九・二四四・二五三・二五六・三八五・三八九・三九五・四〇一・四一九・四三七・四六四　⑯六五・七一・八六・九五・九八・一一七・一二二・一二五・一三四・一三六・二五一・二九六・三四八・三五一・四一一・四一二・四二二・四七五・四九五・四九七・五〇〇・五〇三・五一二・五一四　⑰四八九　⑱九・二五・五七三・五七五・五七六・五七九　⑲二四五　⑳二二六　㉔二七・一〇四・一二六　㉕二三二・二三三・二四九・二六四・二七二・二七三・二七八・二八〇・二八一・二八三・二八四・二八七・二九〇〜二九九・三四二

酢(酢)滓(滓)　④二六四・五二五・五二六・五三八　⑤八・一八・一九・二一・三七・六八・七二・八六・九〇・一三四・一三六・一四一・一四四・一五九・一六二・二〇六・二一一・二二〇・二三七　⑦二九七　⑮一四〇・一四五・一五七・一六五・一六九・一九〇・二一五・三五七・三五九・三六〇・三六二・三八三・三八五・三八六・三八七・三九〇〜三九四・三九七〜四〇〇・四一九・四六四　⑯二五二

酢(酢)糟(糟)　⑤七七・九五・九七・一六六　⑥五〇・九四・一九三・二〇〇・二三五　⑮二五三・三九一　⑱九・二六　㉕二〇八

吉酢　⑯四八二

酢(酢)(交糟・糟)　⑥二五三・三八五・四五六　⑲二四五・三一九　⑳二二四　㉕三五六

糖(糖)　④四三三・四三八　⑤三二六・三七二・四七九　⑥一三五・一五〇・一七六・一八八・二二五・二三九・二七七　⑬一一七・一一九・二七九・三〇

一・三〇三・三〇六・三〇八〜三一
二・三一四・三一六・三四二・三四
六・三四八・三五一・三七〇・四七三
⑭九六〜九九・一〇一・一〇二・二一
七 ⑮四九七 ⑯一〇一・一三一・四
七六・四七八・四八〇・四八一・四八
七・四八九・四九〇・四九一・四九
五・五〇一・五〇三 ⑰二六七・二七
五・二七九・三〇三・三〇七・三一六
⑲三二三 ㉕二三三
飴 ②一〇五・一九三・一九四
蔗糖 ④一七四
甘(味)葛煎 ②一五・一一九
蜜(蜜)汁 ③五八〇・五八一 ㉕四九
芥子 ①五五六・五六〇 ③四六七・五八
三 ④三二七・三二八・三三〇・三三
二・四〇六・四三六・四四〇 ⑤二九
七・三二五・三九四・四一〇・四七九
⑥五〇・五六・六二・九四・一四六・
一八四・二三六 ⑦二三〇・二七九・
二八八・二八九・二九二〜二九四 ⑨
三〇〇 ⑩三一〇・五四二 ⑪三二九
⑫二七一・二七七・三四六・三四九

⑬五六・五七・一一七・一一九・二五
四・二九一・二九六・二九八〜三〇
六・三一四・三四五・三五一・三七
八・四三一 ⑭一四・一八・五九・八
〇・八二・八四・八六・八七・九四・
一〇一・一〇三・一〇四・二〇四・二
三七・二七五・二九九・三三六・三四
一・三五五・四一七・四二三 ⑮八〇
⑯一六・六六・七一・一〇一・一一
八・一二七・二九六・三四九・三五
二・四一一・四七五・四九五・五〇
〇・五〇三・五一三 ⑰四八九 ⑱一
〇・二六・五七四・五七六・五七九
⑳二二七 ㉔二七 ㉕二六四・二七
二・二七九・二八〇・二八四・二八
九・二九三
(芥子袋、「六　調度」㈥袋・帙類項参照)
薑 ④三二七・三三〇〜三三三 ⑪三五二
⑬三〇三・三〇八〜三一二・三一六・
三一七・四七〇・四七二・四七三 ⑭
八三・八五・八七〜八九・九二〜一〇
五・一〇七・一〇八 ㉕二三三
生薑 ⑥一七六・二〇二・二二五・二三

三・二四二・二七七 ⑬二六六・二七
〇〜二七二・二七五・二七七〜二七
九・二八一・三一二・三一五・三四
三・三四六・三四九・三五一 ⑰二五
四・二五七・二五九・二九三・三六
⑲一一〇・一一一・三二四
波自加美 ⑯四七九
蜀椒(椒)・(椒蜀) ⑥八八・九八・一〇
〇・一七六・一八九・二二五・二四
〇・二七七 ⑰二四二・二四七・二九
九・三〇一・三〇七・三〇九 ⑱四・
一四・一六・一七・三〇〜三二・一〇
五 ⑲三三三
椒枅 ⑬二六六・三四三
椒(椒)(子) ①五五六 ⑬一一九 ⑯二九
六・四七五・四九二 ㉔二八 ㉕二五
四
若椒 ②一〇二
蘘(襄)荷 ⑬二七二・二七六・三〇八〜三
一一・三一五・三二六・三四九 ⑯二
九七
賣我 ②一八〇・一八三 ⑦二三五
蘭 ②一七九 ③四一一 ⑦二三一 ⑪二
八〇

山蘭 ⑤三二三 ⑥八九・九八・一〇〇 ⑬一一七・一一九 ⑯八二・九八・一二六 ⑰二四二 ⑱四・七・一四・一六・二九・三一・三二・一〇六

蓼 ④三一七〜三三二 ⑭八一〜八七・九二・九五・九六 ⑮九九

楞枺 ⑯四九一

榜葉 ⑯二九七

油 ①五五二・五六一 ②七七 ③三五七・四六七・五八三 ④四二二 ⑤三三・二八五・三二〇・四七九・七〇五〜七〇八 ⑥五〇・六二・九四・一一四・一二五・一八三 ⑦二三七・二六五・二六七 ⑧五八〇 ⑩三〇九・五四二 ⑪三二九・三七三・四二〇 ⑫二四〇〜二四二・二七一・二七七・三四六・三四九 ⑬五六・一一七・一一九・二八五〜二九五・二九七〜三一七・三四〇・三五一・四七〇〜四七四 ⑭六・八・一〇・一五・九五〜九八・一〇〇〜一〇四・一一三・一七八・二一四・二四二・二四五・二六六・三八一・三八四・四三三 ⑮二四五・四三四 ⑯一二・一七七・二一六・二七四・二七八・三〇二・四一二・四九五・四九八・五〇三・五一九 ⑰五五八 ⑱一〇・二六・五七四 ㉒三七九・三八〇 ㉕二三三・二四九・二五五・二六六・二七六・二七八〜二八〇

胡麻油 ①五五四・五五七・五六〇・五六七・五七〇・五七二 ②一〇五・一九三・一九四 ④二四一・四〇六 ⑤二〇二・二九七・三一一・三二〇・三二三・三七二・三九五・四一一・四五四 ⑥五六・七〇・七四・一四六・二三三・三〇一・三一一・三二七・三七六・三九三・四〇一・四一三・四二〇・四六〇・四七一・四八二・五〇五 ⑬三四二・三四五・三六九・三七九・四三二 ⑭七四・七六・二〇九・三三六・三四一・三五七・四三七 ⑮一八二 ⑯一六・六七・七一・八〇・八三・九五・九八・一〇七・一一八・一二三・一二六・二八二・三〇二・三四九・三五二・四一一・四一九・四七六・五〇一・五一三 ⑰四八九 ㉑四八八・四九五・五〇八・五二〇 ㉒三七九 ㉔三〇・三七・三九 ㉕二一一

荏油 ⑫一八〇 ⑬二五四 ⑯二一・三〇二

榜油 ⑯三〇二

白油 ⑯六九

楡(榆)皮 ⑤三三五 ⑥八八・一〇一・二〇二・二二六・二七七 ⑬二七一・二七七・二七九・二八一・三〇八・三二七・三四九・三五一・四七四 ⑯一〇〇・一二七・二九八 ⑰二五二・二五三・二五七・三二八 ⑱四・一七・三二 ⑲一一一・三二四 ㉔二八

末楡(皮) ⑥一八九・二四〇

春楡 ⑥一五一

爾礼 ②一八四・一八六 ⑦二三五

## (七) 飯・粥・羹・茹・韲・漬物


飯 ②五七・七七・一〇四 ③三七八 ⑪一七四・一七五・二二七～二三〇・二三二～二三四・四九〇・四九一・五一七・五二五 ⑬一一八 ⑮四・一七九 ⑯七・二六・二四九・四七三・四八五・四八六・四九七・四九九 ⑰四二八 ⑲一八二

黒飯 ㉔一一七

饘(糰・饇) ②五七・五八・六一・一〇四 ⑤四七九 ⑬一一八 ⑯四七三・四九四・四九七・四九九・五〇二

阿米 ②五七・五八

粥 ①五五二 ②五七・五八・六一・一〇四 ⑤五・四七九 ⑥九〇・一四二・二七九 ⑦一七四 ⑬一一八・四七四 ⑯二七三・四七三・四八四・四九四・四九七・四九九・五〇二・五一四・五六九・五八三 ⑰三八八・三八九 ㉕二三三

加由 ②五八

甜 ⑤四七九 ⑬一一八 ⑯四七三・四九四・四九七・四九九・五〇二

漿 ④四三九 ⑭三三九・三五七 ㉓三二〇

粉水 ⑭一七・九九

煮堅魚 ②一一九

羮(羹) ①五五二 ②一八七・一八八 ⑥九九・一〇一・一五一・一五三・一八五・一八九・一九二・二四〇・二四一 ⑦二三七・二六六・二七三・二九八～三〇〇 ⑬四七〇 ⑱一五・一七・三一・三二・一〇五 ⑲五七四 ㉔二二八

茹 ②一八七・一八八 ⑥九九・一五一～一五四・一五七・一九〇～一九二・一九六・二四〇～二四二・二四四 ⑦二三七・二六六・二七三・二九八～三〇〇 ⑬三〇四・三〇七～三〇九・三一二・三三七・四七四 ⑱七・一五・三一・一〇五 ⑲五七四 ㉔二二八 ㉕二三三

韲 ⑥九一・九三～九五・九八・一〇〇・一四四～一四六・一四八・一八一～一八三・一八五・一八九・二三三～二三五・二三七・二四〇・二四二 ⑱七・九・一一・一三・一四・一六・二六・二七・二九・三〇・三二・一〇六

雑腊 ②一一三

(乾)脯 ②一一三 ㉒一一二

折骨 ㉒一一二

躭羅方脯 ②一三八

鮨 ②六五

雑鮨 ①六一〇 ②五七

白貝内鮨 ①六一〇・六一六

漬料 ⑥九八・九九・一五三・一八一・一九〇～一九二・二三三・二四二 ⑬二八九・二九〇・二九三・二九四・二九九・三一〇・三一一・三一四・三一六・四七〇 ⑮四〇六・四一〇 ⑱七・一四・一五・二九・三〇 ⑲一二〇・五七四 ㉕二三一・二三三・二四八・二四九

漬菜 ②一八九 ③四一二 ④四〇六・四三六・四四〇 ⑤五九・二九七・三九五・四一一 ⑥一九二 ⑦二三四・二七二・二七三・二九八～三〇〇 ⑪四八六・四八七 ⑬二五四・二九八・三

○○・三○五・三○六・三四○・三四
五・三五一・三七九 [14]二九九・三五
六 [15]一九・二一〜二三・三二〜三五
[16]六七・七一・一九一・三四九・三五
二・四一一・四一九・五一三 [18]一
五・三一 [24]一二八
漬雑生菜 [6]一八一・二三三・二四七
漬雑(雑)菜(雑漬菜) [6]一○○ [15]五四
[17]四八九 [18]一○五 [24]二八
漬茯(茯漬) [4]三二七〜三三五 [5]四七九
[13]一一九・二九八・三一二・三一四・
三一六 [14]八一〜九九・一○三・一○
五・一○六・二一六 [16]四七五・五○
○・五○三
鴨茯漬 [4]三三一・三三三 [14]八六・八九
漬冬茯 [14]九三
漬茄子(茄子漬) [4]三二八・三三○・三三
三〜三三五 [5]三三 [6]九一・九四・
一五四 [13]一一七・一一九・二八九・
二九○・二九三・二九四・二九九・三
○二・三一四 [14]八二・八四・八五・
八八〜九四・九六・九七・二一六 [15]
四七三・四七五・四七七・四七八・四
八○ [16]四七五・四九五・五○○・五

○三 [18]六・一○・二六・一○五 [25]
二三三・二四九
水葱漬(漬水葱) [4]三三三・三三四・三三
五 [6]九一・一八一 [11]三五二 [13]二
九八・四七四 [14]八九・九○・二一六
[18]七・一○五 [25]二四九
薊漬(漬薊) [4]三二八・三三○ [11]三五二
[13]二八五 [14]八四・八五
古漬薊 [11]三五二
漬薊蕗 [13]一一九 [16]四七五・五○○・五
○三
蕗漬(漬蕗) [11]三五二 [13]二五四・二五
六・二八五〜二八七・二八九・二九
一・二九三〜二九五・二九七・四三二
古漬蕗 [11]三五二
芹漬(漬芹) [11]三五二 [15]四○六・四一
○・四一二 [16]二五○・四九五
漬菜芹 [16]一九一
菁漬(漬菁) [4]三三二 [13]三一五・四七四
[14]八七
蕨漬 [6]一五三・一八一 [11]三五二
漬莪 [6]一四四・一五三
漬薑(薑漬) [4]三二七〜三二九・三三一・
三三二・三三四・三三五・四○六 [14]

一七・五七〜五九・八一〜八六・八八
〜九二・九六・九八・一○六・一○
七・三○○・三五六
漬生薑 [6]二三九
漬欘桝 [6]九一 [18]七
女我漬 [13]三一○
漬山蘭 [5]四七九 [6]九二 [16]四七五・四
九五・五○○・五○三 [18]七
大豆漬(漬大豆) [4]三二九・三三二・三三
四・三三五 [11]三五二 [14]八四・八
七・八九〜九二・九七・二一六
桃子漬(漬桃子) [11]三五二 [14]一○五
唐丈漬 [11]三五二
葅 [4]五二五・五二六・五三八・五三九
[5]三七・六八・七六・八六・八七・九
○・一二三・一五九・一六七・三二二
[6]九一・九九〜一○一・一五二・一八
九・二三三・二四○〜二四二・三○
一・三二一 [14]一七・九六〜一一二・
一九九・二一七・二四五・二四六・三
三九・三四五 [15]一四○・一四七・三
九三・三九五・三九六・四八一・四八
七 [16]八三・九八・一二五・二五二

⑱六・一五・一七・三一・三二・一〇五・一〇六
楡末菜　④三二七　⑭八三
葵菹　⑪三五二
菁(菁)菹　⑥一〇〇　⑪三五二　⑱一六・三一・三二
古菹　⑪三五二
青菜須々保理(漬)　⑮四八三
須保利　⑬一一七
瞖(醬)菹　④三二七〜三三一・三三三　⑪三五二　⑭八二〜八五・八七・八八・九二・九四・九六〜九八・二一六
瞖(醬)漬鴨菹　④三三二　⑭八八
醬漬茄子(醬茄子)　⑭九五・一〇一・二一六
末醬菹　⑪三五二
末醬茄子　⑪三五二
酢漬冬菹　④三三五　⑭九〇・九一・二一六
糟菹　⑪三五二
蘘荷糟菹　⑪三五二
甘漬　⑥二四二
甘漬菹　⑪三五二
甘漬茄子　⑪三五二
多々良比賣　⑪三五二

## (八)　酒・氷・乳

滔(酒)　①三九六・三九九・四〇三・四〇六・四〇九・四一一・四一二・四二〇・四六一〜四六五・四六七・四六八・四七〇・四七二・四七三・六〇八・六〇九・六一五・六一七・六二三・六二四・六二七　②九・一一〜一七・一九・二一・三二・三三・三八・三九・四一〜四三・四六〜四九・五二〜五六・五八・六〇〜六四・六八・七〇・七一・七三・七七〜八一・八三・九〇〜九三・一〇三・一〇四・一一四・一一七・一二一・一二四・一二五・一二七〜一三七・一四一・一四四・一五〇・一五一・一九七・一九九・二〇〇　③三五八　④三六五　⑤三三・七〇・一四六・二二七・二八六・三六七　⑥九三・一九四・二三九・三八四・四五六　⑦三五・三六　⑪三五二　⑭九九・一一〇・三四〇　⑮一四四・四五〇　⑯一三一・一三六　⑰二六六・二六八・三二四　⑱九・二

五・五七四 [20]二二四 [24]二六・一一七 [25]三〇二・三五六
清(湑) [1]四二〇 [2]一九七 [6]五三(清)
淨酒 [16]二〇
濁(湑) [2]一九七
糟交酒 [14]二一六
新(湑) [2]九・一四二
舊湑 [2]五五
古湑(酒) [1]三八九・三九〇・四六八・四七二・四七三 [2]九・一四二 [5]六五・六六・一四七 [11]三五二
粉湑(酒) [4]四五〇・五三六・五三七 [5]二〇・二二・七五・七七・八六・八七・九〇・九五・九六・一二一・一五六・一六七・二二七・三五六・三六〇・三六一・三六三・三六五・三七四 [15]一二七・三四五・四四二・四四三・四四九・四五二・四五八・四五九・四九七 [16]一八・一九二・二一二・二四九 [25]一五四
白湑(酒) [5]三七三 [15]四五〇 [16]一三六・二九一
辛湑(辛酒) [5]七〇 [15]一四四
和佐々酒 [11]三五二
湑滓 [1]四二〇・四六四・四六八・四七一～四七三・六一七
湑(酒)糟(糟) [1]五五二 [2]八〇・九三 [24]二六
糟(糟) [2]五五・五六 [5]二二・三五五・三六三 [6]二三九 [14]二一 [16]一九 [21]二八〇 [25]九七
古糟 [11]三五二
神嘗湑 [1]三九七・三九九・四〇〇・四〇三・四〇四・四〇六・四〇七・四〇九・四一二・四一三
湑給法 [5]七〇 [15]一四四
粉作湑工 [5]二二七
造酒司 [2]四〇七
藥(湑)酒 [2]一六 [14]三三九 [24]一一七
氷 [14]三四八 [25]一五四
乳 [2]一〇五・一三八 [14]三五六 [23]四八七

## (九) 補食・精・餅・索餅・粉

糒(糒・糒)(倉) [1]四一五・四二一・四二九～四三五・四三七・四三八・四五二・四五三・四五五～四六〇・六一九・六二三・六二四・六二七 [2]一二・一七・一九・三一・三五・三六・三八・四〇・四一・四五～四七・五二・五三・七〇・七三・一〇三・一二一～一二九・一四四・一九七・一九八・二〇〇・六五八 [6]三七六 [14]一九八・二一七・二四四 [15]四七五 [21]二七四
古糒 [1]四一四・六一五・六一七・六一九
糯糒 [4]四三六・四四〇 [14]三五七
餅(料) [2]一〇五・一九二・一九四 [6]一四三・一四八・一五一・一八〇・一八五・二三二・二三七 [13]二九〇・三〇三・四七三 [15]四七四 [16]四七・四八四
大豆餅 [2]五七・一〇四・一九二・一九四
万米毛知比 [2]五七

小豆餅　②五七・一〇四・一九二・一九四
胡麻狛(柏ヵ)餅　⑬三〇三
浮餾餅　②一〇五
布留　②一九二〜一九四
呉床餅　②一〇五
阿久(具)良形　②一九二・一九三・一九四
阿来良　②五七
餲餅　②五七
煎餅(先拌・前拌・前平)(料)　②五七・一〇五・一九二〜一九四　⑬三〇一・三〇二・三一三〜三一六
伊利毛知比　②五七
油餅　⑯四八五
雑餅　②七七
索餅　④二七六・三三一・三三三　⑤三二二・三二五・四一四・四七九　⑥八七・九一・九三〜九五・九七・九八・一一四・一四四・一四五〜一四八・一五〇・一五七・一七五・一八一〜一八三・一八五・一八八・一九六・二二四・二三三〜二三七・二四〇・二四四・二七六　⑬二一七・二一九・二五八〜二六四・二六九・二七〇・二七二・二七三・二七五・二七六・二八五・二八六・二八八・二九一・二九四・二九六・二九八〜三〇一・三〇四・三〇七・三〇九・三一〇・三一二〜三一七・三三八・三四三・三四六・三四八・三五一・三六九・三七〇・四七四　⑭七・一三・一五・七九・八七・八九・九七・一〇一・一〇四・二一四・三三九・三四四・四〇一　⑮二四五　⑯八五・九七・一〇〇・一〇二・一二五・一二七・一二八・一三一・三五五・三五六・三七九・四七六・四七八・四七九・四八七〜四九二・四九五・五〇一・五〇三　⑰二三七・二三八・二四一・二四三・二四六・二四七・二四九・二五二・二五三・二五五・二五六・二五八・二五九・二六二・二六四・二六五・二六七・二六八・二七一・二七三・二七五・二七七・二七九・二八二・二八四・二九〇・二九二・二九三・二九五・二九八・三〇〇・三〇二〜三〇五・三〇七・三一〇・三一一〜三一三・三一六〜三二九・三二一〜三二六、三二八　⑱三・七・九〜一一・一三・二六・二七・二九・一〇六　⑲三三三　㉕二三三
田束麦　⑬二六四・二九八・三四三
手束(麦)　⑯一三六・二九一
乾麦　⑬三五七
干麦　⑯四八一
麦縄　①五五八・五六〇　㉔二七
麦形　②一〇五・一九二〜一九四
粉　⑭九七　⑯四八五
舂粉(粉舂)　⑥九〇　⑬三〇五　⑱六
麺　⑥一四二　⑭八一
小麦粉　①五六二・五七九〜五八一　⑯四七　㉔二四・三六
麦粉　⑯四八
蘓　①六〇四・六一〇　②六四・六五・一三八
麹(替所)　⑮四八六
萌料(小麦)　⑥一四七

## （一〇）食膳用具


器(器) ③四一三 ④二七八 ⑤一四七・一六七 ⑪三五〇 ⑭四〇三・四〇四 ⑮一六三・一七二 ⑯二一四 ㉕二四四

雑器 ⑤一〇四

雑物器 ⑯一九九

食雑器 ⑯二九四・三八〇

食器(器) ⑤二二八 ⑮三一五 ⑯二〇〇 ⑳三二九

雑食器(器) ⑤三四六 ⑯二〇〇

圡器(土器) ③四一三 ⑪三五〇

陶器 ②七八

笥 ③五〇九・五三七 ⑤一〇四・一二四・一六〇 ⑪五二二 ⑫二三八〜二四一 ⑮一四五・三四六・四六五 ⑯二一四・二九五

大笥 ④五二五・五二六・五三八 ⑤一一〇・一二四・一五五・一五六・一六〇・一七〇・一七五・一八一・一八三・一八四・二九七・四四〇 ⑥二五三・三八五・四五七 ⑭四二五 ⑮一五三・一六三・三二〇・三四六 ⑯六七・一八八・一九九・二四三・三八〇・五一三 ⑲二四六・三三〇 ⑳二二五・三二一・五〇三 ㉕二七三・三五七

小笥 ④五三五 ⑤八七・八八・一二四・一六〇・三七三 ⑭六 ⑮三一五・三二〇・三四五・三四六 ⑯二四三

笥坏 ⑤一五五・一五六・一七〇・一八一・一八三・一八四・四四〇 ⑯一八八・一九九・二四四

坏代笥 ⑤一七五

盤代笥 ⑤一五五・一五六・一七〇・一七五・一八一・一八三・一八四・四四〇 ⑮一六三・三二〇 ⑯一八八・一九九・二四四

田笥 ②六一 ④五六・一一三・二三一・二四九

鋺(鋎・〓) ②五八五・五八六・六三三 ③五七九 ㉕四七・四九・五〇

埦(垸) ④一七四 ⑬二五六 ⑯四九一・四九六

片埦 ③四一三 ④五三五 ⑤一〇四・二九八・二九九・三七三 ⑪三五〇 ⑭四二六 ⑮三一五 ⑯六七・五一三

土片埦 ⑲三二〇

〓(陶)片埦 ⑤三一一 ⑭四二三 ⑯一〇七・一二三・一二九・二九五・三八一 ㉕二七二・二七九

大片鋺 ⑭四〇四

鋺(〓)形 ③四一三 ⑪三五〇 ⑭四〇四

土鋺(鋎・垸)形 ⑥三八八・四五九・四七一・四八一・五〇四 ⑪三五三 ⑲三二〇 ㉑四八八・四九四・五〇一・五〇七・五一三・五二二 ㉓三二〇

鋺形片埦 ⑯二九五

五重鋺 ②五八七 ③五八〇

白銅五重〓 ㉕四九

迊羅五重〓 ㉕四九

土埦(〓・垸・院) ⑥三八七・四五八・四七一・四八一・五〇三 ⑭四二四 ㉑四八七・四九四・五〇〇・五〇七・五一二・五二一 ㉓三二〇

陶(〓)〓(〓・院) ⑤一〇四・三一一 ⑥三〇五・四九九 ⑫二三九 ⑭四二三・四三一 ⑯一〇七・一二三・一二

九・二九五・三八一
木贄椀　①六一一
全金鐃(鋺)　②六三二(全金)　⑮三七六
(加奈)　㉕四五
(白銅)鋺(鐃・鋺)　②五八五〜五八七・六
三三
銀鋺(鐃・鋺)　①五五五　②六三二　㉑二
三八・二三九
金渥銅(鋺)　②六三二
飯鋺　②六三二
白銅飯鋺　②五八六
麦垸　④二七八　⑬四七六
水埦(垸)　③五〇九・五三八　⑤二九九
⑪三五三・五二一　⑫二三九・二四一
⑬二五六　⑭四二四　⑯四八七　⑳三
二二　㉕二七二
水麻利　④四三三・四三七　⑯五一九
水麻理　⑭三三八・三四四
土水埦　⑥二五四　⑲二四六・三二〇
埦(陶)水埦(垸)　⑤二九八　⑥二五三・三
九三　⑯六七・五一三　⑲二四六・三
二〇　⑳三二三
毛比　⑯四八二
佐良　⑤二九八　⑫二三八・二三九・二四
一　⑯六七・四八一・四八二・五一九
㉕二七二
盤　②六三三　⑤二九九　⑭四〇四　⑯四
八三・四九六　⑳三二二　㉕一二一・
一二四
大盤　⑭四二六　⑯四九六　㉕四七
片盤　④二七八　⑬二五七・四七六　⑭四
二三
片佐良　③四一三　⑪三五〇・三五三　⑭
三三八・三四四
花盤　④二二三　⑬二一六
花形盤(塗物)　㉕一二一
木花盤　⑬二一四・二一五
染木花盤　㉓六一八
繪花盤　④二二三　⑬二一六
彩色花盤　㉑二三六
花形菓盤　⑤四八二
納箸花盤　㉑二三九
銀花盤　④二二三　⑬二一五・二一六　㉑
二三九
後盤　⑤一〇四
土師盤　⑫二四〇
土盤　⑤三五九　⑥二五三・三八八・四五
九・四七一・四八一・五〇四　⑯二四
四　⑲二四六・三二〇
土師片盤　⑯二九五
埦(陶)盤　③五〇九・五三七　⑤一〇四
⑥二五三・三八七・四五八・四七一・
四八一・五〇三　⑪五二三　⑭四二三
⑯一二三・一二九・三八〇　⑲二四
六・三二〇　⑳三二二　㉑四八七・四
九四・五〇〇・五〇七・五二一
埦佐良　⑤三一一　⑯一八・一〇七・五一
三
陶大盤　⑯二九五
陶片盤　⑯二九五
木盤　④五二五・五二七・五三八　⑤一一
〇・一一二・一二四・一六〇・四三九
⑮一五三・三四六・四六五　⑯二四三
木佐良　④五六・一一三・二二一・二四九
⑤一三五
銅盤　③五九二・五九三　⑨二〇七・三四
五
銅佐良　③五〇八・五三八　⑪八八・五二
一
銅小盤　⑪五〇五
白銅盤　⑧五七六　㉕四九

白銅大盤 ②六三三
白銅小盤 ⑨二九九 ⑪四九九
白銅小佐良 ④一〇八
銀盤 ㉑二三九
銀大盤㉑二三八
銀花盤 ④二二二 ⑬二一五・二一六 ㉑
二三九
金盤 ③五九二
小金盤 ⑦二三三
迊羅盤 ㉕四九
多羅 ②五八五・五八六・五八八・六三二
(白銅)多羅 ②五八五・五八六・五八八・
六三二
白銅小多羅 ④五一七
(銀)多羅 ②五八八・六三二
坏 ②三五〇 ③五〇九・五三七 ⑤二九
八・二九九 ⑥五三 ⑧二一六 ⑪五
二一 ⑫二三八・二三九・二四一 ⑮
三二〇 ⑯六七・一三一・四九〇・四
九六・五一三 ㉔二四二(苔坏)
片坏 ④五二五・五三五・五三八 ⑤三七
三 ⑫二四〇・二四一 ⑮三一五 ⑯
四八七・四八九

枚坏 ⑯五一九 ⑳三三二
窪坏 ⑮四四八
土坏 ㉕二七二
土片坏 ⑤三五九 ⑥二五四・三八七・四
五九 ⑲二四六・三三〇
土師片坏 ⑯二九五
土枚坏 ⑥四七一・四八一・五〇四 ㉑四
八七・四九四・五〇〇・五〇七・五一
三・五二一
土窪坏 ⑥二五四・三八八・四五九・四七
一・四八一・五〇四 ⑲二四六・三三二
〇 ㉑四八八・四九四・五〇一・五〇
七・五一三・五二三
陶坏 ⑤一〇四 ⑧二一八 ⑩三〇九 ⑭
四〇四
埦(陶)片坏 ⑤三五八・四四〇 ⑯二四
四・二九五・四七九
片埦坏 ⑯二一四
陶枚坏 ⑥二五三・三八七・四五八・四七
一・四八〇・五〇三 ⑲二四六・三三一
〇 ㉑四八七・四九四・五〇〇・五〇
六・五二一
陶窪坏 ⑲三三〇
瓷坏 ①五五七・五六〇

犀角杯 ③五七〇(犀) ④一二八
羹(羮)坏 ④二七八 ⑤三一一 ⑬二五
六・四七六 ⑭六・四二六・四三〇
⑯一〇七 ㉕二四四
阿都毛乃坏 ⑯四八二
埦羹坏 ⑯一二三・一二九・三八一
塩坏 ③五三七 ⑤一〇四・一九八・一九
九・三一一 ⑫二三八・二三九・二四
〇・二四一 ⑭四〇四・四二三・四二
六・四三〇 ⑯六七・一〇七・一一二
三・五一三・五一九 ⑳三三二 ㉕二
四四・二七二
埦塩坏 ⑯一二九・二九六・三八一
饗(物)坏 ④二七八 ⑬二五七・四七六
⑭四二三
酒坏 ⑪三五三
田坏 ③四一三 ④五七・一一四・一二
一・二四九 ⑪三五〇
煎坏 ⑪三五三
瓷油坏 ①五七三
小赤坏 ⑭三三八・三四四
坏代 ⑮一六三
銀盞 ㉑二三八
銀盞子 ㉑二三八

小高佐良　⑪三五三
柏　④四三三・四三八　⑤三一九・三二五・三三一・三七二　⑬二七二・二八六・三四〇・三四八　⑭四三七　⑮三七六　⑯九五・一〇〇・一二二・一二七・一三一・一三三・一三六・四七八・四八〇・四八一・四八七〜四九〇・四九六　⑰二六七
保々柏　⑥一七七・一八八　⑰三〇三
⿰瓦并　④五〇五　⑤四五四　⑭三三八・三四四　⑮三七五　⑯四九二
小⿰瓦并　⑯四七九
小丸⿰瓦并　⑥八七・一〇三　⑱二・一八
片⿰瓦并　⑮三七五(依正誤表)
負⿰瓦并　⑪三五二・三五三　⑯四八一
柒胡⿰瓦并　④一六〇　㉕一三・三七・一〇七
胡⿰瓦并子　㉕四九・八八
胡⿰瓦并　㉕七五・九五・九六
胡軍持　②六三三
漢軍持　②六三三
棗⿰瓦并　②六三三
柘榴⿰瓦并　②六三三
洗豆⿰瓦并　②六三三

⿰土匋⿰瓦并　⑯二九六・三八〇
白銅水⿰瓦并　②五八九　㉕四七
水⿰瓦并　②六三三　④四三三・四三七
塩⿰瓦并　⑰二四〇
酢醤瓶　㉒二一二
椋　㉕一四二
鉢(鉢)　②五八五・五八六・六三二　⑤六七二　㉕四七
須恵鉢　⑯四八二
瓷(瓷)鉢(坏)　①五七三　⑯五六九・五七八・五八三
塞鉢　②五八六
薫鉢　②五八六
鐵鉢　②五八六・六三二　④五一一
銅鉢　②五八六
白銅鉢　①五五五・五八六　②六三二　⑤六八二　㉔三六
白銅漿鉢　②六三三
金銅鉢　⑤六八一
銀鉢　㉕一一七
金涅(大佛御鉢)　㉕一一六
銀(大佛御鉢)　㉕一一六
檜林輪　⑯五六九

木鉢　㉕一二四
箸　②六三二　③五八〇　㉕五〇
箸竹　⑤三一一・三三三・三三五・三七二　⑯八二・九九・一〇〇・一〇七・一二六・一二七・三七九　⑰九
白銅匙箸　㉕四九
鐺　②六三四
瑇瑰箸　④一七九　㉕六三・六四
玉箸　㉕八三
匙(匕)　②六三二・六三四　③五八〇
鈚　②五八五・五八六　㉕五〇
(銀)木葉匕　②六三四
(白銅)窪匕　②六三四
白銅窪匕　②六三四
白銅(鈚)　②五八五・五八六・五八八
(白銅)鉗　②五八五・五八六
白銅鉗　②五八八
銀鈚鉗　④五一七

## (二) 調理用具

釜 ①三九四 ②五九一・六三五 ④五五・五七・一一三・二三一・二四九 ⑤三五・六九・七六・八七・八八・一二四・一六〇・二九八・三一一・四三八 ⑥一一九・五九九 ⑦二六三 ⑮一三八・三四六・四六四 ⑯六八・一〇八・二一三・五一八・五一九

足釜 ②六三五 ⑤二八六 ⑦二六三・二六六

懸釜 ②六三五

行竈 ②六三五

打釜 ⑦二七〇

釜(鐵) ②五九二・六三五 ⑤四三八

鐵釜 ⑤四三九 ⑯二四三 ㉕六七

鐵足釜 ⑤二六六

煎塩鐵釜 ②三三・三五・三八

(銅)釜 ②五九一・六三五 ⑬二一二 ⑮三四三

鋳(銅・鐵)(鍋・釜の類か) ②五九二

橧 ②六一一 ④五六・一一三・二三一・二四九・五三五 ⑤八七・八八・一二四・一六〇・二九八・三七三・四四〇 ⑥二五三・三八七・四五八 ⑮三一五・三四六・四六四 ⑯六八・二四三・三〇五 ⑲二四六・三三〇

堝 ③五〇九・五三八 ④二七七・五三五・五三六 ⑤三三三・三三五・三五六・三五九・三六一・三七二・三七三・四四〇 ⑥八七・一〇二・一五五・一七五・一九五・二二四・二四四・二七六・三八七・四五八 ⑩三〇九 ⑪四九九・五二一 ⑭一〇・一二・一三・一五・七六・七八・七九・三三八・三四四・三四八・四二六 ⑮一二六・三一五・三一九・三四五・三四六・四四八・四五〇・四五二 ⑯一八・八二・九八・一〇〇・一二六・一二七・二一四・二四四・二九六・三八〇・四七八・四八〇・四八一・四八六・四八七・四八九・四九一・四九六 ⑰二五五・二六七・二七三・二九〇・三〇一・三一三・三二一・三二七・三二八 ⑱二・一八 ⑲三三三

大堝 ⑰二六〇

奈戸 ⑰二五一

佐志奈閉 ⑮三七六

斜 ①六三四

白銅鍋 ①五七九(柄・足は鐵)

銀鍋 ㉑二三九

瓮 ③五〇九・五三八 ④五三五・五三六 ⑤二九八・三〇〇・三一一・三三三・三七三・四四〇 ⑥五三・八七・一〇二・一五五・一七五・一九五・二二四・二四四・二七六・三八七・四五九 ⑧二一六 ⑪四九九・五二一 ⑫二三九 ⑬二六二・二七九・二九三・三四二・三四五・三四九 ⑭六・一〇・一一・一二・一五・七六〜七八・三三五・三三八・三四四・四二六・四三〇 ⑮一二六・三一五 ⑯一八・六八・八四・九八・一〇七・一二六・二四四・二九六・三八〇・四八七・四九六・五三六・五六五 ⑰二三七・二七三・二八四・二九七・三〇一・三〇四・三三三・三二七 ⑱二・一八 ⑲三三三 ㉔二四二

小瓮 ⑯八三・四七九

竈　[2]五七〇～五七四　[3]三四八～三五二　[4]二一〇・二一二・二一三・二一五・二一六
韓竈　[16]二九六
辛竈　[14]四二六
竈戸　[4]二一三・五三五　[5]三七三・四四〇　[15]三一五　[16]二一四・二四四・二九六
銅竈　[2]二三二　[9]二九九
(造銅竈工)　[2]一四七
塩竈　[1]六二三　[2]一四四
麻笥　[4]五二五・五二七・五三五・五三八　[5]八七・八八・一二四・一五五・一五六・一六〇・一七一・一七五・一八一・一八三・一八四・三一一・三七三・四四〇　[15]一六三・三一五・三四五・三四六・四六五　[16]一〇七・一八八・一九九・二一四・二四三・四七九・四八七　[17]二四一　[20]三二二
乎毛　[16]四八二
大麻笥　[14]四三一
中麻笥　[5]三二三　[16]九八・一二六
小麻笥　[16]三八〇　[17]二九九・三二二
枚麻笥　[6]二五三・三八六・四五七　[19]二四六・三二〇　[20]五〇三
水麻笥　[4]五七・一一三・二三一・二四九・五〇九　[5]二九七・二九九　[6]八六・一〇一・一五五・二一二・二一六・二一九・二三四・二四三・二五三・二七六・三〇五・三七四・三八六・四四八・四五七・四六〇　[8]二一六　[12]二三八・二三九　[14]五・六・三三八・三四四　[16]六七・八五・一二二・一二九・二九五・五一九　[17]二三七・二四〇・二六五・二七一・二七四・三〇九　[18]二・一七　[19]二四六・三二〇・三三二　[20]五〇三　[24]二四二
小水麻笥　[6]一七五・三九九
水乎気　[4]五六
小水桶　[6]一九五
古麻笥　[16]四九一
杓(杓)　[3]五〇九・五三八　[4]五二五・五二七・五三五・五三八　[5]二九七・二九九・三一一・三七三　[6]八七・一〇二・一五六・一七五・二二四・二二四・三・二五三・二七六・三八六・三九三・四五七　[8]二三三・二八六　[9]二　[11]五二二　[12]二三八・二三九　[13]二六四・三四三　[14]四・六・一〇・一五・七六・三三五・三三八・三四四　[15]三一五　[16]六七・一〇七・一二二・一二九・二一四・二四四・二九五・四八〇・五一九　[17]二三七・二四〇・三〇一・三一二　[18]二・一八　[19]二四六・三二〇・三三三　[20]三三一・三三三・五〇三　[21]四八八
笥杓　[16]五一九
柒埿杓　㉕一四〇
銀杓　[21]二三八
金埿(酌)[2]六三三
匏(瓠・瓠)　[1]五八八(瓠)・六一〇　[5]五九・二九七・二九九・三一一　[12]二三九　[16]六七・一〇七・一二二・一二九・三八〇(瓠)
切机　[5]二九八　[6]五〇　[16]六七・四九六
(料理用刀子、「一〇　諸道具」(一)刃器項参照)

船 ②六四二 ⑤二九八（舩） ⑯六八
圓舩 ②六一一
籮 ⑤三二三・三二五・三七二 ⑥八七・一〇三・一七五・一九五 ⑬二七六・二七八・三四八 ⑭一〇・一五・七六 ⑯八一・九九・一〇〇・一二六・一二七・一三一・三〇四・三八一・四八〇・四九〇 ⑰二四〇・二九〇 ⑱二・一八
麦籮 ⑤三二五・三七二 ⑯一〇〇・一二七
拭巾（布） ①五五三 ⑥四五二 ⑬二五九 ⑭四〇三 ⑯四七五 ㉕三二一

## ㈢ 貯蔵用具

甕 ①三九六・三九九・四〇三・四〇六・四〇九・四一二 ②一七・四六・五二・五三 ⑭四三〇・四三二
小甕 ②一七・四六・五二・五三
中甕 ②一七・四六・五二
大甕 ②一七・四六・五二
由加（可） ①三九五 ③五〇八 ⑧二三三・二八六・五七九 ⑨二一 ⑩五四二 ⑪五二二 ⑫二三九 ⑭三八四・四二六・四三〇 ⑯四九六 ⑳三三二
瓺 ①五五三・六二三・六二四・六二七 ②八一・八三・九四・一二一・一四四・一九七・六一〇 ④五七・一一三・二二一・二四九 ⑤六九 ⑥五二・九二・九三・一一九 ⑭二六・二四五・四二七 ⑯一三 ⑱八・九・二五
甅（⿰瓦重） ①三九五 ②一九七・六〇八 ④五三八・五三九 ⑤六八・七六・四四〇 ⑥二五四・三八八・四五九 ⑭一九九・二一六・二一七・三八四・四三〇 ⑯一三・二四三 ⑲二四六・三三一
〇
佐良氣 ⑭二四六
瓱（乇） ①三九五・四五三・四五五・四五八・四六〇・六一〇・六一六 ②六五・一一九・六一一 ④五七・一一三・二二一・二四九・五三八 ⑤六八・七二・一二二 ⑥三八八・四五九 ⑬二五四〜二五六・二八五・二九三・二九七・三〇五・三〇六・三四〇・三四五・三五一・四三一〜四三五 ⑭五六・五七・一九九・二一六・二四五・四三〇 ⑮一四五・一四七 ⑯一三 ⑲三三〇 ㉕二七五・二七六・二八三・二八四・二九〇〜二九二・二九四・二九六
比良加 ⑪三五二
叩戸 ①三九五 ③五〇八・五三八 ⑤一〇四・二九八 ⑪三五二・三五三・五二二 ⑭四二六 ⑯六七・二九六・四九六 ⑳三三二
小叩戸 ④四三三・四三七
陶叩戸 ㉑五二〇
壺 ①三九五・五七三・六〇四・六一〇・

六三二　②六四・一三八・六三三・六四一　④一七四・一七五・二六三
土壺　⑥二五四・三八七・四五八・四七一・四八一・五〇三　⑲二四六・三二〇　㉑四八七・四九四・五〇〇・五〇七・五一二・五二一
土匋(陶)壺　⑯一〇四・二九六
小壺　①六一〇　②六四
大壺　①六一〇・②六四
水精(壷)　②六三三
白銅(壷)　②五九〇白銅壹(壺カ)・六三三
銀(壷)　②六三三
金涅(壷)　②六三三
堤壷　②六三三
樽(罇)　①五八八・六二一　②六一一
柒塗樽　⑥四六七　㉑二三七
銅井樽　②六三五
湑(酒)舩(船)　④五三六　⑥一五五・二五三・三八六・四五八　⑮一二六　⑰二八六　⑲二四六・三二〇

## (三)　薪炭類

薪　①五五一・五五二・五五九・五七三　②四・八・一七九・一八三・一八五・一八七・一八八・一九〇・二七二・四九一　③四一三　④三一七〜三三五・四〇二・四三三・四五六・四五七　⑤一二六・一二八・一三〇・一九四・一九九・二九四・三一四・三一五・三七六・三七九・三八一・四〇七　⑥五一・一〇三・一〇六・一四二・一五六・一五九・一九六・二二六・二四四・二四五・二七八・三一七・三二九・三七二・三七三・三七六・三七八・三九四・四〇一・四〇二・四一三・四一五・四二二・四六一・四六二・四七二・四七三・四八三・四八四・五〇六・五〇七　⑦三六・二二九・二三五・二三七・二五八・二六一・二六五〜二六九・二七四・二七五　⑧五八〇　⑨三一九　⑪三五〇・三五二・四八七〜四八九　⑫一八〇　⑬九七・二四一・二四三・二五八・二五九・二六二・二六五・二六七・二六八・二七二・二七三・二八〇〜二八三・二八五・二八六・二八八〜三一七・三三八・三四〇・三四三〜三四五・三四八・三五一・三六四・三六六・三七二・三七六・四七〇〜四七四　⑭一・二・八・一一〜一三・一五・七一〜九九・一一三・二〇三・二一五・二九四・二九五・三〇四・三三五・三三八・三四四・三五一・四〇〇〜四〇二・四二四・四二八・四三五　⑮一六・一八・一九・六六・七三・八一・八七・二四二　⑯一四・一七〜二〇・三三・三六・四六・六三・七九〜八三・八六・八七・九九・一〇〇・一〇二・一〇三・一二六・一二七・二八五・二九〇・三一七・三四七・四二二・四七七・五一〇・五一九　⑰三二七・四八九　⑱一九・二〇　⑲三二四　㉑四九〇・四九一・四九五・四九七・五〇二・五〇三・五〇八・五一〇・五一五・五一六・五二二・五二三　㉓三二〇・三二一　㉔二六　㉕二〇八・二三三・三〇二

炭(灰) ①五五一・五五二・五五九・五六八 ②一八四・一八五 ③五〇〇・五〇八・五三八・五三九 ④五〇六 ⑤一四二・一八九・一九九・二四九・三二四・三五三・三七六 ⑦三七・二三四・二五七・二六一・二七三 ⑧五八〇 ⑨三一九 ⑪四九九・五二一・五三三・五三八 ⑫二三九〜二四一・二五六 ⑬九一・九七・一二〇・二四一・二四三・二六五・二六八・三〇一・三〇八〜三一一・三一四〜三一六・三四四・三四六・三五二・三七〇・三七六 ⑭四・四二四・四二八・四四〇 ⑮一六・一八〜二〇・六六・七三・一一三・一一四・一一八・一二五・一四六・一五七・一八九・三七二・三七三・三七四・四六六・四六七 ⑯一二・一四・一九・二〇・七九・八一・八二・八五・九九・一〇三・一二六・一三六・一四五・一八五・二八七・二八八・二九四・三一七・四八七〜四九一・四九六・五〇一・五一〇 ㉔二六・三九・一九三・一九四 ㉕二五四

荒炭(灰) ④四〇二・四三三・四三八 ⑤二〇二・二〇八・二一〇・二九四・四〇八 ⑥一五七・二四四・二五四・三八八・四一四・四二〇・四六〇・四七二・四八三 ⑭一一・一二・一五・七七〜八〇・八九・一九九・二一五・二四五・二九四・二九五・三〇四・三三五・三三八・三四三・三五一 ⑮八一・一八二・一八六・一八九・三六七・三七二・四六七 ⑯一八・一九・六三・三四八・四七七〜四八一・五〇四・五一九・五三五・五三六・五六五・五七四・五七六 ⑲二四七・三二一 ⑳五〇三 ㉓三二〇

和炭(灰) ①五五一・五五九・五六六・五六八 ⑤三九・四六・四九・五五〜五八・八二・八七・九一・九四・一三七・一八六・二〇二・三五一・三六二 ⑮一二九・一八二・二一三・二一四・二六〇・二六八・二七〇・二七一・二七七〜二八〇・二八二・二八三・二八七・二八八・二八九・二九一・三六五〜三六八・三七〇〜三七四・四六六・四六七 ⑯二四五・二八五・二八七・二八八・二九四 ㉔二六

焼(燒)炭(灰)所 ⑤一四二・二三六 ⑮四六六

燒炭司 ⑮二一三・二一四・二八九(小石)

燃料 ⑯二二六

松 ④三二七〜三三四 ⑤四一・二二八・三一七・三一九・三三一・四〇七 ⑥一五七・一九五 ⑪三五一 ⑬一二〇・二六五・二六八・二七三・二八六〜二九四・二九七・二九八・三〇三・三一〇〜三一四・三一六・三四〇・三四三・三四五・三四八・三五一・四七〇・四七二・四七四 ⑭八・一三・一五・一六・七三・七四・七八・七九・八一〜九〇・二一五・三三八・三四四・四〇二・四二四・四二八 ⑮一六・一八〜二〇・三二・三三・六六・七三・七八・一五一・二六二・三七四・三七八 ⑯九三・九五・一〇二・一二二・一二三・一二八・一三一・一三三・一三六・三四八・三七九・四七七・四七九・四八一・四八八・四九

○・四九六・五○一・五○四　⑰九
　㉕二三三
燭松　①五五九
明(明)松　⑤二二六　⑮二八五
火取　①五七九
火鉗　①五七九
火棹　⑤一二八

## ㈣　碓・箕・中取・食薦など

宇滇　④五六・一一三・二二一・二四九
碓　②五七三　③三五○　④五七・二一
　○・二一五・三五九
磑　②五七三　③三五○　④二一○
辛碓　⑤一三○
韓臼尾　⑥二五四・三八八・四六○　⑲二
　四七・三二○　⑳五○三
箕　④五六・一一三・二二一・二四九・五
　三五・五三六　⑤二九八・三○○・三
　七三・四四○　⑥八七・一○三・一五
　五・一七五・一九五・二二四・二四
　三・二七六　⑭四二六　⑮一二六・三
　一五　⑯六八・二一四・二四三・三○
　四・三七九　⑰二四○・二七一・三○
　四・三二三　⑱二・一八　⑲三二二
(篩、「一○　諸道具」㈣篩・波気・篭項参
照)
筥方　⑪三五三
筥形　⑤二八八　⑥三　⑪七　⑫二三九
　⑫五二・六○・六一・二五一
中取　③五三七　⑤二九八　⑥五○・二五
　三・三八六・四五八　⑮三六七　⑯六
　七・四九六　⑲二四六・三二○　⑳三
　二二・五○三
柒塗中取　⑥四六七　㉑二三七
中取机　②六一一
中取料波多板　⑤四六・一五○・一五三・
　一五四・一七○・一七三・一七四　⑮
　二六七　⑯一八七・一九七・一九九
中取料　⑯二○二・二○四
染涅中取　㉕一四二
輿籠　⑭四三一
飯舉　②六一一
糀舉　②六一一
餅舉　②六一一
手洗　⑯四七八
小手洗　③四一三　⑪三五○
土手洗　⑥三八七・四五八・四七一・四八
　一・五○四　㉑四八七・四九四・五○
　○・五○七・五一二・五二一
洗盤　⑯四九一
水上　⑭四三○　⑳三三二

食薦　③五〇九・五三七　⑤二九九　⑥八七・一〇三・一七五・一九五・二二四・二四四・二七六　⑪五二一　⑯五一三　⑰二九九・三三二　⑱二・一八　⑲三三三

食前薦　⑯三〇四

食箒　⑤二九八(箒)　⑯六七

脨子　②六〇八・六四一

柒涅圓脨子　②六四一

本項については、拙著『奈良朝食生活の研究』を参照されたい。

なお、佛具の供養具にも食用具に共通するものが多くあるが、これらについては「八佛具」㈨供養具・鉢・鋺・盤・箸項を参照。

# 三　建　築

## (一) 家・宅舎・屋・門・殿


家　③一三三　④四五一　⑤四七七　⑥一一九　⑦四八　⑯五八・二七七　⑰一一　㉔五二五
家屋　⑥一二〇
質物家　⑥二七四・四二七・五一〇・五六七・五八五　⑲三一五　㉒四一七
質家　⑥四二六・五一五　㉒三八一
庄家　③四二一・四五・四七
百(伯)姓家　②六五七　④三八八・三九一
宅　②五七〇〜五七二　③三四七〜三四九・三五一　④二一〇〜二一三・五一〇・五一三・五一六　⑭四四二
中納言宅　㉓七七(西隆寺)　㉔一八八
橘夫人宅　④五一〇・五一三・五一六・五一八
百姓宅　②六五四
舎　④五二・五三
禅院舎　②六五〇
舎宅　③一三三　㉓一八二
宅舎　㉕七〇
宮宅　④一一八
西宅　③一四九　⑦七六・八〇
北宅　③六四八　⑧一九四
元興寺北宅　⑧一八七　㉔二五八
宮室　④二一〇
城墎　④二一〇
屋　①四二九・四三三・四三五・四三八・四六五・四七〇・六一九・六二七　②八一・八四・九四・九七・一四四・一九九・六一八・六五七　③四六・一一二・一三四　④五三・一一二・二四八・三四二・五二九・五三〇　⑤七四・三二八・三七八・六四二・六五三　⑥一二〇・三九七　⑦四八　⑮一七九・二〇〇・二五五・四五五　㉔五二六　㉕二〇〇・三〇七
東屋　④五二一〜五五・五七・一一二・一一三・二二〇・二四七・二四八　⑤三二八・三三六　⑥一・一一九・三八九・三九七
真屋　④五三二(草葺)・五五・五七・一一三・二二〇・二四八　⑤三三六
片屋　㉕二五三
構屋　⑥五九九
買屋　④五三
借屋　①四二九・四三三・四三五・四三八・四七〇・四七三・六二四　②一七・一八・二〇・三六・四六・一二三・一二六
古屋　⑤九四・一八二・一八五・三五一
故屋　④四三〇
空屋　①六一九
空(屋)　②八四・九四・九七

渥屋 ⑦一七一
凡屋 ⑤一二八・一九二・二〇〇
凡葺屋 ㉕六七
凡屋所 ②六五七
塗壁屋 ②四六
(泉)木屋 ②一七一・四〇二(木屋坊)・六
一四・六五七 ⑤一七九・一八六 ⑬
二六五・四七八(木屋坊) ⑭八・一
五・七八・一一五 ⑬二六五 ⑮二〇
〇(木屋坊) ⑯一一二・一二四 ⑲一
一一 ㉕二五二
黒木屋 ⑤一八六
黒木借板屋 ⑤三五〇
板葺黒木屋 ⑤一七九
寺南木屋 ㉓一八二
板屋 ④二一一〜二一三・二二〇・二四
七・二四八・三四二・三五九・五二〇
⑤七四・九七・一一七・一八六・二〇
〇・二七三・三四五・三五〇 ⑥一一
九・一二一・一七四・二九〇・四二
六・四二七・五一〇・五六七・五八五
⑬一五七 ⑭四一二・四一三 ⑮一六
四・一六五・一三六・二三〇 ⑯三
〇・三一・二〇三〜二〇六・二一〇・
二一一・二三五・二三八・二三九・二
四二・二八〇 ⑲二九七・三〇〇・三
一二・三一六 ㉕二〇一・二五三〜二
五五・二七〇
板(屋) ⑥五一五
板葺屋 ④五三・五四・一一二・二二〇・
二四八・五二九 ㉕三〇六
古板屋 ⑤一八六・三五〇 ⑯二〇三・二
〇四・二三五・二四二
板古屋 ⑤三五一
五間板屋 ㉕二〇一
小板屋 ㉕二五四
質物板屋 ⑲三〇〇・三一二・三一六
借板屋 ⑤二七三・三四五 ⑮二三六 ⑯
二〇三・二〇四・二一一
遷竪雑板屋 ⑯二一〇
庄板屋 ⑮三三〇
東板屋 ⑯二八〇
南板屋 ④二四八 ㉕一五四
佐村板二間屋(質物) ⑲三〇五
經師所板屋 ㉕二七〇
客房院板屋 ⑤一二七
寺家古板屋 ⑤一八六
脩理板屋 ⑤二七三 ⑮二三六
食堂院板屋 ⑤二〇〇
草屋 ②四六 ④三四二 ⑤四七七 ⑮一
二八
草葺(葺・戠)屋 ④五七・五二〇 ⑥一一
九 ㉕二〇〇
葺草(屋) ③一三四
草葺真屋 ④五三・一一三・二二〇・二四
八
草葺東屋 ④五三・五四・一一三・二二
〇・二四七・二四八 ⑥三八九・三九
七
草葺板敷東屋 ④五二・一一二・二三〇・
二四八 ⑥一一九(戠)
葺草板敷(屋) ③一三四
草戠厨屋 ⑥一一九
檜皮葺屋 ④五一七
檜皮葺(戠)板敷屋 ⑥一一九・三八九・三
九七
葺檜皮板敷(屋) ③一三四
檜皮葺東屋 ⑥一
檜皮葺舎屋 ㉕六七
葺板(屋) ③一三四
稲屋 ②六一四
頬屋 ②一四四

穎(屋)　②九四
頴稲屋　①六二七
穎稲(屋)　②八四
頴稲(稲)借屋　①六二四　②一二三・一二

六

穀借屋　②一二六
動用穀借屋　②一二三
稅屋　②七三・一二三・一二六・一三〇
空稅屋　②一二三・一二六
(新造)稅屋　②一二三
頴稲稅屋　②七三・一二三・一二六
政屋　②六一四
政所住屋　㉕二五四
政所東屋　⑤三二八
大炊屋　⑯二一〇
宿直屋　②六四九
炊屋　⑮三二七
太衆院屋　②六一三・六五〇
東厨屋　⑭四二一
井屋　②六四九・六五〇
水屋　㉕二五四
膳屋　㉕二五三
竈屋　②六一四・六五〇　⑦二三八
碓屋　②六一四・六五〇　㉕二五四

屋物　⑥一二〇
温(溫)屋　⑥一五五・一五六・二四六・三〇五　⑮三二六　⑯二一〇　㉑四八九・五〇一　⑭三八九・三九〇
湯屋　④三三〇　⑥一〇二　⑭四一二・四一三・四二一　⑮五九・六六　⑯五一八　⑱一八
紙屋　⑤四八九　⑥二四・四二〇・四六〇・四七二・四八三　⑩五八・三〇八・六五八　⑪三七一　⑬二六九・三一〇〜三一一・三一四〜三一六・三三二　⑮五八・五九・三三六　⑯三五三・三五五　⑰四一三　⑳三一一　㉑四八九・四九一
部園守屋　⑤三八一
倉屋　④五八・五九・一二一・一二〇
板絞(屯)屋　⑯二一〇
西屋　②八七
西壹屋　②八六
西第貳屋　②八七
東第壹屋　②九六
東第貳屋　②九七
新造屋　①四二九・四三八
南中門東西(屋)　②六四九

南大門東西曲屋　②六四九
信樂板屋　⑮一六五
信樂買筑紫師藤原殿板屋　⑯二〇六
御齋會板屋　⑬一五七
藥師寺木屋　②六五七
溫屋　③一三四
杜(社)屋　⑭七・九・一五・七一・七四・七八・二一五・四〇〇
破屋　④二一一・四四七
几屋　⑫一九四
穴屋　⑤一九一
蓋屋　④二一一　⑥一二一　㉓四二九
宗屋　④四七八　⑮一六六・一六八・四三八　⑯二三三　㉕三二六
舎屋　⑮四五五
屋舎　⑤六四二・六五三
唐院屋　⑤二〇〇
東大寺布施屋　④五二〇
布施屋　⑥一二〇　④五二〇
木工所院屋　⑤一二七
石山寺運漕古屋　⑤九四
脩理勢(多)庄板屋　⑯二四二
南院北屋　②八七
大衆南小板屋　㉕二五四

門　②六一三・六四八　⑮二二〇
佛門　②六一三・六四八
僧門　②六一三・六四八
門戸　④二一一
小門　⑤三七七
曺司門　⑥三〇五
美豆垣御門　㉕三七一
間垣御門　㉕三七一
玉櫛御門　㉕三七一
外御門　㉕三七一
東西小門　②六四七
南大門　②六四九　㉕一三一・一三二
南門　⑤一二六　⑮二五五　㉕一三一
南中門　②六二八・六四九
南西門　⑤一九一
南之西門　⑤一二六・二〇〇
西南門　⑤一九一
西之南門　⑤一二六
西北中門　㉕一六三
北御門　㉕三七一
北中門　⑤一二六
中門　②五八二・六四七　㉕一六三
檜皮葺門　④五一七

廡廊中門　②六二九
　額　②六四七
仏(佛)殿(殿)　②六二八・六四七　⑤一六一・二〇五・二〇六・三五九　⑬一六九　⑮三二〇〜三二四・三六〇・三六一・三八七・三九〇
仏堂殿(戸)　⑯二三九
大仏(佛)殿(殿)　③三五七　④二二一・二二三・二六〇・二六三・三五三　⑤一二六　⑥三〇三・三九七・四六六　⑬二一四・二一六　⑯三七一・四〇〇・五七七　㉑二三五・四九九　㉕七七　㉕一〇〇・一二六・一二七・一二九・一三〇・一三一〜一三四
大仏殿院歩廊　④二二三
大仏殿廂繪　④三五三
綵色大仏殿柱所　㉑四九九
彩色大仏殿之天井　④二六〇
彩色大仏殿廂之天井　④二六三
東小塔殿　⑯五八九
寶殿　⑤六七一・六七三(盖・柱・基)・六七四
瓦葺八角佛殿　④五一七

仏殿中壂　⑤二〇六　⑮三六一・三九〇
仏殿半壂　⑤二〇六　⑮三六一
興福寺西仏殿　⑧一八七
白壇(納殿)　④一〇七
琥碧(納殿)　④一〇七
雕交白壇(納殿)④一〇七
沉(納殿)　④一〇七
殿(殿)　④一〇七　⑤一三七・一八二・二七二・二七三・三三七　⑮二三五・二三六・二五九　⑯一九九・二〇六・二七七
正殿　㉕三六八・三七〇・三七一
政所殿　⑯三七
壇(壇)殿　③六〇五(南貳)　⑤三五一
咸(盛)殿　⑤四一　⑮二六三
相殿　㉕三七一
東殿　⑳三二四
經堂殿　⑯二三八
經堂西殿　⑮一五六
凵衆西殿　㉕二五一
北殿(殿)　④五二九　⑯二二七　㉕三二〇五・三〇六
塗殿　⑤三三七
用殿　⑯二四四

遷竪殿(殿)(並監) ⑤二七三 ⑮二三六

三丈殿 ⑤七〇・一〇五 ⑮一四三

五丈殿 ⑤一〇五 ⑮一五五 ⑯一九八

六丈殿 ⑯一九七

雑殿 ⑤三五一 ⑯二二八

帝子御方宮殿 ⑮一八七(厨子類カ)

筑紫帥藤原殿 ⑤三四三・三四八 ⑯二〇

六

田村殿 ④四二七 ⑭三六一

二條殿 ⑤三四九 ⑯二三八

甲賀殿 ⑮二九六・三八一・三八二・三八

九

甲賀板殿 ⑤三五六

信樂殿(殿) ⑤三六六・三八五・三八六・四〇〇・四〇一 ⑮三二〇・三四一・四三三 ⑯一一九・二一五・二四七

信樂板殿 ⑮一六六・三四一 ⑯二三二・二四七

信樂古板殿 ⑯二三七

信樂壞殿 ⑯二四九

板殿(殿) ④五三三 ⑤一九〇・三一四・三三六・三四三・三四五・三四八〜三五〇・三五三・三五六・三六〇 ⑮一六六・三四〇・三四一 ⑯九・一〇・一一一・二〇三・二〇四・二〇九・二一五・二二七・二三三・二三四・二三七・二三八・二四二・二四七・二四九

北(院)板殿 ⑯九・一〇

竪板殿 ⑤三四五

三丈板殿 ⑤三四五・三四九・三五〇 ⑯二〇四・二一五・二三四・二四二

五丈板殿 ⑤三四五 ⑯二三四

脩理板殿 ⑤三四五

板葺(葺)殿(殿) ⑤二七二 ⑮二三六

檜(檜)皮葺(葺)殿(殿) ⑤二七二・三三六 ⑮二三五・三一九 ⑯一三

政所東檜皮葺殿 ⑯一三

板葺黒木作殿 ⑤一三七

財殿 ㉕三七一

寫経殿 ②一五四

紙打殿 ⑯一一三

醬(醤)殿(殿) ⑥三〇一・三八四・三八五 ⑳二一四 ㉕三五六

縫殿 ④二七八

倉代殿 ⑯二四〇

造大殿所 ㉕一四七・二三九


## (二) 堂・塔・廊・房


堂 ②六一三・六四八・七一四 ③四九九 ④一七五・二四一・四七〇・四七一 ⑤一三三・一六二・二九九・六七六〜六七九・六八一・六八二 ⑥二四・二九・三〇・一〇一・一九五・三〇五 ⑧二二三・二八五・二八六 ⑨一三七 ⑬二五八・二六二・二八三・二八四・三〇八・三一〇・三三一・三六六・三六七 ⑭七四・二二四・三〇〇 ⑮六六・一五一・一六八・一七四・一八四・二五四・三二四・三二六〜三二八・三三一・三三五・三三七〜三三九・三七一・三九一・四六五 ⑯二六九・二八四・二八八・二九三・三〇七・五〇一 ⑱一八・四四九 ⑲二五〇〜二五二 ㉑二七一・四〇四〜四一三・五一九 ㉒四二二 ㉓三二〇 ㉔六〇七 ㉕三一一・三一八・三一九 ㉕一三〇

仏堂 ⑤一八六・二三三・二七二・三三六・三三七・三四四・三四六・三四九

〜三五一・三六五 ⑮一五六・一六六・一六八・二〇九・二三五・三〇五・三一七・三二四・三二五・三二八・三二九・三三三・三三四・三三九〜三四一・三六九・三七三・三七四・四二一・四四三 ⑯二〇二〜二〇五・二〇八・二一〇・二三一・二三八・二三九・二四一〜二四五
檜皮葺仏堂 ⑯二三一
金堂 ②五八二・六一三・六二五・六二六・六二九・六四八・六四九 ⑤一三〇・一九四 ⑮三三三 ⑯二七五・二八六
金堂所 ⑤一三〇
作金堂所 ⑭二八三 ⑯三〇八・三一〇
造金堂所 ⑯二八〇
金堂司 ⑪二五八
講(請)堂 ②六四八・六四九 ⑬一五七
戒壇講堂 ㉕一三一
講堂所 ⑮一四〇
造講堂所 ㉕一四七
瓦葺講堂 ④五一八
法堂 ⑤二七三 ⑮一七九・二三六
戒堂 ⑤一九七
戒堂所 ⑬一〇九
経(經)堂 ⑤四一・四三・一三八 ⑥三〇・七六・一〇二・一五五・二二八・三〇二〜三〇四・四八四 ⑦二二八 ⑨六〇五 ⑫三四一・四〇六 ⑬三八 ⑮一五六・二五九・二六〇・二六三・二九一・三一六・三一七 ⑯二三五・二三八・二三九 ⑱一八・五四四・五四六 ㉑四八九
経(經)堂(雑使) ⑥一〇六・一六〇・一九八・二四六 ⑮四
上經堂 ⑥四八四 ⑰五七六
板葺經堂 ⑯二三五
経(經)奉寫堂 ⑤二七三 ⑮二三六
寫經堂 ㉔一八〇
羂索院堂 ③三五八
羂(羂・羂)索堂 ⑨六〇五・六〇七 ⑩六二八 ⑪二二七・四七四 ⑬四七八 ㉔一八三
阿弥陁堂 ⑫一七二
丈六堂 ⑧四六〇
菩薩堂 ⑤一三三
千手千眼堂 ㉕七九
千手堂 ⑨三二八 ⑪四五
中嶋西堂 ⑬三八三
法花寺西堂 ④一〇五
辛國堂 ⑤二〇〇(辛国) ⑧一九〇
外島堂 ⑫二六五
嶋院内堂 ⑤四五一
如法堂 ⑯五八八
東堂 ③一九一 ⑨五六三 ⑩四六八 ㉔四四九
南堂 ⑨七四・三四五・三四七 ㉔四〇九
西堂 ⑨五四九 ⑫一(宅堂) ⑬三八三 ④一〇五
北堂 ⑨二〇一・三三四
檜(檜)皮葺(葺)堂 ⑤一七七 ⑮二五五 ⑯二八六
板葺堂 ⑤一七七
山堂 ⑮四五五・四五六 ⑯二五七
内堂 ⑤四四三 ⑦六・二五(齋會轉讀)・一六六 ⑫四二七・四三四 ⑮四五 ⑯四五一・四五四・四七〇 ⑰一九・一一六 ⑱四六二 ㉔二〇八 ㉕一九四
上堂 ⑮二五四
下堂 ⑥四八四
防堂 ⑥四八四

安居堂 ⑮一五一
御齋會堂 ④一八九
紫微中臺畫像堂 ⑪五〇八
書堂 ⑩六三〇 ⑪五〇九
運堂(听) ⑤一四七
造圓堂(听) ⑤四六三
御堂 ㉕一三二
講師堂 ⑮三七〇
堂院 ⑧二〇九 ⑨三四〇・三四一
食堂 ②六一三・六四八・六四九 ⑤三四・一二六・一九〇・二〇〇・二七三 ⑮二三六 ㉕二五二
食堂軒廊 ⑤一二六
食堂近廊材 ⑤一九〇
食亭近廊 ⑤二〇〇
食堂材 ⑤一九〇
食堂所(听) ④三七一 ⑤三四・七六 ⑭一三・二一五 ⑮一二七
塔(塔) ②五七六・五八二・六一三 ④三六〇・三六二 ⑤一九八 ㉕六七・三〇三
九重塔 ②六二五・六二六
東塔(塔) ④四三四 ⑤一二六・一九〇・二八三・三七七・三七八 ⑭三八一
東塔(塔)所(解) ④四三五・四三六 ⑤二六五・二七八・二八〇 ⑭三八四・三八六・三八九・三九〇・四三一・四三七 ⑮一七四・四四五 ⑯二一一・二七六 ⑰八 ㉕二九〇
東西二塔 ⑤四八四
西塔听 ⑤四八二
小塔 ㉕三〇二
(五重)塔 ②六一三
塔一具 ②五七六
水精塔 ⑤六七九
七重塔 ③二四五(塔) ⑫三九三
塔呉床白石 ④三六〇・三六二
塔基(打出像) ⑤一八八
塔基(様紙) ⑫三〇九
楼 ②六一三
楼 ②六四八
経(経)楼(樓) ②六一三・六四八・六四九
鐘(鍾)楼(樓) ②六一三・六四八・六四九 ⑤二三九・三六五 ⑮二二〇・三三三・三三九・三四〇・三四二・三七二・四一八・四四九
廊 ②六四八 ⑤一二六・一九〇・二〇〇 ⑮二五五
歩(歩・庛)廊 ④二三三・三六二 ⑤一二六・一九〇・二〇〇・二七八・二八〇・三七七・三七八 ⑥四六六 ㉑二三五 ㉕六七
塔本歩廊 ㉕六七
東塔歩廊(材) ⑤一二六・一九〇・三七七・三七八
軒廊(食堂) ⑤一二六
廡廊 ②六一三・六四七(東西)・六四九(通左右)・六五〇
□皮葺廊 ⑮二五五
檜皮葺廡廊 ④五一七
請堂北廊 ②六四九
僧(僧)房 ②六一三・六四八〜六五〇 ④二六四・五一八 ⑤一二七・一三三・一三六・一三七・一七七・一八一・一八三・一八五・一八六・一九〇・二〇〇・二一四・二一六・二一七・二二〇・二七二・三三六・三三七・三四〇・三四四・三四六・三五〇・三五五・三六一 ⑬一五七 ⑭四三三 ⑮一五六・一八

四・二〇〇・二〇五・二一一・二三
六・二五五・三〇一・三一七・三一
八・三二六〜三三一・三五七・三六二
〜三六五・三六八〜三七〇・三九四・
三九九 ⑯二〇三〜二〇五・二〇八・
二三四・二三八〜二四〇・二四二・二
四四・二四六・四七六・四九五・四九
八・五〇一・五〇三
瓦葺僧房 ④五一八
檜(檜)皮葺(葺)僧房 ⑤一三七・一七七
⑮三一七
古僧房 ⑤一八五・三五〇
第一僧(僧)房 ⑤三六一 ⑮三一八・三六
八
第二僧(僧)房 ⑤三六一 ⑮三一八・三一
九・三三〇・三九九
第三房 ⑤二二〇
上僧房 ⑮三六九
中僧房 ⑮三六九
南僧房 ⑭四三三
三間僧房 ⑮三五七
山(寺)房 ⑦二五
経(經・経)師房 ⑤四一・一三八 ⑮二六
三・二三一
経師等房 ⑥一五六
経房 ⑥二四
講師房 ⑤二一五・三六一 ⑮三二四〜三
二八・三六三・三九七・四四四・四五
九
維那房 ②六五〇
木屋房 ⑬四七八 ⑮二〇〇
仏師房 ⑯二一〇
客房 ②六一四 ⑤一二七(院)
東小子房 ②六四九
東西太房 ②六四九
東西中房 ②六四九
東西南列中房 ②六四九
北太房 ②六四九
北東中房 ②六四九
小子房 ②六四九
東北第一房(外門) ㉕二五二・二五三
東北第二房 ㉕二五二
西北第一房(外門) ㉕二五二
東北一室 ㉕二五四
僧房(作所) ⑮三二七

## (三) 倉・蔵・椋

倉 ①三八九・三九七・四〇〇・四〇三・
四〇九・四二四・六一九 ②三七・八
四・一九九・六一四・六五〇 ③四七
〇・五五九 ④一一九・二二〇・二四
八・四一六・四七四 ⑤三三〇・五三
七・五五五・六四二・六五三 ⑥一二
〇・一二一・三九七 ⑦四八 ⑮三〇
六・四六七 ⑯一三二・一三四・二三
五・二三九・五二〇 ㉑二八二 ㉓一
八二 ㉕二〇〇・二〇一 ㉕一二・五
五・八六・九七
㱏(正)倉 ①三九六・三九七・三九九・四
〇三・四〇六・四〇九・四一二・四一
四・四二〇・四二九・四三〇・四三
二・四三五・四三七・四三八・四五
三・四五五・四五六・四五八・四六
〇・四六五・四六八・四七〇・四七
一・四七三・六二四・六二七・六三
一・六三二 ②七・一〇・一七・一
八・二〇・三六・四六・七八・八〇・
八一・八四・九三・九四・一二三・一

二六・一三〇・一四四・一九八・一九九 [4]二八〇 [5]一四四・三二一・三九八・五三五 [6]九一・九五・三八二・三八五・三八六・三八八・四五二・四五三・四五六〜四五八・四六〇・四七〇・四七一・四七九・四八〇・五〇一・五〇二 [15]三二一三 [16]九六・三三八・三三九・三五三・三五五・五五二 [18]六・一一・一二七 [19]一二三・一三〇・一三二 [20]二二五 [21]二七四 [25]二一九〇・三五七 ㉕九七

(正倉院)
北正倉 [16]五五二
司㔾(正)倉 [5]三九八 [16]三三八
寺㔾(正)倉 [5]三九八 [16]三三九・三五五
新造(正倉) [2]二〇・一二二・一二六・一四四
新營(正倉) [1]四一四
脩理(正倉) [2]一二二・一二六
破壊(正倉) [1]四五三・四六〇 [2]三六
破(正倉) [1]四二九・四三二・四三五
遺(正倉) [1]四二九・四三二・四三五 [2]三六
不盡・下盡(正倉) [2]五〜七

(塞) [2]八一・八二・八四〜八六・九四・九五
御倉 [5]三三〇 [16]一三二 ㉕八六
本倉 [1]四五四・四五六・四五七・四五九 [2]二四・三四・三九・一四一 ㉕一〇
別倉 ㉕一四三
疰倉 [2]六一八・六五七 [16]二四六
借倉 [1]四一四・四二九・四三〇・四三二・四三三・四三五・四三八・四六五・四六八〜四七〇・六二四・六二七 [2]二〇・三六・一二二・一二三・一二六・一四四
空借倉 [2]一二三・一二六
空倉 [1]三八九・四二九・四三〇・四三二・四三三・四三五・四三七・四三八・六一九 [2]三六・三七・一二三・一二六・一四四・一九八
空(正倉) [1]四二〇・四五三・四五八・四六〇・四六五・四六八・四七〇・四七一・四七三 [2]八一・八四・九四
穎(正倉) [2]八四
圓倉 [2]四六
土倉 [2]一二二・一二六・一三〇・六一四
凡倉 [2]一〇・三六・一二二・一二六・一三〇・一九八

丸木倉 [2]八六・八七・九四〜九六 [15]一二八
板萱(葺)倉 [5]二七三(板乇、椎乇) [15]二三六(板屯・椎屯)
板倉 [2]五〜七・四六・八一〜八三・八五〜八七・九四・九五・六五一 [3]四六・一三四 [4]五三・五四・一一二・一一九・二二〇・二四八・五二〇 [5]六一四 [6]一一九 [15]三三八 [16]二〇九 [24]五二六 [25]二〇一
板葺板倉 [16]二〇九
草萱(葺)板倉 [4]一一九 [6]一一九(戩) [25]二〇一
草倉 [25]二五四
藁倉 [25]二五四(草敷)
草萱(葺)倉 [5]一三七 [6]三八九・三九七 [15]三四四
萱草(倉) [2]六一四
盖凡(倉) [2]六一四
黒木草萱倉 [5]一三七
椎交草葺倉 [15]三四四
檜(檜)皮萱(葺)倉 [4]五〇五 [6]三八九・三九七 [16]二〇九

檜皮葺板敷倉　㉕二〇一
公用稲倉　①四五三・四五五・四五六・四五八・四六〇
郡稲倉　①四五三・四五五・四五六・四五八・四六〇
雑色稲納倉　①三九七・三九九・四〇三・四〇六・四〇九・四一二
頴(穎)倉　①三八九・三九七・三九九・四〇三・四〇六・四〇九・四一二・四一五・四二〇・四二九・四三〇・四三二・四三三・四三五・四三七・四三八・四五三・四五五・四五六・四五八・四六〇・六一九・六二四・六二七　②一〇・三六・三七・一四四・一九八
穎(正倉)　②九四
頴稲倉　②七三・一一三・一一六
穎稲(正倉)　②八一
頴稲納倉　②四六
穎稲納(正倉)　②二〇・四〇
頴稲借倉　②一一三
穀(穀)倉　①三八九・三九七・三九九・四〇三・四〇六・四〇九・四一二・四一四・四二〇・四二九・四三〇・四三二・四三三・四三五・四三七・四三八・四五三・四五五・四五六・四五八・四六〇・五八八・六一九・六二四・六二七　②一〇・三六・三七・七三・一一三・一一六・一四四・一九八
粟倉　②七三・一一三・一一六
粟穀倉　①四二〇
粟借倉　②一一三・一一六
糒(稓)倉　①四一五・四二九・四三〇・四三二・四三三・四三五・四三七・四三八・四五三・四五五・四五六・四五八・四六〇・六一九・六二四・六二七　②三六・四〇・四六・七三・一一三・一一六・一四四・一九八
糒納(倉)　②一七・二〇
糒借倉　②一一三
油倉　㉕二五一(油倉蔵)・二五三
甲倉　①三二七(南一)　②六・九四・九五・六一四・六五一　③四六　④一一九・四五一　㉕二〇一
雙甲倉(中空間)　④四五一
草葺甲倉　㉕二〇一
檜皮葺甲倉　④一一九
格倉　①四二九・四三二・四三七・四三八
新造格倉　①四三二・四三八
絞倉　④五三四
構木倉　②一七・一八・二〇
雙倉　②六一四・六五一　④一八七・一九一(雙倉中間)　㉕一五三　㉕一・五八・一一五
雙倉北　④一八七　㉕一・一一五
正税倉　②四六
動用倉　②一九八
動用(倉・正倉)　②一七・一八・二〇・四〇・四六・八一・八四・九四
動穀倉　②一一六
動用穀(穀)倉　①四五三・四五五・四五六・四五八・四六〇・六一九・六二四・六二七　②一〇・三六・七三・一二三・一四四
不動倉　②四六・一九八
不動(倉・正倉)　②七・一七・四〇・八一・八四・九四
不動穀(穀)倉　①三九七・四〇九・四二九・四三〇・四三二・四三三・四三五・四三七・四三八・四五三・四五五・四五六・四五八・四六〇・五八八・六一九・六二四・六二七　②一〇・三六・七三・一一三・一一六・一

四四
不動(穀倉)　[1]四一四・四二〇
動(穀倉)　[1]四二〇
義倉　[1]四二〇(粟)・四二四(粟)・四五三・四五六・四五八・四六〇　[2]一〇・四六・八四・一三五　[3]四七〇
納義倉　[2]一〇
借納義倉　[1]四二〇(粟)　[2]八四
大殿御畠倉　[15]四六七
池邊御倉　[16]二八一
湯沐倉　[14]三七九
椎屯倉　[15]三四一
市倉　[2]一五三　[7]二二三
東倉　[16]五八五
東端倉代　㉕九九
倉代西端　[6]四六五　[21]二三四
西端倉代之　㉕九九
西南一倉　㉕五五
西南二倉　㉕五五
北倉代中間(之・下)　[16]五一九・五六六
北倉代西端　[21]二三九
法倉　[1]四一四　[2]八四・九五・一九八
政所東倉　[16]一三(下)　㉕五五
政所倉代　[15]三一五

固倉代於料　[15]二九一
院東御倉　[15]一二七
東大寺倉　㉕五五
勅封倉　㉕九六
今造新倉　[2]三六
新造倉　[1]四二九・四三五・四三七
未立倉　[4]四五一
破倉　[2]一〇
倉院第八倉　[16]五二〇
倉代　[1]五五九　[5]五三七　[6]四六五(西端)　[15]二九一・三一五　[20]三三三　[21]二三四(西端)　㉕三三・一三四
倉下　[1]四一五・四二九・四三二・四三三・四三五・六一九　[2]一四四　[16]一三　[25]三四九　㉕五六・一四三
藏　[15]二一四　[23]二二七・一八二
上藏　㉕一二五
下藏　㉕一二三
正藏　[5]三二〇(己)　[16]九六・九九・一〇二・五一七
東大寺正藏　[23]六二五
檜(檜)皮葺藏　[4]五〇四　[25]三〇四(葺藏)
檜(檜)皮葺己藏　[4]四六八・四七一　[25]三一六・三一九・三二二

檜皮葺經藏　[16]二三三
油倉藏　[25]二五二
経(經・経)藏(藏)　[1]五五四・五五五・五七五　[2]三〇　[5]一七八・一九〇・二七二・三三七・三四四・三四六・三五〇　[15]二三六・三四一　[16]二〇三・二〇四・二〇九・二三三・二三九・二四二・二四四・二四五　[25]二五三・二五四　㉕一三六
(經藏)上下階　[16]二三九・二四四
佐官師御房經藏(内室)　[25]二五三
(右内室)世美　[25]二五四
仏藏　[15]三三一
椎屯藏　[16]二一〇
法藏分　[2]六〇〇・六二一
印藏　[25]二〇三　㉕一二七・一二八・一三〇・一三一・一三四
雙藏北端　㉕三四
庫藏　[23]一八二(雜律文)
綱封藏　㉕一一九・一二六・一三六
勅封藏　㉕一二五
板椋　[5]七一

## (四) 建築部材


柱 ②一七一〜一七三・六一三・六四八 ④二一一・五一八・五一九 ⑤三九〜四二・四四〜四六・七九・八〇・八二・九一・九二・九八・一〇一・一一五・一一六・一一八〜一二〇・一三七・一三八・一四八・一四九・一五一・一五三・一六七・一七一・一七四〜一七七・一八五・一八六・一九〇・二二二・二二四・二二六・二三六・二五三・二六二・二六四・二六五・二八〇・三五〇・三五一・三七七・四三九・四八二・六七四・六八〇 ⑦一七二・二二七 ⑭三九一 ⑮一四八・一四九・一五一・一五五・一六〇・一六六・一六九・一七五・一九〇・二一四・二二〇・二二六・二六〇〜二六三・二六六・二六七・二八五・三七一・三七八・四二四・四三八 ⑯一八六・一八九〜一九二・一九七・二〇〇〜二〇三・二〇五・二〇六・二一八・二二八・二七五 ㉕三〇六・三一九

松柱 ⑯二九〇

白木柱 ⑤六八〇

黒(黒)木柱 ⑤四五・四六 ⑮二五九・二六七・二六八 ⑯二〇二

小柱 ③五〇九・五三八 ⑤二二一・二二四・二二六・二七九・二八一 ⑪五二二 ⑭二〇〇・三九一(柱、小) ⑮二八六

五六寸柱 ⑮三七一

四面柱 ⑤二五三 ⑮二二六 ⑯二〇七・二二七

門柱 ⑤九三・二八〇(門料)

小門柱 ⑤三七七

堂柱 ⑤二八一 ⑯二六六・二七一・二七四

堂内柱 ④四七一 ㉕三一九

塔心柱 ㉕三〇三

屋形柱 ⑤二六四・二八二・四三九

庇料柱 ②一五四

最先与柱 ⑮一五八

幡桙狂柱 ㉕三〇三

堀立柱 ⑤二七三 ⑮二三六

柱穴 ⑤三五〇・三五二

古柱 ⑯二〇三

束柱 ⑤四〇・七八・八〇・八二・一六八・一七一・一七四・二五五 ⑮二二〇・二二七・二二八・二六〇・二六一 ⑯一八七・一九四・一九六・一九八・二〇四・二〇六・二二七

觸柱 ④五三〇 ㉕三〇六

麻柱 ⑤一三〇・一八六・一九七・三四九・三五〇・三八〇 ⑮三四〇 ⑯二〇三・二〇五・二〇八・二四四

麻柱木 ⑯五一八

間柱 ⑤二五四 ⑮二二七

屋敉柱 ⑤四三九

屋形屋料(柱) ⑯二〇五

柱貫 ⑤一九〇

長押 ⑤四七・五六・一五〇・一五二・一五四・一六八・一七一・一七四・二二二・二二四・二二六・二五三・二六四・二八二・四三九 ⑮一四八・一六一・一六三・一六五・一六七・一七二・二二六・二六八・二七八・二八一・二八六・三一六・三二一・三三二・三三四・三四〇・三四二・三七〇・三七一 ⑯一八七・一九三・一九

五・二〇四〜二〇六・二二七・二三三・二三五 ㉕二五四・三六八・三六九
土居長押 ⑮二二〇
下長押 ⑯二三一
上下長押 ④五三〇 ⑯二三五 ㉕三〇六
上長押 ⑯二三一・二三七
戸於長押 ⑮三四〇
小長(押ヵ) ⑮三三九
上居周長押 ㉕三六八
長押雨壺 ⑯二五五・二五九・二六五
梁 ④三四二・五二八・五二九 ⑤二五三・二五四 ⑭三九一 ⑮二二六・二二八・三一六 ⑯二〇三・二八四 ㉕三〇六
上梁 ④二二一
肬木 ⑤一九〇
多々理(形) ⑯二六七・二六八
桁 ④三四二・五二八・五三〇・五三四 ⑤五四・七〇・九一・九八〜一〇〇・一〇二・一一九・一二〇・一三七・一三八・一七五・一七七・一八五・二二五三・二五四・二六二・二八一・三三五一・四三九 ⑭三九一 ⑮一四三・一五一・一六三・一六六・一七〇・二三〇・二二六・二二八・二五九・二六八・二七六・二八四・三一七(桁物)・三三二・三四三・三七〇・三七一・四六五 ⑯一八六・一八九〜一九一・一九三・一九八・二〇〇〜二〇三・二〇五・二〇六・二四二 ㉕三〇六
(桁)屎 ⑤九八〜一〇〇・一〇二・一四九・一七〇・ ⑯一九〇
黑(黒)木桁 ⑤三九〜四一・四五・四七・四九・五〇 ⑮二五九〜二六二・二六七・二六八・二七〇・二七二・二八三 ⑯二〇二
方桁 ⑯一九八
方五寸桁 ⑮一五八
方七寸桁 ⑤四〇・五〇・五一・七八・八〇・八二・一五〇・一五三・一五四・一六八・一七二・一七四 ⑮一六六・二六〇・二六一・二七一・二七三 ⑯一八七・一九三・二〇〇
五六寸桁 ⑤四〇・四二・四四〜四六・五〇・五一・七八・八〇・八二・一一五・一一七・一一八・一四八・一四九・一五一・一五四・一六八・一七二・一七四 ⑮一六六・二六一・二六三・二六六・二六七・二七一・二七三・三七一 ⑯一八七・一九三・二〇〇・二一〇・二九〇
七八寸桁 ⑤四四・四五・四七・五〇・一一五・一一七・一一八・一四九・一五一・一五三・一六八・一七一・一七四 ⑮一五八・一六〇・一六一・一六三・一六六・一六七・一六九・二六六・二六八・二七一 ⑯一八七・一八九・一九三・二〇〇・二〇五
(七八寸桁)屎 ⑯一八九
丸桁 ⑤一九〇・二五五 ⑮二二七・二三八 ⑯一九八・二六七・二六八
垣上丸桁 ⑤三七七・三七八
長桁 ⑤二五四 ⑮二二八
枚桁 ⑯二六七・二六八
下桁 ⑤四二・一一七・一一八・一六九・一七二・一七四 ⑮一四三・一四九・一六九・二二七・二六三・四六五 ⑯一八七・一九三・二〇一 ㉕三六八
土居桁 ④五二八 ⑤二七二・二七三 ⑮

二三六　⑯二〇八・二〇九・二三七・
二三八
中桁　㉕三六八
上桁　⑮一六六　⑯二三八
於桁　⑮二二七
湯桁　㉕二一一
端継桁　⑯二〇七
柱料桁　⑤五〇・九一・九二・九九・一〇
〇・一〇二・一五〇・一五二・一五
四・一六八・一七一・一七四〜一七
七・二六四　⑮一六六・二七二・二八
四　⑯一八七・一八九〜一九一・一九
三・二〇〇・二〇一
庇料桁　⑯一九八
歩廊桁　㉕二七〇
高蘭基桁　㉕三六八
高蘭中桁　㉕三六八
鳥居桁　㉕三六九
棟　④五二八・五三〇　⑯一九八・二〇
六・二二八・二八四　㉕三〇六
宗　⑤二五三・二五四　⑮二二六・二二八
⑯二〇六・二二八
宗木　⑯一九八

宗覆(覆)　⑮三一八　⑯二〇六・二二八
甍覆樋代　④五二九・五三〇　㉕三〇六
宗押　⑮三一六　⑯二三四
宗立　⑯一九八・二〇七・二二八
宇太知　④五二八・五三〇　㉕三〇六
宇立　⑮二二七
馬乗(乘)　⑤四〇・四一・四五　⑮二六
二・二六七
佐湏(須)　⑤三九・四〇・四七・五〇・七
八・八〇〜八二・一五〇・一五二・一
五四・一六九・一七一・一七四・二二
三・二三五・二三六・二五三　⑮一五
八・一六三・一六六・一六七・二二
六・二五九・二六一・二六二・二六
八・二七一・二八六　⑯一八七・一九
四・一九六・一九八・二〇二・二一〇
四・二〇六・二二八
黒木(佐湏)　⑯二〇二
花形佐湏　⑭三二五
叉湏　⑮三七〇
刎　⑮三二八　㉕三七〇
角(角)木　⑤五一・九一・九九・一〇〇・
一〇二・一四九・一五一・一五四・一
七〇・一七二・一七四・一七五・一七

七・二六三・二八二・四三九　⑮一五
一・一六五・一六八・二七三・二八
四・三二一　⑯一八七・一八九〜一九
一・一九四・一九六・二〇一・二〇
四・二〇五
(角木)尻　⑮一六八　⑯一九〇・一九一・
一九四
垂木　④二三二・五二八・五三〇　⑤二五
三・二五四　⑬二一六　⑭四一三　⑮
二二六・二二八・三一六・三四〇　⑯
一九八・二〇七・二二八・二三五・二
五五・二五九・二六七・二六八　㉕三
〇六
垂木之後　⑯二五五・二五九
大木後(垂木)　⑯二五五・二五九
小木後(垂木)　⑯二五五・二五九
椽　⑤三七七・三七八　㉕三六九
架　④四七八　⑤四二・四四〜四七・五
〇・五一・五三・五四・五六・九一・
九九・一〇二・一一五・一一七・一一
八・一二〇・一三七・一四九・一五
二・一五四・一七〇・一七三・一七

四・一七六・一七七・一九〇・二二
二・二二四・二二六・二六四・二八
二・二八三・四三九　⑮一五五・一六
七〜一六九・一七一・一七三・一七
八・二六三・二六六〜二六八・二七
一・二七三・二七五・二七八・二八
一・二八四〜二八六・三一七・三二〇
〜三二四・三二七・三二八・三七〇・
三七一　⑯一八七・一八九〜一九一・
一九四・一九六・二〇一・二〇四・二
〇五・二三三・二三四・二四二・二四
三・二九〇　㉕三三六
(架)屁　⑤四六・四七(在屁)・九一・九
九・一四九・一五四・一七〇・一七
三・一七六・二二二　⑮二七三・二七
五・二八四・二八六・　⑯一八九・一
九〇・一九一・一九四・二四三
古麻比　④五二八・五三〇　⑤七〇・一八
五・二五五　⑭三九一　⑮一四三・二
二〇・二二八・二五九　㉕三〇六
黒木古麻比　⑮二五九
古万比　⑤三九・四〇・七八・八〇〜八
二・一七四・二五三・二五四・三五一

⑮二二六・二三八・二六一・二六二・
三一六　⑯二〇二・二〇七・二二八・
二三三〜二三五
棉(綿)梠　⑤四二・四五・四六・五〇・五
三・一一五・一一七〜一一九・一四
八・一五〇・一五二・一五四・一六
九・一七一・一七四・一七五・二二
二・二二四・二二六・二六三・二八
二・四三九　⑮一五五・一六八・一七
〇・一七一・一七四・一七七・二六
三・二六六・二六七・二七一・二七
五・二八五・三一六・三一七・三三
三・三二五・三二七・三三二・三七一
⑯一八七・一九四・一九五・二〇三・
二〇五・二〇七・二三三(綿梠橋)〜二
三五
棉梠橋　⑯二三三
(棉(綿)梠)屁　⑤二三二・二二四　⑮一六
八　⑯一九四・一九五
上下羽(綿梠)　⑮一七一
飛炎　⑤二六四・二八三　⑮一六八・一七
〇・一七一　⑯二八九・二九三

飛簷　⑤三七七・三七八
飛炎棉梠　⑮一六八・一七〇(屁)
木着　⑮三三二
木附　⑮三二二
木付(釘)　⑮三四六
宇助　⑤五一　⑮二二七・二七三・三二
八・三四〇　⑯二二八
宇介(釘)　⑮三四六
宇助覆　⑮三四一
宇覆　⑯二二八
宇於覆　④五二八
於押　⑤二五四　⑮二二八　⑯二〇七
押木　⑯二二八
押桙　⑮三三三・三六五・三六八・三七二
針桙　⑮三二五・三二六・三三二　⑯二一四
二
於藾比　④五二九
押間度　⑯二〇二
慱(博)風　④五二八・五三〇　⑤四六・五
〇(白膝入)・五一・一一五・一一九・
一四八・一四九・一五一・一五四・一
七二・一七四・二二一・二二二・二二
四・二二六・二六三・三七七　⑮二二六

七・二七一(自端入)・二七三・二八六 ⑯一八七・一九三〜一九五・二〇四・二〇五・二三三〜二三五 ㉕三〇六・三六九・三七一(壺)
(博風)屁 ⑤一四九・一六九・二二一・二二四 ⑮二七一・二八六 ⑯一九三・一九四
薄風 ⑤四五・一六九・二二三・二五四 ⑮一五五・一五八・一六五・一八四・二二六・二六六・二八一・三二四・三二六・三二七・三七一
(薄風)屁 ⑮一五八・二八一
比木 ⑤二五三・二七一・二八二 ⑮一六六・二二六・二九七・三一六・三一七・三四六 ⑯九
比宜 ⑤四三九 ⑯一九八・二〇七・二三七・二二八
比木押 ⑮三一六
比木盖 ⑮三一六
比宜覆 ⑯二二八
樋 ⑤二二三・二二五・二二六・二五四・二六四・二八二・四三九 ⑮一九〇・二二七・二八五・三七八 ⑯一八七・一九五・一九七・二〇五・二七四
片樋 ⑮二二七
檜(檜・檜)皮 ②六一四・六四九・六五〇 ③一三四 ④二六四 ⑤三九(檜皮納帳)・四二〜四四・四六・四八・四九・五一〜五七・六五・八七・八八・九〇・九四・九八・一一九・一二一〜一二三・一三七・一三九〜一四一・一五四・一五七〜一五九・一六一・一六二・一七五・一八四・一八五・二〇五〜二〇七・二一四・二一六・二一七・二二〇・二二六・二二八・二三九・三四三・三四七・三四八・三五二・三五六〜三五九・三六一・三六二・四四〇 ⑭四一七 ⑮一四八・一五〇・一五一・一五六・一六九・一七二・一七七・一八四・一八六・一九一・一九五・二六〇・二六四・二六五・二六八〜二八〇・二八二〜二八四・二八六・二八八・三〇一・三一八・三二三〜三二六・三二八・三二九・三三三・三五七〜三六二・三六四・三六五・三六九・三七二・三七九・三八二・三八五・三八七・三九一・三九四・三九九・四一八・四四三・四四四・四四八・四四九・四五四・四五五・四五八・四六二・四六四 ⑯一八八・一九〇・二〇〇・二〇二・二四〇・二四五・三〇四 ㉕二七〇・三二四
新(檜皮) ⑮三一八
古(檜皮) ⑮三一八 ⑯二四五・二四六
屋根 ⑤一〇五 ⑯一九八・二一五
檜(檜・檜)皮葺(葺) ④一一九・四六八・四七一・五〇四・五〇五・五一七 ⑤一九・一三七・一七二・三三六・三六一 ⑥一・一一九・三八九・三九七 ⑮一五六・二三五・二五五・三一七・三一九・三三九・三五七・三六〇・三六一 ⑯一三・二〇八・二〇九・二三二〜二三四・二四二・二八六 ㉕六七・二〇一・三〇四・三一六・三一九・三三一
草葺(葺)(葺草) ②六一四・六五〇 ③一三四 ④五二〜五四・五七・一一二・一一三・一一九・二二〇・二四七・二四八・五二〇 ⑤一三七 ⑥一一九・

三八九・三九七　⑮三四四　㉕二一〇
〇・二〇一
瓦(瓦)　④一八〇・二二四・二二五　⑤一
二七・一二八・一九二・二〇〇・三四
九・三七八(焼瓦)　⑥五〇六　⑯二一七
三・二八五・二九〇
玉瓦　⑯二九三(作工)　㉕二二九・二一三
六・一四三
男瓦　④一八〇
筒瓦　⑥五〇六・五〇七
女瓦　④一八〇
牧(枚)瓦　⑥五〇六
堤瓦　④一八〇　⑯二八五
鐙瓦　④一八〇
宇瓦　④一八〇
石鴟尾　②六二五
金堂瓦　⑤一九四
瓦葺　④五一七・五一八　㉕六七(瓦葺)
葺瓦　②六四九・六五〇　⑤一三〇
蓋瓦　②六一四
葺泥(涅葺)　⑭三八六・三八九・三九〇
瓦竈　③四六
焼瓦　⑤一二八

瓦衣　④四七三　㉕三二一
瓦焼料薪　⑤一二八(火棹)　⑯二九〇
(薪は便宜上、「二　食料・食用具」㈢薪炭
類項に一括)
造瓦所　④三七二　⑤一二七・一九一・三
七八
瓦屋所　②六五七
瓦屋(守)　②三九七
西山瓦守　②四二九　⑧五四三・五四四
瓦窯　⑤三七九
篝(篝・簀)子　②一五四・一七一・一七二
③五〇九・五三八　⑤五七・二二三・
二二五・二二六　⑥三〇二・五〇五
⑦一七一・三二七　⑪五二三　⑮一八
三・二七九・二八一　⑯一八七・一九
五・一九七・二〇四・二一〇・二一八
三・二八八・二八九・三〇六・五一八
(簀)屎　⑮一八三
戸　④五三〇　⑤七〇・七九・二三三・二
五四　⑥一・一二一・三〇五　⑧四六
〇　⑮一四三・一七二・一九五・二〇
九・二二六・三二五・三二八〜三三

〇・三三九・三四〇・四六五　⑯二一〇
三・二〇八・二三八・二三九　㉕二一〇
〇・二〇一・二五一・二五三・二五
四・三〇六
殿戸　⑮二一九　⑯二一六・二三九・二八
八　㉕三七〇
古戸　⑯二〇八
新戸　⑯二〇八
戸調度　⑤四七・五〇・一五〇・一五三・
一五四・一六九・一七三〜一七五・二
二三・二二五・二二六・二五四・二六
四　⑮一六一・一七一・二二六・二六
九・二七二・二八五・二八六　⑯一八
七・一九五〜一九七・二〇三・二〇
五・二二七
戸板　⑤二八二・四四〇　⑮三六七　㉕三
〇三
(戸)調度板　⑤二八二・四四〇　⑮一七二
調度材　⑮一五八
戸調　⑮一六七
戸扇　⑮一五八
扇(扇)　③五五九　④四五一　⑤四二〜四
四・四七・五〇・七九・八一・八二・

一一五・一一七・一一八・一五〇・一五三・一五四・一六九・一七三〜一七五・二二三・二二五・二二六・二二六四・六七九 ⑮二六三〜二六六・二六九・二七二・二八五・三一六・三三四〜三三七・三四一(下扇) ⑯一八七・一九六・一九七・二〇三・二〇五・二三三〜二三六・二八九
蔀扇 ⑯二三三
扇調度 ⑮二八五
端波目(扇) ⑮三一六
扉 ⑮一五一・一五五・一七一・一七二 ⑯一九四 ㉕二〇一 ㉕一三四
扇牒 ⑮三四一
戸帙 ⑮三〇二・三三〇・三三一 ⑯二三三・二三四・二三五
戸楪(牒) ⑤四三・一一六・一一九 ⑮二六五・三三七・三四〇 ㉕二五四
戸齊(沓) ⑤六四・三四〇 ⑮三〇一・三〇二・三二九・三四〇 ⑯二三一・二三九
戸細 ⑤一八〇 ⑮三〇三・三一六
戸房 ⑮三二八
戸莖 ⑮三〇三
樞 ⑮二九七
戸坏 ⑤六四・一八〇・三四〇 ⑮三〇一〜三〇四・三一八・三一九・三三六・三四〇・三七三 ⑯二三一・二三九
戸碓 ⑮三一六
戸臼 ⑮二九七
戸陰 ⑯二五九
戸形 ⑯五七三
戸簾 ⑮三一八
戸端食 ⑮三二九
戸端波目 ⑮三一六
戸端波米 ⑯二八八
戸打立 ⑤一八〇 ⑯二三一・二三九 ㉕三七〇(打立)
戸抑立 ⑤三四〇
閾 ⑤二五四 ⑮二二六 ⑯一九七
欄櫪 ④二一一
敷見 ⑤四二・四四・七九・八一・八二・二五四 ⑮二二六・二六三・二六六
敷弥 ⑤一一八・一一九
志支美(壺) ㉕三七〇
長志伎美(壺) ㉕三七一
鼠(鼠)走 ⑤四二・七九・八二・一一八 ⑮二六三 ⑯一九七 ㉕二五一
枠立 ⑤四二・七九・八一・八二・一一六・一一八・一一九・一四八・二五四 ⑮二一九・二二六・二六三 ⑯一九七・二二七
邉(邊)附 ⑤一一九・一四八・二五四 ⑮二二六 ⑯一九七
邊直 ⑮二一九
(上下)目草 ⑤四二・五四・七九・八一・八二・一一六・一一八・一七四・二二三・二二五・二二六(上下目草)・二二五四(上下目草) ⑮一七二・二二六・二六三・二七五 ⑯一九七(上下目草)
鴨柄 ⑤一九〇
連子 ⑤二五四・六七四 ⑬三八 ⑮二二六 ⑯一九七・二二七
連子邊面 ⑬三八
檻(經堂) ⑫四〇六 ⑬三八
檻子(間塞料・紙) ⑧二二二・二八五
間度 ⑤四〇・四一・五三・五四・一一七・一三八・一八五・一九〇・一九一 ⑮二六二・二七四〜二七六 ⑯二〇二
(押間度)

間度木 [6]五〇七 [15]二八八 [21]五〇一・五一四
間戸 [5]二五四 [6]三〇 [15]二二九・二三六・二七六(黒木) [16]二〇二(黒木) [25]二五一
板間戸 [5]二五四 [15]二二八
御窓 [3]六〇五
桟 [5]一八六・一九〇 [16]二〇四・二〇五・二四四・二四五
桟材 [15]一七五
仏堂於桟料 [16]二〇五
□堂桟(料) [15]三三八
庇 [2]一五四・一七二・一七三 [4]五三・五四・一一二・二二〇・二四八・五三三〇 [5]一六一・一七七・一八五・一八六・二五四・三五〇 [6]二二一・三九四 [7]一七二・二二八 [15]一六六・二二八(料)・三二〇〜三二三・三六〇 [16]二一〇・二三三 [25]三〇六
片庇 [6]二四六・三〇三・三七六 [16]二一〇(黒木作)
蔀 [16]三八・三九・二〇三・二三三〜二三七(蔀作扇料)
戸部 [6]三〇五
屋部 [16]三一・三八
牖(牗) [4]五三〇 [5]二〇〇 [11]四九〇・五四二 [16]一九七 [25]三〇六
牖析 [24]三七九
牖戸 [16]二二七 [25]二五二
(障子、「六 調度」(八)屏風・障子項参照)
板 [4]一一二・二二〇・二四八・二六三・三五四〜三五六・四七九・四八〇 [15]一六三・一七〇・一七九・二〇五 [16]一一三・五一八 [25]三二七・三二八
二寸半板 [2]一七一・一七二
一丈九尺板 [15]一六三
歩(步)板 [2]一五四 [4]五三四 [5]四〇・四二・四四〜四七・五〇・五一・五四・七〇・七九・八〇・八二・一一五・一一七〜一一九・一四八・一四九・一五二・一五四・一六八・一七二・一七四・二二三・二二五・二二六・二六四・二八二・四三九 [6]三〇三・五〇六 [7]三二七 [10]三〇八 [14]三三五・三九〇・三九一 [15]一四三・一四八・一四九・一五五・一六〇・一六一・一六三・一六七・一七一・一八三・二二七・二六一・二六三・二六六・二六七・二六九・二七一・二七三・二七五・二八一・二八五・二八六・三四三・三五〇 [16]九・一八七・一九五・一九七・二〇二・二〇四・二〇五・二〇七・二二七・二八三・二八九・三〇六・五一八
二丈歩板 [15]一六〇・一六三
榲(榅)板 [3]五〇九・五三八 [11]五二二
蘓(蘇)岐(板) [5]四四〇 [15]一四九・一五一・二二七・三六九 [16]二〇五・二〇八・五一八
蘓板 [5]二七一
敷板 [3]五五九 [4]四五一・五三〇 [6]一二一 [15]一五六・一七九 [25]三〇六
板敷 [3]一三四 [4]五二・一一二 [5]一〇五(鐀)・一七七・二三三・二七二・二七三 [6]三〇四 [15]二〇九・二一九・二三五・二三六・三三三 [16]二〇四・二〇八・二〇九・二三三 [25]三六九
周板敷 [25]三六九
庇廻敷板 [4]五三〇 [25]三〇六
庇料 [15]二二八

折板 ⑤二六四・二六五
木間 ⑤三三七(下塗、中塗)・三四六(白土) ⑮三二〇・三三一(塗料)・三三二(中塗) ⑯二四四(下塗、中塗)
南宇木間 ⑤三三七・三四六
波多板(波太板) ①五五八・五五九 ⑤二五五・二六五・二七九 ⑮一六一・二二八 ⑯一一三・一二六・二〇四・二九〇・三七九
天井 ④二六〇・二六三 ⑮三四一 ⑯二二四
天井板 ④三五七・四七八・四七九 ㉕三二六・三二七
湏(須)理(板) ④二六三・二六五〜二六八・三五三 ⑯九・二二四
外終(修)理板 ④四八〇 ㉕三一八
屋板 ④五二八
脊(葺)板 ③一三四 ④五二九・五三〇 ⑮二九一 ㉕三〇七
板脊(葺) ④五三・五四・一一二・一二〇・二四八・五二九 ⑤一三七・一七七・一七九・二七二・二七三 ⑮二三六 ⑯二〇九・二二五・二三五
扇板 ⑮二八一
障板 ⑮三三三
障除板 ⑮三三〇
先板 ⑤二〇七 ⑮一七〇・一八六
長板 ㉕一九九
阿不理板 ㉕三六八・三六九
轠板 ㉕二五三・二五四
床子料板 ①五五九
榑 ⑤七一〜七三・一四一・一六二(榑割)・一七八(割榑)・一八三(割榑)・二五六・二六一〜二六五(准榑)・二七八・二八〇・三三六(割榑) ⑭三三五・三八九 ⑮三六〇(榑割)・三六一(榑割)・三六八 ⑯三〇六
久礼 ②一五四 ⑤六六・二七九 ⑮一七五
久例 ②一七三 ⑦一七一・一七二
久捌 ②一七三
榲(榅)榑 ⑤三九・四一・四五・五五・六五・六六・一六五・一七八・三四五 ⑥三七六・三九三・五〇六 ⑭三八六(椙榑)・三八九(椙榑) ⑮二五八・二六〇・二六三・二六七・二七七・二八七・三六五・三七二 ⑯九・二〇二・二〇四・二〇五・二八九・三七九 ㉑五一四
杉榑 ⑯五八・一一三
檜(檜・檜)榑 ⑤五四・一六三・一七九・一八六・二三三・二三五・二三六・三三六(辟)・三四五(辟)・三五二・三五八(辟) ⑩三〇八 ⑮二七六・二八六・三八六〜三八八・三九一 ⑯一二七・二〇二・二〇四・二八九
檜久礼 ①五五八 ②一七一・一七二 ③五三八 ⑦二二八(久禮)
檜枌 ③五〇九 ⑪五二二
枌榑 ⑩三〇八
丹波榑 ⑯一一三
棧久礼 ⑮一六六
比蕵(蘇・蕪) ⑤四七・一五一・一五三〜一五五・一五七・一六七・一七三〜一七五・一八四・二〇七・二三三・二二五・二二六・二二八・二六五・二七九(蕵)・三四七 ⑮一六七・一八六・二六九・二八一 ⑯一八六〜一八八・一九九・二〇四
採体 ⑤二二三

比蘇木　⑭三四八　⑯二九〇(蘒)
黑(黒)木　⑤五三・五四・一三七・一三八・一七九・一八五・一八六・三五〇・三五一　⑥三七六　⑮二五八・二五九・二七四・二七六・四三八　⑯二〇二・二〇三・二〇五・二一一・二四二
葛(葛)　⑤六六・八一・九四・一〇二・一二三・一二六・一五八・二二九・三四九・三七八　⑯五八・一九九・二〇六・三〇六
黑(黒)葛(葛)　③五〇九・五三八　⑤一三三・二四四　⑥三〇三・三七六・四八二・五〇六　⑪五二二　⑭四一三　⑮一八四・三一八・三三一〜三三三・三三八　⑯二四二・三〇三　㉑四八九
播磨葛　⑯五二〇
石(芳野)　①五五一
白石　④三六一
塔昊床白石　④三六〇・三六二
石居　⑤二七二　⑮二三五・二三六　⑯二〇九

大坂(白)石　⑯二八六・二九一・三〇七
土代石　⑯二八六
爪石　⑯二八六
爪句石　⑯二八六
壁石　⑯二八七
柱石　⑯二八七
角柱石　⑯二八七
縲石　⑯二八七
椅歩石　⑯二八七
椅布智石　⑯二八七
戸下石　⑯二八七
辛閾石　⑯二八七
閾下白石　⑤一九一
壁持石　⑯二八七
敷石　⑯二八七
大床石　⑮四五六
大殿石　⑬一六一
金堂料礎(春日山)　⑯二八六
礎　②一九八(在礎、无礎)　⑤三五〇　⑮四三八　⑯二〇八・二八六・三〇七　㉑五一四
庪廊礎　④三六二
居檚　⑤一七七
檜皮葺堂料礎(鎌池村)　⑯二八六

垂木枚金　④二二二　⑬二一六
垂木之後　⑯二五五・二五九
大木後　⑯二五五・二五九
小木後　⑯二五五・二五九
木後金　⑬二一四
塔垂木端銅　⑤一九八
三面裹枚銅　㉕三六八・三六九
四面裹枚銅　㉕三六八・三六九
下桁端枚銅　㉕三六八
高蘭基桁端枚銅　㉕三六八
高蘭中桁端枚銅　㉕三六八
鳥居桁端枚銅　㉕三六九
博風端枚銅　㉕三六九
桁端枚銅　㉕三六九
椽端枚銅　㉕三六九
橋於枚銅　㉕三六九
扃　⑯二五六・二六〇・二六五
扃鵄(雉)立　⑯二五六・二六〇
扃鎹　⑯二五六・二六〇
戸勾鎹　⑮三〇五
扃舌　⑯二五六・二六〇
扃鎹坐　⑯二五六・二六一
引手　⑯二五五　㉕三七〇

引手師子頭 [16]二五五
師子頭 [16]一〇・二六〇・二六五
引手坐(坐) [16]二五五・二六〇・二六五
引手曲 [16]二六〇・二六五
引手内目塞 [16]二六〇
比留金 [15]三〇五・三三七
堅比留金 [25]二五二
阿不理板角肱銅 [25]三六八
長押角肱銅 [25]三六九
肱銅 [25]三七〇・三七一
肱(肬)金 [5]六三 [15]三〇〇・三〇一・三〇三・三三二
折越板鐵 [16]二三一
折越枚鐵 [16]二四〇
折越勾金 [15]三〇一
土居内涌立 [25]三六八
中桁涌立 [25]三六八
鏡形中着涌立 [25]三七〇
鞭懸端着涌立 [25]三七〇
膝涌立 [25]三七〇・三七一
花形涌立 [25]三七〇
膝着涌立 [25]三七一
金塗涌立 [25]三七一
帶金 [16]二五九
長帶金 [16]二五九
短帶金 [16]二五九
小戸帶金 [16]二五九
戸帶金 [16]二五五
雨壺 [16]二二六 [25]三六八・三六九
長押雨壺 [16]二五五・二五九・二六五
戸雨壺 [16]二五五・二六〇・二六五
小戸雨壺 [16]二五五・二六〇・二六五
戸雨壺目塞 [16]二五五・二六〇
雨壺目塞 [16]二六〇・二六五(雨壹《マヽ》、目塞)
雨壺後塞 [16]一〇
土居周長押着雨壺 [25]三六八
都久美着雨壺 [25]三六八
御橋於居雨壺 [25]三六九
阿不理板着雨壺 [25]三六九
博風着大雨壺 [25]三六九
美豆垣御門博風着雨壺 [25]三七一
加具伎着雨壺 [25]三七一
剌於着雨壺 [25]三七〇
板敷長押壺 [25]三六九
棚長押壺 [25]三六九
加久伎壺 [25]三七〇・三七一
志支美壺 [25]三七〇
長志伎美壺 [25]三七一
博風壺 [25]三七一
目塞 [14]四三三 [25]三〇六
雉立 [5]一八一 [15]三〇〇・三〇六 [16]二六〇 [25]三七〇・三七一
雉楯 [5]六三・三四〇 [15]三四一 [16]二三一・二三八
雌立 [15]二九八
打立 [5]六〇・六一 [15]二九三・二九八・五〇二 [25]三七〇
倉打立 [15]三〇六
懸魚 ㉕一二二・一二七・一三〇・一三一
銅懸魚 ㉕一二二・一三一
銅甲火災 ㉕一二二
露盤(盤) [4]五一七 [5]一二五・一二六・一八八〜一九〇・一九八・一九九
露盤形 [5]一九九
露盤表枡土 [5]一九〇・一九九
露盤枡土 [5]一二六
露盤枡作料 [5]一二六
露盤枡焼料 [5]一二六
露盤宇須 [5]一二五
露盤蓜 [5]一二五
露盤蓜柄 [5]一八八・一九八
露盤蓜枡鐵 [5]一二五

露盤耳管　⑤一八八
露盤管　⑤一八九・一九八・一九九
露盤冠管欣　⑤一八九
露盤管并盤　⑤一八九
露盤冠管　⑤一八九・一九八
露盤薄仙花　⑤一二五・一八九
露盤伏鉢　⑤一八九
露盤(之)伏盤　⑤一八九・一九九
露盤鐸　⑤一二五・一八九
露盤之盤　⑤一九九
沓形　⑯二二六・二五四・二五八・二六四・二七三
沓形頂輪　⑯二二六
沓形鑄湯口塞料　⑯二七三
沓形之持　⑯二五四
如意玉　⑯二五四・二五八・二六五
順坐(坐)　⑯二五四・二五八・二六五
枚順　⑯二五八
丸順　⑯二五八
居玉　㉕三六九
鐸　⑯二二六・二五四・二六五・二七三
鐸鑄湯口塞料　⑯二七三
鐸風招　⑯二五四・二五八・二六五　㉕一四六
鐸懸鐶　⑯二五五・二五八
鐸鐶坐　⑯二五五
鐶坐　⑯二五八
紺瑠琉鐸風招　㉕一四六
寶鐸　㉕一二二・一三一・一三四
火打　㉕一二二(寶鐸)
火打形　㉕一三一(寶鐶)・一三四(大佛殿寶鐸)
大佛殿寶鐸　㉕一三四
寶鐸　㉕一三一(在戒壇講堂由日記)
壁　②一五五　④一一二・二二〇・二四八・四八三　⑤一二六・一二七・一八一・一八六・一九一・二〇〇・二一五・三三七・三四九・三五〇・三六一　⑮一五六・二二〇・二二七・三二七〜三三〇・三三九・三四〇・三六三　⑯二〇四・二〇八・二二七・二四四・二八七・二九三・五七三　㉔三九　㉕三〇六
外壁　⑮二二〇
壁屏　⑤三五〇
(仏)堂壁　⑮三二七〜三二九・三三九　⑯二九三
僧房壁　⑮三二九・・三三〇
古僧房壁　⑤一八五
客房院板屋壁　⑤一二七
鍾樓壁　⑮三三九・三四〇
堂裏壁　⑮二二〇
壁板敷　④一一二
壁持板　④五三〇　㉕三〇六
壁持木　⑯二〇八・二二七
壁持　⑮二二七
壁代板　⑤二五四　⑮二二七　⑯二〇八・二二七
壁依板　④五三〇　㉕三〇六
碎板　⑤二七九・二八二
倉代壁板　①五五九
壁部作料　⑯二〇四
壁棧　⑤三四九・三五〇
壁木　⑤二〇〇
壁邊固木釘　㉔三九
塗壁　⑤一九一・二〇〇　⑮一五六　㉔三九
塗(壁)　⑤二一五　⑮三六三
壁塗　⑤一二六・三五〇　⑮三一八〜三二

○石灰壁　㉔三九
壁代障子　⑯五七三
壁料土　⑤三四九
壁下塗　⑤三四九・三五〇
壁塗料　⑮三二九・三三〇
表塗　⑤二七二　⑮二三五・三三一
裏塗　⑮三六三
中塗　⑤二七二　⑮二一一・二二〇・二三五・三三九　⑯二四四
内外中塗　⑤三三七
下塗　⑮三三九　⑯二四四
内外下塗　⑤三三七

藁(稾)　①五六〇・六三四　②八七(蒿)・一五五(塗断壁料)・一七九　③四一三・五三八　④五三六　⑤三九・四八・一九七(四王圡藁)・三五一(雑殿中塗料)・三五七・三六〇・三六二・三六五~三六七・四四〇　⑥五〇六　⑦二二七・二六三　⑪三五〇　⑭三八六・三八九・三九〇　⑮二二六・二六〇・一六八・二六〇・二七〇・三二四(堂塗料)・三二六~三三二(塗料)・三三九~三四一(塗料)・四四三・四四四・四四八・四五〇・四五一・四五八・四五九　⑯二〇・二二三・二二四(石灰土藁)・二二五・二四四・二八八・三〇五　㉑四八九・五〇一・五一四・五二〇　㉓一八二
土藁料　⑮三三一
居　㉕三六九・三七〇
土居　⑮二二〇　⑯二〇九　㉕三六八
石居　⑤二七二　⑮二三五・二三六　⑯二〇九
垣　④一一二・二一一・二四七・五〇五　⑤一二六・一九〇・三五一　⑮二二〇　⑯一〇・二〇五・二八八・二九〇・二九三　㉕三〇五
屏政所廻垣　⑤三五一
屏　⑯二〇五
屏垣　⑤一三八・一八五
垣屏　⑤三五〇　⑮二二〇
腋垣　⑤一二六
楉垣　④一一二・二二〇・二四七・二四八
楉(楉)　⑤四一・五三・一一七・一八八・一九一・二〇〇・三五一　⑥五〇五　⑦三六　⑭三八六・三八九・三九〇　⑮二六二・二七五・二八〇~二八四・二八八　⑯三三・二〇二　㉑四八九・五一四
撗闊木　⑤二〇〇
柴垣　⑤三八〇　⑥四〇二・四一五・四八四
柴　⑤一二七(院垣防料)・一三八・一八五・一九一・三五一・三八〇　⑥四八四　⑯三一~三三・三七
籬　②一七二　⑦一七一・一七二
垣防料　⑤一二七
垣料架　⑯二九〇
垣架　⑯二八四・二八八
垣築工　⑯二九三
楉榴女　㉕三〇二
雑(雜)材(木)　⑤三九・四〇・四二・四四~四七・九一・九三・九四・九八・一二二・一三七・一六七・一八二・二〇〇・二〇七・二三一・二五五・二六一・二六二・二八一・三三六・三四四・三四五・三五六　⑭三九一　⑮一七八・一八四・一八六・一九八・二二

○・二二八・二六〇・二六三・二六五
〜二六八・二八一・二八四〜二八六・
三六五・三八一・三九三・四一五・四
一七・四四九・四六二・四六四 ⑯一
八八・一九〇・一九二・二〇〇・二〇
二・二八八・二八九・三〇六・三〇七
材 ②二五四・一七二 ⑤五〇・五一・五
六・七〇・八〇・八一・一六・一一
八・一二一・一二二・一四八・一五
一・一五三・一五七・一六七・一七
一・一七三・一七六・一八二・一八
四・二〇七・二二四・二二八・二三
六・二五六・二七九・二八三・三四
八・三七八 ⑦一七一・二二七 ⑩三
〇八 ⑮一四三・一五一・一六〇・一
七〇・一七二・一七三・一七七・二二
六・二六〇・二六一・二七一〜二七
三・二七五・二七七・二八〇・二八
四・三七八・三八二・四四五・四五
二・四五四 ⑯一八六・一八九・一九
〇・一九八・一九九・二〇一・二〇
二・二〇六・二二七・三〇六・三〇七
木 ㉕三〇二・三〇三
残材 ⑤八〇・一一九・一七七

作(作)材 ⑤一四・一七五・一八二・三
四四・三七七 ⑮一五五・一六一・一
六六・一六八・一七一・一七四 ⑯一
八九・一九二
材木 ②一七一・一七二 ③六一七 ⑤九
二・九五・九八・九九・一〇一・二六
五・二八三 ⑮一九〇・三八三 ㉕六
七
幡(マヽ)磨引材 ㉕二〇五
可作材法 ⑤七〇 ⑮一四四
受木 ⑮三一〇
端食料 ⑮三三五・三三九
端食 ⑯二三四・二三五
鯖口料 ⑮三三九
繼物 ⑮二二七
削排竪 ⑤三四五
排竪作 ⑤三四五
(削改)排作竪 ⑤一七七
木作構竪 ⑯二〇八・二〇九
構竪 ⑯二〇九・二一〇(功)
遷竪 ⑤三四五


## (五) 釘など


釘 ①五八一 ②一三八 ④五二九・五三
〇 ⑤六九・八三・一二七・一三〇・
一八三・三八〇・四三九・四四〇 ⑥
三〇四・五〇五 ⑦一六四 ⑭三九一
⑮一四三・一六五・二一九・三一六・
三一七・三三四・三六五〜三六八 ⑯
一〇・二二九・二三五・二三七・三〇
三 ㉔三七 ㉕二五二・三〇五・三〇
七
一寸釘 ⑤六三・六四・三八〇 ⑮三〇
〇・三二六
一寸半釘 ⑤六四 ⑮三〇〇・三二六
二寸釘 ⑤六三・一三〇・一九四 ⑮三〇
〇・三二六
二寸半釘 ⑮三二八
三寸釘 ⑤一二七 ⑮三三八
四寸釘 ⑥五〇五 ⑭三九一 ⑮三一七・
三二四・三二六・三二七 ⑯二三七
四寸半釘 ⑮三二五〜三二七 ㉕二五三・
二五四
五寸釘 ②一三八 ⑤六九 ⑥五〇五 ⑮

一四三・二九一・三一八・三二〇・三
二六・三一八　⑯二三七
五寸半釘　⑮三二六　㉕二五三
六寸釘　⑤六三・六九　⑮一四三・三〇
〇・三二四・三一七・三三五
七寸釘　⑤六三・一一七　⑮三〇〇・三二
六・三四〇　⑯二三五
八寸釘　⑤六九　⑮一四三・三二一
九寸釘　⑮一六五　⑯一〇
一尺釘　⑤一四四　⑮一六五・三二一・三
二七
一尺三寸釘　⑯二三五
二尺釘　⑤三八〇
三尺釘　⑤一三〇・一九四
打合釘　⑤三三八　⑭三九一　⑮三二六・
三二九　⑯二二九・二三二〜二三七
一寸五分打合釘　⑥四八二
三寸打合釘　⑤三三八　⑮三〇六　⑯二二
九・二三六
四寸打金（マヽ）釘　⑮三二九
四寸打合釘　⑤六一〜六三・一八〇・三三
八　⑥三〇四　⑮二九四〜三〇〇・三
〇三・三一六〜三一八・三二一・三二
三・三二八・三二九・三三一〜三三
三・三三八・三三九　⑯二二九・二三
三〜二三六
五寸打合釘　⑤六〇〜六二・一七九・三三
八　⑥三〇四　⑮二九三〜二九五・三
〇六・三一五〜三一七・三二二・三三
〇・三四一　⑯二二九・二三三〜二三
四・二三六
五寸半打合釘　⑤三三八　⑮三〇六・三四
二　⑯二二九・二三三
六寸打合釘　⑤六一・六二・一七九・三三
八　⑮二九四・二九五・二九七・三〇
四・三〇五・三一六・三一七・三二
一・三三五・三三九・三四一　⑯二二
九・二三三〜二三五
六寸半打合釘　⑤三三八　⑮三〇四・三三
七　⑯二二九・二三五
七寸打合釘　⑤三三八　⑯二二九・二三三
八寸打合釘　⑤一七九・三三八　⑮二九
六・三一六・三二二　⑯二二九・二三
五・三〇三
九寸打合釘　⑮三四〇
一尺打合釘　⑤四三九　⑯二三三〜二三
五・二三七

平頭釘　⑤三三八　⑭三九一　⑮二九四・
三二四　⑯二二九・二三三〜二三七・
二五六・二六〇
平頭古釘　㉕三〇五
一寸平頭釘　⑤三三九　⑮三〇二・三〇六
⑯二三〇・二三三・二三七
二寸平頭釘　⑤三三八　⑮三〇二　⑯二三
〇・二三四・二三五
三寸平頭釘　⑤一八〇・三三八・四四〇
⑮二九七・三〇六・三一六・三三〇・
三四一　⑯二三〇・二三二・二三五・
二三七・二六〇
四寸平頭釘　⑤六一・一八〇・三三八　⑭
三九一　⑮三一七・三三一・三三九・
三四〇　⑯二三〇・二三四・二三六
四寸半平頭釘　⑤六二一・三三八　⑮二九
五・三〇三　⑯二三〇
五寸平頭釘　⑤六一・六二・一七九・三三
八・四四〇　⑮二九五　⑯二二九・二
三二・二三三・二三七
六寸平頭釘　⑤六二・一七九・三三八　⑮
二九五・二九七・三〇三・三〇四・三
一六・三三七・三四〇　⑯二二九・二

三三
鴈(鳫)釘 ⑤六四・三三九 ⑮二九六・三二九 ⑯二三〇・二三三〜二三六・二三八
二寸鴈(鳫)釘 ⑤六三 ⑮三〇〇・三一四
三寸鴈釘 ⑮三〇三・三三一
五寸鴈(鳫)釘 ⑤一七九・三三九・四三九 ⑮三〇一・三一六 ⑯二三〇・二三三〜二三六・二三八
六寸鴈(鳫)釘 ⑤六四・一七九・三三九 ⑮二九八・三〇一・三〇四・三〇五・三一八・三三四・三三八・三四一 ⑯二三〇・二三三
六寸半鴈釘 ⑮三三七
切釘 ⑤三三九 ⑯二三〇・二三四・二三七
一寸切釘 ⑤六四 ⑥三〇四 ⑮三〇〇・三二七
一寸半切釘 ⑤三三九 ⑯二三〇・二三七
二寸切釘 ⑤六四・一八〇・三三九 ⑮二九六・二九八・三〇〇・三一七・三三一 ⑯二三一・二三七
二寸半切釘 ⑤六四・三三九 ⑮三〇〇・三〇二・三一五・三一七 ⑯二三〇・二三七
三寸切釘 ⑮三一七
四寸切釘 ⑤六三・三三九 ⑮三〇〇 ⑯二三〇・二三七
五寸切釘 ⑤六三・六四・三三九 ⑮三〇〇・三〇一・三三一 ⑯二三〇・二三四
六寸切釘 ⑤六三・三三九 ⑮二九九・三二六・三三七 ⑯二三〇・二三七
呉(吳)釘 ⑤六一 ⑯二三〇
三寸呉(吳)釘 ⑤六一・三三九 ⑮三〇五・三一六
五寸呉釘 ⑯二三〇
六寸呉(吳)釘 ⑤一七九 ⑮二九四 ⑯二三〇三
鐵釘 ④一六〇 ⑤一九一
鐵雑釘 ㉕六八
押釘 ①六三一
長押釘 ⑤六一 ⑮三七〇・三七一
六寸長押打合釘 ⑮二九四
長押六寸打合釘 ⑮二九五
薄風釘 ⑮三〇三・三三二
八寸比木釘 ⑮三四六
六寸半木付釘 ⑮三四六
五寸宇介釘 ⑮三四六
堂飛炎木後釘 ⑯二六九
板敷釘 ㉕三六九
壁邊固木釘 ㉔三九
板裏固釘 ①五七九
戸房釘 ⑮三二八
戸齊(斉)釘 ⑤六四 ⑮三〇一
戸細釘 ⑮三〇三
垣釘 ④五〇五 ㉕三〇五
紙屋釘 ⑮三三六
手取釘 ①五八一
足固釘 ①五七九
手取固釘 ①五八一
石灰舂舟釘 ㉔三九
志伎美并加具伎釘 ㉕三六九
金銅釘 ④一六一〜一六三・一七八・三三七
金渥釘 ④五一二
金塗釘 ⑧一九〇
烏油釘 ④一六三〜一六五・一六七〜一六

九
黒柒釘 ④一六一～一六三
花形釘 ①五八一 ㉕三七〇
蟹(蟹・蝌)目釘 ⑤一九七 ⑯二五六・二六〇・二六四・五七五
金涅花形釘 ⑤六七七
金銅花形釘 ⑤六八〇
金銅辟金釘 ⑤六七九・六八一
金銅浮漚釘 ④一六一
金銅隠起釘 ④一六〇
七寸補釘 ⑯二三二・二三七
補釘 ⑤四四〇 ⑯二三五・二三七
古釘 ⑮三三五・三七三 ⑯二三二・二三五
平賀古釘 ④五〇五
押釘 ①六三二
雑釘 ⑤一二七・一三〇・三四六
作釘 ④四二四・五〇五 ⑤一七九
鎹(鎹) ⑤一八〇・三一九・三三〇・三四〇 ⑥三〇五 ⑭四三三 ⑮二九七・三〇一・三〇二・三〇五・三〇六・三一六・三三〇・三四二・三七三～三七五 ⑯九五・一三三 ⑳三二一 ㉕三七〇・三七一
擧鎹(鎹) ⑤三四〇 ⑮三〇五 ⑯二〇八 ㉕三〇六
折鎹 ⑤三四〇
蕨鎹(鎹) ⑤三四〇(間塿) ⑮三〇二
刔鎹 ⑮三四一
後塿 ①五八一 ⑮三〇五・三四一 ⑯一〇・二三一・二三八・二四〇 ㉕三七〇・三七一
隅鐵 ①五八一
鐶 ①六一一
廻 ①六一一
坐 ⑤三四〇 ⑮三〇五 ⑯二三二・二三二・二三九
金塗口裹之 ㉕三七〇
金塗涌立 ㉕三七一
膝涌立 ㉕三七〇・三七一

## (六) 厨・温室・厠

厨 ②六一三・六五〇 ⑤四五四 ⑥四一二・四五六・四五九 ⑭七四・七五・一八八・二一五・二三七・二三八・二四二・二四三・二六六・三〇四・三八四・三八九・三九〇・四一二 ⑮四七二 ⑯一三・二一〇・三八五 ⑳二二四 ㉓五一七 ㉕二一八(頭)・三五七
西厨 ⑭七九
草戩厨屋 ⑥一一九
厠 ⑥三二七
温室 ②六一三 ⑤一二六・一三〇・一九〇 ⑭三九一
温室院室 ②六五〇
温室分 ②六二〇・六三一・六三三・六三七・六四二・六四四
(湯屋・温屋、(一)家・宅舎・屋・門・殿項参照)
温船(船) ⑤六一一・六二一・一三八・一七八・一八三・三三五・三四五 ⑭三九二 ⑮二六一・二九五・三一七・三七

四　⑯二三六・二四一
温船(船)(料)板　⑤四一・四二・一一六・一一九・一七〇・一七五(温盤)　⑮一五一・二六四　⑯一八七・一九九・二〇四
湯　④三三一・三三四
沸湯　③四九九・五〇七　⑤一九九　⑮二四二
沸温　⑥一五七・一五九・一九六・一九七・三七三・三七八・四〇二・四八四・五〇六・五〇七
沸溫　㉑五〇二・五〇三・五一〇
温沸　⑤二九八・三〇〇　⑥二四四・二四六・四一五　㉑五〇八
溫沸　㉑五一六・五二二・五二三　㉓三二〇・三三一
涌湯　⑤三七六
湯涌　⑤一二六・一三〇・一九〇
湯沸　②一八八　⑥一〇五　⑦二七五　⑱二〇
厠(廁)　④二一〇　⑥五〇六～五〇八　⑦二三八　⑯二一〇　㉑五一〇・五一六・五二三

建築部材関係の配列順は、以前、『正倉院年報』八号に掲載した時、福山敏男先生に御教示いただいたのを踏襲しているが、その後、編者なりに挿入したものもある。不適切な点があれば編者の責任である。

なお釘名を多くみるが、大部分は鉄鍛造の建築用で、なかには櫃類など木工器物類の釘もある。正倉院には器物類から脱落したさまざまな型の釘類があり、南倉166銅鐵雑鉸具第七九号、八〇号(南Ⅲ194 195)にみる。文書中の釘名はそれらと照合検討すべきである。

なお建築関係として、中倉14東大寺献納図書拾点中に殿堂平面図一張(中Ⅰ214)がある。東大寺講堂、僧房、食堂の平面図といわれ、麻布二張をついで書いている。建築関係として貴重な遺例である。

# 四　武器・武具

## (一) 兵器用度

兵器用度　①六一二
府兵器料(麀皮)　②一五
造年料兵器　②一四〇
造器仗鐵　②六八
器仗断糸　②六九
器仗断馬皮　②六九
年料條(マヽ)理器仗　②五八(梪甲、箭、大角、小角、弓、槍、振皷、鑼、楯)
官器仗帳　①五九八
伯姓器仗帳　①五九八
兵器帳　①六〇一
新造兵器帳　①六〇〇・六〇一
修理古兵帳①六〇〇
修理舊兵帳①六〇一
造兵器(別當)　①五九四

## (二) 刀剱

刀剱　④一三二
大刀　②六八・六九・一四〇・六四五　③五三七　④一三二〜一三八・一四〇・一九四・三九四　⑯五七〇(金、木)・五七九(木、鐵)　㉕一三一
御大刀　④一三二・一九四・三九四　㉕一一
寶剱　④一三二・三九四
剱　④一三五
野劔　㉕一二八
釼(人名)　①二二
小釼(人名)　①六
唐大刀　④一三二・一三三
唐様大刀　④一三三・一三四
横刀　②一一八・六四五　④一三八
懸佩刀　④一三八・一三九・一四〇
陽寶剱　④一三二・三九四
陰寶剱　④一三二・三九四
金鏤寶剱　④三九四
金銅荘剱　④一三五
蒔絵野劔　㉕一二八
金銀鈿荘唐大刀　④一三二
金銅鈿荘唐大刀　④一三二
金銀鈿作唐様大刀　④一三三
銀荘鈿作唐様大刀　④一三三
金銀鈿作唐大刀　④一三三
銀荘鈿作大刀　④一三三
金銀荘唐大刀　④一三三
金銅荘唐大刀　④一三二・一三三
金銀荘唐様大刀　④一三四
銀荘唐様大刀　④一三四
金銅荘唐様大刀　④一三四
銀荘高麗様大刀　④一三四
銀荘御大刀　④三九四
金柒銅作大刀　④一三四〜一三八

金銅作大刀　④一三五
銀銅作大刀　④一三五・一三六
銀作大刀　④一三五
銅柒作大刀　④一三六
銅金柒作大刀　④一三六
金柒銀銅作大刀　④一三六
黒作大刀　④一三八・一四〇・一九四
黒作懸佩刀　④一三八
寶荘懸佩刀　④一三九
金銅作懸佩刀　④一三九
金銀作懸佩刀　④一三九・一四〇
銀作懸佩刀　④一三九
金柒銅作懸佩刀　④一四〇
杖刀　②六四五　④一四〇・一四一　㉕一
三・三七・五〇・八二・一〇五
御杖刀　㉕五〇
小刀　②六四五　④一二六　㉕三六・四
一・一〇二
金作小刀　㉕三六・四一
金銀作小刀　④一二六　㉕一〇二
大刀身　⑲三一三
刀(弥賣)(人名)　①二二三
大刀(弥賣)(人名)　①二二三
小刀(弥賣)(人名)　①二二三

真刀(弥賣)(人名)　①二二三
鋒　④一三二〜一四一
鋒者偏刃　④一三二・一三四〜一四一　㉕
一〇五
鋒者兩刃　④一三二〜一三七・一四〇
鋒者鏤刃　④一三六
(鋒者偏刃)各銘寶劒字　④一三二
金柒塗刃　④一三三
(鋒者兩刃)偃尾　④一三三
有溝　④一三四・一三五・一三八・一四〇
有二溝　④一三六
有一溝　④一三七
兩刃刃中兩溝　④一三五
有雙溝　④一三六
刃右邊有溝　④一三九
銀鏤龍星形　④一三三
銀鏤雲龍星形　④一三三
金鏤星雲形　④一四一　㉕一〇五
金鏤星龍形　④一四〇
金鏤龍星雲形　④一三九
金鏤日月星龍雲形　④一三六
金銀鏤作日月星雲形符　④一三八
「新乙治」(銘カ)(二、三、四、七、八、十

二)　④一三四〜一三七・一四〇
把　④一三二〜一四一
眼及把並用銀　④一四一
牟久木把　④一三五〜一三八・一四〇
赤檀把　④一二六(小刀)・一三六・一三八
赤木把　④一三七
赤木把樺纏　④一三七・一三八
赤木把纏樺　④一三六・一三七
黒柿把　④一三六
木把陰柒樺纏　④一三八
木皮裹把　④一四〇
木根把　④一三七
木根把樺纏　④一三五・一三七
紫檀把　④一三五・一三八
紫檀把以犀角裹頭　④一三八
紫檀樺纏(把)　④一四一　㉕一〇五
鮫皮把　④一三二・一四〇　㉕一〇五
鮫皮裹把作山形　④一三二
鮫皮把金銀線押縫　④一四〇
鮫皮裹把　④一三二〜一三四・一三六・一
三九
紫檀把頭　鮫皮裏(マヽ)把　④一三二
鮫皮裹把紫檀頭　④一三九

鮫皮裹把以緑琉璃鈿之 ④一三九
鮫皮裹把其上又柒 ④一三九
玳瑁裹把 ④一三四
線纒柒把 ④一三五
金銀線纒把 ④一三九
銀作葛形纒把 ④一三四
銀線纒把 ④一三五
金銀線押縫(把) ④一四〇 ㉕一〇五
以緑琉璃覆其上 ④一三九
頭 ④一三五・一三八～一四〇 ㉕一〇五
紫檀頭 ④一三九・一四〇
紫檀把頭 ④一三二
銀裹頭以金柒塗之 ④一三九
以牙作頭 ④一四〇 ㉕一〇五
環頭 ④一三四
銀作環頭 ④一三四
獸頭鼻 ④一三九
(銅金柒塗)目 ④一三五
(用銅以金柒塗)目 ④一三六・一三八
銀目 ④一三六
(純金荘)眼 ④一三二
(銅金柒塗)眼 ④一三五・一三六・一三八
銀眼 ④一三六

(銀)眼 ④一三九・一四一 ㉕一〇五
(以鐵裹金鏤)眼 ④一三八
偃尾 ④一三二・一三三
金柒塗扼 ④一三六
(用銅以金柒塗)扼 ④一三八
(銀作)扼 ④一三九
扼闊有窓 ④一三四
撥鏤扼 ④一三六～一三八
(以鐵裹金鏤)扼 ④一三八
約 ④一三四～一三六・一三八・一四〇
扼下約 ④一三五・一三六
鐵約(金鏤) ④一三八
(銀)約 ④一四〇
金銀約(刀子) ④一二七
(金柒塗銅)約 ④一三四
(銅金柒塗)約 ④一三五・一三六・一三八
鞘 ②六九・一一八・一九二 ④一三二～一四一
大刀鞘料 ②一四一
鞘析鐵 ②一一八
横刀鞘 ①六一二
鞘口(純金荘) ④一三二
鞘上末金鏤作 ④一三二

鞘纒藤 ④一三五・一三七・一三八
鞘纒藤樺 ④一三七
籐纒鞘 ④一三三
柒塗鞘 ④一四〇 ㉕八二・一〇五
呉竹鞘 ④一四一 ㉕八二・一〇五
呉竹鞘樺纒 ④一四一 ㉕一〇五
口盖尾並用庶角作 ④一四一 ㉕一〇五
作山形龍鱗荘鞘 ④一三四
瑇瑁鞘 ④一三九
以紫皮縫裹鞘身 ④一三九
作山形葛形裁文 ④一三二
銀作山形葛形裁文 ④一三四
金作山形葛形裁文 ④一三四
金銀作山形葛形裁文 ④一三四
金銅蒲陶文裁 ㉕一〇四
銀作山形葛形平文 ④一三四
銀作山形葛形獸草形平文 ④一三三
銀作山形葛形獸形平文 ④一三三
金銀作山形葛獸形平文 ④一三三
金銀作山形龍鱗葛形平文 ④一三三
銅作葛形裹之 ④一三七・一三八
金柒塗銅作山形 ④一三五
銀銅作山形 ④一三五

銀作山形葛形文　④一三三
鞘尾　④一三二・一三四～一四〇　㉕一〇五
鞘尾(純金荘)　④一三二
鞘尾(金柒塗)　④一三二・一三四～一三六
鞘尾(用銀)　④一三九
鞘尾(銀)　④一四〇
鞘尾(用銅)　④一三六
鞘尾(鐵裹)　④一三八
以銀裹鞘尾又以銅作葛形裹之　④一三七・一三八
以鐵裹鞘尾　銀鏤其上　④一四〇　㉕一〇五
以鐵接尾端　④一四一
押縫(純金荘)　④一三二
金銀線押縫　④一四〇　㉕一〇五
(眼、目、約、扼、帯執、鞘尾)以金柒塗金上　④一三二
以金柒塗銅　④一三四
並用銅金柒塗　④一三五
並用銅以金柒塗　④一三六
並用銅以金柒塗之　④一三八

洗皮懸　④一三五～一三八・一四〇
白皮懸　④一三二～一三四
紫皮懸　④一三五・一三九・一四〇
緋組懸　④一四〇
紫組懸　④一二六・一三二・一三五～一三九・一四一　㉕一〇五
緋紫板縚懸　④一三九
紫板縚懸　④一三八・一三九
帯執　④一三二・一三五・一三八・一四〇
帯執(純金)　④一三二
帯執(金柒塗)　④一三二・一三五
帯執用銀作以金鏤之　④一三八
帯執環(銀)　④一四〇
洗皮帯執　④一三四～一三八・一四〇
白皮帯執　④一三三・一三四
臈油皮帯執　④一三三
黒皮帯執　④一三四
紫皮帯執　④一三二～一三六・一三八～一四〇
吉膜帯執　④一三三
赤紫組帯執　④一三二
黒紫組帯執　④一三二
純金荘帯執　④一三二

紫綾帯　④一三九
赤紫綾帯　④一三五・一三九・一四〇
黒紫綾帯　④一三二～一三八・一四〇
赤紫羅帯　④一三二・一三三
黒紫羅帯　④一三二・一三八
區斑織帯　④一三六
紅白縚綬帯　④一二六
斑犀偃鼠皮御帯　㉕一〇二
白橡臈纈袋　④一四〇
黒紫紬袋　④一四〇(緋綾裏以紫皮裹袋尾)　㉕八二
黒紫紬袋緋綾裏　④一三八　㉕一〇五(以紫皮裹袋尾)
緑地錦袋浅緑綾裏　④一三九
緋地錦袋緋綾裏　④一三三・一三五・一三七～一四〇
緋地秘錦袋緋綾裏　④一三四
紅地錦袋緋綾裏　④一三二
紫地錦袋緋綾裏　④一三九
緋綾裏以紫皮裹袋尾　④一四〇
紅羅袋　④一二六
紫糸絡纈袋　④一三五

高麗錦袋 ㉕八二
白地高麗錦袋浅緑綾纐裏 ④一三四
白地高麗錦袋緋綾裏 ④一三三〜一三八・一四〇
緋地高麗錦袋浅緑綾裏 ④一三一
緑地高麗錦袋緋綾裏 ④一三二〜一四一 ㉕一〇五
(大刀)威(袋カ) ⑯五七〇
(刀装金工の造り、「一三 工芸材料・技法」㈠金工項刀装金具参照)

## ㈢ 弓・鞆・弩

弓 ①六一二 ②五八・一一八・一四〇・六四五 ③五三七 ④一二二
弓中(兵士) ①七七
赤柒真弓 ①六三四
御弓 ④一四一・一四七・一四八・一九四 ㉕一三
梓御弓 ④一四一
(梓)御弓 ④一九四 ㉕一三
(梓御弓) ④一四二〜一四六
槻御弓 ④一四七
(槻)御弓 ④一九四
(欟)御弓 ㉕一三
阿恵御弓 ④一四七
(阿恵)御弓 ④一九四 ㉕一三
檀御弓 ④一四七
(檀)御弓 ④一九四 ㉕一三
(檀御弓) ④一四八
肥美御弓 ④一四八
(肥美)御弓 ④一九四 ㉕一三
別色御弓 ④一四八
(別色)御弓 ㉕一三
蘇芳御弓 ④一四八
(蘇芳)(別色)御弓 ④一九四 ㉕一三
水牛純角御弓 ④一四八
水牛角弓 ④一九四
水牛純角(別色)御弓 ㉕一三
小檀御弓 ④一四八
(小檀)(別色)御弓 ㉕一三
赤柒 ④一四四〜一四八
庇毛柒 ④一四四・一四六・一四七
黒(黑)柒 ①六三四 ④一四四・一四七・一四八
赤柒斑 ④一四八
黒斑 ④一四六・一四八
鮎皮斑 ④一四六〜一四八
赤柒鮎皮斑 ④一四六〜一四八
黒柒鮎皮斑 ④一四七
庇毛柒鮎皮斑 ④一四七
腹赤柒 ④一四四
腹赤 ④一四四・一四五・一四七
背黒 腹赤 ④一四四・一四五
背黒柒 ④一四四
背黒 ④一四四・一四五・一四七

腹斑　④一四六
腹削　④一四七
色白　④一四四
腹小白　④一四八
弓把　④一四八
弓把上纏筋　④一四八
布細縫纏弓把　④一四八
洗皮纏弓把　④一四四　一四六〜一四八
黄皮纏弓把　④一四五・一四六
紫皮纏弓把　④一四四〜一四八
赤柒樺纏黒紫組纏弓把　④一四二
黒柒樺纏赤紫組纏弓把　④一四四
緑組纏弓把　④一四五・一四七
黒紫組纏弓把　④一四四
弓把上節三　④一四八
廈々節　④一四四
末少曲　④一四一〜一四三
末曲　④一四四・一四七
末節　④一四一・一四二・④一四五
末三所曲　④一四三
末二俣　④一四八
末弭継銅　④一四四

本　④一四五
本末　④一四四
本曲節　④一四四
銀弓束　㉑二三九
目刻(弓)　④一四四・一四六
羽莖捍箭　④一四二・一四四
名佐伯(弓)　④一四四
大伴淡等　④一四七・一四八
佐伯清麻呂　④一四七
坂上犬養　④一四七
金弭(弓)　④一四四
銅弭(弓)　④一四四
纏糸　④一四四・一四六〜一四八
纏樺　④一四四・一四七
黒柒纏糸　④一四四
纏樺籐　④一四七
二廈纏絲　④一四八
樺纏　④一四四
籐纏　④一四四
廈々樺纏　④一四四
廈々纏樺　④一四七
本末纏樺　④一四四
赤柒纏樺籐　④一四六

握纏庶韋　①六一二
弓握纏韋　②一一八
赤柒微彫如纏絃　④一四六
臈纈袋緑絁裏　④一四六・一四七・一四八
紫袋帛裏　④一四八
紫袋緑絁裏　④一四二
黄紬袋緋綾裏　④一四七
紫紬袋縹纈綾裏　④一四四
紫袋緋綾裏　④一四二・一四四
錦袋緋絁裏　④一四八
帛錦袋　④一四八
錦袋緋綾裏　④一四四
弓樻　④一九四
鞆　②六九
(左手鞆佩疵三)(兵士)　②二七五
靮　①六一二　②一一九・一九二
靮手牛皮　②一一九・一九二
弩　①五九五
造弩生　①五九四(附前様)・六〇〇
採枯弩材　①五九四
教習造弩追工近　①五九三

弩㔷(人名) ①一二〇
馬射博士 ①五九四

## (四) 靫・胡禄

烏柒靫 ④一四八・一四九・一五一
赤柒桐木靫 ④一四八
靫 ④一四九・一五二・一九四
背琴柒靫 ④一九四
胡禄 ①七四(胡祿作)・六一二 ②一一八・一四〇・六四五 ③五三七 ④一四九・一五一・一九四 ㉕一三三
簶 ㉕一三三
紫檀地螺鈿簶、唐綾袋㉕一二八
柒阿蘇胡禄 ④一四九・一五一
樺阿蘇胡禄 ④一五一
白阿蘇胡禄 ④一四九〜一五一
籐阿蘇胡禄 ④一五〇
柒播磨胡禄 ④一四九・一五〇
白播磨胡禄 ④一四九
錦胡禄 ④一五〇
洗皮帯執(靫) ④一四八
紫皮帯執(靫) ④一四八・一四九
縚綬帯(靫) ④一四八・一四九
洗皮帯(胡禄) ④一四九〜一五一

紫皮帯(胡禄) ④一四九〜一五一
金銅作着帯(胡禄) ④一五一
鯨鬚(頭・口) ④一四八・一四九(牙鼠形口)
黒柿木畫(背) ④一四九
金銅作環(背) ④一四八・一五一
銀環(背) ④一四九
牙鼠形口 ④一四九
外形作東琴 ④一五一

## (五)　箭・楯

箭　[1]六一二　[2]五八・五九・六九・一一八・六四五　[4]一二二　㉕一三
御箭　[4]一四八
矢　[1]九五(矢作)　[2]一四〇　[4]一九四
篦　[1]五九四
白羽箭　[4]一四九
白黒交羽骨鏃箭　[4]一四九
黒羽箭　[4]一四九・一五〇
山鳥羽箭　[4]一四九
山鳥尾羽箭　[4]一四九
鵰羽麻利箭　[4]一四八・一五一
鴈羽麻利箭　[4]一四八
鵰羽箭　[4]一四九
鵰羽加理麻多箭　[4]一五一
鵰羽田加理麻多箭　[4]一五一
鵰羽筑紫加理麻多箭　[4]一五〇
染鵰尾羽筑紫加理麻多箭　[4]一五〇
鵰尾羽斧箭　[4]一五一
鵰尾羽保居箭　[4]一五一
鵰尾羽小腋深箭　[4]一五一
鵰尾羽筑紫加理麻多箭　[4]一五〇
雉羽箭　[4]一四九
雉尾羽箭　[4]一四九
雉羽麻利箭　[4]一四九
玉虫鎊雉羽箭　[4]一五〇
玉虫飾雉尾羽箭　[4]一五〇
玉虫飾鵰尾羽筑紫加理麻多箭　[4]一五一
鷹羽筑紫加理麻多箭　[4]一五〇
鵠羽筑紫加理麻多箭　[4]一五〇
鏃鋒　[4]一四九
鏃鋒鑿箭　[4]一四九
上野箭　[4]一四九
乎比多祢　[4]一五一
上野乎比多祢箭　[4]一五一
鏃乎比多祢　[4]一五〇
上野腋深箭　[4]一五一
雉羽伊多都伎　[4]一五〇
鷹羽紅鶴羽交麀角伊多都伎　[4]一五一
鷹羽麀角伊多都伎　[4]一五〇
雉羽麻々伎　[4]一五一
蟇口　[4]一四九
鏃鋒蟇口　[4]一四九・一五〇
鏃鋒並蟇口　[4]一四九
小爪懸　[4]一四九
鏃鋒小爪懸　[4]一四八～一五一
鏃鋒並少爪懸　[4]一四九
鏃鋒三棱小爪懸　[4]一四九
鏃鋒偏鋭　[4]一五〇
箭尾羽久流理　[4]一五一
鵰尾羽麀角久琉理　[4]一五〇
碧哮　[4]一五一
赤哮　[4]一五一
白哮　[4]一五一
牛角哮　[4]一五〇
牛角哮白括　[4]一五〇
牛角哮麀角眼　[4]一五一
麀角哮　[4]一五〇・一五一
麀角哮括白　[4]一五〇
麀角撥鏤哮鏃鏤之　[4]一五〇・一五一
雉羽麀角哮　[4]一五〇
鵰羽木哮　[4]一五〇
白羽木哮　[4]一五〇
括碧　[4]一四九
括白　[4]一四九
括赤(黒羽箭)　[4]一四九・一五〇
麀角括　[4]一五一
白括　[4]一五一

無哮 ④一五一
楯 ②五八
堪射楯 ④一五〇
矢樌 ④一九四

## ㈥ 甲

甲 ①六一二 ④一五二・一九四 ⑯五七五(冒甲)(樂)・五七八(紫毛甲)(樂) ㉕一三
御甲 ④一五二
短甲 ④一五二・一九四 ㉕一三
椬甲 ②五八・五九
金柒塗椬甲 ②五九
挂(桂)甲 ①六一二 ②六八・六九・一四〇 ④一五二・一五三・一九四 ㉕一三
鎧 ②六四五
綿甲 ①五九四
甲領 ④一五二
甲領縁 ④一五二
冑 ④一五二
冑縁 ④一五二
冑領縁 ④一五二
行縢(藤) ②五九 ④一五二
覆臂 ④一五二
覆臂縁 ④一五二
无膊覆行藤 ②五九
白磨 ④一五七・一五八
白作(鎧) ②六四五
金柒塗 ④一五七・一五八
柒塗(鎧) ②六四五
白磨白線組 ④一五七
白線縄貫 ④一五七
白磨白線組緋絁裏 ④一五五・一五六
白磨白線組貫緋絁裏 ④一五三〜一五六
白磨白線組貫 ④一五二
白線組 ④一五七・一五八
黄糸組 ④一五七
橡線組 ④一五七・一五八
白線縄 ④一五七・一五八
疑鳥錦領縁 ④一五四・一五六
疑鳥錦領縁緋絁裏 ④一五七
疑鳥錦領紫皮縁 ④一五三
疑鳥錦領緋絁縁 ④一五六
龜甲錦領縁 ④一五三〜一五六
龜甲錦領縁緋絁裏 ④一五八
龜甲錦領白地錦縁 ④一五七
龜甲錦領白地錦縁緋絁裏 ④一五七
龜甲錦領緋絁縁 ④一五六
龜甲錦領緋絁裏 皂皮縁 ④一五七・一五

八
町形錦領白皮縁　④一五三
菱形・車釧錦領縁　④一五三
菱形・車釧錦領緋皮縁　④一五三
物口錦領縁　④一五三〜一五六
白地錦領縁　④一五四・一五六
白地葛形錦領縁　④一五三・一五七
黒地錦領縁　④一五五・一五六
紺・縹地錦領縁緋絁裏　④一五七
黄地錦領縁　④一五四・一五五
黄地錦領黄・白地錦縁　④一五四
黄地古錦領緋地錦縁　④一五四
紫地錦領紫皮縁　④一五三
紫地雲幡錦領紫皮縁　④一五四
纁地錦領縁帛裹　④一五五
纁地小花錦領縁　④一五四
纁地花形錦領縁　④一五三
纁地田次形錦領縁　④一五五
纁地菱形錦領縁　④一五四〜一五六
纁地菱形錦領縁緋絁裏　④一五七
纁地錦領物口錦縁　④一五四・一五五
縹地錦領縁　④一五五
縹地錦領縁白絁裏　④一五七
縹地錦領緋絁縁　④一五三
縹地錦領纁地錦縁　④一五五・一五六
縹地錦領物口錦縁　④一五六
縹地堕目形錦領物口錦縁　④一五五
縹地錦領緋絁裏洗皮縁　④一五八
縹地錦領(縁)白橡絁(裏)縁　④一五六
緋地錦領紫地織成縁　④一五七
緋地錦領紫地織成縁緋絁裏　④一五七
緋地錦領緋絁裏緋絁縁　④一五七
深緋地錦領緋絁裏皂皮縁　④一五七
緋絁領縁裏　④一五八
緋絁領縁白絁裏　④一五八
緋絁領裏洗皮縁　④一五八
緋絁領裏緋皮縁　④一五八
行縢覆臂縁緋絁　④一五二
行縢覆臂縁黒地錦　④一五二
行縢覆臂縁緋地錦　④一五二
行縢覆臂縁白斑錦　④一五二
甲縁緋皮領裏　④一五二
甲領疑鳥錦裏縁緋絁　④一五二
甲領纁地菱形錦緋絁裏縁緋皮　④一五二
甲領碧地堕目形錦緋絁裏縁物口錦　④一五二
甲領行縢覆臂縁纁地菱形錦領裏緋絁　④一五二
冑緋絁　④一五二
冑縁白斑錦　④一五二
冑縁疑鳥錦　④一五二
冑縁龜甲錦　④一五二
冑領縁緋地小花錦　④一五二
領冑行縢覆臂縁緋絁　④一五二
冑縁甲領白地葛形錦　④一五二
冑縁甲領并裏縁行縢覆臂縁皆緋絁　④一五二
冑縁甲領縁行縢覆臂縁皆龜甲錦裏緋絁　④一五二
冑縁甲領縁行縢覆臂縁纁地菱形錦領裏緋絁　④一五二
綿(桂甲料)　②六九
粉(桂甲料)　②六九
組糸(桂甲料)　②六九
頚牍錦絁(桂甲料)　②六九
端裹緋絁(桂甲料)　②六九
紺布袋帛裏　④一五二〜一五八
帛袋　④一五三
袋布(桂甲料)　②六九

## (七) 鞍・鉾・烽など


黒作鞍具　③五八〇
勒鞦　③五八〇
韉面　③五八〇
繪御鐙　⑮二三三
繪所按骨　⑮二三三
馬胸衝　⑥一二一

鉾　②六四五
桙　⑯五七五
歩桙耴　①三・一〇・一九・二〇・七六
槍　①五九三　②五八
馬槍　①五九三

鑼　②五八
振皷　②五八
大角　②五八
大角吹　①七八
小角　②五八
小角吹　①二一
鉦　①五八九・五九六

置烽　①六〇一
應置烽處(状)　①五九〇
烽相試(状)　①五九一・五九五・五九六
放烽試　①五九五
烽守帳　①五九八


記しておかなければならぬことは、本項中の例は、『国家珍宝帳』の記載が主となる。若干例が天平年中の諸国正税帳中のものである。そして周知の通り『珍宝帳』記載の大刀、弓、胡禄、箭、甲の各百は、天平宝字八年九月の恵美押勝の乱に際し、朝廷側によって出蔵されたまま返却されなかったことである。

しかしどういうわけか『珍宝帳』記載品と考えられる北倉38金銀鈿荘唐大刀壹口(北I69〜71 184)が現存する。それから北倉39御杖刀貳口(北I72 73 185 186)があるが、これはその時の出蔵対象からははずれたものだろう。これら三口は『珍宝帳』の記載事項によく一致し、希有の遺宝である。それと北倉40挂甲殘欠(北I187〜189)が、札金の枚数からみて、およそ一領分ではないかといわれている。このように殆どが出蔵されたが、『珍宝帳』中の記載事項は、当時の武器、武具の具体例を知る貴重な文献例である。

ところで、『珍宝帳』記載以外の品と考えられる奈良時代の武器、武具が中倉におかれている。中倉1梓弓参張(中I10 98)、中倉2槻弓貳拾四張(中I11 99〜102)、中倉3鞆拾五口(中I103〜105)、中倉4胡禄貳拾九具(中I12〜15 17 20 21 23 106〜120)、中倉5白葛胡禄四口(中I16 22 23 122 123)、中倉6箭八拾束(中I18 19 22〜24 124〜144)、中倉7箭竹貳束(中I144)、中倉8御大刀貳拾六口(中I26〜30 145〜153)、中倉9無荘刀貳拾参口(中I154〜157)、中倉10手鉾五口(中I158)、中倉11鉾参拾参枚(中I31〜37 159〜167)、中倉12馬鞍十具(中I38〜58 168〜195)、中倉13馬具殘欠四点(中I196〜200)があげられる。大刀は直刀で、弓は長弓である。

これらは、『正倉院御物目録』を作成する過程で、種々調査され、『珍宝帳』武器武具類以外と結論されて、中倉に配置されたのだろう。一つには、『大安寺資財帳』中にかなりの数の武器類をみるので、古代大寺院、東大寺にも相応のものがあったとみてよいだろう。いま一つは、大刀外装調査の折に、尾崎元春先生が、諒闇のものではないかと云われていたが、私も一部それがあろうと思う。いずれにしろ本項の諸例は、時代を同じくする点で中倉伝存のそれらに対応するものである。

なお、こまかい点であるが、中倉6箭八拾

束では、第一号は「雉羽山鳥尾五拾隻」、第二号は「雁山鳥羽五拾隻」と、それぞれ羽根の鳥名が記されており、『珍宝帳』中のそれらと同趣としているが、今日では羽毛は全く脱落している。目録作成時には多少残存していたのを、鳥羽に詳しい人を呼んで調べさせ、それにもとづいて模造させたのであろう㊥Ⅰ25 124〜141)。今日からは誠に貴重であり、往時の管理責任者の見識に敬意を表したい。今日では鳥毛の入手も困難で、とてもできないことである。鳥毛は「一二三　工芸材料・技法」㈤皮革・羽毛工など項参照。

　大刀には、南倉119唐古樂武王大刀(南)Ⅱ36 118)、同破陣樂大刀二口(南)Ⅱ36 119)、南倉123度羅樂婆理大刀(木身)(南)Ⅱ43 134)など樂関係の大刀がある。前二件には、「天平勝寶四年四月九日」の刻銘が刀身にあり、そのわずかに反る形姿と年代の明白な点が貴重である。中倉におかれる大刀は、厳密にはやや時代的に古いものも存するのではないかと思う。

　なお、大刀、刀子の刀身について、本間順治先生が正倉院の刀身類の研磨事業を継続されるなかで、刀匠に鍛練の有無を質しられた所では、鍛練、土取とも行っているということ、なお、これらを正倉院刀の研磨を手がけた小野光敬研師によると、いずれも地がねが大変柔らかいとよくいわれていたことを付記しておく。

# 五　文具

## (一)　筆

筆(筆)　①五五三・五五四・五五六・五七○・六○六　②一五・一八二・一九五・三○七・三一二・三四三・三五八・三五九・四四○・四五六・四五七・四八九・四九一・五○四・五○七～五○九・五一一・五一三・五二五～五二九・五四二・五五二～五五四・五七二・六六三・六六五・六六六・六六八～六七○・六八二～六八四・六八九・七一一・七一二・七一五・七一六・七二○　③四～九・三○・三二・三四～三六・四○・四一・四八～五二・五六～六三・六九・七七・八一～八三・一○五・一○七～一一○・一一四・一四三～一四六・一五二・一五三・一六四・一六五・一六七～一七○・一七五～一八七・一九七～一九九・二五八・二六○・四六五・五○七　④二～一二・一九～二三・二五・二七・二四五・四一一・四五五・四八五　⑤七七・二八六・三一八・三九六・四一五～四三二・四九七・四九九　⑥二一・二三・四五～四七・五五・六四・六七・七○・七四・一九九・二五二・三○五・三九三・五七四・五七五・五八○・五八一　⑦一○二・一二二・一二六・二三三・二三六・二三九・二四四・二五六・二六○・二六五・二六七・二六九・二七○・二七三・三○四・三○八・三一七・三一八・三二○　⑧四五～五二・六四・六六・六七・一七九～一八五・二一七・二三三・二三三・二七二～二八三・二八五・三一三・三一七・三五九・三六○・三七七・三七八・三九九～四○二・四三四～四三七・四五一・四五六・四五七・四六七～四八七・四九二・五六○・五七七・五七九～五八一　⑨二・四・六・七・四九・五一～六四・一七八～一九一・二○八・三四五・三四六・三五三・三八一・四二三・四二四・四三○・四三二・四三四～四三七・四四五・四四六・四四八～四五○・六○二・六一八　⑩一○～五一・六五～七四・八二～八五・九八・一○一～一○四・一一九・一二○・一六二・一七二～一九九・二六一・二六三・二六四・三○八・三一五・三三五・三七九・三八○・三八四～四三六・四三八～五四○・五四三～五五二・五五八・五六○～五六四・五六六・五六八～五八八・六三七・六四七　⑪六・七・八五・八七・九四・一四五～一五○・一五八・一七三・一七七～一八一・一八四～一

四・二一一・二一三・二一七・二一一
九・二二四・二四三・二七六・二一九
二・三〇〇・三二四・三二六・三一七
四・三七五・四〇八・四〇九・四四
七・四五三・四九八 ⑦二五九・二六
〇・四七五〜四七七 ⑧四七五〜四七
八 ⑨二・八・一〇・一二・一三・八
四・五五八 ⑩一〇・一二・一三・八
四・五五八 ⑪一八二・一八六・一九
〇・三三五・三三七・三八八・四九
九・五二一・五二八・五三八 ⑫二七
五・二七八・二八二 ⑬五四・八九・
九〇・九四・九五・二四一・二四三・
二五八・二六七・二七七・三三八・三
四二・三六五・三六八・三七五・三八
六 ⑭四・二九四・二九五・三〇二・
三〇三・三三七・三四三・三六六 ⑮
九・六五・八三・三四五 ⑯一四・一
八・六二・七〇・八二・一〇〇・一一
五・一二七・二四一・三〇二・三四
二・三五四・四〇九・四一〇・四一
三・四二四・四二五・五〇九・五二
六・五六五 ⑰一七三・二三七・二四
二・二五三・二七三・二八四・三〇

二・三二一 ⑱二・一七・三二 ⑲三
二三 ⑳三三三 ㉑四九一・四九七・
五〇〇・五一一・五二八 ㉔三〇・四
〇・三五六 ㉕三四〇・三四六

兎(菟)毛筆 ③二・三・四八・四九・四六
五・五〇〇・五〇七・五〇八・五八二
④四三・六七・四〇一・四〇二・四三
三・四三七 ⑤八五・二九三・二九
四・三二四・三六九・三七一・三八
九・三九〇・三九五・四〇四・四〇
七・四一四〜四一六・四九九・五〇〇
⑥三九・八六・一〇一・一五四・一七
四・一九二・一九四・二〇四〜二二
〇・二二四・二四三・二七六・二九
二・三〇〇・三一八・三二〇・三二
四・三二六・三六八・三七一・三七
四・三七五・三九二・三九八・三九
九・四〇八・四一八・四二〇・四四
七・四五三・四七七・四八〇・五〇
二・五七四 ⑦二五九 ⑧四七五・四
七七・四八二〜四八四 ⑩一一・一
二・一四・三八・五五〇 ⑪三二五・
三二六・三七二・四二二・四九九・五

二〇・五二一・五二八・五三三・五三
八 ⑫二六九・二七五・二八〇〜二八
六・三四四・三四八 ⑬五四・九四・
二二一・二二四・二四一・二四二・三
三八・三四一・三四七・三七五 ⑭八
〜一二・一四・二三六・二九三・二九
五・三〇二・三〇三・三三一・三三
五・三三七・三四三・三六六・三七
八・三八七・四二〇 ⑮五・八・六
五・七三・八三・二五二 ⑯一七・二
〇・六二・六三・七〇・一〇〇・一〇
三・一一五・一二七・三三六・三四
二・三四四・三四五・三四七・三五
四・三五六・三七六・四〇八・四一〇
〜四一三・四二四・五〇八・五〇九・
五二六〜五三六・五六四 ⑰二三七〜
二四七・二四九・二五〇・二五三〜二
五九・二六一〜二六六・二六八〜二七
一・二七三〜二九二・二九四〜二九
九・三〇一・三〇二・三〇四〜三一
一・三一三〜三二一・三二四〜三三一
六・三二八・四八八 ⑱一・一七・三
二・五八七 ⑲一一七・一一八・二二
二 ⑳六四・六五・六七・七三・二二

六　㉑四〇四・四〇五・四〇七・四〇八・四八六・四九四・五〇〇・五〇六・五一九　㉒二一六・二二七・二二九・四二二・四二七　㉓三二〇　㉕三四〇・三四三・三四六
古菟毛筆　㉕二〇九
(上野國)筆　⑥五八〇
(下野國)筆　⑥五八〇
(武蔵國)筆　⑥五八〇
(佐渡國)筆　⑥五八一
(越前國)筆　⑥五八一
美濃國筆　⑥五八〇
(伊賀國)筆　⑥五八〇
(紀伊國)筆　⑥五八一
(丹後國)筆　⑥五八一
因幡國筆　⑥五八一
伯耆國筆　⑥五八一
(出雲國)筆料麻皮　⑥五八一(②一五)
周防國筆　⑥五八一
(長門國)筆　⑥五八一
筑紫多々毛筆　⑬二七三
倭筆　⑨三四六
(新羅)筆　⑨三四六

(唐)筆　⑨三四六
新筆　②三四三・四五七　③一五二・一五三　⑦三一七　⑧四七〜五二・一八四・二七五・二七六・二七八・二八〇〜二八三　⑨五一〜五四・三四五・三五三・四七七・四七八　⑩五七九・五八一・五八八　⑪一九一・一九四・一九六・二〇〇・二五〇〜二五二　㉔二三四・三五六・三五七・四二四
古筆　②三四三・四五七・六六九　⑦二六九・三一七　⑧四七〜五一・一七九〜一八三・二七二〜二八三・三七七・四〇一・四二八・四五六・四七九・四八〇・四八三〜四八五・五七七　⑨四九・五二〜六三・三四五・三五三・四二四　⑩三二一・四〇〜四二一・四八・六三七　⑪一九一・一九四・一九五・一九七〜二〇〇・二五一・二五二・三〇五・三二一・三二四　㉑二七二　㉒二一六・二二七・四〇一　㉔二三四・二六五・三〇八〜三一一・三五六　㉕六

故筆　③五〇七　⑪五二〇
舊筆　⑧五八一　⑨五七
小筆　⑨四九
大筆　③一七六
買筆　⑦二五九　⑬八九・九四
界筆　③八　⑧二二三・二八五　⑩一四・五一・三〇八・六四六・六四七　⑪九四
常筆　⑩五一
丹筆　②四四〇　⑧五六〇　⑨三四五
膠筆　㉔三〇
幣筆　③二七〇
捍筆　⑨四
筆漬坏　⑨二
筆洗坏　㉔三二八
筆漬料　⑥三〇五(陶椀)・三九三(陶水埦)
筆拭料　⑥二三(凡紙)　⑧二二三・二八五(布)
筆取　③二三五

## (二) 墨

墨(墨) ①五五三・五五六・五七〇・五七
二 ②一九五・三〇七・三一二・三四
三・三五九・四五六・四五七・四八
九・四九一・五〇四・五〇七・五〇
八・五一一・五一三・五二五・五二
六・五二八・五五二〜五五四・六六
三・六六五・六六六・六六八〜六七
〇・六八二〜六八四・六八九・七一
一・七一二・七一五・七一六・七二〇
③一・六〜九・三〇・三一・三四・三
六・四〇・四一・四八〜五二・五六〜
六二・六九・七七・八一〜八三・一〇
五・一〇七・一〇八・一一四・一四三
〜一四六・一五二・一五三・一六五・
一六七・一六九・一七五〜一七九・一
八一〜一八七・一九七・一九八・二五
八・二六〇・四六五・五〇〇・五〇
七・五八二・六一七 ④二四五・二六
三・二七二・二七七・四〇一・四〇
二・四一一・四五五・四七八〜四八
三・四八五・五〇一・五三二 ⑤七
七・八五・二〇六・二八六・二九三・
二九四・三一八・三二四・三五九・三
六五・三七二・三八九・三九〇・三九
五・三九六・四〇四・四〇七・四一七
〜四三二・四九七・四九九・五〇〇
⑥三・四・二一・二三一・二五〜三〇・
三五〜四一・四五〜四七・五五・六
四・六七・七〇・七四・一五四・一七
四・一九四・一九九・二〇二・二二
四・二四三・二五二・二五五〜二七
二・二七六・三〇〇・三八二・四五
四・四七一・四八〇・五〇二 ⑦一〇
二・一二六・二三三・二四四・二五
六・二六〇・二六一・二六五・二六
六・二六八・二六九・三一七・三一
六六・六七・一七九〜一八五・二二
八・三二〇・五五〇 ⑧四五〜五二・
二・二二三・二七二〜二八三・二八
五・三一三・三一七・三五九・三七
七・三七八・三九九〜四〇二・四二
八・四三四〜四三七・四五一・四五
六・四五七・四六七〜四七五・四七七
〜四八七・五七七・五七九〜五八一
⑨二・四九・五一〜六四・一七九・一
九〇・一九二・二〇八・三四一・三四
六・三五三・三八一・四二三・四二
四・四三〇・四三一・四三三〜四三
七・四四五・四四六・四四八〜四五
〇・四七七・四七八・五九七・五九
八・六〇二・六〇五・六一八 ⑩一
〇・一二〜五〇・六五〜七四・八二〜
八五・九八・一〇一〜一〇四・一一
九・一二〇・一七二・一七四〜一八
七・一八九〜一九八・二六一・二六
三・三〇八・三一六・三七九・三八
〇・三八四〜四〇四・四〇七・四〇
八・四一〇・四一一・四一三・四一
四・四一六〜四一八・四二〇〜四二
三・四二五・四二八・四三一・四三
三・四三四・四三八・五三九・五四
〇・五四三〜五五二・五五八・五六〇
〜五六四・五六六〜五八八・六三七
⑪六・七七・七八・八五・八七・九
四・一〇四・一四五〜一五〇・一五
八・一七三・一七七〜一七九・一八
一・一八四・一八八・一九〇〜一九
三・一九六〜二〇〇・二五〇〜二五
二・二五四・二七九・三〇〇〜三〇

八・三一〇〜三一二・三一四〜三二三・三二五・三二七・三七〇〜三七二・四二二・四八四・四八五・四九六・五二〇・五五二〜五五四 ⑫二二七〜二三〇・二三九・二七〇・二七五・二七八〜二八四・二八六・三四四・三四八・四二四 ⑬九・二一・五四・六四〜六九・七三・七七・九五・一〇一・一〇五・二二三・二二三・二四二三八・二四一・二四三・二五八・二五九・二六一・二六三〜二七二・二七四・二七六・三三五・三二七・三三八・三四二・三四七・三五八・三六四〜三六六・三六九〜三七三・三七五・三八七〜三九一・三九四・三九八・四〇〇・四〇六・四〇七・四〇九・四一一〜四一四・四二六・四四〇〜四四三・四四六 ⑭三〜六・一〇・一二・一四・一五・五六・六四・六五・六八・六九・七一・七六・七八・一一七・一一九〜一二一・一二四・一二八〜一三〇・一三四〜一三六・一三八・一四三・一五七・二三六・二九四・二九五・三〇二・三〇三・三〇八・三三

〇・三三一・三三七・三四三・三四五・三六六・三七八・三七九・三八七・四二〇・四三六・四四〇 ⑮五・九・五一・六五・七三・八三・二五二・二九一・二九二・三二二・三三一・三三八・三四五・三五四・三六一・三九〇・四三八・四五七 ⑯一四・一七・五二〜五四・六二・六三・七〇・八一〜八三・八七・九三・一〇〇・一〇三・一一五・一二七・一三九〜一六四・二二三・二四一・三〇二・三三六・三四二・三四四・三四五・三四七・三五四・三五六〜三五九・三七六・四〇八・四一〇〜四一四・四二四・四七八・五〇九・五二四・五二六〜五二九・五三一〜五三六・五三八〜五四八・五六〇・五六四・五六五 ⑰一四七・一七三・一七四・二三二・二五四・二五六〜二五九・二六一・二六三〜二六六・二六八〜二七一・二七四・二七六〜二八七・二九二・四八八〜四九三・四九五〜四九九・五〇二・五〇四・五〇五・五〇七〜五一〇・五一二〜五一七・五二三〜五三三・五三

五・五三九〜五四三・五四八〜五五二 ⑱六四・六五・一〇七・一一六〜一二三・一二五〜一二九・一三三・一三六・一三七・一三九〜一四三・一四五・一四八・一六四〜一六六・一六九・一七一・一七二・一七五〜一七七・一八一〜一八九・一九三・一九五・一九八・一九九・二〇二・二〇三・二〇六・二六〇・二六五・二六六・二六八・二七〇〜二七二・二七五・二七六・二八二〜二八九・二九一・二九四・二九六・二九八・三〇〇・三〇二・三〇三・三〇六・三〇七・三〇九・三一六〜三一九・三二二・四四八〜四五六・四七五・四八四・四九〇・五四九・五五一・五五二・五五五〜五五七・五五九・五六一・五六二・五六五・五六六・五六九・五七四・五八七 ⑲一〜六・八・九・一一・一二・一四・一七・二三・二四・二八・二九・三二・三三・一一〇・二四五・二四七〜二五二・三一九・三二二・三五三〜四一八 ⑳七一・七二・二二六・三二二 ㉑二四一

〜二六七・二七〇〜二七二・四一五・四一九〜四八三・四八六・四九三・四九九・五〇六・五一八・五二八　㉒二・二一九〜二七七・三八二・五〇四〜五八四　㉓四二七・四七二・四七四　㉔九・一〇・六一・六二・二二〇・二三四・二四一・二六五・二八二・三〇七〜三一一・三三八・三五六・三五七・四二四・四七二・四八八〜五〇八・六〇〇・六〇二・六一一・六一二　㉕六・七・一五四・一六八・一九六・二三二・二五九・三一六〜三三一・三四〇・三四四・三四六

下品墨　④四七八・五三二　⑤三六五　⑮三一八・三二〇
下墨　⑬三六六
中品墨(墨)　④四七八・五三二　⑮三一五
中墨　④五二七
(唐)墨　④二六三
大唐墨　㉕一五一
唐角墨　㉕一五二
(麁角小)墨　④二六三
香墨　⑨六〇二
丸墨　㉔四一
界(堺)墨(墨)(界料)　⑥二八　⑧六七　㉔二六五
竹墨　㉔六一一
賈墨　⑦二二九
好墨端　㉕二〇九
凡墨(墨)　④五二七　⑬二七二・三四二・三四七・三八六
新墨　⑩五八二・五八八
古墨　⑧一八〇　⑳七三
和豆(都)賀(加)墨(墨)　⑥三・四・二一　⑰一四七・二九三・五五二　⑲二四七・二四八
和賀　⑥二五五
和(和豆賀ヵ)墨　⑱一一八・一二〇・一二一・一七四・二七〇・四五〇〜四五二・五五七・五六〇・五六二・五六五・五七〇
播(㠶・幡)磨墨(墨)　⑥二一・二三・二六二　⑰一四七　⑲二四七・二四八
半万　⑥三　⑲二四八・二四九　㉑二七〇
墨(墨)端　③二五八　⑤四一九(依正誤表)　⑥二五　⑦三〇四・三〇八　⑧五八一　⑩四八・五〇・五七九　⑪二五二・三一〇・三一三・三一四・三一九・三二一　⑬三八七・三八九・三九〇・三九二〜四一四　⑭一三〇・一三七・一三九〜一四四・一四七〜一五六・一五八〜一六一　⑯一四九・一五四・一六一・五三八〜五四二・五四五〜五四七　⑰五三二・五三五・五三九　㉔六〇一　㉕二〇九

墨小　⑩三九〇・四〇〇・四〇七・四一一・四一七〜四一九・四二四〜四二七・四二九〜四三二・四三五　⑪三〇八・三一八・三一九
墨短　⑭一六一〜一六四
大墨　③一五二　⑩三九八(墨)
墨(大)　④二六三　⑧四八五
墨(小)　④二六三
墨(墨)頭　②三四三・三五八・三五九・六六九　③一四四〜一四六　⑤四二一・四二八・四二九　⑧四八・五〇・五一・一七九・一八一〜一八四・二七三・二七四・二七七・二七八・二八一〜二八三・三七七・四八〇・四八四・

四八五・五七七　⑨五三・五四・五
七・三四五・三五三　⑩四〇〜四二・
六三七　⑪二五二　㉔二三四・二六
五・三〇八・三五六・三七五
墨残　⑩二二・二五・二七・二八・三〇・
三八・三九・四三
墨(大)(太)　⑩一八〇・一八一・一八三〜
一八五・一八八・一九〇・一九三・一
九四・一九七・一九九・三八四〜三八
八・三九〇・三九一・三九四〜四〇
三・四〇六・四〇八・四〇九・四一一
〜四一五・四一七・四一九〜四二一・
四二三・四二四・四二六〜四三〇・四
三三・四三四　⑪一四八・一四九・二
五〇・二五一・三二二
(墨)須利盡畢　㉒五四八

## (三)　硯

研　②三四四・三五〇　④四三二　⑤二九
八　⑧二一六・三七七・四二八・五七
七・五七九　⑨二一　⑯六七・五一三
⑱五六七　㉔二三四・二四二
(研下)⑯五五五
硯　②六四六　③五〇〇　⑤一〇四　⑥一
五八(硯温料)・三〇五・三九三・四一
四・四二〇・四九九　⑪五三八　⑳三
二三　㉓三二〇
炰硯料(炭)　③五〇〇　⑪五三八
銀墨研　②六四六
坏蓋硯　⑤一〇四
下纏　⑧二一六　(下経　②三五〇)
書枕　⑧四二八
苔坏　㉔二四九

## (四)　紙

紙(紙)　①三三三・三八一・三八二・三九
三・四四二〜四四五・四七六・四七
七・四八三・四八四・四八七・四九
〇・四九三・四九四・五七〇・五七二
②二七・一六二〜一六六・一八二・一
九五・二八六〜二九四・二九八・三〇
九〜三一一・三四一・三四二・三四
四・三五一・三六一・三六五・三六
六・三六八・三六九・三七一〜三八
五・四四一〜四五一・四五四・四八二
〜四八五・四八八・四九三〜四九六・
四九九・五四〇・五四三・五六〇・五
七二・六七〇・六八五・七一九・七三
一　③二一〜四・七・八・二七・二八・
三〇・三二・七六・九二・一〇四・一
二三・一四三・一五〇〜一五四・一六
四〜一八七・一九一〜一九四・一九
九・二〇〇・二一六〜二二〇・二六
二・二七二・三一五・三七八・四一
九・四二〇・四八七〜四八九・四九
八・五〇三・五〇五・五〇七・五六

○・五六二・五六五・五六八・五七一・五九五・六○○・六一一・六一二・六二一・六二八・六五五 ④二・一九・二一一〜二三・四○・六四・一九○・二七九・二八○・二九四〜二九六・三九七・三九八・四一一・四二一・四五三・四九七・四九九・五二七・五三二 ⑤四・三五・五八・七七・一三八・三一八・三三○・三五五・四一八〜四三一・四五四・四九七〜五○○・六三九 ⑥二・三・二七〜三一・五三・一八五・三一六・三二六・三九三・四一二・四一六・四八四・五二三・五八○ ⑦一四・二五・二六・三九・四三・九二・一○○〜一○五・一○九・一一二〜一一四・一一六・一一七・一一九・一二○・一二二・一三○〜一三三・一三六〜一三八・一四二・一五八〜一六一・一六九・一七八・一八五・一八六・一九一・二二六・二二九・二三二・二三三・二三九〜二四四・二五○・二五六・二五八・二五九・二六一・二六四・二六五・二六八・三○一〜三八

三・三八五・三八六・三九二・三九三・三九六・三九八・四○一・四○三・四○四・四一九・四二○・四二三〜四七一・四七三・四七五・四八一・五○一〜五一○・五一四〜五二七・五三○〜五五六・五五八・五六一〜五六七・五七四・五七五・五七七・五八六・五八八〜五九六・五九八 ⑧一〜一一・一三〜一六・一八〜二一・二三〜三九・四一〜四五・五三〜五九・六四・六七〜一○○・一○二・一○三・一○五・一○八・一一二・一一三・一一五・一二五・一二七・一三三・一四○〜一四五・一四八・一五○・一五一・一五六・一七五〜一七八・一九四・一九八・一九九・二一六〜二一八・二二二・二二四・二三一〜二三七・二四二・二四三・二四七〜二五五・二五七・二五九・二六○・二六四〜二六六・二七二・二八四〜二八六・二九○〜二九二・二九四・二九五・二九八・三○二・三一三・三一七・三一八・三二二・三二四〜三二八・三三○・三三一・三三三〜三三五・三三

七・三五二・三五七・三五八・三六四・三七三〜三七五・三七七・三八九〜三九八・四○三〜四二六・四三七〜四五二・四五八・四六○・四六二〜四六五・四八八〜四九五・五○五・五一一・五二七〜五三九・五四一・五四二・五四五〜五五六・五五八・五六○・五六二・五七一・五七五・五七八・五八○・五八三・五八四・六○四・六○七・六○八・六一○・六一二・六一六 ⑨一・四・九〜三九・四六〜五○・五四・六二一・六三・六五〜七○・七六・八○・九○・九七〜九九・一○三・一三○・一三二・一四六・一四八〜一五○・一五六・一六九・一七○・一九一・一九三・一九八・一九九・二○八・二一○〜二一五・二一八・二一九・二二二・二三三・二六八・二七一・二七二・二八九・三○三〜三○五・三一二・三一六・三一七・三三三〜三三八・三四六・三五一・三五四・三五五・三五七・三六八・三六九・三七四・三七六・四一一・四二四・四二九・四三

四・四三五〜四三九・四四一〜四四
六・四九一 ⑭二・六・一一・一五・
一九〜二五・六五・七七・一一九・一
二一・一二一・一二五・一三四・一三
七・一六七・二四三・二四四・二四
八・二五六・二七五・二七七・三〇四
〜三〇六・三一一・三一五・三二八・
三四八・三七五・三七九・四一一・四
四〇・四四六 ⑮九・一〇・四六・五
七・一〇二・二五〇・二五四・二九
一・三一二・三一五・三四五・三七
六・四五六・四五七・五〇二 ⑯二
三・二四・三五・三七・三八・五〇・
五二〜五四・八三・九四・一〇五・一
一九・一二〇・一二三・一三三・一三
五・一三八〜一六四・二四一・三〇
一・三二〇・三五三・三五五・三五七
〜三五九・三六三・三六四・三六六・
三六九・三七一・三八一・四一二・四
一四・四七八・四八〇・五一五・五一
七・五三七・五三八・五五九 ⑰一
二・一三・一七六・一七七・一八〇・
一八三・一八五・一八六・一八八・一
八九・一九一・一九二・一九五・一九

九〜二三六・五四五・五四六 ⑱三三
〜七九・八一〜九三・九五〜一〇三・
一〇七・一一二・一一五・一二八・一
三一・一四四・一四六・一四九・一五
三・一六五・二〇〇・二一二〜二四
七・二四九〜二五五・二六八・三二四
〜三九二・四〇〇〜四〇二・四一〇〜
四一二・四二三・四二四・四二九・四
三〇・四三三・四七三〜五一六・五一
八〜五四一・五五七 ⑲四・九・三
八・三九・四三〜五七・六三・六八・
一二三・一四四・二五四〜二九五・三
四七・三五一・三六四・四九七・五五
一・五九一・五九二・五九七 ⑳一〜
二九・三一〜五〇・七九〜一三九・一
四一〜一七七・二八九・三〇〇・三一
六・三二一・三三二・三五〇〜四〇
〇・四〇二〜四六六・五四三 ㉑一一
二・二四五・二四六・二八五・四〇
〇・四六二・四八三・五六七 ㉒二〜
三八・三八二・四二九〜四七〇・四七
七・四八二・四九四 ㉓五六〜六四・
六六〜七六・七八〜一〇二・三四六〜
三七六・三七八〜三八一・三八三〜三

九九・四〇一〜四二五・四五二・五一
七〜五六七・五八五〜六一五・六一八
㉔四・九・一一・一二・二九・三八〜
四〇・五五・五六・五八・六一〜六
三・六五・七六・七九・八七・九一・
九三・九四・九六・九八・一〇二・一
〇五〜一一二・一一七・一一九〜一二
二・一三〇〜一三一・一三四・一三
五・一三八・一四三・一五一・一六
〇・二〇四・二一五〜二二一・二三
四・二四四・二四六〜二四八・二六
六・二七〇・二七一・二七五・二七
六・二八二・二八四・二八八・三一
六・三五二・三五三・三五八・三五
九・三六二・三六四・三六七・三六
八・三七二・三七三・三七五・三七
八・四〇八・四一三・四一七・四二〇
〜四二二・四四九〜四五四・四五八・
四五九・四六三・四六五・四七二〜四
七四・四七八・四七九・四八四・四八
五・四八七・四八八・四九一・四九
三・五〇一・五〇九・五四四・五四
七・五四八・五九六〜六〇〇・六〇
二・六一〇 ㉕六〜八・一二・一六・

一七・二〇～二二・四四・五七・五八・二〇〇・二三六・二三九・二四〇・二五六・二五七・二五九～二六一・二六七・二六八・三〇〇・三〇五・三四四・三六二・三六七
帋　①三三三
帋　⑭二〇　⑮三七六　⑯四二九　㉕三六七
用帋　⑨一一八・四三二　⑩二五〇　㉔一五・三二五・三二六
寫帋　⑱二六三・三〇二・三〇四　⑲二六・三九九・四八〇・四九一　㉒一一一・五〇五
料帋　㉔四七一
受帋　⑲二六三・二八九　⑳三九
麻紙　①三八一～三八三・三九四　③二七・七三・七四・七六・一〇四・一四三・一四四・二二三・二三三・二三四(麻)・二三六(麻)・二五七・二五八・四八四・五九五・五九九　④一二四・二〇〇・二〇一・二七四・二七九・三一三・三三六・三四八・四二二　⑧一七二～一七八・三五九　⑨三六四・三七五～三七八・四五〇・四七六・五〇一～五〇六・五一六・五二一・五三九・五四一・五四二(磨)・五四六・五四八・五四九　⑩一六二・一六六・二〇一(麻)・二五〇・二五四・二六三・二六八・四五七・五六二・六五三～六五五・六六二　⑪九九・三一四・三六五・四〇九(麻)　⑫一六六・一六八・一六九・二二四・三三三・三三八　⑬二六九・二八〇・三三二・三三三・四九一　⑭一九・二一・二四・二四六・二四八～二五一・二五四・二六〇・二八五・三〇六・三一八・三一九　⑯一三八・一三九・二二四・三〇一・三三五・三四六・三五三・三六三・三六四　㉔四〇・二八二・四七五・五九五・五九六・五九八～六〇一
短麻紙　⑨六八　⑪五
長麻紙　③六一一　④二四二　⑨三七四・四二九　⑪一六三(四尺)　⑭二八三　㉓五一七　㉔六・五九　㉕二三三
唐麻紙　⑦一九　㉔二八(長、短)
唐短麻紙　⑦六・二五
唐長麻紙　②二五(唐)　⑦二五　⑭二八三　㉔五九(唐)
白麻紙　③六〇七　④一二三(雑集)・一二四(樂毅論)・二〇〇(雑集)・二〇一(樂毅論)　⑦一九八～二〇二・二〇七・二〇八・二一〇・二一二・二一六・二一八　⑨六五・三七一・三七二　⑫三三八　㉔五九
白短麻紙　②二五
白長麻紙　⑨六八(長三尺)
白唐麻紙　⑦二〇
麻紙上総　⑬四九一
染麻紙　⑭一八四・二五四
黄麻紙　②七一九　③三一・四一四・四八六・五〇七・五四九・五五五・六〇〇　⑦二一・二三・二四・二五六　⑧一七八・一九〇・一九三・三五八・四四一・四六六・四八八・四九二　⑨一三七・二七二・三六八・三六九・三七一・三七二・三七四～三七六・四五二・五四五・六〇五　⑪二・八・九七(僙麻紙)・一五七～一五九・一六二・二四一・三一〇・三三一・四二七・五二一　⑫一七〇・三一六・三六二　⑬二四五・四七七　⑭二五〇・二五六・

二五八 ⑯四三九 ㉔一七五・二七九
染黄麻紙 ⑭二五八
橡麻紙 ⑦二〇〇
凡麻紙 ⑨六三三
常麻紙 ⑧一七八 ⑨四二九 六三三
並様荒紙麻紙 ③二五八
紙麻(擣紙麻) ①五五一・五五四 ⑥五八〇 五八一 ㉔二四
一尺六寸麻紙 ③二五七・二五八 ⑩六五五・六五七・六五九・六六〇・六六二 ⑭三一八 ㉔五九六(一尺六寸)・五九七~五九九(一尺二寸)・六〇〇
麻紙二尺 ③二二三
三尺麻紙 ③二二三(紙麻三尺)・二四〇(三尺)・二五七・二五八 ⑩四一〇・四三〇・六五四・六五五・六五七・六五九 ⑪四〇九(麻、三尺)四六九・四七〇 ⑭三一八 ㉔五九五・五九八~六〇〇
四尺麻紙 ③二二三(麻紙四尺)・二四〇・二五七・二五八 ⑨五一七 ⑩六五三・六五五・六五七・六五九 ⑪九・一六三(四尺長麻紙) ⑭三一八 ㉔五九八~六〇一
穀(穀・榖・檝)紙 ①三八二・三八三 ③四八四(紙穀)・四八五・五〇七・六〇一・六〇二・六〇四・六〇六・六〇八・六一〇・六一一・六二八 ⑦二二・二三・三三 ⑧一七二・一七三・一七七(糓紙)・一七八 ⑨二七三・二七四・三七七・三七八・五二三・五二五・五二八・五二九・五三一・五三三 ⑩二六七・六四九 ⑪一五六・一五八・一六五・二三九・二四〇・二七八・二七九・三二四・三六五・三八八・五二〇 ⑫一七二・一七二・一九九・二二二・三一六・三四〇・三四一・四二二 ⑬二一・一〇・一二・二五・二七・二八・一〇二~一〇四・二四五・二六〇・二六九・三三二・三三三 ⑭二四八~二五一・二五四・二五六・二六〇・二八五 ⑯三五三・三六三・三六四(穀者) ㉔四(檝)・四八四
染穀紙 ⑨六四
黄染穀紙 ⑨三七四
黄穀紙 ⑦二三(穀紙黄) ⑨三七一
穀中紙 ⑪一六七
参河國穀皮 ⑥五八〇
穀皮 ⑥五八〇・五八一 ⑰一二九(穀皮帙)
穀皮紙 ⑦二〇四
葉藁(藳)紙 ③六五五 ④三三・三五・四五 ⑫三二三 ⑬四九・五〇
葉和良 ⑭三一二
波和羅(紙) ③六〇九・六三八 ⑨五三 一・五三二 ⑩五七三 ⑪二一・二四
波和良(紙) ③六〇七・六〇九・六一一 ④二四二・二九〇 ⑤五八・三九六・四五一 ⑨五二五・五三一~五三三 ⑩五七五 ⑪二一 ⑫二一八 ⑬一二・一五~一七・二七・四五・二四五・二五九・二六〇・二六二・三三二・三三三・三八二・三八三・四二一・四六三~四六六・四六八・四六九・四七七 ⑭一八三・二四九~二五一・二五四・二五五・二五七 ⑮二五二 ⑯一三九・一三七・四二〇・四二一・四四六 ⑳三二〇
清葉藁紙 ④四五

檀(檀)(紙) ③一八七・一九一・四八四・五九五・五九七 ⑤四三五 ⑨五一八・五二〇・五四五 ⑫一六六・一六七・三三三・三三五 ⑬二四五・二六一・三五三・三五四・三六五・四六四
眞(真)弓(紙) ③二五九 ⑩一二一 ⑭二五五 ㉔六〇一
長檀紙 ⑨六八・六三三
檀長紙 ⑨五〇一
梶紙 ③二五七・二五八 ⑧一七七 ⑬四四三 ㉔五九九・六〇〇
加地紙 ⑧一七二・一七三 ⑨一九二
加遅紙 ⑩六五三・六五七
賀遅紙 ㉔六〇〇・六〇一
斐(紙) ②六七八 ③一五四・五〇三・五〇八 ④二七四・二七九・二八六・三一三 ⑨六七・二七一～二七三・三五二・三五七・三七九 ⑩二七〇 ⑪二三九・五二一(帋)・五五五 ⑫四二〇 ⑬三三一・三三三・三六五・四二三・四二四・四八三 ⑭五三・一八三・二四八・二五〇・二五一・二五四・二五七・二六〇・二七七・三〇六・三七五
厚斐紙 ⑪二三七
薄斐紙 ⑪一六八・二三九 ⑫三一五
染黄斐紙 ⑬四七七
肥紙 ⑨六七・七〇・七一・二七二 ⑪二三六
荒肥紙 ⑨七一
肥荒紙 ⑨七一
斐麻 ㉔二四
斐皮 ⑥五八一
楸紙 ③六〇九 ⑭二八五 ⑯四八三
比佐木紙 ⑦二一・二二
比佐宜染(紙) ①五五四
久木紙 ⑪三三一 ⑫一七三
松紙 ⑨三七七
竹幕(紙) ⑦二〇・三一 ㉔三一五
竹幕白紙 ⑦二〇
竹幕紙二分切 ⑦二〇・二五
竹幕紙三分切 ②三一 ⑦二〇
楡紙 ㉔五九六
楡荒紙 ㉔六〇一
既楡紙 ③二三三
杜中紙 ③六〇八・六〇九 ⑨五三一・五三三・⑬三三一・三三三 ⑭一八三(社)・二四九～二五一・二五四・二五七
布紙 ③四八四・四八五 ⑪一五七・五四四 ㉔二八
長布紙 ⑫一九九
白布紙 ③五九六 ⑨五一七 ⑪二七七・二七九 ⑫三三五 ㉔五九
白短布紙 ⑪二七七
白長布紙 ⑪二七七
朽布紙 ⑦六・七
朽布黄色 ⑦七
安紙 ⑨三五七
綜(紙ヵ) ⑬二六九
廿三行紙 ㉓八五
廿四行紙 ㉓三四八
廿七行(紙) ⑤四一八・四二〇・四二二～四二九・四三二 ⑯三六九・三七〇・四八三 ㉓八五
行六 ⑦一一九・一五九(六行)
行八 ⑦一一九
行十一 ⑦一一九

行十二 ⑦一一九
行十四 ⑦一一九
十六行 ⑦一一九
十七行 ⑦一一九
十八行 ⑦一一九
廿二行 ㉓八一・九二
廿三行 ㉓八七
廿四行 ⑦一一九 ⑯四八三 ㉓七八・一○○(廿四行堺者)
廿六行 ⑦一一九 ㉓七二・七四・七九・八六・八九
廿七行 ⑯四八三 ㉓八三・九一(廿七界) 九二(廿七界)
卌一行 ⑦一一九
六十五行 ⑦一一九
一尺六寸(紙) ⑩六五三 ㉔五九六・六○二
三尺(紙) ③二四○ ⑩六五三 ⑪三九三〜四一二 ⑫一九九 ㉔四八○・五九五・五九六・六○二
四尺(紙) ⑩六五三 ㉔五九五・五九六
短(紙) ③一八七〜一九○ ⑦九○・二三六 ⑨四二九・四三○・四六九・五三八〜五四○・五四二〜五四六・五四九・五五○・五五五・五六三・五六九・五八一・五八二 ⑪四○六・四七○
准短(紙) ⑨五三九・五四六・五四九・五五○
長(紙) ③一八七〜一九○ ⑦九○・二四九〜二五一 ⑨三七四・四二九・四三○・四六九・五○二〜五○六・五三八〜五五○・五五九・五六三・五八一・五八二・六三三 ⑪二七七 ㉔七四・九二・九三
准以長紙一枚短紙二枚 ⑨四七九・五五九
長紙即以一枚准短二枚 ⑨五四六
半紙 ⑨三七五 ⑭三二四(帋)
黄半紙 ④二○三 ㉕二二九
薄紙 ⑪九九・一○○ ㉕二一○
厚紙 ③一五三・一五四
上品之紙 ⑯一二二(經紙) ㉕二三六
上紙 ②三四一 ③一九四 ⑤三一九・三三○ ⑯九四・一三三・一三五 ㉔一五九
吉紙 ㉕二六八
中紙 ⑤三一九・三三○ ⑯九四・一二二・一三三・一三五
白中紙 ②三七○ ⑧一九二・四○四・四○五・四一三・四一四・四一八・四九二・四九三 ㉔二一五・二一七・二一八・二二○
悪紙 ②四九三
悪疾紙 ⑪一七五
荒(荒)紙 ②四四○・六六三・七三一 ③一六一・二五八 ⑧三五二・五六○ ⑨一八二・一九三・三四六 ⑪一八六 ⑭三一一・三七五 ㉔三三○・五九四・六○二
黄荒紙 ⑩一二○・一二三
白荒紙 ⑨七○・三六六 ⑪六九
燥紙 ⑦二六一
熮紙 ⑬九七
熟紙 ⑯五五五
生紙 ⑩六五七
黄生紙 ⑪一
若紙 ④九九
白紙 ②三○八・三一一・三四四・三四五・三四九・四三七〜四三九・五一

一二
中白薄之紙 ⑪九五
白厚紙 ⑨二七二
大石白紙 ⑦二二三
色紙 ②一・二一・二七八・六七八 ③七三・七四・七六・一四四・二三九・五〇七・五九四・五九八〜六〇〇・六〇五・六一二〜六一四 ④五二七・五三二 ⑤六七七・六七八 ⑦六・三三・二〇二・二〇六・二一〇・二一二・二一六・二六七 ⑧二六八・三七六・四七九 ⑨六六・二四五〜二四七・三七六・三七七・三八〇・四三七・四五二・五一九・五二一・五二二・五二八 ⑩一一九・一二〇・一六三・一六六・二〇一・二五〇・二六三・二六八・二七〇・四五七 ⑪七三(色々紙)・一六〇・一六二・一六七・一八一・二七六〜二七八・三七一・四六五・四六六・四七一・五二一・五三八 ⑫一六六・一六九・一七〇・一九九・二〇〇・二一八・二六八・二八〇・二八一・三二五・三二六・三三四・三三七〜三三九・三五〇・四一一・四一三・四二二〜四二五 ⑬一〇・二八・七四〜七六・八八・一〇二〜一〇四・三一八〜三二七・三二九・三五三・三五四・四六三〜四六九 ⑭二四九 ⑯四一三・四一五 ㉓一一八・五一七 ㉔三七六・三七七・四七五・五八四・五九四 ㉕一七
彩(采・採)色紙 ③一九二 ⑧三七七・五七七 ⑨六八
五色(紙) ②三四八・三四九 ③四八四 ④三三七 ⑧二六九・二九〇・三五七・三七七・三九三 ⑨三六九・三七四 ㉔二四五
雑(雜)色紙 ③六一一 ④二四二 ⑫四三三 ⑬二八 ⑲三九三
唐色紙 ㉕一七〇
染(紙) ③四六五 ④四〇一 ⑤二九三・三九〇・四〇五 ⑦二六一(柒は染か) ⑩三〇八 ⑪三二六 ⑫二二四・二二五 ⑬五四・九六・二四二・三七五 ⑭二九四 ⑮六七 ⑯六三・一一五・三四二・三四七・四二四・五〇九 ⑱五八七
不染 ⑫二二四・二二五
須岐染紙 ⑥三
垣津幡(幡)染(紙) ①五五四 ㉔一一〇
恒《(マヽ)》津服紙 ⑦九
木芙蓉染(紙) ①五五四
依毗染紙 ③三一
蓮葉染(紙) ①五五四
松染紙 ⑩二六八
(端継)墨紙 ⑩二六七
紫紙 ②一六七〜一六九・五五〇・六七八 ③一二七・六〇七・六一四 ④二〇一・五一〇 ⑤六七七・六七八 ⑦三二・一四四・一七六・一七七・一七九・一九五・一九七・二〇一・二二一六・二五六・二五八・二五九・四二二・五一四 ⑨六八・二〇七・二九八・三七四・四三七・五一七・五二二・五二四・五二六・五三三 ⑪二〇・四六・一五九〜一六二・三六五・四五四・四九一・四九六〜五〇〇・五〇五・五一四・五一六・五二五・五二六・五三〇・五三一・五三三 ⑫六・一七〇・二六五・四八七 ⑬四・一

二・一八・三四・八七・九二・九三
[16]五一四 [24]二九・六五・六九・九三
[25]二〇
標則紫紙 [24]二九
滅紫(紙) [3]五九七・五九八 [4]二〇〇
[9]五一九・五二一・五二三 [10]五六一
[12]一六六・一六八・一七一・三三六・
三五一・四一六 [13]三四 [25]六一
滅紙 [12]三三一
淺紫紙 [7]一六
赤紫紙 [7]一二
沉香紫紙 [4]五一〇
黑紫紙 [7]一六
造紫紙 [2]五五〇 [11]五三一
紅紙 [3]六〇二・六〇三・六一〇・六二三
[5]四三五 [7]一一・二二 [9]五一九・
五二三・五二六 [12]一六六・一七一・
三四一・三五二 [16]四一五 [25]三四一
浅(淺)紅(紙) [3]五九八〜六〇〇・六一
三・六一四 [12]三三七〜三三九・四二
二
紅中紙 [25]三四一
中紅(紙) [3]六〇〇・六一四 [12]三三九
[16]四一三
深紅(紙) [3]五九八〜六〇〇・六一三・六
一四 [9]五二一・五二四 [12]一六八・
一七一・三三七〜三三九・四一六・四
一七・四二一 [13]二五
滅紅紙 [7]一九
赤紙 [7]二〇七
蘓(蘓・蘇)芳(紙) [3]五九八・六一三 [4]
一二四・二〇一 [12]三三七・三三八・
四二一 [16]四一三・四一五 [25]三四一
朱芳紙 [3]五九九
淺蘓(蘇)芳(紙) [12]四二三 [13]三〇(銀
塵)・三一
綠(緑)(紙) [3]六〇〇・六一四・六三八
[4]二四一 [9]五二三・五二四・五二七
[10]五六一・五六四・五六六 [11]二一・
二三・四四〜四六 [12]一七〇・一七
九・三一八・三二一・三二三・三三
一・三三五・三三九・三七八 [13]三四
[25]七
浅(淺)綠(緑)(紙) [3]五九八・六〇一・六
一二・六一四 [7]一六 [12]三三七・三
三九 [13]三四 [24]一一〇
深綠(緑)(紙) [3]五九八・六一二 [12]三三
七 [24]一一〇
縹(紙) [3]五九四・五九七・六〇五・六二
二・六二三 [4]一三〇 [5]三九八・四
三五 [7]一六・二二 [8]一・四・三五
七・三五八・三六八・三七〇・三九
三・五七七 [9]二〇一・三四二・三四
七・五一九・五二〇・五二四 [10]三七
五 [11]一六六・一六八・一七〇 [12]一
六六・一六八・二〇一・二九四・三一
五・三二三・三三三・三三六・三五一
[13]一〇・二九・三四・三三二・三三三
[14]二四九・二五一・二五五・二八五・
三一七 [16]三三九・四一三 [24]二七二
波奈太 [25]三四一
花太用紙 [8]一二五
浅(淺)縹(紙) [3]五九八・五九九・六一
二・六一三 [12]三三七・四二三 [25]一
七〇
深縹(紙) [3]五九八〜六〇〇・六一二〜六
一四 [12]三三七・三三九・四二一 [25]
一七〇
藍色(紙) [3]六〇〇・六一四 [12]三三九
青紙 [3]六一一
白碧牋紙 [4]一七八
青褐(褐)(紙) [3]五九七・五九八・六〇

一・六〇六・六一〇 ⑨五一八・五二一・五二二 ⑪二四 ⑫一六六・一六八・一七〇・二九〇・三一九・三二一・三二三・三三一・三三六・三四一・三五一・三五二・四一五～四一七 ⑬一〇・三四・四五 ㉕六一

黏青(青)褐(褐)紙 ④一九九・二〇三 ㉕二一九

青標紙 ⑯五五五

紺紙 ⑨六一二 ⑫三九 ⑬二一

浅(淺)波自(紙) ③五九八・六〇〇・六一三・六一四 ⑫三三七・三三九

深波自(紙) ③六〇〇・六一四 ⑫三三九

浅(淺)苅(茢)安(紙) ③五九八・六〇一・六一三・六一四 ⑫三三七・三三九

深苅(茢)安(紙) ③五九八・六一三 ⑫三三七

黃紙 ②一・三〇八・三四四・三四五・三四八・三四九・三五四・三七〇・四三七～四三九・五一八・五五一・六七七・六七八・七一九 ③三一・三三・一〇五・一五四・一六二・一九一・一九二・一九九・五四八・五五八・五七五・六〇五・六二一～六二三・六二六・六三〇・六四二・六四七・六五〇・六五二～六五四 ④一四・三二・三七・三八・六四～六六・七四・八五～八七・九四～九八・一〇〇・一二四～一二六・一九九・二〇一・二〇二・二〇四・二〇五・二八六・二九〇・三一二・三四八 ⑤三〇八・四三三～四三五・四四三・四五六・四五九・四六二・六六〇・六九六 ⑥五・三九・二四九～二五二・三八二・四五二・四七〇・四七九・五〇〇 ⑦五～八・一九・二〇・二一～二六・一九八～二二〇・二二六・二二七・二二九・二三二・二六五・二六七・二六九・五〇一～五〇三・五五六・五六一～五七五・五九〇 ⑧一一・一二・五三・五四・五六・五八・一七八・一九〇・一九三・一九九・二〇三・二〇四・二一〇・二一一・二五八・二五九・二七〇・二七二・二八四・三〇四・三〇七・三〇八・三一〇・三一一・三三六・三四二・三四四・三四五・三四九・三五〇・三五七・三五八・三六〇・三六一・三六五～三六九・三七六・三七七・三八五～三八七・三八九～三九八・四〇三・四〇五～四二七・四三八・四四五・四五八・四八八～四九五・五五八～五六四・五七三～五七五・五七七・五八五・五八九・六〇二・六一一・六二一 ⑨二・一二～一五・一七～一九・二三・二五・二九・三一・三三～三六・四七・六四～六九・七一・七五・七六・一五二・一九八・二一四・二三一・二四一・二四六・二七二・三三三・三三五・三四五・三四八・三五七・三六六・三六八～三七〇・三七二・三七五・三七八～三八〇・四二四・四二五・四二七・四三七・四五一・四五二・五一五・五一七・五二二・五二七・五九九・六〇一・六〇二・六〇四・六〇六～六一六・六二四 ⑩二〇～二三・二二五・二六八～二七〇・二八〇・二八一・五五三・五五五・五五八・五五九 ⑪一・二・四一・四六・九七・一五七・一五八・一六六・一七六・二三七・二四〇・三〇一・三〇二・三〇

銀塵紅紙 [3]六〇六 [13]一一・二四・二六・二九・三一
銀塵淺綠(紙) [13]二九・三〇・三四
銀塵淺蘇芳紙 [13]三〇
敷銀薄紙 [13]三
銀薄敷紅紙 [3]五九四 [12]三五〇
敷銀薄紅紙 [3]六〇三 [12]三四一
敷銀薄縹紙 [12]三五一
銀薄敷淺綠紙 [9]五二〇 [12]一六七・三五一
淺綠敷銀薄紙 [3]五九四
銀薄敷青褐紙 [3]五九四
(敷銀薄)青褐紙 [12]三五一
敷銀紅紙 [3]六〇二
敷銀縹(紙) [3]六〇五 [13]一〇
銀敷縹紙 [11]一六六
金塵紙 [13]三四
金塵白紙 [13]二九・三一
金塵色紙 [13]三〇
金塵白橡紙 [13]二九
金塵縹(紙) [13]二八~三〇・三四
金塵綠(綠)(紙) [3]六〇五・六五五 [4]四〇~四二 [9]五二七 [13]三〇・三一・三四・四七・四九・五〇(緣)
金塵青褐紙 [9]五二七 [13]二三・二四・二六・二九・三一~三四・四九
金塵深紅紙 [13]二九・三一
金塵滅縹紫紙 [13]三一
金塵滅紫紙 [13]二四・二六・二九・三〇・三三・三四
金塵紫(紙) [9]五二六 [13]二八~三〇・三四
敷金塵紫紙 [13]四
金薄敷白紙 [3]五九四 [12]三五〇
金薄敷綠(綠)紙 [3]六一五 [9]五一九・五二〇 [12]一六七・三三五
金薄敷縹紙 [9]五二〇 [12]三三六・三三九
金薄敷青紙 [12]三五〇
金薄敷青褐紙 [3]五九四
青褐金薄紙 [9]五二一
敷金銀薄青褐紙 [12]三五一
金薄敷紫紙 [3]六一四 [9]五二二 [12]一七〇・三三九
敷金薄紫紙 [12]三四二
金薄敷滅紫紙 [3]五九四 [12]三四二・三五〇
敷金薄滅紫紙 [9]五二四
金敷色紙 [3]五九五
敷金色紙 [3]五九七・五九八
金銀敷色 [13]九
敷金白紙 [3]六〇二
(敷金)白橡(橡)紙 [3]六〇三 [13]七
白橡敷金紙 [13]二五
(敷金)白橡麻紙 [4]一
(敷金)黃褐紙 [3]六〇四
敷金縹(紙) [3]五九七・六〇〇・六〇五 [12]四一七 [13]一〇
金敷縹紙 [9]五二五 [12]一六八 [13]四六
浅(淺)綠(綠)金敷紙 [3]六一五 [9]五一九 [12]一六六
金敷綠(綠)紙 [3]六一五 [9]五一九・五二一〇 [12]一六六・一六七・三三四~三三六
敷金綠(綠)紙 [3]五九五~五九七・六〇四 [4]三五 [13]四七
敷金青褐(褐)紙 [3]六〇一・六〇四 [13]四六
(金敷)青褐紙 [12]三四一 [13]二
青褐(紙)金敷紙 [12]一六八・四一七
金敷紅紙 [9]五二五
金敷深紅紙 [3]五九八

敷金紫紙　③六〇〇・六〇二・六〇三
金敷紫紙　⑬四六
敷金滅紫紙　③六〇二　⑬四
敷金滅紙　③六〇四

大唐院紙　④二三六・二三八
大唐僧紙　④一八四
唐長紙　⑦六
唐(唐)色紙　⑦二一　㉕一七〇
唐白紙　⑦五・六
漢手　白紙　⑰一二七
漢手　④六六五・六六六　⑨六〇七　⑬一四
　三・一四四　⑯四四五
呉手　黄紙　⑰一二七
漢手　黄紙　⑤四五九　⑦二二八　⑪三五
　三・三五四　⑰八九・一一一・一二五
百齊手　白紙　⑰一二六・一二七
　〜一二七
新羅手　白紙　⑰一二六
倭手　⑯四四五
和　⑯四四五
唐手　④六六(唐)　⑫四七三
辛手　⑨六一三
常陸(紙)　④二八〇　⑬二四四・三三二

下野國紙　⑥五八〇
上野國紙　⑥五八〇
上野紙　①三八一
上総國紙　⑥五八〇
武蔵國紙　⑥五八〇
甲斐國紙麻　⑥五八〇
信濃國紙　⑥五八〇
佐度國(紙)　⑥五八一
越後國紙　⑥五八一
越中國紙　⑥五八一
越前國紙・紙麻(斐皮、穀皮)　⑥五八一
越前國進之紙　⑬一六
越経紙中　②二六
越経紙(薄)　②二六
遠江(紙)　⑬二四四・三三二
参河國穀皮　⑥五八〇
尾張(紙)　④二八〇　⑤四八八　⑩六五
　五・六五七・六五九・六六〇　⑬二四
　四・三三二　⑰一九二
尾張凡紙　⑭三一八
美濃國紙　⑥五八〇
美濃短色紙　⑫一九九
美濃経紙　②二六
伊賀國紙・穀皮　⑥五八〇　⑬二四四・三

近江國紙麻　⑥五八〇
橎磨國斐麻　⑥五八一
憣磨國紙　⑧四五九
憣磨紙　⑧四六〇・四六一
憣磨中紙　⑧三六六　⑪八　㉔四七九(播)
憣摩國中紙　⑨七〇
播磨白中紙　⑧四八八
憣磨薄紙　③六〇五
播摩中薄紙　⑨三一八
憣磨経紙　②二六
播磨荒紙　㉔三三〇
紀伊國紙　⑥五八一
丹後國紙・紙麻(斐皮、穀皮)　⑥五八一
但馬國紙麻　⑥五八一
出雲　②二六
美作経紙中　②二六
備前國斐麻　⑥五八一
長門國紙　⑥五八一
阿波國紙麻　⑥五八一
筑紫　⑨三七三
筑紫薄紙　⑨六七・三四三
紙屋(紙)　①三八二　⑬三三二
紙屋作穀紙　⑯三五三

紙屋作紙 ⑯三五五

用紙 ①四七八・五八二 ②一・一五九・一六一・一六七・一六八・一七五〜一七七・一八一〜二八五・二八七・二九○・二九一〜二九三・三○九・三四三・三四八・三四九・三五四〜三五七・三六一・三六二・三六五〜三六八・三八○・四三七・四三九・四五四・四八二・五○九・五一五・五一九・五二四・五三二・五三三・五三九・五四三・五四七・五五九・五六一・五六五・五七八・六六七・六七二・六七三・六八五・七一七 ③九〜二八・六五・九一・一三○・一三七・一四三〜一四六・一五五〜一六一・一七五〜一七七・一八二・一八五・一九五・一九六・一九九・二六四・二七四・三一四・三三六・四一五・四一九・四二三・四七二・四七六・四七七・四八○・四九五・五○三・五一五・六三二・六三八 ④一五〜一七・四四・三○一・三三三・四四一・四九○・四九一 ⑤二九○・三八八・四○三・四七八・四九七・四九八・五○一・五○三 ⑥二六・五五・五七・六五・六八・七二・七九・一一四・一三○・二二二・三○八〜三一○・三一六・四八七〜四九五・五二四〜五三二・五四四・五四五 ⑥五四六〜五五三・五五七〜五六五 ⑦五〜八・三三〜三五・三九・九○〜九八・一○○・一○四・一○五・一○九・一一○・一一八〜一二○・一二三・一二五・一三○・一四五・一五九〜一六三・一六七・一七○・一七三・一七七・一七八・一八二・一八三・一八五・一九五・二二五・二二六・二二八・二三二・二三五・二三六・二三八・二四○〜二五四・二五八・三○一・三○三〜三○七・三○九〜三三○・三三二〜三三九・三四一〜三五二・三五四〜三五七・三五九〜三六九・三八九・三九一〜四○九・四一九・四二○・四二三〜四三九・四四一〜四四五・四四七〜四五三・四五六〜四六二・四六四〜四八五・五○四〜五○八・五一○〜五一二・五二八・五二九・五三一・五三四・五三六〜五三八・五四一〜五四五・五四九〜五五一・五五三・五五四・五五六・五五七・五五九・五六○・五六九・五七○・五七二・五七八・五七九・五八一・五八二・五八六〜五八八・五九○〜五九二・五九四〜六○一 ⑧一〜五・七・一二〜二○・二二〜二六・二八・三○・三二〜四二・四四・四五・五五〜五七・五九・六○・六七・六九・七二〜七八・八○〜八二・八五・八六・九○〜九三・九五・九六・九八・一○一・一○三〜一○五・一○八・一一五・一一六・一一九・一二一〜一二六・一三○・一三一・一四一・一四二・一四五・一四七・一五○・一五四・一五五・一七○・一七五・一九六〜一九八・二○○・二○一・二○三・二○四・二○七〜二一○・二一二・二一三・二二三〜二三六・二三八〜二四○・二四二〜二五四・二五六〜二六四・二六六〜二七一・二八六〜二八九・三○四〜三○七・三○九・三一四〜三二○・三二三・三三八〜三五○・三六一・三六

二・三六四・三六六・三六七～三六九・三七二・三七六・三八〇～三八五・三八七・四〇七・四一五・四二八～四三〇・四三一・四三三・四三八～四四一・四四三～四四六・四四八～四五〇・四六四・四六六・四八九・四九五～四九八・五〇一・五〇六・五〇七・五〇九・五一〇・五一五・五二五・五二六・五四五・五四七～五四九・五五三～五五五・五六五・五八一・五八二・五八八・五九一～五九七・五九九～六〇一・六〇三～六一六・六一八～六二〇・六二一 ⑨三・三五・七〇・七五～一三一・一三三・一三四・一四二～一五〇・一五二～一五七・一五九・一六一～一六三・一六五～一六七・一六九・一七〇・一七五・一七六・一九四・一九六・一九九・二〇〇・二〇三・二〇五・二一六～二二三・二二五～二二八・二三一～二三六・二三八～二四一・二四五・二四六・二五〇・二六一・二六七～二七一・二七四～二七九・二八一・二八二・二八七・二九五・三〇一～三〇三・三〇五・三〇六・三〇八・三〇九・三一一～三一四・三二二・三三三〇・三三一・三四一・三四二・三四六・三四八～三五〇・三五二・三五三・三五九・三六二・三九八・四〇〇～四一三・四一七・四二一・四三一・四三二・四五三・四五四・四五六～四六六・四六九～四七一・四七七・四八五・四八七・四九〇・四九一・四九三・四九四・四九六・四九八～五〇〇・五〇七・五三六～五四七・五四九・五五〇・五五二～五八三・五八五・五八六・五八八～五九六・六〇九・六一七・六二二～六二四・六二七・六三三・六三六～六三八・六四五 ⑩六七・七〇・七一・七四・八三・八四・八九・九〇・九三・九四・一一二・一一五・一一八・一三四～一四五・一四七～一六四・一六六～一六九・一七三～一七五・一七七・一七八・一八〇・一八三・一八七・一八八・一九〇・一九五・一九六・一九九～二〇三・二〇六～二〇八・二一〇～二一三・二一六～二一九・二二一～二二六・二二八～二三一・二三三・二三五～二三八・二四一～二五六・二五八～二六四・三一二～三一四・三一九・三四〇・三九一・四一二・四三七・四四六～四五一・四五三・四五七～四六五・四六七～四八六・四八八～四九二・四九七・五〇一・五〇四・五一二～五一四・五一七～五二〇・五二五～五二九・五三二・五三六・五三八・五三九・五六五・五八九・五九三・五九八・六〇三・六〇五・六一〇・六一二・六一三・六一五・六一七～六二二・六二四・六二五・六三一・六三五・六六〇・六六一 ⑪二・三・五・一六～一九・二三～三一・三三・七〇・八三～八五・八七・九一・九三・一〇〇・一一八・一一九・一四三・一五六・二〇八・二四一・二五三・二六四～二七六・二八八・二九五・三〇一・三〇五・三〇七・三一六～三一八・三二〇～三二二・三二四・三三四・三三六・三三八・三六一・三六七・三六九・三七〇・三七四・三七六・四二一～四二六・四三一・四四

○・四五八・四六○・四七二~四七
五・四七八・五一六・五二四・五二
九・五三四・五三九・五五○・五五
一・五六四~五六七・五六九~五七
二・五七四~五八六 ⑫二二・三三・
三六・三七・九九・一五九・一六○・
一七三・一七四・一八一・一八九・一
九○・一九二・一九五・二○○・二二
一・二二五・二六七・二六八・二七
二・三一七・三一八・三二三~三二
九・三三二・三四三・三四七・三五
四・三五五・三五七~三五九・三六
二・三六三・四一九・四三六・四三
七・五四八 ⑬三○・四三・五一・六
一・六三・七○・七四・七六・八六・
八七・九二・一○一~一○五・一二
二・一二三・三七三・三八○・三八
八・四一一・四一四・四六三~四六五
⑭二八・一六七・一六九・二一九~二
二一・二二六・二三五・二三八・二五
五・二五六・二六○・二八八~二九
二・三○一・三○五・三一三~三一
五・三二二・三六五・三六九・三七
三・三八五・三八七・四○九・四一

○・四一九・四二○ ⑮八・一○~一
二・四二・四三・六四・六九・七○・
九四・九五・九七 ⑯五五・五九・七
○・一一四・一六七・一六九・一七
○・一七二・一七三・三二○・三二
一・三四二・三四四・三七五・四○
八・四一○・四一一・四二三・四二
九・五○六・五四八・五六二 ⑰一九
二・二○○・二○二・二○三・二○
五・二○六・二一四・二一九・二二
二・二二三・二二五~二二八・二三
三・二三五・四八八・四八九・五○
一・五○五・五○八・五一○・五一
二・五一三・五一六・五一八・五一
九・五二一・五二二・五二五・五二
六・五二八~五三○・五三三~五三
七・五三九~五四一・五四三・五四
四・五四六・五四八~五五○・五五
二・五五四・五五五 ⑱三五・三六・
四一・四二・五一・五四・五五・五
七・六三・六五・六七・六八・七○・
七四・七七・八○・八五・八七・八九
~九二・九四・九八・九九・一○一・
一○三・一○四・一一五~一一八・一

二二・一二六・一三○・一三一・一三
三・一三六・一三七・一三九・一四
一・一四二・一五五・一五六・一五
八・一六二~一六四・一六七・一七
○・一七二・一七六・一七七・一八
一・一八三~一八五・一九五・一九
六・二○一・二○二・二一九・二二一
~二二三・二二八・二三三・二三四・
二四四・二四八・二五四・二五六・二
六二~二六四・二七○・二七一・二八
二・二八七・二八八・三○二・三一
一・三一二・三一六~三一八・三二
○・三二五・三二七・三三三・三三
七・三四五・三四七・三五二・三五
三・三六○・三六三・三六四・三七
一・三七二・三七四・三七七・三八○
~三八二・三九三~四二三・四二五~
四三五・四四四~四四七・四七七・四
八二・四八四・四八七・四八八・四九
四・四九五・五○一・五○九・五一
七・五二二・五三九・五四七・五五
一・五五三・五五六・五六四・五七
一・五七七・五八二~五八六・五八九
~五九一 ⑲三・一○・一一・一三~

一六・二五・三〇・三一～三五・三
八・五八～六一・六三～六六・七一～
七八・一二二・二五七～二五九・二六
一・二六四・二六六・二六八・二六
九・二七四～二七六・二七九・二八一
～二八四・二九二・三二七・三三二・
三三六・三四四・三四八・三四九・三
五三・三五四・三五九～三六一・三六
三・三六五～三六七・三七〇・三七
七・三八二～三八六・三九一・三九
三・三九六・三九八・四〇六・四〇九
～四一三・四一五・四一七・四二五・
四二八・四二九・四三九・四五六・四
六九・四七七・四七八・四八二・四九
八～五四八・五五一・五五二・五五五
～五五七・五六〇・五六一・五六五・
五六八～五七〇・五七六・五七七・五
七九～五八一・五八三・五八四・五八
七～五九〇・五九三・五九四　⑳一～
五・一〇・一二・一九・二〇・二五・
二七～二九・三四・三五・三八・四
三・七四・八九・九二・九八～一〇
二・一〇四～一一〇・一一二・一一
四・一一八・一二〇・一二二・一二

三・一二七・一二九・一三二・一三
六・一三九・一四二・一四四・一五
二・一五四・一五五・一五九～一六
一・一六四・一六六・一七一～一七
三・一七七・一七九・一八一・一八
四・一八五・一九一・一九五・一九
六・一九八・二〇二・二一〇・二一
一・二一四・二一七・二二五・二二
七・二三〇～二五三・二五五～二六
七・二六九・二七〇・二七二・二七
四・二七七・二八〇・二九七・三一
四・三一五・三一七・三二七・三三五
～三四〇・三四二～三四九・三五一・
三五五・三六六・三七四・三八一・三
八三・三八五・三八六・三九〇・三九
一・三九三・三九九・四〇一～四〇
三・四〇七・四一二・四一八・四二
二・四二四・四三四・四三五・四三
七・四三九・四四一・四四六・四四八
～四五〇・四五二・四五五・四五八～
四六一・四六四～四六七・四七〇・四
八五・五四一～五四四・五四六～五四
八・五五二・五五三・五六二・五六
六・五七二・五七四　㉑一・二・六〇

～六三・六五～七四・七七・七九・九
〇・一〇一・一一三～一一五・一二四
二・二四三・二四七・二四八・二五
一・二五六～二五八・二六〇～二六
二・二六七・二九〇・二九三・二九
五・三〇七・三〇九・三一三・三一
四・三一九・三二二・三二六・三二
七・三四一・三五二・三五六・三五
八・三五九・三六一・三六三・三七四
～三七六・三七九～三八三・三八七・
三八八・三九三・三九六～四〇一・四
二六・四三一・四三三・四三四・四三
七・四四一・四四七・四五〇・四五
五・四五七～四六三・四六九・四七
八・四七九・四八一・四八三・四八
四・五二八・五二九・五三三・五四
〇・五四四・五四六・五四八・五五
三・五五六・五六〇・五六三・五六
六・五六七・五七二・五七五～五七
七・五八二・五八七・五九〇・五九
一・五九七　㉒三・四・七～九・一七
～二一・二四・二六・三五・四三・四
六・五〇・七一・七五～七七・九八・
一〇一・一〇三・一〇五・一〇六・一

一〇・一一三・一一八・一二二・一二八・一三一・一三四・一三七・一四四〇・一四五・一五〇・一五二・一五四∫一五六・一六二・一七〇・一八七・一九五∫二〇四・二〇七∫二一二・二二〇・二二三・二二五∫二二七・二二九・二三〇・二三二・二三三・二三三七・二三九・二四〇・二四二・二五四・二五五・二五八・二六〇・二六一・二六四・二六五・二六八・二七一・二七三∫二七八・三七五・三九一・三九二・三九九・四〇一・四〇八・四三五・四三七∫四三九・四四二・四四三・四五〇・四五一・四五四・四五七・四六一・四六五・四六七・四六九・四七〇・四七八・四七九・四九一・四九三・五〇一・五〇二・五〇九・五一一・五一三∫五一五・五一八∫五二〇・五二三・五二四・五二六・五二八∫五三一・五三四∫五三六・五四二∫五四七・五五一・五五三・五五六・五五八・五六二∫五六五・五七二・五七八∫五八三 ㉓八・九・一三・二一・二三・二六・三

〇・三三・三四・三九・四一・四六・五〇・五六・六〇・六五・六九・七一∫七三・七七・八一∫八三・九〇∫九二・九六・九八・一六七・三二六・三三〇・三三一・三三五・三四二・三四三・三四五・三四八・三五六∫三五八・三六八・三七〇・三七一・三七五・三七六・三七九・三八一・三八四・三八五・三八九・三九五∫三九七・三九九・四〇〇・四〇四・四一一・四一九・四二〇・四二二∫四二五・四三〇・四三三・四三四・四三九・四四二∫四四六・四五二∫四五四・四六一・四六二・四六七・四七一・四八一・四八三・四八七・四九〇・五〇五・五一〇・五二〇・五二四・五三二・五三三・五三六・五四七・五四八・五五一・五五五・五六三・五六四・五八四・五八六・五八七・五八九・五九二∫五九四・五九九∫六〇二・六〇六・六〇七・六一一・六一三・六一五 ㉔二一・一五・一六・五四∫五六・六四∫六七・七〇・七一・七四・七八・八七∫九〇・九二∫

九五・一〇〇・一〇三∫一〇五・一〇七∫一〇九・一一八・一一九・一二三・一三一・一三四・一三六・一三八∫一四一・一四三・一四五・二〇三∫二〇五・二一一∫二一四・二二三・二二六・二三一・二四三∫二四五・二五九・二六一∫二六六・二七〇・二七一・二七三・二七四・二七六∫二八〇・二八三・二八八・二九〇・二九五∫二九七・三〇六・三一一・三一二・三一四・三二〇・三二五・三二六・三六〇∫三六四・三六六∫三六九・三七一・三七四・三七六・三七八・三七九・三八五・三九二・三九三・四〇三・四〇七・四一〇・四一七・四五一・四五二・四五四・四五七・四六〇∫四六二・四六六・四七二・四七六∫四七八・四八一・四八二・五一七・五四一・五四三・五四四・五四六・五四七・五六三∫五七五・五九一・六〇〇 ㉕一一・一九・四三・五七・五九・六〇・一五七・一五八・一六八・一九五・二三四・二三五・二四七・三四二・三四五

料(粁、料)紙　①三八一　②三五一　③一〇五・一九三・二三九・五六七・六五五　④二七四・三一六・四九九　⑥五〇五　⑦二二六・二九六　⑧三・三一一・三六一　⑨六四〜六七・六九・三五七・三七六・四五二・五一六・五一七・五二六　⑩五二・六五・八三・五五五・五六七・五六八・五七六・六五一・六五四　⑪三・五・四八・九五・三六四・四六四・四七三・五四九・五五六　⑫一九九・二二三・二四三〜二四五　⑬六・二八・六三・七三　⑭一八〇・二一〇・二二五・二七七・三〇六・三〇八　⑮九・四六・八七　⑯三三五・三六三・三六七・四一五　⑲五七七　㉑五〇〇　㉔二四二・二四六・三七四・三八二・四一三・四二〇・四七一・五八六・五九七　㉕一六・二三八・二五六

様料紙　⑫二四三〜二四五

寫(冩、冩、寫、冩)紙　①四四二〜四四五・四四九・四七四〜四八〇・五八二・五八三・五八五・五八六　②二・三・一六二・一六六・一八一・三一二・三四五〜三四七・三六三・三六四・四八三・四九九〜五〇四・五〇七・五〇八・五一〇〜五一四・五一六・五二一・五二四〜五二六・五二八・五二九・五三三・五三四・五三六〜五三八・五四〇〜五四六・五四八・五四九・五五二〜五五四・五六一〜五六三・五六五〜五六八・五七五・六六三・六六五・六六六・六六八・六六九・六八三〜六八八・七一一・七一二・七一五・七一六・七二〇〜七二六　③三四〜三六・四一・四九〜五二・五六・五九〜六三・六六・六七・六九〜七五・七七・七八・八一〜八三・九二〜九四・九七〜九九・一〇九・一一四〜一一六・一一八・一二八・一九七・一九九・二〇二・二〇八・三一五・三一六・四一六〜四一八・四二〇・四二一・四二四・四二五・四六四〜四六六・四七二〜四七四・四七六・四八〇〜四八二・四九七・五一六〜五二〇・五八二・六三二・六三三・六三九　④二三五・二八五・三〇二〜三〇九・四〇一・四〇四・四四一・四四二・四九一・四九二　⑤二六〇・二九一・二九三・二九四・四〇八・四九九〜五〇一・五〇八・五一三〜五一六　⑥二五・二六・五六・五七・六九・七二・八〇・八九・一三九・一七七・二二七・二二八・三一八・四〇六・四八七・五二四・五四五・五五八・五七一・五七四・五七五　⑦三九〜四三・一二一・一二三・一二四・一三一・一六八・一七三・一八四・一九五・一九六・三〇二・三〇五・三一二・三一三・三一九・三三七・三三八　⑧四六・四九・五〇・六二〜六五・八三・一〇三・一〇七〜一一〇・一五一・一五二・一五六〜一五八・一七九・一八一・一八二・二五四・二八一・三五九・三六〇・三六六・四二二・四二七・四三四〜四三七・四四〇・四五六・四六七〜四七四・四七六〜四八一・四八三・四八七・五一六〜五二四・五六七〜五七一・五七三・六〇五　⑨四・六・七・五六〜六三・七七・七九・八一・八三・八八・九四・九五・

九八・一〇二～一〇七・一一六・一四四・一四九・一七一～一七三・一七八～一九一・一九四～一九六・二一七～二一九・二三六・二四二～二四四・二四七・二四八・二五一～二五三・二六一・二六二・二六七・二七四～二七九・二八四・二八五・二九二・二九三・二九六・二九七・三〇六～三〇九・三一一・三一二・三二〇・三二一・三三二・三五一・三五九・三六〇・三八一・四〇一・四〇四～四〇六・四〇八・四〇九・四一三～四一五・四一八・四一九・四二一・四二三・四二四・四三〇・四三一・四三三～四三六・四四五・四四六・四四九・四五〇・四五四・四五五・四五七・四六〇・四六四・四六五・四八六・五四九・五六二・五七〇・五七六・五七八・五八〇・五九三・五九五・五九七・六二九～六三一・六三五 ⑩五・六・一四・一七～二〇・三七・四〇～四二・五〇・五一・八三・一四四・一四五・一四七・一五五・一五六・一六〇・一六一・一七一・一七二・二〇〇・二〇四・二〇七・二一九・二三六・二四三・二四四・二五一・二五六・二五九・二六二・二六四・二八七～二八九・三〇六・三一〇・三三五・三三六・三三八・三三九・三四一～三五一・三五三・三五四・三六五～三六八・三七九・三八〇・三八五・三九三・三九六・三九九・四〇四・四〇五・四一八・四三八・四三九・四四九・四五〇・四五四・四五五・五四一・五四五～五四九・五九〇・五九一・五九四～五九六・五九九・六〇〇・六〇三～六〇七・六一〇～六一二・六一五・六一七・六三二・六三三・六三六・六四一 ⑪二八〇～二八三・二八五・二八六・二八九～二九二・二九五～二九八・三二五～三二七・三六二・三六三・三六八・三六九・三七二・三七三・三七五・三七七・三七八・三八〇～三八四・四四一～四四五・四五五・四七九～四八一・四八五・五三〇・五三二・五三六・五四一 ⑫七・三〇・三一・三四・三五・三八・一九九・二六九・二七〇・二七三・二七五・二七六・三四四・三四八・三四九・四三五・五六四・五六五 ⑬四三・五二・五四・七二・八九・九四・一一四・一二一・一三六・三七五・三七七・四〇四・四〇五・四〇七・四七八・四八六・四八七 ⑭二九～四二・一八五～一八七・二一〇・二一七～二三二・二六〇・二八〇・二九三・二九四・二九七・三〇二・三七一・三七三・三八八・四一〇 ⑮八・一二～一四・四〇・六五・七〇・七一・八一・八三・九二～九六・一〇四～一一六・二三五 ⑯一～四・六〇・六二・六四・一一五・一一六・一一七二・三二〇・三二一・三四二・三四七・三四九・四二四・四二六・五〇七～五一〇 ⑰一～四・二五〇・四九一～五〇七・五〇九～五一五・五一七・五二〇～五二八・五三〇・五三二・五三三・五三八～五四一・五四四～五五一・五五三 ⑱四・五五・八〇・一一四～一三〇・一三二～一五三・一五五～一六四・一六六～一九四・一九六～二〇六・二一九・二五八～二九三・二

九五～三〇六・三〇八～三一九・三二
三・三二八・三四一・四九九・五四九
～五六六・五六八～五七〇・五七七・
五八三・五八四・五八七・五八八 ⑲
一～九・一二～一四・一六～一八・二
〇～三六・三二五～三三五・三三七～
三四六・三五三・三五五～三七〇・三
七二～三七六・三七八～三九七・三九
九～四一四・四一六・四一七・四一九
～四九七・五六二・五六四・五六六
⑳三〇・八六・一四二・一六三・一七
八～二二一・二二七～二三〇・二三
二・二三三・二三五～二三七・二三九
～二四四・二五四・二五八・二六一～
二六四・二七七～二七九・二八一～二
九九・三〇一・三〇三～三〇七・三三
七～三三九・三四二～三四五・三四
八・三八三・四〇七・四三四・四六八
～五〇〇 ㉑二四一～二六七・二八六
～三二五・三四五・三八二・三九一・
三九六・三九九・四〇三・四一九～四
三二・四三四～四八四・五二六・五三
〇～五六六・五六八～五九七 ㉒二
八・四一・四六・六〇～一二七・一二
九～一七八・一九六・二〇七・二一
六・二一七・二一九～二七七・三八
〇・三八二～三九七・三九九～四一
三・四三八・四七三～五二九・五三一
～五五五・五五七～五八二・五八四・
五九〇 ㉓一・二・四～五〇・八五・
一〇一・一〇五・一〇六・三三二～三
四五・三七七・三七八・四一〇・四二
二・四二七・四三〇～四六一・四六三
～四七六・四七八～四八六・四八八～
五一四・五四一・五八五・六一五 ㉔
一一～一三・六四～七三・八九・九
〇・一一七・一五一・二一〇・二二
四・二三六・二三八・二四〇・二四
一・二四六・二七八・二八四～二八
六・三〇六・三〇七・三一〇・三六
〇・三七六・三七七・三八五～三八
七・四一一・四五一・四六二・四六
五・四六六・四九〇・四九六・四九
九・五〇三・五〇五・五一八・五一
九・五二一・五二四・五八九 ㉕一六
八・二三一・三四六

寫奉紙 ㉒一一九

経(經・経)紙 ①五五六 ②五二九 ③七
五・七六・二一六～二三〇・四六三・
五〇五・六一〇・六二〇・六二一・六
三五 ④一・二八〇・三一五・四〇〇
⑤二九〇・三三・三二六・三八九・
三九〇・四〇三 ⑥二五・三四・九
五・二五〇・二九九・三〇〇・三二
〇・三七一・四八二 ⑦一七九・四七
七・五五七 ⑧一一一・三七七・五七
八 ⑨二・七・二四九・三一七・三五
二 ⑩七～九・一四〇・二一一・二一
二・二一四・二二三・二二四・二二
六・四三七・四三八・六三七・六四
九・六五〇・六五一 ⑪一五八・一七
三・一八三・二三〇・二三二・三一
八・三二四・三三〇・三三一・三八
七・四二一・五一八・五二五・五二
六・五二八・五三三・五三六・五四二
⑫一七三・二二一・二六八・二七二・
三〇〇・三〇二・三〇三・三〇五・三
〇七・三〇九・三四七・三五一・三九
六・三九八・四〇一・四〇二・四〇
四・四〇六・四〇八・四〇九・四二
二・四二三 ⑬六・五一・六一・八

六・八七・九二・一六六・一六八・二二二・二四四・二五九・二六一・三一八・三三三・三六二・三六三・三六五・三六七・三七三・三八〇・四三六 ⑭二一・一九六・二八二・二九三・三〇一・三〇五・三一一・三六五・三六六・三七五・三七九・三八〇・四一〇 ⑮一〇・六四・六七・三七五 ⑯五九・七〇・九八・一〇一・一〇三・一一四・一二二・一二六・一二八・一三八・三七五・四〇八・四一〇・四二三・五〇六・五一五 ⑰一八六・一九三・一九四・四八七・四八八 ⑱一一・二七 ⑲一四五 ⑳二二六・三二八 ㉑四八八・四九五・五〇一 ㉒三九五 ㉔二九・三三〇・三八八・四一九・五二六 ㉕一一・一九・六二・六三・二〇九・二三九・三四五・三四七
頡(願)文紙 ⑥三一九 ⑲五八四・五八九・五九〇・五九五
結願紙 ②二九二
庶(麁)紙 ②三六二・三六三・五二六 ④四九一・四九二 ⑥六六・一三九・二二八・三一八 ⑧五一五・五一六 ⑨二一九 ⑬七一・七二 ⑭二六〇 ⑮一三・一四・九一・九二・一〇五 ㉔二八三・二八四
白麁紙 ⑨二七一
廣注紙 ⑥一三九
庶注紙 ⑥一三九
注紙 ④四九一・四九二 ⑧七八 ⑩六四三 ⑮一二・一三・九二・一〇五 ⑰一九四 ⑳一一七・一二六・二七六 ㉓五〇二
(常・間)疏紙 ②三六二・三六三 ③四九八・五六五・五七一 ⑧一五五・五一五・五一六・六一五 ⑨四九・五〇・一五一・二三二・二七一・三一八・三四六・四三七・五九四 ⑩四五二・四五三・五五五・五五七・五五九・六二二〜六二四・六五一 ⑪九九・一〇〇・一八一・一八三・一八五・一八七・一八九・二二八・二二九・三〇六・三一六・三一九・三二一・四四〇・五〇六・五一〇・五一三・五一四・五一八・五四二 ⑫三七・一二一・一二二・三〇二・三〇三・三〇七・三〇九・三九六・三九八・四〇六・四〇九 ⑬一六八 ㉔二八三・二八四・三二二
表紙 ①三八二・三八三 ②八・二五六・四五四・四八二・四九四・五四七・五五九・五六一・六七八・六七九 ③五八・七六・九一・一〇二・一一八・一二七・一三〇・一三七・一九三・一九五・一九九・二二〇・三一四・三一九・三三六・四一六・四一九・四二三・四六三・四七二・四七六・四八〇・四八五・四八六・五〇八・五一六・五九四・五九七・六〇〇〜六〇二・六〇七〜六〇九・六一二・六一四・六一五・六三一 ④四〇〇・四一一 ⑤二九三・三八九・三九八・四〇三・四一一・四五七・四九七〜四九九・五〇一・五〇三 ⑥三二 ⑦九一・一〇六・一二六・一五八・一五九・一六六・一六八・一七一・一八五・一八八・二三三・二六五・五一六

[8]一八九・一九一・一九六 [9]二二・
六六〜六八・一三四・一三七・一七
六・一九一・二〇八・二五〇・二六
二・三六八・三七一〜三八〇・五一九
〜五二二・五二四〜五二八・五三二〜
五三四・五三六・五八一・五八二・六
〇九・六一一・六二四 [10]八五・一〇
五・一二〇〜一二二・一二五〜一三
〇・二〇九〜二一一・二一三・二二一
五・二二八・二六三・二六四・二六
九・三〇五・三一四・四三七・四四
六・四四七・四五七・四八四・五五
七・五五九・五八九・五九三・五九
四・五九八・六〇三・六〇五・六一
〇・六二五・六三一・六三六・六三
七・六五〇・六五七・六五八・六六一
[11]三・四・四六・六八・七〇・七三・
八五・八七・九四・一五五・一五八・
一六〇〜一六二・一六六・一七三・一
七八・一八〇〜一八三・一八六・一八
七・一八九・一九〇・二二三・二四
二・二七八・二七九・二八八・三二
四・三三〇・三三四・三三五・三六
二・三六四〜三六七・三七二・三七
四・三七七・四二一・四二七・四四
〇・四七六・四七九・四九五・四九
六・四九八・五二一・五四四・五四九
[12]六・二一・三三・三八・一六六〜一
七〇・一九九・二〇一・二二一・二二
二・二二四・二二五・二六八・二七
三・二七五・二九一・三一五・三一
六・三二三・三三三・三三六・三三八
〜三四〇・三四二・三四三・三四七・
三五四・三五五・三五七〜三五九・三
六二・四一一・四一三・四一七・四二
二 [13]五・一六・二五・二七〜三一・
三三・三四・四三・四七・五一・五
四・六一・七一・八六・二二一・二二
三・二四二・二五八・二七一・二八
二・三六二・三七四・三八一 [14]二二
二・二七七・二九三・三〇一・三一
一・三一七・三三二・三六九・三七
三・三七四・四〇九 [15]五八・六四・
八七 [16]五一・五四・一一四・一三
八・三三九・三四六・三七五・四〇
八・四一〇・四一一・四二三・五〇
六・五五九・五六二 [17]一五五・一五
六・一八〇・一八六 [18]四五七 [19]一
二三・五八一・五八三・五八五・五八
八 [20]二二六・三二八 [21]五一四・五
二一 [23]三二〇 [24]七八・二八二・三
八五・四〇三・四八七・五九一・五九
五 [25]七・四三・四四・一六八・二〇
九・三四二・三四五・三四六

表 [4]六四

无表 [3]六五四 [11]三五四 [17]九一 [24]五
七四

无標 [17]一〇三・一〇四

無表 [17]一〇六・一〇九

無標 [17]一〇八

標紙 [1]三八二 [4]三〇二・四九〇・四九
九 [7]二六・一一六・二〇五・二一
一・二五九・二六九 [8]一六四 [13]八
八・九三 [14]二八・一九七・二二六・
二三五・二三九・二四一・二五〇・三
六六・三八五・三八九・四四〇 [15]一
一・四六・六四・六五・六七・一〇
二・一〇五 [18]四八三 [19]五七六・五
七七・五七九・五八〇・五八四・五八
六・五八七・五八九・五九一・五九
三・五九四 [22]五七 [24]九三・二七六
[25]三〇一・三四一

標料紙 ⑭三七四(竹)・四四〇 ⑮一〇 ㉔二七二
標紙 ⑥二五四・三八八・四六〇・五〇五 ⑲二四七・三二一 ㉑四八八 ㉕三二
慓紙 ⑤二九〇 ⑯六〇
摽紙 ⑯一七二
標織紙 ⑨二〇七
俵紙 ⑭二五六・三一八
白表紙 ⑬四
白紙及表 ③六二二・六五三・六五四 ⑦二〇七・二一三〜二一五・二二〇 ⑧一九一 ⑪三五九・三六〇・五〇三 ⑫四九八 ⑰一〇六・一二八 ㉔五一一〜五一五
白紙及表紙 ⑫二九一
白色及標 ⑦六・七・二〇・二三
白紙及標 ⑰一〇三
白紙及摽 ⑰一〇七
白紙表 ⑰一〇七
白紙摽 ⑰一〇七
白表 ⑪五〇三
白標 ⑦一九・二〇
白麻紙及表 ⑦一九八・二〇七・二一二
染表紙 ④四〇二 ⑤二九三・四〇五 ⑩三〇八・六四五 ⑫二七五 ⑬五四・二四二・三七五 ⑭二九四 ⑯六三・三四二・五〇九
黄紙及表 ③五七五・六二二〜六二三・六二六・六三〇・六四二・六四七・六五〇・六五二・六五三 ④三二・三七・三八・六四〜六六・七四・八六・八七・九四〜九八・一〇〇 ⑤三〇八・四三三〜四三五・四四三・四五九・六九六 ⑦二三二〜二四・一九八〜二二〇 ⑧一九〇・一九三 ⑨三六六・六〇一・六〇二・六〇四・六〇七〜六一四・六一六 ⑩二八〇・二八一 ⑪三五三・三五四・四一九・五〇三・五五六 ⑫三九・四〇・二八七〜二九〇・二九二・三八九〜三九一・四二五・四二七・四三二〜四三四・四七一・四七三 ⑬三九・六二・六三・一一五・一四三・一四四・一五五・一七三・一七四・一七六・一七七・一八〇・一九五・一九七・二〇八〜二二一 ⑯三七六・三八三・四一五・四三三・四三五・四三六・四三八・四四〇〜四四二・四四四・四四五・四四八・四五一・四五二・四五四・四五六・四五九・四六〇・四六五・四六六・四六八〜四七二 ⑰八〇・八七・一〇九〜一一一・一二五〜一二八・一四三 ⑱四六二 ㉓一八四 ㉔一九一・二七六 ㉕一七九・一九二・三四七
黄紙及標 ④一四・二九〇・三二二 ⑦一九・二〇 ⑭二四六 ⑮八 ⑯四六七・五五三
黄紙同表 ④八五 ㉕一七八
黄紙表 ③一九一 ⑩五五三 ⑪六 ⑯四四七
黄染表紙 ⑪三三一
黄表紙 ③三一 ⑨二七二・三四五・三四七・六一一 ⑪六・四六・二四〇・三三〇 ⑫二二五・三六〇〜三六二 ⑬二六一・二六四・二八二・三六九・三七一 ⑯四四五 ㉔三二九
黄紙同標 ⑭一八三・一八四
黄紙標 ⑰一〇八
黄表 ③一六二一・一九二一・六三一・六四二・六四三・六四六・六四九・六五一〜六五四 ④八五・八七・九三・二八六 ⑤四三五・四五六・六六〇 ⑦二

〇二・二〇四・二〇六～二〇九・二一一
一・二一三・二一九 [8]一九〇・四五
八 [9]三六六・六〇四～六〇八・六一
一 [11]一一・一二・一二六〇・五〇三
[12]二八九・三八八・三九一・四二七・
四三三 [13]一九三・一九五・二八二・
四八三 [16]三七四・四一八・四二八・
四三六・四四六・四五〇・四五一・四
五五 [17]二一・八一・八六～八八・九
六・九八・一〇五～一〇七・一二六～
一二八・一四三・一四四 [18]四六一
[24]五一五・五一六
黄標 [4]一四・三五・二九〇・三一三 [7]
六～八・二二・二五・二六 [14]一八
三・一八四・二五七・二五八・四〇〇
黄漂 [13]四八五
黑黄標 [4]一四
色黄同標 [7]七・八
黄色標 [7]六
黄色及標 [7]六
黄麻紙及表 [8]一九〇 [9]六〇五 [16]四三
九
黄麻紙并表 [8]一九〇
黄麻紙表 [3]四一四 [13]四七七

黄麻紙及標 [7]二一・二三・二四
薄墨斑表紙 [8]一九一
朽布黄色及標 [7]七
比佐木紙及標 [7]二一
橡表 [7]二〇〇・二〇一・二〇五・二〇
六・二〇八・二〇九・二一七 [9]三六
六・六〇三 [11]一七六
橡表紙 [3]三一 [11]七・三三一
橡麻紙及表 [7]二〇〇
呉桃表 [7]二〇一・二〇五・二〇七・二一
〇・二一八
呉桃紙及表 [7]二〇五・二一〇・二一六
胡桃紙及標 [7]一九・二三
淺縹表 [12]二九〇
縹表 [3]六二二・六二三 [4]三一 [5]四三
五・四五一 [16]四二〇・四二一
縹標 [14]一八三
縹表紙 [11]一六〇
縹紙及標 [7]二二
標（縹ヵ）紙及表 [7]二〇五・二〇六・二一〇
八
標（縹ヵ）表 [7]二〇〇
青標紙 [16]五五五
青標 [14]四〇〇

紺表 [7]二一・二一六
淺緑表 [3]六二二・六二三
緑表 [7]一九九
緑標 [7]二五
紅紙及標 [7]二二
紅表紙 [9]三四七
赤表 [24]五一〇
紫紙及表 [5]六七七
紫表 [7]二〇〇・二二一 [9]六〇五・六一
二 [13]三二
紫紙標 [4]二四・二〇一 ㉕一〇一
滅紫表 [7]二二〇
滅紫紙標 [4]二四・二〇〇 ㉕一〇一
銀塵縹紙及表 [4]二七・二八・三四八 [13]
一〇〇
色紙及表 [5]六七七 [7]二〇二・二〇六・
二一〇・二一二・二一三・二一六
色紙色標 [7]六
色紙同標 [7]六
唐色紙及標 [7]二一
繪表紙 [13]八
濫色表紙ヵ表紙白紙ヵ [8]一九一
穀紙及標 [7]二二
檀紙及表 [5]四三五

若紙同表 ④九九
（標紙竹、「一三 工芸材料・技法」㈢木・竹・葛工など項竹参照）
（以下、便宜上、織物による褾の類例を掲示する）
白綾表 ⑦二一六
褾綾表 ④六六
褾綾絁表 ⑬一四四
紺綾褾 ④一二四～一二六（羲之書法）・二○一・二○二・二○四・二○五 ㉕一○
綺（紺ヵ）綾褾 ④一二五
赤紫綾表黒縁（緑ヵ）綾裏 ⑫三九
紫羅表 ⑦一九八・二○一・二○七・二○八・二一六・二一七 ⑪三五四
紫羅褾 ④一二三（雑集）・一二四・二○○・二○一 ⑦七・八 ㉕一○一
紫羅裏淺緑羅表 ⑨六一○
黒紫羅表深緑綾裏 ⑫四七三 ⑬一八○ ㉕一九二
緑羅表 ⑦二一一
羅褾 ⑦六
白羅褾 ⑦二一五

錦表 ⑨六一五
碧地錦褾 ④一二六・二○二
紫紺錦表 ⑦二一六
褾絹外淺紫錦表 ⑫二八八
校紙 ②一・三・一六五・一七五・二九六・三○三・三四五・三四七・三六二・三六四・三八四～三八七・四五三・四八二・四八六・四九九・五○二・五○九・五一五・五一八・五二一・五三二・五三五・五三九・五四一・五四三・五四六・五四七・五五○・五六一・五六三・五六五・五六八・五七六・六七七・六七九・六八○・六八五・六八八・七二六・七二七・七二九 ③六五・六七・六八・七○・七三・七五・九一・九五・九九・一○○・一一八・一二一・一二八・一三○～一三三・一三七・一四一・二○二・二○六・二○八・二一一・二二一三・二五五・二五六・二六四・二六九・二七○・二七四・二七八・二七九・二八一～二八三・三一四・三一六・三一七・三三六・三四一・三四二・四一六・四一八・四一九・四二二・四二三・四六四・四六六・四七八・四九六・五○六・五一六・五二○・五八二・六三二・六三三・六三八・六三九 ④二三五・二三六・三○一・三一○・四○四・四四一・四四二・四九○・四九二 ⑤二九一・二九五・四○八・五○一・五○三・五○八 ⑥八○・二二八・三一八・三一九・三七○・四八七・四九五・四九六・五二四・五三三・五三四・五四四・五四五・五五四・五五五・五五七・五五八・五六五・五六七 ⑦一○○・一五九～一六三・一八五・二二八・二三二・二三七・二三九・三八四・三九一・三九二・三九五・四七三・四八一～四八三・五二三・五二八・五二九・五五七～五六○・五七八 ⑧六三・六五・六六・一○六・一一○・一五二・一五八・一五九・二○四・二○五・二一一・二二四・二二七・二三九・二三○・二四○～二四五・二八六・二八九・二九○・三一四・三一七・三一

八・三二〇・三二一・三五一・三五三・三五四・三七四・三七五・三七九・三八〇・四四一・五一五・五一九・五二〇・五二四・五五七・五六七〜五七三・五九八・六一四・六一五⑨一三四・一三七・一三八・一七一・一七三・一七四・一九六・二〇四・二三七・二三九・二四二・二四四・二四六・二四八・二五〇・二五三・二五四・二九四・二九五・二九七・二九八・三一四〜三一六・三二一・三五九・三六一・三六二・三九八・四一三・四一五〜四一七・四二〇・五〇九〜五一一・五三七・五八七・六〇九・六一八・六一九・六三三⑩二二〇・二二一・二六三・二八九・二九〇・三〇六・三一〇・三三七・三三八・三四八・三五一・三五二・三六七・四三九・四四〇・四五三・四五五・四五七・四八七〜四八九・四九一〜四九三・四九五・四九六・五〇九・五一一・五一八・五二九〜五三一・五三七・五四一・五八九・五九〇・五九二・五九四・五九六・五九八・六〇

〇・六〇一・六〇三・六〇五・六〇八・六一〇・六一二・六一三・六一五・六三一・六三三・六三六⑪一八・七〇・七一・二四二・二四八・二四九・二八三〜二八八・二九三・二九五・二九九・三二六・三二八・三三八・三四三・三四四・三六二・三六三・三六七・三六九・三七〇・三七二・三七四〜三七六・三七八・四三六・四三七・四四〇・四四一・四四五・四四六・四五五〜四五七・四七六・四七八・四七九・四八一・四八六・五一六・五一九・五二四・五三〇・五三一・五三五・五三六・五四〇・五四一・五四五・五四六・五六五⑫二二・二七・二八・三〇・三一・三三〜三七・一八二・一九二・二七〇・二七三・二七六・三四八・三四九・五六四⑬四三・四四・五二・五五・七二・一一三・一一四・二二一・二二三・三三六・三七七⑭二八・四二・四三・二二六・二三三・二三五・二三六・二九八・三一五・三七一・三七三・三八五・三八八・四〇九・四一〇

⑮一一〜一四・六五・八二・九一・九二・九四〜九七・一〇四・一〇五・一一六〜一一八⑯二一・六〇・六四・一一六・一七二・一七四・三二一・三二二・三四七・三四九・四二六・五〇七・五一〇・五六二⑰二⑱四〇二・四二八・四三三・五七一・五七二・五七八・五八〇・五八二・五八八⑲五五・五四四㉑五二六㉒一九五・一九六・二〇五・二〇七㉓一・二㉔九九・一〇一・一三五・一三九・一四〇・一四四・二三七・二四〇・二四一・二四五・二八三・二八六・二八七・三七二・三七三・三七六・三八七・四〇三・四五四〜四五六・四七八・五二一・五二二・五二九・五八九・五九二㉕一六八

瑩紙　②五四七・五五〇③一二八・五〇五⑨二九五・二九八⑪五一九

装潢紙　②一・三六二・四八二・四九九・五〇九・五一五・五四〇・五四三・五四七・五六一・五六五・六七九・六八

造紙　①五五三・五八三　②三・一六五・一六七・二八五・三〇八・三六三・三八四・三八六・四五二・四八一・四八五・四八六・五一八・五二二・五二四・五三五・五三九・五四二・五四六・五六四・五六八・五七五・六八〇・六八八・七二七・七二八　③六八・七三・七五・九五・九六・一〇〇・一〇一・一〇三・一二一・一二二・一二八・一三二・一四一・一四二・二〇六・二一三・二五六・二五七・二六二・二六三・二七〇・二七九・二八〇・三一七・三四三・四一八・四二二・四二五・四六四・四六六・四七五・四八〇・四八二・四八三・四九八・五一六・五二一・六三二・六三四・六三九　④二三五・三一一　⑦一二二・一二三・一二四・一四五・一五八・一六八・一九七・三九九・四〇〇・四七三・四八〇・五一二・五四一・五四二・五九八　⑧一八・三九・六三・六五・一一〇・一四六・一五二・一五八・二三五・三五一・三五三・三七四・五一九・五二三・五五六・五五七・五五九・五七〇・六一四　⑨一三六・一三八・一七七・一九四・一九六・二四四・二四六・二四八・二五四・二九四・三一七・三二一・三六一・三九八・四一六・四二〇・四四五・四八六・五一一　⑩二二五・二二六・二六八・二九〇・二九一・三四一・三四七・三六五・四四七・四五五・四五六・五四一・五九二・五九六・六〇一・六〇三・六〇五・六〇八・六一二・六二三・六二四・六三四・六六〇・六六一　⑪二四九・二五〇・二七九・二八四・二八七・二九四・二九九・三〇〇・三二六・三二八・三三二〜三三四・三三六・三三七・三四四・三六三・三七六・三七九・四三八・四四一・四四六・四四七・四六七・四七九・四八一・五三一・五三二・五三六・五四二　⑫二八・二九・三四・三八・一八二・二六九・二七〇・二七六・三四四・三四八・三四九・五六四・五六五　⑬四三・四四・五二・五五・七二・一一四・二二一・三三六・三七七　⑭四四・四五・一八七・二二六・二三四・二三六・三一三・三二六・三二七　⑮六七・九二・九三　⑯一一六・一七二・一七四・三四七　⑰一八七　⑱九四・五八八　㉔六三・六五・六六・一二五・二八六・二八七・三八七・五九二　㉕六七・一六八

造作紙　⑯三七一

書造紙　②四八一　⑧五六七・五六八

書作紙　⑧三〇九

書作(紙)　⑧五七二・五八九

紙造　⑨二四九

造用紙　⑩四四七・六二四

凡紙　②二六・三四三・四九四　③二〜四・七・八・四一・一九三・一九五・一九六・一九九・二一七〜二二〇・四六三・四八四・四八五・五〇八・五九五・六〇一・六〇二・六〇六・六〇七・六〇九〜六一一・六一四　④四〇〇　⑤五九・八七・八八・九〇・九五・九六・一二四・一三四・一五九・二九〇・三一九・三三〇・三七一・三八九・三九〇・三九六・四〇四　⑥二

一・二三・二五・二六・三二～四一・七八・九五・二〇〇・二四九・二五〇・二九九・三二〇・三二五・三七五・三九二・三九九・四七九・五〇一⑧一七三～一七六・三五八・四七四・四七八・五七九 ⑨二・八・六九・二七二・二七三・三七八・四五〇・四五一・五二五・五三一・五三三～五三五・五八一・六二四・六三三 ⑩七～一〇・二二一・八二～八五・八八・一〇九・一二七・二六三・二六七・二六九・二七一・三〇八・三一四・四三七・五四五・五五〇・六四六・六四八～六五〇・六五九 ⑪三九・九四・九六・一五六・一五七・一六〇～一六二・一六五～一六七・一八一～一八三・一八五・一八六・一八九・一九〇・二三六・二五五・二七七・二七九・二八〇・三一四・三六五・三八七・三八八・四二一・四六七・四七一・四九七・四九八・五二一・五二八・五三三・五三八 ⑫一七一・二二一・二二二・二六八・二七三・三三三・三三九・三四一・三四七・四二一

⑬三・六・一〇・一二・一四・五一・六一・八六・八七・二二三・二五九・二六二・二六五～二七一・三三三・三三四・三三八・三四四・三四八・三六四・三六六・三六八・三七一・三七四・三八一・三八六・四九一 ⑭二・二一・四七・二四三・二九三・三〇一・三〇五・三〇六・三三七・三四三・三六六・三七九・三八〇・三八七・四二〇 ⑮六四・一五七・四六四 ⑯二〇・二一・二三・六〇・七〇・九四・一一四・一二一・一三三・一三五・一三七～一三九・三〇一・三三五・三三七・三四五・三五三・三七六・四〇八・四一一・四一三・四二三・四七七・五〇六・五一五 ⑰一七三・一九四・四八八 ⑱一一・二七・四四九～四五七・五七四・五七六 ⑲一二〇・一三一・一三二・一四五～一五〇 ⑳二二六・三二〇・三二一・三二三・三二四・三二八 ㉑四八六 ㉔二三四・二四一・四八〇・四八五・五四一・五九七・五九八 ㉕二〇九・三四一・三四二・三四五

黄染凡紙 ③四一四
繼(継)紙 ①三八一 ②五〇二・五三九・七三一 ③四八九 ⑤二九〇・三八九・四〇四 ⑥一四九・一八五・二三七 ⑦九九・一〇四・一五八・一五九 ⑧二三五・三五一・四六〇・五七二 ⑨五〇・一七四・一九三・五八二 ⑩八三・一三七・二二一・二二四・二二五・二二八・二三三・四四七・六二三・六五八・六五九 ⑪四・九四 ⑫二七七 ⑬五六 ⑭三一〇・三一二・三一六・三一七 ⑯一六・六〇・一三七・一三八・四二三・五〇六 ⑰一七八・一七九・一八一～一八六・一八八・一九〇・一九一・一九五・一九七 ⑱一一三 ⑲五七七・五七九・五八一～五八三・五八五～五八八・五九一～五九三 ⑳三二六・三一七 ㉔二八七・五八八・五八九 ㉕二四三
繼 ⑨五〇・五〇七
繼料 ⑥三〇〇 ⑰一五八・一五九
奥繼料 ⑫三三九
継(紙) ②五二九～五三一

繼上紙 ⑩二三四 ⑪九七
繼荒紙 ⑱一〇八 ⑲五八九・五九五 ㉔三二二
繼經紙 ⑱一一・二七
繼紙料 ⑫二七七
紙繼 ⑨五〇
經紙継料 ⑥三七一
紙継并畫作料 ⑥三二六・三七六・三九三
經紙継并畫作料 ⑥四八二
継紙并作書料 ⑥二三七
端紙 ⑦二七〇 ⑧一六三・四六〇
端繼(継)(紙) ①三八一 ⑦二六五・二六八 ⑨二 ⑩六五八 ⑪二五五 ⑬二五八 ㉔二九
端續分紙 ①三八一
端繼(継)料(紙) ②七三一 ⑥七八 ⑨一九三
端繼纒紙 ⑨六二四
端繼(継)裹紙 ③二七二・六〇九 ⑨二
端切紙 ⑦一五八
端繼(継)料 ②七三一 ⑨一九三・四五〇・四五一 ⑩八三 ⑬二五八・三七四・三八一 ⑭一九・二三・二四・四七・二五六・二九三・三六六 ⑯二三・六〇・一一四・五〇六 ⑱四四九・四五〇・四五五・四五六 ⑲一三二・一四五・一四七・一四九 ⑳三二四 ㉔九三・四八五 ㉕三四六
端料 ⑭三〇一 ⑯四〇八
端繼 ⑰一九四 ⑱四五二 ㉔五八四
端繼并雜用料 ⑬四九一 ㉑四八六
端繼并裹紙敷 ⑳二二六
端繼并裹紙下纒等料 ⑯三四五
端繼并式下纒裹紙等料 ⑭三八〇
調紙 ⑦二五六・二五九・二六七 ⑧一一三・一六三 ⑬八八・九三 ㉔九三
打紙 ②五〇五・五二六・五三九・五六八 ③一九四・四六五・四九九・五〇六 ④四〇一 ⑤七一・二九〇・四〇四 ⑥一〇六・一四二・一五九・一六〇・一八〇・一九七・二二一・二三一・二四六・三〇七・三二八・三七三・三七七・三七八・四〇二・四〇九・四一五・四二一・四六二・四七三・四八四 ⑦二二六 ⑧五六七・五六八 ⑨五〇・五一・一九七・二一五・二二六・二四九・三一七・三四五・四三七・四四五・五〇七・五八二 ⑩二二〇・二一二・二一三・二二二〜二二五・二二八・二三四・四四七・六二三〜六二五・六五五・六五六 ⑪四六・一八二・一八六・二二八・二二九・三三二・三三三・五二〇・五二八・五三三・五三七 ⑫二二一・二六八・二七三・三四七 ⑬五一・六一・三七四 ⑭二九三・三〇一・三一〇・三一八 ⑮六四・一四四 ⑯六〇・一一四・三四四・四二四・五〇六 ⑰四・一八一・一八二・一八七・一八八・一九〇・一九二・一九四・一九六 ⑱二一・一〇八 ⑲五七五・五七八・五八二・五八五・五八六 ⑳一〇二 ㉑四九〇〜四九二・四九六・五〇三・五一〇・五一六・五二三 ㉔二八七・三二二・三三〇・五八九・五九三 ㉕六七・二三八・二四三・三四六
打平紙 ㉕一六
平紙 ⑲五七五・五七八・五八二・五八四・五八七
打上紙 ③一九四 ⑩五八・六二・六四・二三四 ⑪一八九 ⑰一七六・一七

七・一八〇・一八五・一八八・一九七 ⑲五九四 ㉒二一四 ㉔五八七
平上紙 ⑲五九四
白打紙 ⑨二一五・二一六・三四五
紙打 ④四〇六 ⑤二九八・三〇〇・四一一・四一二 ⑥三二九 ⑩五五・五四二 ⑪一七〇 ⑬二二一 ⑭一七・三〇〇・三一一・四〇七・四一八 ⑮二四二 ⑯三〇・三一・三三〜四六・四八・五一三 ⑰一八八 ㉑五〇九 ㉔六一〇
打継帋 ⑮三七六 ⑯一二〇（継打）
相替欲打 ②七三二
界(堺)紙 ②五六八 ③四六五 ⑤二九三 ⑦一五八 ⑧二三五・三五一・五六七・五六八・五七二 ⑨五一・一五二・四四五 ⑩四四七 ⑪三二五・三二七・三三二・三三三 ⑫七・二七五 ⑮六五・八三 ⑯六二・一一五・三四二・五〇九 ⑰一七九・一八一・一八五・一八六・一八八・一九〇・一九四・一九六 ⑲二四四・五七五・五七六・五七八・五七九・五八二・五八五〜五八七・五九二 ㉔五九八 ㉕三四六
引界紙 ⑩二一〇・二二二・二二六・二二八
界引紙 ⑩六六〇 ⑭二三二・三一〇・三一二
堺打紙 ⑱二〇七
界上紙 ⑯三六六 ⑰一七八
継打界上紙 ⑪九七・九九
注喫(界ヵ)紙 ⑧一七七
裹紙 ②四九三 ③二〜四・七・八・一九三・一九四・二〇〇・二一七〜二二〇・二七二・四六三・六〇九 ④四〇一 ⑤二九〇・三八九 ⑥二三一・二六〜三〇・三五・三九・二三二 ⑦二六八 ⑨二一・八・六八・六九・二七一・二七二・四五一 ⑩七〜九・六一・二七一・三〇五・三一四・四三八・六四九・六五八 ⑪三・三二五・三八七・三八八・四九八 ⑫二二一・二三一・二六八・二七三・三四七・四二三 ⑬一四・一六・五一・六一・八六・八七・三七四 ⑭二四・二五一・二五六・二九三・三〇二・三〇五・三八〇・三八七・四二〇 ⑮六四 ⑯六四・五〇六 ⑰一五六 ⑱四四九・四五二・四五六 ⑳二二六 ㉔四八五 ㉕二六七・三四六
式紙 ③一〇五・二五八 ⑨一八七 ⑪四六五 ⑬一六 ⑭二五六 ㉔六〇一
敷紙 ②三四三・四五四・六六三 ③四・三〇・三一・一〇五・一四四〜一四六・一七七・一八五・一八六・二〇〇・二一八・二五八・四六三・五〇八・六〇九 ④四〇一 ⑥二三・二五・二八・三三 ⑦二六・二二九・二三三・二五九・二六四・二六五・二六八 ⑧二一六・二三二・二八五・四五六 ⑨一八二・四五一 ⑩六五〜七四・一二〇・一七五・一八四・二六三・三一五・三八四・三八五・三八八・三八九・三九一・四〇一・四〇二・四〇七・四〇九・四一二・四一三・六四九 ⑪四九八 ⑫二三〇・二七三 ⑬一四・一六・五一・六一・八

八・九三・二六二・三三三・三七四・三八一 ⑭一九・二〇・二二・二五一・二九三・三〇二・三〇五 ⑯二四・一一四 ⑱四五五 ㉔二三四・二四一・三七九・四二三・四七二・四九〇・四九八・四九九・五〇一〜五〇三・五〇五・五〇六・六〇一
色敷紙 ③一四三
机敷紙 ⑨四三四・四三六
式敷紙 ③一七七・一七八・一八一・一八六・二一九・四八四・六一四 ⑥三五・三九九 ⑧三七七・四七四・四七八・五七七 ⑩一〇・二二・六七・六八・七〇〜七二・一七五・一七六・一七九・一八四〜一九二・一九四・一九六〜一九九・三八四・三九〇・三九五・三九九・四〇四・四〇五・四一四・四一五・四一七・四二五・四二六・四三〇・四三一・四三三・四三四・四三八・五四五・五五〇・六四九 ⑪二五四・三二四・五二一 ⑫二二六〜二三〇・二三九 ⑬八六
式并敷紙 ②四五四 ③二〇〇 ⑦二二九・二五九・二六四・二六五 ⑧二一六 ⑨四五一 ⑩三一五 ⑬八八・九三 ⑭二五一
裏紙 ⑥二六・四一二・四一六 ⑳三三一
公文紙 ③四九八・五〇五・五六五・五六六・五六八・六二〇・六二一・六三五 ④二二九・二三三・二三六〜二三八・二四四 ⑤六九 ⑪一七四・五〇六・五〇八・五一〇・五一二・五一三・五一九・五三二・五四二 ⑫三〇三〜三〇五・三〇八・三九六〜四〇四・四〇六・四〇八・四一〇 ⑬一六二〜一六四・一六六〜一六八・二二三・二二五・二二九〜二三一 ㉕六二
考文紙 ④一八五・二三八 ⑫三〇五・四〇六 ⑬一六九
考紙 ㉕二二
官紙 ⑧四三四〜四三六 ㉔二八八
私紙 ⑧三六〇
市紙 ⑭二〇
市(凡紙) ⑭二四三
東紙 ⑬三六三
知識紙 ㉔三一六
功徳紙 ㉔三一六
枚替紙 ⑥三一八 ⑧一七三・三〇四 ⑨五二四・五二九 ⑪二五五 ⑭二四〇
枚替料 ⑧二九〇 ⑭二七七 ⑲五九一 ㉔六〇一
枚替 ③二五八 ⑧二九七 ⑨四二一・三五七・五二九 ⑩六一五・六一六・六五三 ㉔四八二・六〇一
枚替分紙 ①三九四
枚替四尺麻紙 ③二五八
枚易紙 ⑧三〇四・三二五
枚易 ⑧一七二 ㉓九四 ㉔五九四
牧易 ㉓七五 ㉔六三
反古紙 ⑧五八一
本古紙 ④四二一 ⑧二一八 ⑯二二四・三〇一
本古 ⑤一三二
本舊紙 ⑨一八二
本久紙 ⑮二五四
安紙 ⑨三五七
除紙 ②五三一
問加紙 ⑧一七二
間紙 ⑨五一五
監紙 ⑫二四一

賀紙 ⑲三八
移紙 ㉔四〇
論紙 ⑪四四〇
暦紙 ⑪五一〇
塔基様紙 ⑫三〇九
佚紙 ③二二一
巻紙 ⑦三一九
雑紙 ①五五六
堂上紙 ⑧三〇一
紙司 ⑱一九七
（紙屋、「三 建築」㈠家・宅舎・屋・門・
殿項参照）
熟紙所 ⑮四
紙打殿 ⑯一一三
近江紙工 ①五五二
紙師 ㉓二九四・二九五
紙打仕丁 ⑤四一二 ⑭一七
碓打 ⑦五一四
紙碓 ④六七
紙打石 ⑤三五 ⑮一三八・一四二 ㉑四
九二
紙刀子 ⑧二二三 ⑯三七八

---

装潢作物法 ③四八九
（装潢）造物 ⑦五一四
裝（装）潢生作物式事 ㉕二四三
装潢日造物 ⑦一六九（上手人、中手人、
下手人）
界引 ③七六（東方上、西方上） ⑨八 ⑩
二一四（東方上、西方上）
堺引 ⑦五一四
界法 ④二九六・（三一五） ㉕二四二

---

## ㈤ 杜

（用）杜 ⑯八九
（第二）朼 ⑤二六六
（錢用）杜 ⑯八八
（借用錢）杜 ⑯二四
雑物收納杜 ⑯八八
板寫・板寫 ⑤二八九
板策 ㉕五六
板杜 ㉕五七

## (六) 印


印(印) ②三六 ⑮二九八・三〇六
銅印 ②五九三
木印 ⑮一六三
材物打印 ⑤一八〇
正倉印 ①四五三 ②一二三・一九九
(捺された印)
踏内印 ㉓六二四
踏省印 ㉓六二三
踏官印 ㉓六二三
踏國印 ㉓六二三
国印踏 ⑤七〇四
國印 ⑤五四四(国) ⑥六〇五
在職印 ⑤七〇三
郡印(印) ④三四二 ⑤五四四・七〇三
寺印踏 ⑤七〇四
印 ⑦二〇〇〜二〇六・二一一・二一三〜二一五 ⑪三五四
在印(印) ⑤四三二・四四三 ⑯四五五 ⑰一一一 ⑫四〇
有印(印) ⑤四五九 ⑯四二八・四三三・四四五・四五一・四五二・四五四・四六六・四七〇・四七一 ⑰二一一・八九・九一・一〇三・一〇四・一〇九 ⑱四六二
題於印 ⑪五〇三
内外題上印 ㉔五一三
印踏 ⑤六六九
印之 ③三三三
印書 ③三九一
捺印文 ④一一四
在捺印 ⑤四五六
朱有印 ⑤六六〇
无印 ⑤六六九・六七〇
印无 ⑤六七〇


## (七) 糊


糊(胡)(料)大豆 ③八・二一九・二二〇 ④三三一・三三一・三三四・四六四 ⑨四五一 ⑩九・八三・三〇九 ⑪九四・三八七 ⑬二九三・三〇二・三〇六・三二一・三二五・四七〇 ⑭八一・八四・八六・八八・九〇 ㉕二四九
胡大豆 ⑪九四
能理汁料(白米) ⑮四二一
篩糊料(薄絹) ③四六四
(糊篩料、「一〇 諸道具」(四)篩・波氣・篦項参照)

軸

(八)　軸

（素木）軸

軸端

経（經）・經軸

疏軸

朱軸

(六)印　(七)糊　(八)軸

四・一四六・一七三・一七四・一七六・一七七・一八〇・二〇八～二一一　⑭四〇〇　⑮八　⑯四三三・四四一・四五一・四五二・四五四・四五五・四六五・四六九～四七一・五五三　⑰二一・八九・一〇九・一二五～一二七　⑱四六二　㉓一二七　㉔二二三・二七三・四四七　㉕一七八・一七九

橡色柒軸　⑪四七四

珠(丁)軸　④二七七　⑦二六五

朱頂軸(珠丁)　③二・三・二一六・二一七　④一四・六六・二七七・二八六・二九〇・三一二・三一三・三四六　⑦八・二五～二七・一九八～二〇七・二〇九・二一一～二一五・二一七・二二〇・二五六・二六〇　⑩七　⑪三五三・三五四・三八八・三八九　⑫三九・四七三・四七四・四七六・四八一～四八四・四九二・四九六～四九九・五一〇～五一二　⑬九〇・九五・一四四・一八〇・二四九・二五〇・二七一・二七五・三四九・四八三・四八五　⑭三・四・八・一四・二二・七四・一八三・一八四・一八九・三二八・三三七・三四三・三六六・三八〇　⑯三七六・五六五　⑰八九・一一七・一二五・一二七　㉔五一一　㉕一九二

柒朱頂軸　⑨六〇三

(白木)軸　⑨六〇七　⑫四七五・五〇八　⑬二四五・二四七・二六一・三六六・三八一～三八四・四七七　⑰一〇五・一〇六・一二六　⑱四六二　⑲一二六　⑳三一〇・三一四

白軸　⑩二六三　⑫四一七・四一八　⑬一五六　⑭二四四

白木花軸　⑰一一七

花(花)軸　③三一・一四三・一九一・五五八　⑦一九九～二〇二・二〇五・二〇七～二一一・二一六・二一九・二二〇・二二一　⑨三六六・六〇五　⑩二六三・五五三　⑪三五四　⑫二　⑰八九

黄花軸　⑩五五二

木花軸　⑪四五

柒(漆)軸　②七〇七・七一〇　③三一・一四三・一六二・一九二・六四七・六五三　④一〇〇　⑤四三三・四六二　⑦五・七・八・一九・二三・二〇〇～二〇九・二一一～二一三・二一五　⑧一八九～一九一・一九六　⑨三六六・六〇五・六一一・六一六　⑩二八三　⑪三五四・五〇三　⑫四〇・二八九・四二七・四七三・四七五・四七八・四八一・四八二・四八四・四八五・四八九・四九四・四九八・五〇二・五一〇　⑬六三・一八〇　⑭四〇〇　⑯四四一・四四五・四四七・四五五・四六六　⑰一二六・一二七　㉓一二六～一二八　㉔二二三・四四七・五一一・五一三・五一五　㉕一七九・一九二

柒塗軸　③六二二・六二三　⑤四六二　⑨六〇八　⑪四一・六九・一七六・二五九　⑫四三四　⑭三九九　⑰一〇八

朱柒軸　⑧四五八　⑨六〇一

赤柒軸　④一四

黒柒軸　④一四

赤木軸　③六三〇・六五三　④八九　⑤四三四・六七四　⑦六・七・一九・二一～二四・二〇四～二〇六・二〇八～二一

一一・二一三〜二一六 ⑧一九三 ⑨二 ⑫三九〇 ⑬三九・一九五 ⑯四三六 ⑰四三〜四五・四七 ㉔二七六・三三〇・五一〇
檜木軸 ⑨六〇四
檜軸 ②七一〇 ⑫四九八 ㉔四四七
黒(黒)柿軸 ⑦二〇九 ⑧一九三 ⑪三五四 ⑬二四九〜二五三・二八三・二八四・四八五 ⑭一八三・一八四 ㉔二七六・五八六
黒柿花軸 ⑦二〇四
黒柿纈軸 ⑨六〇八
朽木軸 ⑧一九〇
梨軸 ③一九二・四一四・五四九・六二二・六二三・六三一・六四二・六四三・六四六・六四九〜六五四 ④三二・三五・六八・七五・八五・八七・八九・九三・九八・二九〇・三一二・三四八 ⑤四五一・六九六 ⑧五八〇 ⑨六〇五・六〇六 ⑩二八一 ⑪九〜一二・四五・四六・八九・二四一・二七九 ⑫二・三六三・三八八・三九一・四二七・四三一・四三三・四八〇 ⑬一一・三九・六二一・一五六・一七三・一九三・一九五・二四五・二四九〜二五三・二八三・二八四 ⑭二四・一八三・一八四・二四六 ⑯三七四・四一五・四一六・四一八・四二八・四三九・四四一・四五九・四六七・四六九 ⑰四三・四七・四八・八〇・八一・八六〜八八・九六・九八・一〇五・一一〇 ⑱四六一 ㉔三二九
梨木軸 ③三一 ⑧一九一 ⑰一〇五
梨端軸 ⑬二四七
紫檀(檀)軸 ③六二二・六二三・六三〇・六四二・六五四 ④三二一・三七・三八・六四・八五〜八七・九四〜九七・一二三〜一二六・二〇〇〜二〇二・二〇四・二〇五 ⑤三〇八・四三四・五二〇 ⑦六〜八・一九八〜二〇〇・二〇三・二〇四・二〇七・二〇八・二一〇・二一一・二一六・二一七・二一九・二二〇・四九四 ⑧一九〇 ⑨六〇三・六〇九・六一五 ⑩二八〇・二八一 ⑪一八一・三五三・三五四・四一九・五〇三 ⑫二六五・二八八・二九〇・三八九〜三九一・四三一・四三三・四七一・四七五・四八〇・四八一・四八五・四九九 ⑬一一五・一五五・一七七・一九七・二三三 ⑮八 ⑯四三三・四三五・四三八・四四〇・四四一・四四四・四四五・四四七・四四八・四五〇・四五一・四五四・四五六・四六〇・四六六・四六八・四七二 ⑰七八・八〇・八九・一一〇 ⑱四六二 ㉓一八四 ㉔一九一 ㉕一九〇・三四七 ㉕一〇一
紫檀花(花)軸 ④七四・一二六・二〇二
白檀軸 ④一四 ⑤四五九 ⑦一九九〜二〇六・二一一・二一三・二一四・二二八 ⑨六一〇・六一三・六一四 ⑩五五三 ⑪三五三・三五四 ⑫三八六・四七三・四七六・四七八・四八〇・四九九 ⑬一七三・一八〇 ⑰八九・一一一・一二六 ㉕一九二
赤檀軸 ⑦二一

染軸 ⑩二六三 ⑫四九八
染塗軸 ⑪四七
蕵(蕉・蘇)芳(方)軸 ③五〇七・六二六 ⑩二七一 ⑪三九一・五二〇 ⑫三二三 ⑬四六 ⑯三四七・四一四
晝(畫)軸 ③一・一二六(書) ④一二九 ⑨六〇二 ⑩七(書) ⑪五・六 ㉔五一六 ㉕二〇二(畫・不畫)
繪軸 ④二七・二八・二四〇・二四二・二四四 ⑨六二三 ⑪一六〇(蕀木) ⑫二九〇・四八七 ⑬一〇・一〇〇・一五五・一六一・一六二・一六四・一六五・一六七・一六九(繪經軸)・二二九・二三〇・三八三・三八四 ⑭二二・一八三・二四四 ⑯四二〇・四二一 ⑰四三・四四 ㉔五一六 ㉕一八五
雜色軸 ⑥五〇二 ㉒一八一(雜)
彩色軸 ⑬二四五
綵軸 ⑪六八
(胡粉)軸 ⑲一二六
(胡粉地)軸 ⑥二五二 ⑲二四五
(塗胡粉)軸 ⑥五
胡粉地銀墨(以)繪軸 ⑯四二〇・四二一
胡粉地金墨繪軸 ⑯四二一
(白緑)軸 ⑲一二六
(白緑地)軸 ⑥二五二 ⑲二四五
(塗白緑)(緑カ)軸 ⑥五
(白緑塗)軸 ⑲一二五
(緑青)軸 ⑲一二五 ㉔五八六(錄青)
(緑青地)軸 ⑥二五二
金青(靑)(地)軸 ⑥二五二 ⑲一二五・二四五
(金青塗)軸 ⑲一二六
(塗金青)軸 ⑲一二六
(靑書)柚(軸) ⑪一八一
(丹)軸 ③六二二・六二三・六二六 ⑫四二二 ⑭二四 ⑰七八 ⑲一二五・一二六
(丹地)軸 ⑥二五二 ⑲二四五
(塗丹)軸 ⑥五
丹地檜軸 ⑤四三五
朱沙軸 ㉔五八六
紫土軸 ⑬六三
木軸 ⑫五一一
樫軸 ③一一七・五七五 ④一四 ⑦二〇七 ⑫二八七 ⑯三八三・四四二
室木軸 ⑨五九九・六一〇
松梠軸 ⑨六〇四
棗軸 ⑬九
竹軸 ⑦二一四 ⑰一〇八
紫軸 ⑦九一・一一六
大軸 ⑩一一九・一二〇 ㉕二五七
髙朴軸 ④五一〇
苔軸 ③一六一
木畫軸 ④一七七 ⑦二〇 ⑪二六〇
木繪軸 ④五一〇 ⑤四三三 ⑧一九〇 ⑨六一〇〜六一一 ⑫一八八・二九二・四七三・四八五 ⑬一八〇 ⑰一六一 ㉕一九二
沉軸 ④五一一(銀樓) ⑤六七八 ⑦七・一九・二〇・一九九・二一六・二一七 ⑪三五四
玉軸 ④六九 ⑦二〇二 ⑫一七二 ⑬一三・二四八 ㉕一九六
玉鎊軸 ⑦二一七
鎊軸 ⑬一一
(赤)玉軸 ④六九 ⑬二四八
(黑)玉軸 ④六九 ⑬二四八(黑)
(紺)玉軸 ④六九 ⑫五一一
青玉軸 ⑫四七八(金塗頂安)・四八二・四

八五・四九七・四九八
(淺黄)玉軸 ⑬二四八
(黄)玉軸 ④六九
(深黄)玉軸 ⑬二四八
(浅縹)玉軸 ④六九
(深縹)玉軸 ④六九
(浅緑)玉軸 ④六九
(深緑)(緑)玉軸 ④六九 ⑬二四八
(白)玉軸 ④六九 ⑫四七九・四八〇・四九〇 ⑬一七三・二四八
雑色玉軸 ⑯四四六
石軸 ⑤六七七・六七八
安房石軸 ⑬一八
阿房石軸 ㉕一九九
牙軸 ⑦二〇八・二〇九 ⑫二八八
瑪(馬)瑙(瑙・瑙・腦)軸 ④二二四(樂毅論)・二〇〇・二〇一 ⑦二〇一・二〇七 ⑨六二二 ⑫二六五 ⑬一三・一八・二二 ㉕一九六・一九九 ㉕一〇一
瑠碧軸 ⑤六七八 ⑦二一六(琥珀) ㉕一九九(虎珀)
水精軸 ④六六・二〇四 ⑤六七七・六七八 ⑦二〇・二一・二五・二二六 ⑫二六五・二九一・三三三(水精軸端)・四一七・四八〇・四八一 ⑬一三・一八・一四四 ⑯四六七・四六八 ㉕一九六・一九九・二二九
沉水軸 ⑦二一・一九八・二〇七
銀軸 ⑨六二二 ⑫四七三・四七六・四七八・四八五・四九四・五〇五 ⑬一八 ㉕一九二
白金軸 ⑫四九四
金泥軸 ⑦二一四
金墨軸 ⑯四二一
塗金軸 ⑫四八五
金鎊軸 ⑦二一六
金鏤軸 ⑫四八〇
□鏤軸 ⑬一七三
金塗銅軸 ⑫四八一
瑩軸 ⑬一六三
国分㝡勝王経軸 ④二三九
无珠軸无茶火打多氣 ④二七七
引作軸端 ⑩三一〇
軸中子削接 ⑩三一〇
鎊軸所 ⑪一六五

## (九) 帙

帙(帙、佚、袟、祑、怢) ②九八・五一〇 ③一一七・二二六・四六五・五五一・五六四・六一九・六四二 ④三七・六一・六六(大唐)・七〇・七一・九〇・九八・九九・一〇三・四〇一・五一〇(大唐)・五一一 ⑤五九・二九三・三九〇・三九八・四〇五・四三五・四四三・五〇二・六七八 ⑥一一一・三九九・四〇四・四〇五・四〇九・四一〇・四一二・四一八・四一九・四四七・四四八・四五三・四七〇・四七七・四七九・四九九・五〇七 ⑦一二六・一九九・二〇〇・二五七・二六〇 ⑧一六三・一六七・一八七・一九二・一九三・三七七・四五八・五七六・五七七 ⑨二一・三四四・三四五・三六六・四三二・六〇七・六一〇・六一一・六一三 ⑩一〇・三二一・四一九・五四五・六四九・六六三 ⑪五・四七・八八・一七六・二五五・二六〇・二六三・二七九・二八〇・三二

造帙 ㉔一四
帙料 ⑧一六三 ⑩一〇・五四五 ⑪二七九・二八〇 ⑬五一
縫帙料 ⑥四一九・四四八・四七七 ㉑四八五・四九八・五〇四・五一二・五一七
伏縫料 ②九八
縫帙縁并裏 ⑯三八一
縫堺帙 ⑥四〇四
帙料(錦) ③二一・二一六・六二二・六二三・六三一・六四九・六五〇・六五二・六五三 ④二七・二八・三二・三五・三八・六一・八五・八六・九〇・九四・九八・九九・一八三 ⑤四三五・四四三 ⑥四一〇・四一九・四四八・四六九・四七七・四九九 ⑦六～八・二一・一九八～二〇〇・二〇四・二一三・二一四・二一六・二一七・二二〇 ⑨六一五 ⑩七・二八〇・二八一 ⑪五・一七六・三五三・三五四 ⑫三九・二六五・二八八・二九〇・二九一・三九〇・四二五・四三二・四三三・四七三～四七六・四七八～四八七・四八九・四九六～四九九・五〇三・五〇八・五一〇～五一二 ⑬三八・一〇〇・一一五・一五六・一七三・一九五・二三三 ⑭四一三 ⑯三八三・四六八～四七〇 ⑰一二五・一二六 ㉑四八五・四九二・四九八・五〇四・五一一・五一七 ㉕一七九・一八六 ㉕一四一
帙(頭料、縁料、頭裏料、裏料、糸) ⑥四四八・四六九・四七〇・四七七・四九九・ ㉑四八五・四九八・五〇四・五一一
帙形未詳 ⑫四七七
帙(様) ⑪二五五 ㉑五一八

(帙の付記)

雲間緋裏鑯(錦ヵ)縁拾組緒 ⑪二五五
緋裏錦縁地白者町方織 ⑪五
緋綾裏組帯(牙籤) ③六三一
緋絁裏錦帯(牙籤) ③六三一
縁(緑ヵ)地錦縁緋裏紫帯 ④九〇
雲間文 ⑨三四五
雑綵 ⑤六七八
紫縁 ㉔三九〇
一色錦縁(緋裏紫緒) ⑳三三三
紺地錦縁(緋裏紫緒) ⑳三三三
紫小綾(緋裏紫緒) ⑳三三三
表畫山水形 ⑤六七八
帙籤 ⑯四五七・四六一 ⑰七三・七四・八八・九九・一六九・一七一・一七二
帙占 ⑯四三四・四五三・四五四・四五六 ⑰一一五 ㉔一六七・一九二
帙黄楊籤 ⑰二一
着牙籤 ⑯四六五
着牙占 ⑫四三四
着黄楊占 ⑫四一
在帙並占 ㉔一六六
在帙占 ⑪二六三
在籤 ⑰九七・九九
在占 ⑫四四一
占在 ⑪四七
帙无占 ㉔一六五
帙籤无 ⑰九七
帙無籤 ⑰七三
帙无籤 ⑰七四
无籤 ⑰九七・九九
无占 ⑪四五〇 ⑫四四一
无桃 ⑦八八
唐帙 ⑧五七七 ⑪八八(唐)

錦帙 ⑭四一三
褐錦領(袟) ④五一〇
青錦領(袟) ④五一〇
秘錦領(袟) ④五一〇
織綵袟 ⑬一
　緋絁裏及内結緒紫綾表結緒 ⑬一
　紫地錦縁 ⑬一
　緋地錦縁 ⑬一
　緑地錦縁 ⑬一
織帙 ④八六 ⑫四七三・四七四 ⑬一一五 ⑰八九 ⑳三三一 ㉒一八一
　緋綾裏錦縁拾組帯牙籤 ④八六
　緋綾裏錦縁組帯 ⑫四七三・四七四
　錦縁緋綾裏拾組帯牙籤 ⑬一一五
　紫縁浅緑綾裏 ⑰八九
　壊裏紙 ⑳三三一
　着各白木籤 ㉒一八一
織(帙) ④六一 ㉕一八六
　緋絁裏錦縁紫綾帯 ④六一
　緋絁裏錦縁紫帯 ㉕一八六
縫帙 ⑥四〇八・四一〇・四一二・四一八
縫物(帙) ④三八
繍帙 ③六四三 ④三八 ⑪七九・一七六・三五三・三五四 ⑫四八〇 ⑬一七三・一九六 ⑯三七七
　天人并獣形繍帙緋綾裏錦縁 ⑫四八〇 ⑬一七三
　浅縁(緑ヵ)裏紫綾縁及帯各着黄楊籤 ⑯三七七
　錦縁緋裏紫緒 ⑪一七六
　緋綾裏錦縁 ⑬一七三
　緋裏組帯 ③六四三
葛形繍帙 ⑯三八三
　浅緑綾裏錦縁紫綾緒黄楊籤 ⑯三八三
繍綵帙 ④八七
　綾裏組帯 ④八七
繍(帙) ④六一・九九 ㉕一七九・一八六
　緋絁裏錦縁　紫綾帯　組帯 ④六一
　緋絁裏錦縁紫帯 ㉕一八六
　緋綾裏錦縁組帯 ④六一・九九 ㉕一七九・一八六
綵(彩・棌・采)帙 ③六四九・六五〇・六五二〜六五四 ④二七・二八・三三一・三七・三八・四一・六一・八五・八七・九六・九九・一〇八 ⑤四四三・四六三・五二〇・六六〇 ⑥五〇二〜二 ⑨六一四・六一五 ⑫二・二九〇〜二九二・四三四・四七三〜四九一・四九六〜五〇四・五〇七〜五〇九・五一一・五一二 ⑬三八・一〇〇・一三六・一四一・一四二・一五〇・一五五・一五六・一七三・一七四・一九三〜一九七・二〇〇・二〇一・二三三 ⑯二一・四三四・四三八・四四六・四四七・四五一・四五二・四五九・四六〇・四六七・四六九〜四七二 ⑰二四・三四・七五・八〇・八一・八六・一一〇・一二二・一二九・一六五 ㉑四八六・四九九・五〇五・五一八 ㉒五七 ㉓一二六〜一二八・三一九 ㉕一七八・一八六
　錦縁緋綾(綾)裏拾組帯 ③六五二 ⑬一五六 ⑯四七〇
　錦縁緋綴裏組帯　繍　雲間 ③六四九
　錦縁緋綾裏組帯牙籤 ④八五
　錦縁緋綾裏組帯 ③六五三
　錦縁浅緑裏緋羅帯 ⑥六一五
　錦縁緋裏紫帯 ③六五三

錦縁緋綾裏但（マヽ）帯　⑤四四三
錦縁緋裏組帯　⑬二三三
錦縁緋裏牙籤　⑬一九五
錦縁緋綾裏黄楊籤　⑯四六九
錦縁緋綾裏　⑫二九一・四八〇　⑬一七三
錦縁緋裏　⑫四七九　⑬一七三
町方錦縁地赤着緋裏　⑫二
綾緋裏錦縁　組帯　紫帯　牙籤　④三八
緋綾裏錦縁組帯　⑫四七三〜四七六・四七八・四八九　⑬三八・一七三
緋綾（綾）裏錦縁拾組帯　④二七・二八　⑬一〇〇
緋綾裏錦並拾組帯　③六五二
緋綾裏錦縁　紫緒　拾組帯　③六五〇
緋綾錦縁組帯　⑫四七四
緋綾裏錦紫帯　③六五三
緋裏錦縁紫帯　④三二
緋綾裏錦縁　⑫二九〇
緋綾裏錦縁牙籤　⑬一七三
緋絁裏錦帯牙籤　⑬三八
緋地臈纈裏紫縁及結緒　⑫二九二
緋裏組帯　⑫四三四
緋縁紫緒　④三七

緑綾裏紫綾縁組帯　⑫四七六・五〇四
浅緑綾裏錦縁拾組帯　⑫二九〇
縹綾裏紫綾縁及帯　⑫四七八
紺絁裏緋綾縁无帯　⑫四九八
白橡絁縁浅緑綾裏　⑫四八〇　⑬一七三
繍帙　縫物　④三八
繍　織　④六一
着牙籤　⑤五二〇　⑬一三六・一五五・二三三　⑯四七二
着各牙籤　⑬一四一
在各牙籤　⑬一四二
牙籤　③六五四　④八七・九六　⑤六六〇　⑨六一四　⑬一九五　⑯四四七・四六〇・四七一　⑰三四・七五・八〇・八一・八六・一一〇・一二九　㉕一八六
黄楊籤　⑯四四六・四五九・四六七
著牙籤　⑯四三八
无籤　⑬一九五
綵色帙　⑤三〇八
斑綵帙　⑦二一五
町形綵帙　⑦一九八
　緑綾裏　⑦一九七

竹帙　①五五三・五五六　③二一・二一六　④四八　⑦六〜八・二五・一九八〜二〇〇・二〇四・二一一・二一四・二一六・二一七・二二〇　⑧一八七・四五八　⑨三四七・六〇四・六〇七　⑩七・六六三　⑪四四・一七六・三五三・三五四　⑫三九・二八八・三九〇　⑭四一三　⑰一二五・一二六
赤形縫物　⑭四一三
青形縫物　⑭四一三
錦縁紫裏紫掇組帯　⑪三五四
錦縁　紫綾裏　拾組帯　⑦二一六
錦縁　紫綾裏　⑦一九八・一九九　⑪三五三
錦縁　緋綾裏　⑦二〇四・二一六　⑪三五四　⑫三九
錦縁　緋裏　⑦二〇四・二一四　⑪三五三　⑰一二五・一二六
錦縁紫裏　⑦七・一九八
錦縁　朱芳裏　⑰一二五
錦縁　緑裏　⑪三五四
錦縁　⑦一九八・二二〇
秘錦縁紫裏　⑦六・七
紫錦裏　⑦七

秘錦裏紫縁 ⑦七
紫綾縁 緋裏 縁拾組帯 ⑦二一二
紫縁錦裏掇組帯 ⑪三五四
紫縁紫帯緋裏 ⑧四五八
紫綾縁 錦裏 ⑦一九八・二一六
紫縁錦裏 ⑦六～八
紫綾縁 綟裏 ⑦一九九
紫縁 縹裏 ⑰一二六
黒紫綾縁 ⑦二一七
紫裏紫縁 ⑦七
紫綾縁 ⑦一九八
緋裏錦縁拾組緒 ③二一・二一六 ⑩七
⑪一七六
錦縁緋裏 拾組緒 紫緒 ⑪一七六
緋縁 緋裏 緋帯 ⑦二一四
緋裏紫縁及帯 ⑨六〇七
緋裏 ⑪三五三
淺緑裏及帯錦縁 ⑫二八八
着黄楊占裏淺緑紫縁及緒 ⑨六〇四
牙籤 ⑫三九〇
着占 ⑨三四七
竹絲帙 ③六一八・六二二・六二三 ④九
一・九三・九四・九七・九八 ⑦一九
九・二〇〇・二〇四・二一三・二一
四・二一七 ⑨六一二・六一三 ⑩二
八〇・二八一 ⑪三五三・三五四 ⑫
三八九・三九〇・四二五・四三二・四
三三 ⑬二二・六三
錦縁組帯牙籤 ④九四 ⑫三九〇
錦縁組帯 ④九八
緋錦縁組帯 ⑨六一三
錦縁 緋綾裏 ⑦一九九・二〇〇・二〇
四 ⑪三五四
錦縁 緋裏 ⑦二一四・二一七
錦縁 ⑦二〇〇・二一三
錦緋綾裏 ⑦一九九
緋裏錦縁紫帯牙籤 ⑫四三二
緋裏錦縁組帯牙籤 ⑩二八〇・二八一
緋裏錦縁掇組帯 ③六二二・六二三 ⑫
四二五
緋裏錦縁組帯 ⑩二八一 ⑫四三二
緋綾裏錦縁 ⑪三五三
紅綾裏 ⑦一九九
綾裏 ⑦一九九・二〇〇
緋裏 ⑨六一二
在神王形緋裏組帯 ⑨六一二 ⑬二二
着牙占 ⑫三八九
各着牙 ④九七
各着染籤 ⑨六一三
牙籤 ④九一 ⑨六一三
竹繡帙 ⑨六〇九 ⑩二八一 ⑫二六五・
三九一・四三二・四三三
緋裏錦縁組帯牙籤 ⑩二八一 ⑫四三二
黒紫黒錦縁緋縁裏緋緒 ⑨六〇九
錦縁 牙籤 ⑫四三三
錦縁 ⑫二六五
竹麁帙 ⑤四三五 ⑦二一 ⑫四七三 ⑯
四三三・四六七・四六八
緋綾裏錦縁紫綾帯 ⑤四三五
牙籤 ⑯四三三・四六七
錦縁緋裏綾牙籤 ⑯四六八
錦縁緋裏 ⑦二一
竹縫帙 ⑪三五四
錦縁 緋裏 ⑪三五四
錦縁 綟裏 ⑪三五四
紙帙 ②五五七 ③六四七 ④六三・六
五・六六 ⑦二〇四 ⑪二六〇・五五

六　⑫二八九・四七一〜四七三　⑬一
四三・二〇八〜二一一　⑭三一八・四
四六　㉔四〇八　㉕一九一・一九二
帛結緒　③六四七　⑫二八九
紫緒牙籤　⑭四四六
穀皮紙帙　⑦二〇四
穀皮(帙)　⑰一二九
麁帙　③一七四　④六一・九九・一八三
⑫二九〇・二九二・四七三〜四八七・
四九〇・四九二・四九六〜四九九・五
〇三・五〇五〜五一二　⑬一四二・一
七三・一七四・二〇八・二一〇　⑯四
五二・四七一　⑰一二一　㉓一二六〜一
二八　㉕一七九・一八六
緋綾裏錦縁組帯　⑫四七四〜四七六・四
七八・四八〇・四八一・四八四・四八
五・四八七・四九八・四九九・五〇
三・五一〇〜五一二
緋絁裏錦縁紫絁帯　⑫四八〇
緋綾裏錦縁紫帯　④六一
緋綾裏錦縁　⑫四九八・五〇八・五一二
緋絁裏錦縁无帯　⑫四八三・四九八

緋綾(綾)裏黒紫縁組帯　④九九　㉕一七
九
綾綵裏紫綾縁綵綾帯　⑫四九九
緋裏　⑫二九〇
緑綾(綾)裏紫綾(綾)縁組帯　④六一　⑫
四七六・四七九・四八一・四八二・四
八六・四九〇・四九六・五一〇・五一
二　⑬一四二　㉓一二六
深緑綾裏紫綾縁組帯　⑫四八二
深緑綾裏紫縁組帯　⑫四八二・四八五
深緑綾(綾)裏赤紫縁組帯　④九九　㉕一
七九
深緑綾裏錦縁組帯　⑫四八五
深緑綾裏紫綾縁及帯　⑫四七五
緑綾裏紫綾縁及帯　⑫五一二
緑綾裏紫綾縁(組帯)　⑫四七五(縁は緑
カ)・四八一
緑裏紫縁組帯　⑫五〇九
浅緑綾裏錦縁无帯　⑫五一一
縁(緑カ)綾裏紫縁組帯　⑫四九二
縁(緑カ)綾裏紫綾縁組帯　⑫四八〇
縁(緑カ)綾裏紫綾組帯　⑫四七五・四八
五
浅緑綾裏錦縁　帛帯　⑫四七三

紫綾縁緋綾裏組帯　⑫四八三
紫綾縁深縁(緑カ)綾裏組帯　⑫四八四
紫綾縁緑綾裏組帯　㉓一二七
赤紫綾縁深緑綾裏組帯　⑬一七四
紫綾縁組帯　⑫四八三
紫縁緋裏紫緒　④一八三
紫縁緑裏組帯　⑫四七四
紫縁牙籤　⑰一二一
錦縁緋綾裏　⑬一七三
錦縁・紫緒・但緒並緋裏　④一八三
錦縁緋綾裏　⑫四八〇
白綾裏錦縁帛帯　④六一
表綾裏及帯紫綾縁　⑫四九六
縹綾表　⑫四八〇
黄綾裏錦縁組帯　⑫四七四・四八二・四
九七・四九八
黄綾裏錦縁細組帯　⑫四八四
黄綾裏錦縁黄綾帯　⑫四七四
黄綾裏錦縁　⑫四七六・四九六
黄綾裏錦縁无帯　⑫四八六・五一一
黄絁裏錦縁組帯・錦帯　㉕一八六
黄綾裏破　⑫四七七
紫皮帙　⑰一二六

五色絁帙　⑰一二七
斑帙　⑰一二六
　錦縁　緋裏　⑰一二六
　緋縁　縹裏　⑰一二六
籤簏帙　③五七五　⑫二八七
　紅深染裏紫縁並紵者　③五七五　⑫二八
　九
黑帙　③五四九
褁帙　⑫四三四
　別在占　⑫四三四
壥浦帙　⑥四〇四
空帙　⑧五七六
帙紙　③二二一　④六六　⑪三九〇　⑫四
　五八
縫帙(㤨)所(听)　⑥四〇四・四一六・四二
　〇　㉑五一七・五一八
造帙(怢)所(听)　⑥四〇四・四一六　⑳三
　三一

(帙の帯、緒)
組帯　③六三一・六四三・六四九・六五三
　④三八・六一・八五・八七・九四・九
　八・九九　⑨六一二・六一三　⑩二八
　〇・二八一　⑫三九〇・四三二・四三
　四・四七三〜四七六・四七八〜四八
　七・四八九・四九〇・四九二・四九六
　〜四九九・五〇三・五〇四・五〇九〜
　五一二　⑬二二一・三八・一四二・一七
　三・一七四・二三三　㉓一二六・一二
　七　㉕一七九・一八六
掇組帯　③六二二・六二三　⑪三五四　⑫
　四二五
細組帯　⑫四八四
拾組帯　③六五〇・六五二　④二七・二
　八・八六　⑦二二二・二二六　⑫二九
　〇　⑬一〇〇・一一五・一五六　⑯四
　七〇
帯組　⑫四八五・四九九
紫掇組帯　⑪三五四
紫組帯　⑭四〇〇
但(組ヵ)帯　⑤四四三
但緒　④一八三
拾組緒　③二・二一六　⑪一七六・二五五
結緒　④三七　⑥四一二　⑫二九二　⑬一
裏結緒　⑥四一二
錦帯　③六三一　⑬三八　㉕一八六
緂綾帯　⑫四九九
紫綾帯　④六一　⑤四三五
黄綾帯　⑫四七四
緋羅帯　⑨六一五
紫絁帯　⑫四八〇
紫帯　③六五三　④三二・三八・六一・九
　〇　⑧四五八　⑫四三二　㉕一八六
緋帯　⑦二一四
緒　⑨六〇四
紫緒　④三七・一八三　⑪一七六　⑭四四
　六　⑳三三三
緋緒　⑨六〇九
紫綾緒　⑯三八三
表帯　⑥三九九・五〇七
廣綺(帙表帯料)　⑥四八二
帛結緒　③六四七　⑫二八九
帛帯　④六一　⑫四七三・四七六
帯　⑨六〇七　⑫二八八・四七五・四七
　八・四八三・四八六・四九八・五一
　一・五一二　⑯三七七　⑳三三四　㉔
　一四

# (一〇) 籖


籖(籤・籖) ④三九・八八・八九 ⑤四五
三 ⑥一一・一二・四一九 ⑫二
六九 ⑬一九五 ⑮五七 ⑯四五七・
四六一 ⑰二四〜二七・三〇・三一・
三三・三五・三七・四〇〜四八・七二
〜七五・七八・八七・八八・九五〜九
七・九九・一〇〇・一〇五・一四三・
一四四・一六〇・一六六・一六九・一
七一・一七二・ ㉓一・二 ㉕三九・
三四七
占 ②五一〇 ③一一七・五六四 ④七〇
⑤五二〇 ⑦二五七・二六一 ⑨三四
四・三四七 ⑩五五三・六六三 ⑪四
七・二六三・三五四・四五〇・四九九
⑫四三四・四四〇・四四一 ⑯四三
四・四五三・四五四・四五六・四五七
⑰八二・一一五 ㉔一六五・一六六・
一六七・一九一〜一九三・一九六・三
九〇・五一〇・五二七
牙籤 ③六三一・六五三・六五四 ④三
五・三八・六一・六三・八五〜八七・
九一・九四・九六・一〇七 ⑤五二
〇・六六〇 ⑨六一三・六一四 ⑩二
八〇・二八一 ⑫三九〇・四三二・四
三三・四八〇 ⑬三八・一一五・一三
六・一四一・一四二・一四六・一五
五・一七三・一九五〜一九七・二〇
〇・二〇一・二三三 ⑭四四六 ⑮二
四三 ⑯四三三・四三八・四四七・四
六〇・四六五・四六七・四六八・四七
一・四七二 ⑰二一・三四・七五・七
八〜八一・八六・八八・九〇・九四・
九六・九八・一一〇・一一六・一二九
㉕一八六
牙占 ③三三五 ⑪八・三五四 ⑫三八
九・四三四
黄楊籖 ⑯三七七・三八三・四四六・四五
九・四六七・四六九・四七三 ⑰二一
黄楊占 ⑨六〇四 ⑪八九 ⑫四一
白木籖 ⑥四〇〇・四〇九・四一九・四五
三・四七一・四八〇・五〇二 ⑰一二
五 ㉑四八六・四九三・四九九・五〇
六・五一八 ㉒一八一 ㉓三一九
染籖 ⑨六一三
畫籖 ⑮五〇(人)・五一
一切經籖 ⑰五九七
經籖 ⑮六一
帙籖 ④八九 ⑤四五三 ⑥一一・一一
二 ⑯四五七・四六一 ⑰七三・七
四・八七・八八・九七・九九・一四
四・一六六・一六九・一七一・一七二
㉕三四七
帙占 ③五六四 ⑩五五三・六六三 ⑪二
六三 ⑫四四〇 ⑯四三四・四五三・
四五四・四五六 ⑰一一五 ㉔一六
七・一九二・一九三・五一〇
籖(畫料) ㉓二
(鼠喫)籖 ⑰二五・三〇・三一・三七
(鼠咋) ㉒一四五
(籖の紐)
籖緒 ⑥四一〇(緋糸)・四二一(組)・四六
二(組) ⑬一(緋糸組) ⑭四三九(赤
紫丸組) ⑮五七(紫組)
丸組(緋) ⑥四五三
赤紫丸組(籖緒料) ⑭四三九

紫組　⑮五七
緋丸組　⑥四七〇・四七九・五〇一　㉑四八六・四九九・五〇五・五一八
緋糸組　⑬一
綵丸組　㉑四九三
紫組緒　⑪八
組籤緒　⑥四六二

## (二)　綺・緒(巻子本の紐)

(巻子本の紐)

綺　③一九二　④三七・六七・六八・二一九〇・三四六・三五一・四〇一・五一四　⑤五九・二九三・三八九・三九八・四〇四・五〇二　⑥二〇四・二〇六・二一二・二一三・二一五・二一六・二一八～二二〇・二二二・二九二・二一九・三一九・三二五・三六八・三三六・三七四・三七五・三九二・三九・三九九・四〇八・四一八・四四七・四五二・四七〇・四七七・四七九・四九八・五〇一　⑦六～八・九一・一〇七・一七一・二五七・二六〇・二六一　⑨三六四　⑪四七・二四一　⑫二八八・三六三・四一八　⑬四・一八・九五・一四九・二四七・二四八・二五三・二七〇・二七四・二八二・二八三・三四九・三七五　⑭二・五・二二・二四・二六・五九・八〇・一八八・一八九・二三九～二四一・二七五・二七六・二八〇～二八三・二八七・二九四・三〇二・三二八・三三二・三三七・三四三・三六六・三八〇・三八九　⑮六七・一二〇～一二三　⑯六二・一一五・一三九・三四二・三四六・四〇九・四二四・四四〇・五〇九・五一七・五五五　⑰四三・四八八　⑲一一七～一一九・一二三　⑳二二六・三二八　㉑四八六・四九三・四九九・五〇五・五一八　㉓三二〇　㉕二三〇・三四六
經綺　⑩二二
班綺　⑦二二
紫綺　⑦一九・二一・二二・二五　⑧二一八　⑪八九
紫(綺)　⑭二六
紫斑(綺)　⑮一二〇
紫青斑(綺)　⑮一二四
赤斑(班)(綺)⑮一二〇・一二三
綠綺　⑦二二・二三　⑪四七　⑭二六
青(綺)　⑭二六
青斑(綺)　⑮一二三・一二三
綺緒　②四四〇　③一・一六二・一九一・二一六・四六五・五四九・六二一～六

二三・六二六・六三〇・六四二・六四三・六四六・六四七・六四九・六五二・六五三 ④二七・二八・三二・三八・六四・六五・七四・八五〜八七・九三〜一〇〇・三四八 ⑤三〇八・四三三・四三四・四六二 ⑦六・一九八・二一八・二二〇 ⑧一九一・四五八・五九一 ⑨六〇一〜六〇三・六〇七〜六一六 ⑩七・二八〇・二八一・五五三 ⑪六・一〇・一二・四七・六八・六九・二五九〜二六一・三三五・三五四・三七二・三八九・三九〇・四二二・四七四・四七六・五〇三・五一三 ⑫二・二〇一・二三二・二六五・二六九・二七五・二八八〜二九〇・三三三・三四三・三四八・三八八〜三九一・四一七・四二三・四二五・四二七・四三一〜四三四・四七一〜四七三 ⑬二二・三九・五四・六二・六三・一〇〇・一一五・一四三・一五五・一五六・一七三・一七四・一七六・一七七・一八〇・二〇九・二一一・三八二・三八三・四七七 ⑭二四六 ⑯三七六・三八三・四三六 ㉔一九一〜一九二・三二八・三二九・五一〇 ㉕一七八・一七九・一九二

緒綺 ⑦一六六・一六八〜一七〇 ⑧一七〇 ⑯四五〇 ㉔七八・七九

紫綺緒 ③六三〇 ⑦二〇五〜二一二・二一九 ⑨六〇二 ⑪六八・六九・三五四 ⑬三九・一七七 ㉔三二九

紫班綺緒 ⑨六〇九

赤綺緒 ⑪五〇三

赤白斑綺緒 ⑪一二

中紫邊白綺緒 ⑪二六〇

白綺緒 ⑦二一六 ⑨六〇八 ⑪二六〇 ⑫三三三

緑綺緒 ⑦二〇四・二〇五・二〇七〜二〇九・二一二・二一三・二一六(緑は緑カ)・二一九

緑(緑)班(斑)綺緒 ③一・二一六 ⑩七

青綺緒 ⑧一九一

斑(班)綺緒 ②四四〇 ⑧一九〇・五六〇 (経緒以外)

五色綺緒 ㉔三二九

綺帯 ④一四・三五・一二三〜一二六・二〇〇・二〇二・二〇四・二〇五・二八六・二九〇・三二一・三二三 ⑤四三四・四五一・四五六・四五九・六六〇・六九六 ⑦五〜八・一九〜二四 ⑨六〇八 ⑪三五三・三五四・四一九 ⑫三九・四〇・二九二・四七三・四九八 ⑬一七四・一九三・一九五・一九七・二〇八〜二一〇・二三三・四八三・四八五 ⑭一八三・一八四・四〇〇 ⑮八 ⑯三七四・四一五・四一八・四二〇・四二一・四二八・四三三・四三五・四三八・四三九・四四一・四四二・四四四〜四四八・四五一・四五二・四五四〜四五六・四五九・四六〇・四六五〜四七二・五五三 ⑰二一・八〇・八一・八六〜八九・九一・九六・九八・一〇九〜一一一・一二五〜一二八・一六二 ⑱四六一・四六二 ㉓一八四 ㉕二二九・三四七 ㉕一〇・一〇一

紫綺帯 ⑦二二・二三・二四 ⑭四〇〇 ㉕二二九

紫淡綺帯 ④一四

緋綺帯 ④一四 ⑰一二七

赤斑綺帯 ⑰一六一

緑淡綺帯 ④一四
青綺帯 ⑭四〇〇
綵綺帯 ④一四
彩綺帯 ⑭四〇〇
帯綺 ④二九〇 ⑦一二六
綺紐 ⑤六七七
綺綬 ⑧五八〇
白綺帯 ⑦二五
綺白帯 ⑫二九一
緒 ②二五六・五五九・五六〇・七〇七・七一〇 ③五八・一四三 ⑦一〇六・一〇七・一七〇・一七一・一八八・四九六～五〇〇 ⑧一八九・五八二 ⑨三八〇・六一二 ⑩七五・七六・八五・一三一・一六三・一七七・三一五・三二〇・三三一～三三四・三七四～三七七・四四三・六二六 ⑪七・四五・一六〇・一八五・一八九・二六〇・二六一・三四六・三四七・三九〇・四八三・五一二 ⑫一六二・二三五 ⑬一八〇 ⑭一九七・二〇七・二四六 ⑮九八 ㉑五九～七一・七三・七四・七七・七八・八〇～八四・九〇・九二～九四・九六・九八・九九・一〇一・一〇六～一一一・一一三・一一五・一一六・一一八 ㉓一五六 ㉔八三・二七六・三八九・四四三・五一一・五一三・五一四・五二七 ㉕四〇・四三・二〇九
紫緒 ③四一四・五七五・六五〇～六五三 ④六六 ⑦二〇五・二二一 ⑧一九三 ⑨六〇四～六〇六・六一二 ⑪八八 ⑫二八七・四七三 ⑬一四四・一八〇 ㉔二七六・三二九
紫綾緒 ⑦二〇〇
紫斑緒 ④六六(班) ⑬一四三
紫桃子紐緒 ⑧五五九(経紐ではない)
邊小青中既紫緒 ③五 ⑩九
緒邊小青中既紫 ③二一八
下緒五色緒絲緣 ⑦一六九
緋緒 ⑦二〇三・二一三
緑緒 ⑦二二〇 ⑨三六六・六一二 ⑪五五六 ㉔五一一・五一三
淺緑斑緒 ④六六(緑班) ⑬一四四
青斑(班)緒 ③五・二一八 ⑩九 ㉔五一四
橡緒 ④六六 ⑬一四四
経(經)緒 ③五・二二五 ⑦一〇六 ⑨二六二 ⑩九 ⑪七・五三八 ⑬一一一 ㉔三二九・五二七
帯 ④二九〇・二九六 ⑯四一五 ⑰四三・四四・四七・九六・一〇六～一〇九・一二六・一二八 ㉕二四三
緒帯 ⑤四四三
絁帯 ⑪三五四
帛帯 ⑫四七三 ⑰一〇六・一二六
白帯 ⑰一〇五・一〇六・一二七
赤帯 ⑰一〇七
緑帯 ⑯四四一
蘇芳絁帯 ⑯四四一
緋帯 ⑰一二五・一二六
緋絁帯 ⑯四四一
紫帯 ⑰一〇八・一二六
紫斑緒帯 ⑭三九九

## (三) 書法


書法 [2]六二九 [4]一二三・一二四・一九九・二〇一
大小王真(眞)跡書 [4]一九九・二〇三 [25]二二九 ㉕三三
小王書 [4]二〇三 [25]二二九
大王書 [4]二〇三 [25]二二九
羲之書法 [4]二〇四 ㉕一〇
王羲之書法 ㉕九・四〇・八〇
大小王書共半紙背面書 ㉕四〇・八〇
大小王眞跡小半紙 ㉕六五
歐陽詢真跡 [4]一七八
臨王義《(マヽ)》之諸帖書 [4]一七八
眞草書 ㉕六五
書本 [13]三六 ㉕六五
正本 [4]五一一 [23]一二七 [24]五五九
副本 [3]五一二
草本 [5]五四二
草案 [5]五四二
好本 [24]二六八
唐本 [8]三三・一八七 [9]三四七(黃) [11]四四 [17]一六〇

大唐(經) [4]六六(唐)・五一〇 [13]一四・一八一 [25]一九三
唐(經) [8]一九四・三七七
唐書 [10]五五三
御書 ㉕四〇・八〇・一〇一・一〇二
中太上天皇御書 [4]一二四
後太上天皇御書 [4]一二四
皇太后御書 [4]一二四
御書(爲春宮) [7]二六七
親王御書 [7]二五
長官御書 [25]二一〇
長官宮御書 [9]三六五
慈訓師御書 [8]一九〇・一九一・一九二
(所御書) [9]三六五
聖諦師書 [9]三六六
敬俊大德書 [9]三六七
唐僧法進師書 [11]二六一
大唐法進師書 [11]二六二
永金師書 [24]五一〇
書主 [11]四一
山階夲 [3]二二六
藥師寺本 [9]三四二・六一三(藥師寺者爲本)

藥師寺本經 [24]二二二
藥師寺大唐夲 [3]二二九
藥師寺白紙夲 [3]二三四・二三七
大安寺夲 [3]一六二・二三一・二三六 [11]二五八(本)
大官寺本 [7]四八八
大寺之本 [7]一九四
岡寺本 [7]四九一 [8]一九二
角寺本 [7]四九〇
伊吉寺本 [24]二〇六
禪院之本 [9]三四二
元興寺書 [9]三六五・三六六
市原宮夲 [3]一六一
玄番宮御書 [11]三三〇
玄番頭王書(歌林) [11]四七四
石上宅本 [9]六〇五
西宅本 [7]四八九
佐保本 [11]一九二・一九五・一九六・一九九
色紙本 [11]一九二〜一九四・一九六・一九九
古僧頭本 [7]四八六
道濟師本 [7]四九一
玄鏡師本 [7]四九〇

# 五　文　具

審詳師本　⑦四八九
海隆師本　⑦四八九
玄印師本　⑦四九〇
云(玄カ)曹師本　⑦四九〇
證本(夲)　③六四五　④四五　⑤六五九・六六八・六九三〜六九六・六九八　⑨六一一・六一二　⑯四三六・四三八・四四四・四四五・四四九・四五〇　⑰二三・八五・一〇二・一二〇・一三五・一四一　㉕三五・三六
用本　④三二三　⑧一九六　⑦五二一　⑨六〇六〜六〇八・六一三・六一四(大唐和上所)・六一六　⑪二五九・二六〇・四三〇　⑯五五四・五五七　㉔一六六　㉕三五
書本　⑨三六六
證用本　⑰一〇一
證經　④六〇
本(夲)　②二九　④四九九　⑦五二一・二二〇・二二一・四二五・四二六・四三一・四三七・四三八・四四三・四四八・四六五　⑧一九三　⑨三六七・五一三・五一四・六〇二・六〇三・六〇六・六一一　⑩三八一・五五三・六三〇　⑪二五六　⑬二二・三七・一三一　⑯四〇五　㉔一六六・一六七・一七九・一九〇・一九一
本(夲)經(経、経)　③三一　④四五・四六　⑤二八八・六九九　⑦五一・五二・二一九・四四〇・四四一・四五〇　⑧一六七・一九三　⑨三四二・六〇一・六〇二・六〇五・六一〇・六一一　⑪二六一　⑫四一五　⑬九九　⑭一三七・一四一・一四五・一四七・一四八・一五四・一五九・一六〇・一七一　⑮一四・二五・二七・三八・四九六　⑯四三七・四四六　⑰一一・一六二〜一六四・一六六・一六七・一七一・五五五　⑲一〇九　㉓六一七　㉔一六八・一七二・一八〇・一八九・二八〇・六〇七
寫本　⑯四〇五・四四七・四四八・六〇五
勘本　⑰一六一
持經　⑧一九四
書箋　⑨三二九



正倉院文書には写経関係文書が多いことと相俟って、筆・墨・紙など文具類品の記述例がきわめて多い。それが正倉院文書自体の性格をよく示している。

筆は正倉院に、大佛開眼会時使用の中倉35天平寶物筆(㊥Ⅱ10 98)は別として、同じ中倉37筆拾七枚(㊥Ⅱ11〜15 99〜101)があげられる。いずれもいわゆる巻筆形式の雀頭筆である点が、今日の筆とは大きく異なる。筆管には珍材である斑竹を用いるのが多く、なかには更に象牙彫、金銀の飾をつけたのもある。文書中の写経所の筆は、このようなものではなく、ごく素朴な実質的なものであったろう。因みに文書中の狸毛筆は題字用、鹿毛筆は界線用、兎毛筆は全般写字用と区別があった。

墨は、正倉院には、開眼会時の天平寶物墨をはじめ、中倉41墨拾四挺(㊥Ⅱ16 103〜104)を伝える。いずれも舟形で、うち一挺は朱書で「開元四年…」とあり、唐墨と考えられ、二挺は「新羅…」の陽刻銘がある。これら三挺は表面がなめらかであるが、他は粗く、ひび割れが多く、私は倭墨と考えている。因みに唐墨とみられるものは、長二九・六センチで、当時のほぼ一尺で最長である。

研は硯で、正倉院には中倉49青斑石硯壹枚(㊥Ⅱ21 130)がある。いわゆる須恵製風字硯である。

紙は、文書中にみる多くの紙名が具体的に

どのような紙であるのか興味のある点であるが、かつて大沢忍先生が、奈良時代に麻紙と称した紙は上質紙の意味であったらしい、といわれたことが印象に残っている。

今日、正倉院に未使用の紙が多く残っている。中倉45繪紙貳巻（一巻参拾九張、一巻参拾七張）(㊥Ⅱ17 18 106～121)、中倉46吹繪紙壹巻（参拾張）(㊥Ⅱ19 122～125)、中倉47色麻紙拾九巻（一巻百五張～六拾七張）(㊥Ⅱ20 126～129)があげられる。繪紙はやや大判の紙で、刷毛を用いてか飛白風に雲文、鳥獣魚文を描くが、地文のつもりだろう。色麻紙は一巻が凡そ百枚単位で、各色が暈繝風に巻かれた姿になっており、なかには当時の封のついたままのものもある。

北倉3杜家立成一巻拾九張(㊁Ⅰ140、㊁Ⅲ196～228)、中倉32詩序一巻貳拾九張(㊥Ⅰ83～90 235～241)は、それら色麻紙に書かれたものである。また著名な例では、北倉159屏風花氈等帳(㊁Ⅲ86～88)は綠紙であり、北倉160大小王真蹟帳(㊁Ⅲ90～92)は碧紙である。

そのほか北倉158国家珍宝帳(㊁Ⅲ8～84)の本紙は、一紙長さ約九〇センチ近くあり、これは文書にみる三尺麻紙に相当しよう。『国家珍宝帳』記載の雑集(北倉3)(㊁Ⅰ140、㊁Ⅲ98～194)は、同帳に「白麻紙」と記すが、他に全く類例をみない。私見では今日のアート紙のように表面に加工がなされているようにみえる。樂毅論(北倉3)(㊁Ⅰ141、㊁Ⅲ230～235)も、『珍宝帳』に「白麻紙」とするが、これも特異な感じである。背から細い間隔で篦押したとみられる縦筋があり、いわゆる縦簾紙とよぶことがあるが、奈良時代には、そのような語はない。

また金銀塵、金銀薄の紙名に相当すると思われる例は、中倉48綠金箋参張(㊥Ⅱ129)がある。やや大型の花弁形に截った散花用かとみられる綠色紙（やや退色して綠味が少ない）の表面に金塵が散らしてある。この類で著名なのは、京都青蓮院蔵（重文）解深密教（唐貞観二十一年銘）の料紙が色紙の上に金塵が散らされている。唐経ではあるが奈良時代のそれらをしのばす貴重な例であろう。

経巻料紙でいえば、聖語蔵経巻の隋経、唐経、天平経は黄紙が多い。文書中の黄紙が対応する。防虫の意味での黄蘗染紙である。

なお、経巻の仕様を説明する語のなかに、漢手、呉手、百済手、新羅手、唐手、倭手などみるが、これが経巻の本紙の紙質がそうなのか、筆跡なのか、又別のことなのであろうか。

印そのものの遺品は、正倉院にはないが、正倉院文書自体に捺された印影で、当時の実際をみることができる。律令公文書におされた諸国の印、あるいは献物帳に捺された内印など貴重である。これらを集成されたものに木内武男氏の『日本の古印』がある。字体も年代によって変化していることに注意すべきである。

糊は、紙継ぎの場合、大豆糊を使ったとみられる。周知のように紙継は右上、左下で継いでいくが、その糊代は正倉院の文書、経巻をみていると、平均三ミリであろうか。なかには二ミリという例もあった。なかなかの技量というべきであろう。

軸とは、巻子本の芯になるもので、細く丸く削った軸木の上下両端に、珍材の異材をとりつけるか、漆塗をするか、等である。中倉55未造着軸貳百貳拾枚(㊥Ⅱ24 133～138)、その内容は、深浅黄瑠璃端、茶瑠璃端、瑠璃端（紺色）、綠瑠璃端、木端、彩繪端、漆端などである。また、中倉56軸端五拾七具又五拾八隻(㊥Ⅱ24 139 140)は、瑪瑙、瑠璃、水精、木、彩繪、漆塗などである。具とは上下端ペアでそろったもの、隻はペアでなく一個になったもの。いずれも文献の例に応じる。

未造着軸(中倉55)とは、軸木の上下端に軸端は装着されているが、まだ本紙が貼付けられてない、〝軸〟の姿のままである。軸木は凡そ杉材とみてよい。よって知られるように文書中の軸名の諸例は、軸全体がそれで造られたのではなく、軸端がそれであることを示したものである。松田権六先生との雑談のなかで、この頃の棒軸は中程がやや細めてあるということで、注意してみると確かにそうなっている。権六先生の炯眼に恐れ入ったことである。なおこの頃の軸木は後世にみる割軸は、当然まだなく、みな棒軸である。

因みに、『国家珍宝帳』『種々薬帳』の軸端は白檀、『屏風花氈等帳』のは桑木、『大小王真蹟帳』『藤原公真蹟屏風帳』のは緑瑠璃、後者のはややブルーがかる。『樂毅論』は『珍宝帳』記載通り瑪瑙である。

帙は、著名な中倉57最勝王經帙壹枚(㊥Ⅱ25 141)のほか、中倉58竹帙五枚(㊥Ⅱ25 26 141 142)、中倉59華嚴經論帙壹枚(㊥Ⅱ143)、中倉60大乗雜經帙貳枚(㊥143 144)、中倉61小乗雜經帙壹枚(㊥Ⅱ26 144)、中倉62竹帙壹枚(㊥Ⅱ145)、中倉63斑藺帙貳枚(㊥Ⅱ145)などがあげられる。その形式はいくつかあるが、今は略す。いずれにしろ、これらの帙が文献にみる帙類に相当することは疑いない。写経事業の記録が大半を占める正倉院文書であるから帙の記録が多いのもむべなるかなである。

籤は占ともあるので「セン」とよんだろう。正倉院に伝える、中倉65經帙牌拾二枚(㊥Ⅱ146)にみる将棋の駒形が相当する。先掲、中倉60大乗雜經帙二枚には各々それが付着した姿で伝えられ、納められていた経巻名を記す。これが本来の姿である。中倉65の他の一枚は牙製金字であるが、他は黄楊木(つげ)製で墨で経名を記す。中倉61小乗雜經帙壹枚にも牙製がつく。

籤結、丸紐は、籤を帙に取り付ける紐である。

綺、綺緒、綺帯、緒は、それぞれ巻子本の褾につく巻紐である。『珍宝帳』記載の御書類にはそれぞれ「綺帯」とみる。凡そ、細い平紐である。帯という語は広義で何の帯かということが問題だが、ここでは巻子本の巻紐と思われる例を集めて掲示した。

書法、つまり手本、あるいはそうした雰囲気のものを掲示したが、これらを掲示した理由は、かつて石田茂作先生が奈良国立博物館長の折、正倉院展で『樂毅論』が出陳され、先生は『珍宝帳』の「御書」の意は、「御蔵書」の意味ではないかと述べられたことがあった。いま文書中の「御書」の例をみると、当時の感覚としては、〝蔵書では〟という石田先生の考えに分があるように感じられるのではないか。

# 六　調度

## (一)　厨子・机・坐具など


厨子　②六四一　③五六七・五七三・五九二・五九三　④一二三・五一四　⑤六七二・六七九・六八一　⑫二四三〜二五一・二六五・四五七・四五八・五二三・五二六・五三〇・五三五・五四〇　㉕三四・五九・一〇四・一二三
(赤柒文欟木古様)厨子　④一二三
赤柒欟(欟)木厨子　④一三〇(百濟國王義慈)　㉕四一
赤柒文欟厨子　④三九五
赤柒綾欟厨子　㉕四〇
綾欟木厨子　㉕八一
采色厨子　③五七四
粉厨子　④一〇六
沉厨子　⑦二一五
漆塗厨子　㉕五九・八〇
棚厨子　㉕八二
淺梲木厨[子]　㉕一〇五
東第二厨子　⑫五三〇・五三五
東第三厨子　⑫五四〇
南厨子　㉕六
西二厨子　⑫四五七・四五八
西三厨子　⑫四五八
北厨子　㉕六
采色六宗厨子　③五七一
花嚴厨子　⑫二九〇
一切経厨子　④二三〇
(文欟)厨子料　⑤六八一
(綾槻)厨子料　④五一四
(班竹)厨子料　④五一四
(粉)厨子料　④五一四
厨子(床子)　④五一四
厨子覆料綵帛　⑬二一三
厨子覆(覆)　⑪四七　⑬二一三
厨子覆紐　④二三〇
厨子(褁衾)　④五一四
⿰亻咸(厨子)(表錦　裏紫纈)(表紫地錦　裏緋腸纈)　⑤六七九
厨子帳　③五六六(悵)　②二四二
厨子彩色帳　③五六六　⑫二四二
厨子畫听　③五九二
厨子听　③五七二　⑬一〇九
厨作所　⑮三二六
棚　⑫四五七・四五八・五二三・五二六・五三〇・五三五・五四〇
二棚南　⑫四五八
第三棚北　⑫四五七
第四棚南　⑫五四〇
第五棚南　⑫五三〇
第五棚北　⑫五三五
杌(机)　②三四四・三五〇・五九三・六〇一・六〇三・六一一・六四〇・六四

二・六四七 ③六三七 ④八九・一〇六・一七〇・一七六・四一二・五一二〜五一五 ⑤一三八・三八三・四九六・五二〇・五三五・六七二・六七五・六七八・六八〇・六八一・六八三 ⑥一一一・二五三・三八六・四五八・四六七 ⑦二五八・二六二 ⑧二一六・二三三・二八五・五七八 ⑨六〇五・六一二 ⑩二七〇 ⑪三七一・五二八 ⑫二六五・二九〇・四三二〜四三四 ⑬四六・九一・九六・一七四・一九四・一九五・一九七・二〇〇・二〇八〜二一一 ⑭三三二 ⑮六四・二三四・三〇八・三〇九・三一七 ⑯二一一・二四二・二五三・二六一・二六二・二六八・三一六・三七七・三七九・三八三・五六三 ⑰二四・三四・三五・三七・四〇〜四四・四八 ⑲二四六・三三〇 ㉑二三六 ㉓六一七 ㉔一〇・二三四・三二八 ㉕三九・二五三・二五四 ㉕四九・八四・一〇九・一二五・一三七
榻(搨)叾(足)机 ④一七〇 ⑤五二〇 ⑫四三三 ⑬一七四・一九七・二〇〇・二〇八〜二一一 ⑰二四 ㉕一〇九
搨足座机 ⑫四三四
搨叾 ④三九
榻 ②六一二 ④九六 ⑤六七二・六七九 ㉕一四〇
樫榻叾机 ④一〇六
白木榻叾(足)机 ⑤六八〇 ⑯三七七 ⑰三四・三五・三七・四〇〜四四・四八
白木榻 ③五七八 ⑤六八〇
柒涅榻足机 ⑬二一〇・二一一
白木机 ⑤四九六 ⑩二七〇 ⑫二六五 ⑬四六
白木(机) ⑦二六二 ⑬九一・九六
白木猫足机 ⑯三八三
黒木机 ⑯二四二
柒机 ⑫二九〇 ㉔三二八
柒(机・杋) ⑤六七五・六八〇・六八一 ⑦二五八・二六二 ⑬九一・九六
柒塗机 ②六〇三 ④五一五 ⑨六〇五
樻座柒机 ④五一二
長机 ①三九五 ⑥三八六・四五八 ⑲三二〇 ㉔一〇(長)
短机 ①三九五 ㉔一〇(短)
案机 ②五九三 ④五一三
安几 ②六四二
座机 ⑥一一一 ⑯三三六(坐) ㉕三九
書机(杋) ⑥二五三・三八六 ⑯五六三 ⑲二四六・三三〇
畫杋 ⑥四五八
校書長机 ⑥三八六・四五八(校畫長杋) ⑲三三〇
文机 ㉕一二五・一三七
居机 ㉕四九・八四
繪机 ⑮二三四
叾(足)别机 ③六三七・六五〇 ⑨六〇五・六一二 ⑪五二八 ⑫四三二〜四三四 ⑬一九四・一九五・二〇九・二一一
足利卑机 ⑪一六六
菜備前机 ㉕二五四
門机 ㉕二五三
杋(机)板 ⑤四一・七〇・一一六・一一九・一三七 ⑮一四四・一四八・一五一・二六二
机叾料材 ⑤四一 ⑮二六二
作机料 ⑯三七九
杋叾木 ⑤一一六・一一九
机敷物 ②六四〇(表緑裏淺緑 表緑裏布

錦褥　紫羅）
机帯（緑、紫、縹、帛）　②六四〇
紫羅複帯（花机）　⑤六七八
長椅　②六一二
坐（坐）具　②五九七・六四一
紫結幡　②五九七
赤錦　②五九七
紫綾　②五九七
表緑綾裏赤綾　②五九七
表碁磐科子錦裏赤錦　②五九七
表雲幡裏縹　②五九七
橡在中氈　②五九七
紅染　②五九七
圓座　①六四二（坐）　②三四四（座）・三五〇（坐）　⑤二〇四（坐）　⑧二一六（坐）　⑮一八三　㉔二三四
牀敷料（経師等）　②一五五
織絨　②六四四
（高麗）織絨　②六四四
八部　②五九五
魯人者　赤毛　②五九五
高麗八部　②六四一

氈　②五九四・五九七・六四四　⑯二七四
花氈（氈）　②五九五　③五八〇　④一七八
（儛遝）・一八九　㉕三一
靴氈　③五七九
緋氈　③五八〇
悪氈　②六四四
吉氈　②六四四
□裁氈　③五八〇
織氈　②五九四
疊（疉）　①三九五　②四九一・六一一　③五三八　④四〇七・四一二・五二五・五三八　⑤一九六・二九八・二九九・四一二・四三九・五二四・五二五・六七三・六七七・六八二　⑥三〇三・四六五〜四六七・四八二　⑦二五八・二六二　⑧二一七・二一八・五七九・五八〇　⑨二　⑪四六三　⑫二三八〜二四〇・二四二　⑬九一・九六　⑭三〇〇　⑯一三・三九・六七・二四三・五二〇　⑰九　⑳三二一・三三三　㉑二三四〜二三六　㉔三一八　㉕一四一
御疊　㉕三五・五一・八三

錦端　㉕五一
黑地錦端疊　㉕一〇九
堂疉　⑤六八二
短疊　①三九五　④四一二　⑤六七七　⑮一八九　㉕一四一
長疊　①三九五　②六一一　③五三八　⑫二三八〜二四〇
錦端　②六一一
緑端　②六一一
黄端　②六一一
紺布端　②六一一
白布端　②六一一
折薦　②六一一
半疊　②六一一
錦端　②六一一
紫端　②六一一
緑端　②六一一
黄端　②六一一
白布端　②六一一
折薦　②六一一
剌疊　⑥四八二
疉剌料　⑥三〇二
疊刺　⑯三九〜四一
牀子小疊　㉕一二四

(疊・疉)折(析)薦(薦)　④五二五・五三八　⑤四三九　⑦二五八・二六二　⑬九一・九六
折薦(薦)疊(疉)　④四〇七　⑥二二一・三〇三　⑧五七九　⑭三〇〇　⑯一三・五二〇(四重折・三重折・二重折)　⑰九
羽薦疊　⑰九
調葉薦疊　⑤四一二
葉薦(疊)　④五二五・五三八
白端疊　⑧二一八
白端(疊)　⑦二五八・二六二　⑬九一・九六
緑端(疊)　⑤六八二
緋端疊　⑥四六五　㉑二三四・二三五
緋端(疊)　⑥四六六
繧(繧)繝端疊　⑤五二五　⑥四六七　⑳三二三　㉑二三六
繧(繧)繝端(疊)　⑤五二四　⑥四六六　㉑二三五
繧(繧)繝端短疊　⑥四六七　㉑二三六
充經師等疉帳　⑪四六三
蓆(席・廗・薦)　②五七六・六一一(廗)　③五三八　④五六・一一三・二二一・二四九・五二七　⑤二〇四・二〇八・二九八・二九九・三一〇　⑥五三・一二一　⑧二一八　⑨三〇〇　⑪四六三　⑫二三八〜二四一　⑭四二三　⑮一八三・一八六　⑯六七・一〇七・一二二・一二九・三八六・五二〇　⑰五七　㉔二四二・三二八
前蓆　⑫二四〇
長蓆　①三九五　③五三八　⑧二八五・五七八(席)
蓆長　⑧二一六
長(廗)　㉔二四二
長席　①三九五
短蓆　⑧二一七
拉(廗)　㉔二四二
廣席　③一九六
狭席　③一九六
四尺(廗)　③五三八
庯蓆　②一四
葛(葛)野廗　③一九六(席)　④五二五(蓆)・五三八(蓆)　⑥八九・二五四・三〇二・三八八・四五九・四八二・五〇五　⑭四二四(廗)　⑯二四三・三七九　⑱五　⑲二四六(蔕)・三二〇　㉑五一九(薦)
葛濃廗　⑯五一九
(葛野)廗　⑯三八六
若蓆　②五七六
(古)廗　⑯三八六
褁廗　⑲一二五
薦　⑮二二一
前薦　⑤三一〇　⑩三〇八(薦)　⑭三四八(鷹)・四二六・四三〇　⑯一〇七・一二三・一二九　⑰二四〇
折薦　②六一一(鷹)　④五六・一一三・二二一・二四九・五二五・五三八　⑤二〇四・二〇八・三一〇・三一三・四三九　⑨三〇〇(薦)　⑮一八三・一八六　⑯一〇七・一〇九・一二三・一二四・一二九・一三〇・二四三・三七九　㉑五一九　㉔三二八(薦)
立薦　①三九五　⑦二六四(薦)　⑯一三
調葉薦　⑤三二八　⑯七九・九四・一二一・一三〇・三七九
葉薦　④五二五(薦)・五二七・五三八　⑤四三九(薦)　⑥三〇二・四八二・五〇五　⑯二四三　㉑五〇八・五二〇
羽薦　⑯五二〇(薦)　⑰九　⑳三二一

蒲薦　②六一二

俵薦　③五三八　⑬三四九（薦）　⑮三〇　⑯四七八・四八七

下緸藺　⑮一四二

箐（簀・箐）　①三九五　②一七三　④五六・一一三・二二一・二四九　⑤二〇四・二〇八・二九八　⑦二六四　⑧二一六・二一七・二八五　⑮一八三・一八六・三七六　⑯一三・六八　⑳三二二　㉔三五・三六・二四二

置（罝）箐（箐）　⑤二九八・三〇〇　⑯六八　㉕一五三（簀）

貫箐　⑤六七七

小箐　⑮三七六

串箐　②六一一

覆串箐　㉕一四二

播（橎・憣・幡）磨簀（箐・箐）　⑤二五九　⑥二五四・三八八・四六〇　⑧二八五　⑭四二三　⑯五一九　⑲二四七・三二〇　⑳五〇三

黒葛編箐　②六一一

簀料（笑）　㉔三五

簀緒料（練糸）　㉔三六

床　②六一二　⑤六七二・六七六

呉床　⑯一〇

床子料板　①五五九

床子　㉕一二四

蓑　②六一二

枚床　②六一二

指床　②六一二

長指床　②六一二

御床　④一七〇　⑯二八三　㉕一五・三五・五〇・八三・一〇九

講讀師坐床　①五八一

織物御形座料　⑯五九〇

御牀（牀）　㉕三七〇・三七一

柒牀　⑪三九〇

茵　㉕一二〇

苫　①三九五　⑮三七六　⑯一三・五二〇

簾　⑥二一二・三六八

簏　②六四七

白練綾大枕　④一七〇　㉕一四・三五・四八・一〇九

夾纈羅帯　④一七〇　㉕八三・一〇九

畫龜甲枕（枕）　②六四六

白帛綾大軾　㉕八三・八八

軾　④一七〇　㉕一四・一五・三五・四八・八三・八八・一〇九

御軾　④一七〇　㉕一四・三五・四八・八三・八八・一〇九

紫地鳳形錦（御軾）　④一七〇　㉕八三・一〇九

長斑錦（御軾）　④一七〇　㉕八三・一〇九

紫檀木畫挾軾　④一七〇　㉕八三・八八・一〇九

紫檀木畫夾纈軾　㉕一五・三五・四八

白羅褥（紫檀木畫挾軾）　④一七〇　㉕八三・一〇九

脇息　②六四二

白石鎮（鎮）石　④一三〇　㉕三七・四二・五九・六二・八〇

師子・師子形（白石鎮（鎮）子）　④一三〇　㉕三七・四二・五九・六二・八〇

牛・牛形（白石鎮（鎮）子）　④一三〇　㉕三七・四二・五九・六二・八〇

兎・兎形（白石鎮（鎮）子）　④一三〇　㉕三七・四二・五九・六二・八〇

青班(斑)鎮石 [4]一七九(青) ㉕二一・二七・五〇・八三・一一三
鎭子 ㉕六一

## (二) 鏡

鏡 [1]五六一・五六三・五七五 [2]五九〇・六三四 [3]五七九~五八一 [4]一二八・一五八~一六〇・四六三・四六八・四七〇・五一四・五二七・五三二 [5]一六〇・一六三・一九七・一九九・二〇一・二〇七・六八一 [15]一七七 [16]二二六・二五六・二六六・二七二~二七四・二七九・二九四・五七五・五七六 [24]四一 [25]四四~四六・四八~五二・三一一・三一六・三一八・三七〇 ㉕四四~四六・六六・七三・七四・八九・九五~九七・一〇六・一〇七
御鏡 [4]一五八 [5]一六三・一九七・一九九・二〇一・二〇七 [15]一七八・一八二・一八三・一八五・一八六・一八九・二一三・二二八・二四六・二八九・三六七・三七一・三七四 [16]二四五・二四七・二四九~二五二 ㉕一三・三七・七三・一〇六
五四寸鏡 [3]五八〇 [25]四六
五六寸鏡 [3]五七九 [25]四六・四八
徑六寸已下 五寸已上 [25]四九
七寸已上 五寸已下 [25]四五
八寸鏡 [3]五八一
一尺鏡 [5]一六〇 [15]一七七
徑一尺(鏡) [15]一八六
徑一尺五寸(鏡) [16]二五六
徑二尺一寸七分已下九寸二分已上(鏡) ㉕一三・三七
小鏡 [4]五一四 [25]四四
雜小鏡 [2]六三四
鐵鏡 [2]六三四
白銅鏡 [2]五九〇
方鏡 [2]六三四 [24]四一
圓鏡 [2]六三四 [4]一五八~一六〇 [24]四一(員は圓ヵ) ㉕四四~四六・六六・七三・七四・八九・九五・九六・一〇六・一〇七
八角鏡 [4]一五八~一六〇(角) ㉕四四~四六・六六・七三・七四・八九・九五・九六・一〇六・一〇七
花鏡 [2]六三四 [4]四七〇(花) [25]五一
花形(鏡) [2]五九一
漫背(鏡) [4]一五六 ㉕一〇六

背无文 ㉕七三
裏海磯形 [2]五九〇
山水花虫背 [4]一六〇
山水虫形 ㉕七四
山水鳥鏡 ㉕六六
鳥花背 [4]一五八 ㉕一〇六
花鳥背 [4]一六〇 ㉕一〇七
花鳥鏡 ㉕六六
鳥花形 ㉕七三・七四・一〇六
[雲]鳥背 [4]一六〇
雲鳥鏡 ㉕六六
雲鳥形 ㉕七四
鳥獣形 ㉕七四
鳥獣花(花)背 [4]一五八～一六〇 ㉕七三・一〇六
鳥獣花鏡 ㉕六六
裏禽獣形 [2]五九一
蟠龍背 [4]一六〇
龍形 ㉕七四
龍背 ㉕一〇七
柒背 [4]一五九
背柒塗 ㉕七四
平螺鈿背 [4]一五九 ㉕一〇六・一〇七
背螺細(鈿) ㉕七三・七四

柒背金銀平脱 [4]一五九 ㉕一〇六・一〇七
柒塗、背金銀平文 ㉕七三
寶鏡 ㉕九七
埝御鏡背文 [5]一九七
作御鏡形 [5]一九九
鏡形 [16]五七五・五七六 [25]三七〇
鏡花 [16]二七三
鏡臺 [2]六四六
鏡懸絲 [2]六四六

(鏡の帯・緒)
紅羅繡帯 [4]一五九
緋絁帯 [4]一五八～一六〇 ㉕一〇六
紅羅錦緒(鏡) ㉕七三
緋緒 ㉕七三・七四
緋綾緒 ㉕七三

(鏡の箱)
八角榲匣 [4]一五八・一五九
八角榲木櫃 ㉕七三
柒皮箱 [4]一五九・一六〇
柒箱 [4]一五九
柒木匣 [4]一五九

緑綾箱 [4]一五九
緑縫綾箱 ㉕七四
柒涅革莒 敷緋綾褥 ㉕六六
柒塗草箱 ㉕七四
草箱 ㉕七四
緋綾襯(柒皮箱内) [4]一五九・一六〇
(仏堂用とみられる鏡、「八 佛具」㈤幢・幡・蓋項参照)

## (三) 筥・箱・函・匣・合子類


莒(筥) ①六三四 ②九〇・一〇一・四四〇・六〇三・六〇四・六四二 ③五四九・六〇八 ④一〇七・一九九・四一四・四三四・四三八 ⑥四六七 ⑧二二一・二二三・二八五・三三六・五六〇 ⑨六五・三四五・五九九・六〇四・六〇五・六〇八 ⑩五五三 ⑪一六六・三五三 ⑭三一八・三八一 ⑮二三三 ㉑二三七 ㉔五〇九 ㉕四八・六五・六六・六八・一一八・一二〇・一二一～一二四・一三五
小(少)莒 ⑨三四五 ㉕一一八
草莒 ②六四二 ③六〇八 ⑧三三六
草白筥(莒) ②四四〇 ⑧五六〇
柒草莒 ④一〇七
白葛莒 ④一九九
黒葛莒 ⑨六〇五
黒葛白莒 ③五四九
白黒葛莒 ④一九九
柒不塗黒葛筥 ⑪一六六

漆黒葛莒 ④一〇七
楊莒 ④四三四・四三八
埍 ④四三四・四三八
樫莒 ②六〇三
木地莒 ㉕一二〇
皮莒(筥) ②六四二 ④四一四 ⑭三一八 ㉔五〇九・五一〇
柒(塗)皮莒 ③五四七 ④九一
塗皮莒 ㉕一二〇
繪帒形皮筥 ⑮二三三
革莒 ㉕四八
柒塗革莒 ⑨六五
柒涅革莒 ㉕六六
塗莒 ㉕一二〇
小柒塗莒 ⑨六〇八
柒涅(筥) ②六〇四
銀平文革莒 ㉕六八
銀薄平文莒 ㉕六五
白小莒 ⑨三四五
白莒(筥) ②四四〇(草)・六〇四 ③五四九(黒葛) ⑧五六〇(草) ⑩五五三
様々莒 ㉕一二二
雑々白莒 ㉕一二二
真莒(交易進上) ②九〇

被莒 ①六三四
細莒 ㉕六五
覧莒 ㉕一二三・一二四
花筥(莒) ⑥四六七 ㉑二三七 ㉕一二三・一二四
入花莒 ㉕一二三
大花莒 ㉕一二三
目録筥 ㉕一三五
柒塗机莒 ⑨五九九
漆涅木莒 ⑨六〇四
筥(莒)敷料 ⑧二二一・二八五
(筥方・筥形、「二 食料・食用具」㈣碓・箕・中取・食薦など項参照)
莒陶司 ②四〇九 ⑤一〇四
葙(箱) ②四五八・六〇四 ④一二三・一二四・一二六・一二八・一五九・一六〇・一七六・一七八・一九九・二〇一・二〇二・三九五・五一二・五一四・六七二・六七九・六八〇・六八二 ⑨三六六 ⑪五五七 ⑫三九 ㉕三一・三七・四八・七四・八三・八五・八八・一〇二・一〇三・一一三・一二〇・一二一

草箱 ㉕七四
白葛箱 [4]一二四・二〇一 ㉕一〇二
白柳箱 [4]一二八 ㉕一〇三
斑藺箱 ㉕一一三
柳莒 [2]四五八
畫木莒 [5]六七二・六八〇
革箱（莒） [2]六〇四 [4]五一二・五一四
[5]六七九・六八〇 [9]三六六 ㉕八五
小皮箱 [4]一二八 ㉕一〇三
柒塗莒 [11]五五七 [12]三九
柒塗草箱 ㉕七四
柒皮箱 [4]一二三・一五九・一六〇
柒革箱 [4]一七六 [9]三六六
綠綾嚫莒 [4]一五九
綠縫綾箱 ㉕七四
平脫箱 [4]一九九
銀平脫箱 [4]一二六・二〇二
銀平脫梳箱 [4]一七八 ㉕三一・三七・四
八・八三・八八・一一三
楊花莒 [5]六八〇・六八二
花莒 [5]六七二
封箱 [4]三九五
丸箱 ㉕一二一
大鏡箱 ㉕一二〇

丸蓋 ㉕一二一
織柳莒手 [2]四五八
函 [1]五九一 [8]一九二
凾 [22]五七
白木函 [4]七四 [13]三
白木書函 [8]一九二
白檀函 [9]六一二 [13]二三
綾櫬函 [9]三四五
柒函 [7]一四四 [8]一九〇 [12]二九〇 [24]
二七六
柒小函 [3]一九二 [9]六〇四
柒塗小凾 [9]六〇八 [12]三八九
繪柒函 [4]一〇八
封函 [1]五九六
匣 [2]五九〇・六四一 [4]一五八・一五九
八角榲匣 [4]一五八・一五九
柒木匣 [4]一五九
匣（白銅） [2]五九〇
四角機匣 [2]六四一
奩 [4]三二 ㉕一一三
白銅奩 [1]五七八

犀角奩 [4]一二八・三九五
器 [2]五九〇 [3]五四七（噐）（文書中では
器とは、食器を意味するようで「二
食料・食用具」㈡食膳用具項に置いた
が、これは別とする）
犀角噐（器） [4]一七二 ㉕一五・三八・四
二・七五・九〇・九四・一〇九
合子 [2]六三四 [4]一三〇・一七四・一九
〇 ㉕二七・二九・三六・四〇・四
二・四七・五九・七九・八〇・一〇
四・一一二・一二三
金埿・銀・白銅・木（各合子） [2]六三四
銀平脫合子 [4]一三〇 ㉕三六・四二・五
九・八〇・一〇四
壺合子 ㉕二七
莒陶司 [2]四〇九 [5]一〇四

## (四) 槙・明槙・折槙・辛槙など

槙 [1]五八一 [2]一二三・四九一・五五六・五五七・五五九・七一四 [3]一五六・五三九〜五四二・五九七・六四四 [4]一四〇・一四二・一四四〜一四六・一四九・一五一〜一六〇・一七三・一七五・一九四・二四九・五一三 [5]八七・八八・二八八・二八九・四三三・四三四・四五六・五三九 [7]一九七〜二〇〇・二〇四・二〇七・二一二・二一四・二二五・二二七〜二三〇・四九三〜四九六・四九八・四九九 [8]一七二・二一八・三七六・三七七・五七六・五七七・五八〇 [9]六六・七一・二一五・二二六・三四四・三四五・三七八・三八二・四二二・四三二・四三九・六〇八 [10]七五・一一六・一一七・二七八・三八二・四四五・六五〇・六六〇 [11]四三・四四・四六・四七・一七六・三四六・三五四・五六二 [12]二〜四・三九・九九・一〇八・一四二・三一〇・三五八・四五九・四七四・四七五・四七七〜四七九・四八一・四九七・四九八・五〇八・五一〇・五一二・五一四・五三七 [13]一八一・一八四〜一八七・二〇八〜二一一・二一七 [15]五二・五九〜六二・二四三・三七六 [16]二一・一三一・四三六・四四九・四五一・四五五 [17]二六・二七・三一・三三・三五・三七・四〇〜四四・四八・五三 [21]二三八・二三九 [23]一〇八 [24]一六三・一六八・一七七〜一七九・一八四・一八七〜一八九・一九四・一九七・一九九〜二〇二・三三〇・三九〇・三九一・四〇八・五九〇・五九八 [25]三五・三八 ㉕二六

小槙 [3]八・二二九・五四七・五五三 [4]五二八 [5]一〇三 [10]一〇・五五三 [15]四七〇 [16]四九七 [19]一三一 [25]二六七 ㉕一三三

明(明)槙 [2]四九三 [3]八・一九三・二二九・五九七 [4]三二・五六・一一三・二二一・二四九・五〇四・五〇五・五二五・五三五・五三八 [5]一二四・一六〇・三一九・三二三・三三〇・三七三・四三五・四四〇 [6]八六・一〇一・一九四 [8]一八九・一九三・一九六 [10]一〇・二六七 [11]四・四八・一六〇・三五三 [12]二八八・三三五・四三三・四三四 [13]一一五・一九四・一九五 [14]四二六・四三〇 [15]三一五・三四六・四六四 [16]八五・九五・九九・一〇二・一〇五・一二三・一二六・一二八・一三三・一三五・二四三・三〇四・三八〇・四九六 [17]八・二四一・二四六・二九四 [18]二・一七・三二 [20]三三 [22]五七 [24]二七六・四八五 [25]一五三・三〇四・三〇五

小明槙 [3]六三七・六五〇 [4]四三三・四三七 [5]二九四 [6]一五五・一七四・二五三・三八六・四五七 [9]六〇五・六一二 [11]五二八 [12]四三二 [13]一五六 [14]三三八・三四四 [15]六六・一四二 [16]六三・八二・一〇四・一二五・三〇四・三八〇・四六九・五〇九・五二七・五六五・五八四 [17]二三七・二四〇・二四二・二四四・二五四・二八

五・二八八・二八九・二九六・二九九 ⑱五八七 ⑲二四六・三二〇 ㉑五〇八・五一一

中明櫃 ⑤三二五 ⑯八七・一〇〇・一二七・三〇四

大明櫃 ⑥三七六 ⑯三〇四・三八〇

折櫃 ①六四一 ③八・二一九・五〇九・五三七 ④五六・一一三・二二一・二四九・五〇九・五二五・五三五・五三八 ⑤八七・八八・一〇四・一二四・一五五・一五六・一六〇・一七一・一七五・一八一・一八三・一八四・二九七・二九九・三一〇・三七三・四四〇 ⑥二五三・三八五・四五六 ⑩一〇 ⑪五二二 ⑫二三八〜二四一 ⑭三〇七・四二五・四二六・四二八・四三一 ⑮三一五・三四六・四六四 ⑯六七・一〇四・一〇七・一二三・一二九・一三〇・一八八・一九九・二四三・二九五・三八〇・四九六・五一三 ⑲二四六・三一九 ⑳二二五・三二二・三二三・五〇三 ㉕一五三・二七三・三五七

長折櫃 ⑥二五三・三八五・四五七 ⑲二四六・三一九 ⑳二二五・五〇三 ㉕三五七

白折櫃 ⑩五五三

倭櫃 ②六一一

辛(辛)櫃 ①三九五 ②三〇(柒、白)・四九三・四九四・五一〇 ③八・一九三・二一九・六〇七(柒) ④一〇六(繪黒柿色、白木)・一九一・二六三・二八〇・五〇四・五〇五 ⑤二八八・二八九(柒、白木)・二九八・三〇五 ⑥五(白木、柒塗)・五一・一一一・二四九(塗柒、白木)・二五一(柒、白木)・三八四・三八五(柒塗、白木)・四五五・四五六(柒塗、白木)・五〇一(柒塗、白木) ⑦一一五(百櫃は白櫃ヵ) ⑧一九一・二二三・五八〇 ⑨二・三・六七・四五〇 ⑩一〇・二六七・四四五(辛櫃散)・五四二・六二六 ⑪四・七・四七 ⑫四二八・四二九・四三四 ⑬一二(塗柒)・一九七(柒塗)・四九一 ⑭二二(柒)・二四三・三八三・三八四 ⑮六〇・六二・六七・二五〇・二五一・二九二 ⑯一一・六七・七二・七六〜七八・八〇・三七七・三七八・三八一・四二一(柒、白木)・五一五・五七一・五七二・五九〇 ⑰三四(塗赤柒、白木)・一五五(白木)・一五七(白木)・一五八・一五九(柒泥、白) ⑱一一三・四五四 ⑲一二四(柒、白木)・一二七(塗漆、白木)・一二八〜一三〇(各同上)・一三一(柒塗、白木)・一四四(塗柒、白木)・一四六(柒、柒塗、白木)・一四七(柒、白木)・一四八(柒、柒塗、白木)・一四九(柒塗、白木)・一五〇(白木) ⑳二二三・二二五(柒塗、白木)・三二三 ㉔三一八・四八五・五二七 ㉕六一・一二一・三〇四・三〇五・三五五・三五七(柒塗、白木) ㉕一一九・一二〇・一二二〜一二四・一三〇・一三五

小辛櫃 ㉕一三三

大辛櫃 ⑤三五 ⑮一三九 ㉕一四〇(柒塗)(柒涅墨繪)

白木辛櫃 ④一八九 ⑤三〇〇・三〇六・五二〇 ⑥二五一・五〇二 ⑯三七七・四四二・四五七・五七二・五七八

[17]一五六・一五八　[19]一二四〜一二六・一二八・一二九・一五〇
赤染辛櫃　[5]四四三
赤柒辛櫃　[17]二四・七二
柒塗小辛櫃　[3]六二二　[11]一六五
柒(漆)塗辛櫃　[9]三四五　[11]二五五　[15]六〇　㉕三九・一四〇
柒涅辛櫃　[7]二五五　[13]二〇九〜二一一　㉕二
漆《マヽ》柒辛櫃　[15]六一
柒辛櫃　[3]五九六(着足无鏁)　[5]四九六　[9]六一四　[10]二七〇　[12]三三五・三九〇・四三三　[13]一七四・二〇〇・二〇八　[16]四二〇・四四七・五五二　[17]一五六・一五七
黑(漆)辛櫃　[16]五八一
繪辛櫃　[13]四六　[16]四五九・四八二
繪黑柿色(辛櫃)　[4]一〇六
柒塗文欟小辛櫃　[3]五七八
黑繪韓櫃　[25]三六五
墨繪辛櫃　㉕一四三
韓櫃　[1]五九二　[2]三四三・六〇五・六四一　[3]六〇七　[4]八六・八九・一九四・五一六　[5]六七五(白木)　[6]三五七六　[8]二一七　[10]六五四　[11]二一七(塗漆、白木)・二五三(柒塗、白木)・七　[12]二〇三・四三一　[13]二三三(塗柒、白木)・三六七　[15]六七　[16]三二四(鐶料)　[19]二四六(柒塗、白木)・三一九(同上)　[23]一六八　[24]二三四　㉕五・三四・七一・七四〜八〇・八二〜八四・八八〜九一・九四・九五
白木韓櫃　[5]六七三・六七八　[11]一六九
柒(漆)塗韓櫃　[10]二八一　[11]四九九
柒(漆)韓櫃　[3]六〇七・六〇八　[4]三九　[5]六七三・六八〇　[10]二八〇　[12]四三二　[15]五二
柒塗着足韓櫃　[12]三三五
白木櫃　[6]四　[17]一九五
櫃(白木)　[17]四三・四四・四八
黒柿櫃　[5]六七五・六八三
黑林櫃　[8]一九〇・一九一
赤櫃(経櫃)　[4]五一二
赤櫃小櫃　[2]六四一
柒櫃　[4]四三・九六・一二三・一七〇・一七一　[13]一九六　[14]二七六　㉕一〇九
塗柒櫃　[17]一九五
漆塗櫃　[10]六六三
柒小櫃　[4]一五三　[16]三八三
柒持櫃　[12]三八六
赤柒櫃　[4]三三七
櫃(塗赤柒)[17]三五・三七・四〇〜四二
小赤櫃　[11]二五五
赤柒金銅釘櫃　[4]三九四
塗赤柒小着足櫃　[9]六〇九
繪櫃　[3]六五〇　[16]五七九
染小書櫃　[8]一九三
小櫃　[15]三一一　[19]一三二　㉕一三三
小鏁櫃　㉕一二一
大唐櫃　㉕一二八
唐(啓)櫃　㉕一一八・一三六
疏公文櫃　[24]三六〇
(經櫃・佛櫃、「八　佛具」㈠經机・香花机・經嚢など項参照。)
八角榲木櫃　㉕七三
赤柒小櫃　㉕四九　一三九
赤漆小辛櫃　㉕八四
赤柒六角小櫃　㉕四九・一三九
赤漆六角小韓櫃　㉕八四

赤柒八角小櫃　㉕四九・一三八
赤漆八角小辛櫃　㉕八三
赤柒文欟木小櫃　㉕五〇・八四(梘)・一三八
墨畫櫃　㉕一四二
繪御飯櫃　[15]二三四
小韓櫃　㉕八三
小辛櫃　㉕一三三
六角小辛櫃　㉕一二〇
八角大辛櫃　㉕一二〇
塗辛櫃　[11]二五五
黑柒小辛櫃　㉕一二〇
木繪辛櫃　㉕一四三
白木小辛櫃　㉕一四二
錦押辛櫃　㉕一二〇
持櫃　[15]三七六
香櫃　[5]六七三・六八一(在鑯)緘(表紫、裏緋破)
玉幡櫃　[24]四一
千部櫃　㉕七
衣服櫃　[15]三一三
片合櫃　[4]五一四
小鏁櫃　㉕一二一
新淨櫃　[14]三三二

西櫃　[15]四六三
校生櫃　㉕七
公文櫃　[12]四〇　[13]一一五(東)　[14]二四三　[24]三六〇
圖書寮櫃　[4]三五一　[14]二七六(畾)
敷櫃料　[15]五二・六一・六二
弓櫃　[4]一九四
矢櫃　[4]一九四
細櫃　[4]一四一　㉕一〇六・一二八
細長櫃(杖刀)　㉕八二
大唐櫃　㉕一二八
班竹床子(櫃座)　[4]五一二
(櫃料)花形釘　[1]五八一
　手取(固)釘　[1]五八一
　後塞　[1]五八一
韓櫃打立　[5]三四一　[16]二三一
辛櫃打立　[16]二三九
韓櫃鐶　[16]三二四
(辛櫃)坐莒形　[11]七
櫃座柒杌　[4]五一二
櫃裹衾　[4]五一二
櫃鈎　[4]五一二
韓櫃帳　[1]六〇五

持櫃夫　[15]五九・六〇・六二
御櫃長舎人　[15]五九
御辛櫃長舎人　[15]六〇・六二

## (五) 帳・帷・覆・褥・幌・幕

(帳・覆・褥・敷布には佛具の類もあるが、便宜上みなここにおく)

帳(帳) [1]五五三・六三四 [2]三〇・五九六・五九八〜六〇一・六〇七・六〇八・六四四・六四五・六四七 [3]三五一 [4]四七四・五〇四・五〇五 [5]四四三・六七五・六七六・六八二 [6]四六五〜四六七 [7]二五七・二六一・二六三 [9]二九九 [11]四七 [12]二三九・二四〇・四二九・四七四・四七五・四七七・四八一・四八二・四八五 [13]九一・九六・二〇八〜二一一 [14]二一七 (張) [15]五二一・六一一・六二一 [16]五七八・五九〇 [18]五四八 [20]三二三 [21]二三五・二三七 [25]六一・三三二・三七一 ㉕三五・四九・五〇・八三・八四・九九・一三八〜一四〇・一四二・一四三

帳(表紫、裏緑、在緒) [2]六〇八

布帳 [5]六七六・六八二 [9]二九九 [12]二三九 [18]五四八 ㉕四九・五〇・八三・八四・一三九

布帳 [2]六四四(細布・長布)

布(帳料) [12]二四〇

布單帳 [2]五九八(細・麁) [2]五九八〜六〇〇

白布帳 [12]二四一

祖布帳 [4]五〇四・五〇五

調布帳 [1]六三四

細布帳 [2]六四七

紺布帳 [2]六四七(帳) [20]三二三

布袷紺帳 [21]二三五

紺布袷帳 [6]四六六

紺布垣代帳(帳) [2]六〇八

垣代帳 [2]六〇八・六四四

(表紺裏緋) [2]六四四

帛帳 [9]二九九 [12]四二九・四七五・四七七・四八一・四八二・四八五 [13]二一一 [25]六一 ㉕四九

敷帛帳 [12]四二九 ㉕四九・五〇・八四・一三八・一三九

敷帛袷帳 [5]四四三 [12]四七四

袷帛帳 [13]二〇八〜二一一

帛袷帳 [13]二〇八・二〇九・二一一 [15]五二一・六一一・六二一

絁帳 [2]六四四(緑・帛・赤帛・橡帳)

練絁帳 [2]五九八

絁紺帳 [6]四六五(緋裏) [21]二三五

緋絁帳 [2]六四七

黄絁(帳料) [12]二四〇

緑絁三副帳 ㉕三五・五〇

紵帳 [1]六三四

合纈帳 [16]五七八

交縫紗帳 [2]六四四

紫籠目紗垣代帳 [2]六〇八

紫羅歩垣 [16]五九一

羅帳 [25]六一

紫絞帳 [25]六一

毛錦帳 [2]六〇八

呉人錦帳 [2]六〇八

秘錦(帳) [2]六〇八

縫帳 [4]四七四 [25]三三二 ㉕一四三

練帳 [11]四七

繍帳 [2]五九六

繡八部帳 [2]六〇七

單帳 [2]五九八〜六〇〇

敷白帳 ㉕八三

橡帳　②六四四
緑帳　②六〇一　⑤六七五・六八二
紺帳　⑥四六六　⑭二一七(張)　㉑二三五
紺袷帳　㉕一四二
黄帳　②六〇一
黄袷帳　㉕九九・一四〇
紫袷帳　⑯五九〇
朱芳帳　②六〇七
碓帳　①五五三
四副帳　⑦二六三
畫帳　⑮四七〇
佛分單帳　②五九八
法分單帳　②五九九
通分單帳　②五九九
法蔵分單帳　②六〇〇
塔分單帳　②六〇〇
塔分古帳　②六四五(紺布・白布)
温室分單帳　②六〇〇
周帳固環　㉕三七一
緒(帳)　②六〇八
(柒涅)帖子　㉕一四四
帷　③五七二
帛帷　⑫四七九・四八五・五一二
細布帷　⑮二四三

上御帷張(帳)(銅肱)　㉕三七〇
帷張(帳)銅環　㉕三七〇
覆(覆)　①五五三　②六〇〇・六〇一・六四〇・六四四　③五七八・六五〇　④三九・一〇八・一七〇・二三〇・五一二・五一六　⑤三八四・四〇六・六七三・六七七(甲纐沙、表合纐羅裏淺緑纐)・六七八・六八〇(合纐・紫綾)　⑥四五二・四六七　⑧二一七・三七七・五七七　⑪四七(黒紫、練綿入、橡子綿入)　⑫二六五(錦)・二九〇・四三三　⑬一七四・一九七・二〇〇・二〇八〜二一一・二二三　⑯二〇八・三二六・三八三　㉑二三六　㉔二四一・五四二　㉕四九・五〇・八三・八四・一〇九・一三八〜一四〇
檟覆　④五一二(表緑綾裏淺緑綾、表黒紫二科綾裏赤紫花形綾)
覆(柒韓檟)　⑤六八〇(紫綾)
厨子覆　④一〇八・二三〇　⑪四七　⑬二一三
香水覆　⑧二一七・　㉔二四一(覆)
香水覆布　⑧三七七・五七七

花覆　②六〇〇・六〇一・六四〇(紫紗、緑羅、紫、赤、黄、緑、淺緑)　④五一六
紫沙(花)覆　②六〇一
赤紫沙花覆　②六〇〇
黒紫沙花覆　②六〇〇
紫羅綾花覆(帳)　②六〇一
黒紫羅花覆　④五一六
井御頂借天井作覆　⑯二〇八
丈六覆帛絁　②六四〇
一切經緑覆　②六四四
一切経厨子覆紐　④二三〇
経覆　④五一六(表赤紫羅裏赤蜂子掯)
食器覆　⑥四五二
毾口覆　①五五三
種種物覆　②六四四(黒緑、紫、緑、菩薩赤綾)
帛袷覆　㉕四九・八四・一三九
緑絁袷覆　④一七〇　㉕一〇九(緑・覆)
紫沙覆　②六〇一
褐綾複覆　③五七八
白羅印文覆　⑫二九〇
合纐羅覆　⑤六七八
纐羅覆　⑤六七八

〓錦覆 ㉕一三八
緋地錦覆 ㉕四九・五〇・八四
錦覆 ③六五〇
橡覆 ⑫四三三
橡覆(袷) ㉕一四〇
皂覆 ④三九
皂袷覆 ⑬一七四・一九七・二〇〇・二一一
一
緑三副半袷覆 ⑬二〇八・二一〇
皂三副袷覆 ⑬二〇八〜二一〇
皂袷三副覆 ⑬二一〇
褁布紺褁(辛櫃の覆い) ⑨六一四
褁紺(柒櫃の覆い) ④四三
褥(薄) ②五九三(表紫葛形綾裏緑)・六〇〇・六〇一・六四〇・六四三 ④一〇六・一〇七・一七〇・二九九(白綾表白帛裏)・五一一(表科子錦裏緋綾)〜五一五 ⑤五三五・六七三・六七五(表錦 裏浅緑綾纈)(表白綾 裏浅緑纈)・六七六(表腸纈裏浅緑 緑(緑ヵ)錦)・六七七(表腸纈裏浅緑纈)(表紫綾緑(緑ヵ)黒紫綾 四角着錦裏腸纈)・六七八(白綾)・六七九(紫)(錦)・六八〇(表錦裏浅緑纈)・六八一(紫)・六八三(表錦裏浅緑纈)(表白綾裏浅纈《マヽ》) ⑥四六七 ⑫二九〇 ⑯五七六 ㉑二三六 ㉕四九・八三・八四・一〇九・一二三・一三九
敷褥 ⑫二九〇(袷纈表細布裏)
紫褥 ⑤六七九・六八一
蝎結薄 ④五一二
繍薄 ④五一三
帛袷褥 ④一〇七
白羅褥 ④一七〇 ㉕一〇九
白綾(綾)褥(薄) ④五一二・五一四 ⑤六七八 ⑫二九〇 ㉕一三九
帛綾褥 ㉕四九・八四
紫綾(綾)褥 ④一〇六
錦褥(薄) ②六四〇 ④五一二・五一四
褐色地錦褥 ④一七〇 ㉕一〇九 ⑤六七九
秘錦薄 ④五一二
香涂褥 ⑯五七六(錦表裏緋)
机薄 ④五一五
花(花)机褥 ⑤五三五・六七八 ⑥四六七 ㉑二三六
香机薄 ②六〇一(表秘錦裏緋花形綾)
紝机薄 ②六〇一(表科子錦裏緋葛形綾)
聖僧褥 ⑥四六七 ㉑二三六
高座薄 ④五一五
高座椅薄 ④五一五
高座前机褥 ⑥四六七(高座) ㉑二三六
礼盤薄 ④五一五
中火爐褥 ⑥四六七 ㉑二三六
青兩面褥 ㉕三五・五〇
大廣赤褥 ㉕一二〇
敷布 ③五七五(紅)・六二二 ④八九・九六・一〇七 ⑤六八一 ⑥四八〇 ⑩二七八・二八〇・六六三 ⑪七・四九九 ⑫二八七(紅)・三九〇・四二八・四三一〜四三三 ⑬一七四・一九四・一九五・一九七・二〇〇・二三三 ⑯三七七・四二〇・四四七・五五二・五七八 ⑰二四・二六・二七・三一・三三・三四・三五・三七・四〇〜四四・四八 ㉔五二七 ㉕三九・六一 ㉕一四三・一四四
敷洗布 ⑯三八三
内敷布 ⑩二七八
布敷 ④三九 ⑫四二三・四二四 ⑬四六

机敷布 [3]六二三
縹机敷 [2]六〇〇
浅緑沙机敷 [2]六〇一
緑地高麗錦緑纈裏帊敷 [4]一七六
敷 [2]六〇〇 [4]一七六 [6]一一一 [12]二四〇・四三三・四三四 [13]四六
幌 [1]六三四 [4]四七七 [6]四六七 [16]五七六 [21]三三七 ㉕三三五
堂幌 [4]四七七(細布、祖布) ㉕三三五
白羅幌 [16]五七六
攀幌 [16]五七六
　大床虵舌 [16]五七六
斑歩壚(袷并錦縁) ㉕一四一
紫羅歩壚 ㉕一四〇
幕 [1]五九三(造幕料)・五九五(幕料) [2]六〇八 [16]五八九
白練糸丸幕 [16]五八九
紺布幕 [2]六〇八
幄 ㉕一四二


## (六) 袋・帙類


(薬・香の袋・裹)
袋・帒 [4]一七二～一七五 ㉕一五～二七・三〇・三八～四〇・四二～四八・七五～七九・一〇九～一一三
裹 [4]一七二・一七五 ㉕三〇・三八・四二・四七・一一二
袋(御袋)(盛呵梨勒、雑(小)玉) ㉕三六・四一
錦(御)袋(納麝香) ㉕三六・四一
御袋(緋錦、納麝香)(青錦、納呵唎勒、雑玉) ㉕八一
袋(裛衣香) ㉕三七・一〇二
帛袋(合香) ㉕三七・五〇・八四・一三八
(樂器の袋)
紫地錦袋緋裏(金鏤新羅琴) [4]一三一 ㉕一〇五
紫地錦袋(右同) ㉕八二
錦㑘 裏緋(琴) [5]六七六
髙麗錦袋浅緑臈纈裏(雕石搆(横)笛) [4]一三一 ㉕一〇五
髙麗錦袋浅緑綾裏(雕石(折)尺八) [4]一三一 ㉕一〇五
高麗錦袋(彫石横笛・雕石尺八) ㉕八二
紫綾(綾)袋緋綾(綾)裏(銀平文琴・桼琴・紫檀琵琶・甘竹簫・呉竹竿) [4]一三一・一九八 ㉕一〇四・一〇五
紫綾袋(呉竹竿) ㉕一一五
紫綾(綾)袋浅緑(浅緑)臈纈裏(螺鈿紫檀琵琶・螺鈿紫檀五絃琵琶・螺鈿紫檀阮咸・呉竹笙) [4]一三一・一九八 ㉕一〇四・一〇五
紫綾袋(五絃琵琶) ㉕六九
㑘 表黒紫綾 裏綾緑纈(新羅琴) [5]六七六
臈纈袋緑(緑)裏(檜木倭琴・桐木箏・綾槻箏・楸木瑟・金鏤新羅琴) [4]一三〇～一三二 ㉕一〇四・一〇五
臈纈袋(檜木倭琴・桐木箏・瑟・楸木瑟・金鏤新羅琴) ㉕六九・八一・八二
紫交縫㑘(横笛) [5]六七六
沙合纈㑘(合笙) [5]六七六・六八三
紫兩面袋(新羅琴) ㉕六九
赤紫袋(漆塗琴・螺鈿紫檀琵琶・紫檀琵琶・螺鈿紫檀五絃琵琶・螺鈿紫檀阮

咸・甘竹簫・呉竹笙・呉竹竽) ㉕八
一・八二
赤紫⿰巾咸 裏浅緑甲纈(琵琶) [5]六七六
黒紫⿰巾咸 裏緋(箏、着柱⿰巾咸) [5]六七六
緑⿰巾咸、緑班⿰巾咸(和琴) [5]六七六
紫⿰巾咸(横笛) [5]六八三
皷帒 [5]四八五
袋□(琵琶) ㉕六九

(屏風袋 他)

屏風袋 [2]六四四
温室分屏風袋 [2]六四四
揩布袋(屏風) [4]一六〇〜一六五・一六七
〜一六九
布袋 [6]四六七 [21]二三六 ㉕六一・六二
黄袋 ㉕六一・六二
綠袋(飛帛) ㉕六二
絁袋 ㉕六一
黄絁袋 [4]一九二
黄絁袋帛絁裏 [4]一六一〜一六三
黄絁袋帛裏 [4]一六一
黄絁袋白練裏 [4]一六二
緑絁袋帛絁裏 [4]一六三
綠綾袋 ㉕六一

紙⿰衤咸(焼米) [6]八四
布⿰巾咸(香水器) [5]六八〇
麻袋 [5]五四〇
黄袋 ㉕一二〇
皮袋 ㉕一二〇
深紅袋(金銀作御刀子) ㉕八〇
御袋(御刀子) ㉕一〇二
袋・帒 [1]五九五(甲一領袋式料) [2]一一
八(袋庶洗□)・六四四(種種物袋) [24]
三九(帒)(商布)
坐袋 [2]六四四
⿰巾咸(繡)(畫木箱) [5]六八〇
⿰巾咸(厨子)(表紫地錦 裏緋臈纈) [5]六七九
⿰巾咸(香樻)(表紫 裏緋破) [5]六八一
⿰巾咸(厨子)(表錦 裏紫纈) [5]六七九
⿰巾咸(厨子)(表紫地錦 裏緋臈纈) [5]六七九
⿰巾咸(牙小角)(紫繡組緒) [5]六八〇
⿰巾咸(表紫 裏緋破) [5]六八一
練帒(鐸子) [9]三四五
紫袋(献書) ㉕八五
呉桃染袋(樂裝束) [16]五七九
白袋(仏跡) [24]四四七



紅袋(仏跡図) [2]七一〇 [24]四四七
紫細布袷袋(漆黒葛莒ヵ) [4]一〇七
紫細布袋(經管) [12]二九一
緑臈纈袋(袈裟) [4]一二三
唐綾袋(箙) ㉕一二八
錦袋(帒・⿰巾咸)
(錫杖) [5]六七九
(仏跡畐) [2]七一〇 [24]四四七
(鈎の革箱) [4]五一四
(剣・帯) ㉕一二八
高麗錦袋 [4]一二六・二〇二(書法の箱)
紅緑繝地高麗錦浅緑臈纈裏袋 [4]一七六
(刀子など納めた柒革箱。法隆寺献物
帳)
芥子袋 [4]三五一 [14]二七五・二七六
寶頂袋 [2]六四四
土儀(祖交易布) [4]四七三
幞(屏風) [4]一六一
樸子 [5]六七九(表合纈裏浅緑)
僕子 [5]六八〇(表緑裏浅緑合纈)
幞子 [16]五六八(呉桃染)・五七〇
單幞子 ㉕三五・五〇・八四・一三八
袷幞子 ㉕三五・五〇・八四

碧綾幞袷 ④一二三
白袷幞(襆)子 ④四一四 ⑭三一八
襆子 ⑤五四〇
緣(緑ヵ)綾幞浅綠裏(屏風の包み) ④一六
一

## (七) 帯緒

帯 ⑯五七六
机帯(緑、紫、縹、帛) ②六四〇
縹帯(香臺) ⑯五七八
黒赤紫帯(擧幌) ⑯五七六
夾纈羅帯(大枕) ④一七〇 ㉕八三・一〇
九
赤紫綾帯 ④五一六
紫羅複《(マヽ)》帯(花机) ⑤六七八
紅羅繡帯(鏡) ④一五九
緋絁帯(鏡) ④一五八～一六〇 ㉕一〇六
紅羅錦緒(鏡) ㉕七三
緋緒(鏡) ㉕七三・七四
緋綾緒(鏡) ㉕七三
緒(帳) ②六〇八
丸組緒(經袋)(紫糸・白橡麻) ⑫二九一
紫丸組緒(瓔珞ヵ) ④一〇七
玉緒(料)(黄糸) ①五六二
紫繡組緒(袋) ⑤六八〇

## (八) 屏風・障子

御屏風 ④一六〇 ㉕一〇七
屏風 ②六〇八・六四二 ④一〇六・一六〇～一六五・一六七～一六九・一七八・一九二・一九六・一九七・三三七 ⑥四六七 ㉑二三六 ㉒五四 ㉕一三・三一・三二・三七・五一・六一・六二・七二・一〇七～一〇九・一四〇・一四一・一四三・一四四
併風 ㉕四五
盡(畫)屏風 ④一六〇
山水畫屏風 ④一六〇・一六二
(「屏風」の文字なし) ㉕一三・五一・七二
山水屏風 ㉕一四三
蓬萊山水 ㉕六一
國畐(圖)屏風 ④一六〇・一六一
唐(唐)國畐 ㉕一三・五一・六一・七二
大唐(唐)勒政樓前観樂圖屏風 ④一六一
(「屏風」なし) ㉕一三・五一・七二
大唐(唐)古様宮殿畫屏風 ④一六一
(「屏風」なし) ㉕一三・五一・七二

唐古様宮殿畫　㉕六一
古様山水畫屏風　④一六一
（「屏風」なし）　㉕一三・五一・六二・
　七二
古様本草畫屏風　④一六一
（「屏風」なし）　㉕一三・五一・七二
古人宮殿屏風　④一六三
（「屏風」なし）　㉕一四・五二・七二
子女畫屏風　④一六一
古様宮殿騎猲（屏風）　④一六一（付箋）
（「屏風」なし）　㉕一四・五一・七二
子女屏風　④一六一
（「屏風」なし）　㉕一四・五二・七二
唐女形　㉕六二
古人畫屏風　④一六一・一六三
（「屏風」なし）　㉕一四・五一・七二
唐古人　㉕六二
舞馬屏風　④一六二
儛馬　㉕一四・五一・六二・七二
古様宮殿畫屏風　④一六二
（「屏風」なし）　㉕六一
唐宮殿騎獵　㉕六二
素畫夜遊屏風　④一六二
（「屏風」なし）　㉕一四・五二・七二

夜遊素畫　㉕六一
散樂（形）（屏風）　④一九六・一九七
散樂　㉕六一
鳥毛屏風　④一六〇　㉕一三
鳥毛篆書屏風　④一六二　㉕一〇八（「畫は
　書ヵ）
鳥畫屏風　④一六〇
（「屏風」なし）　㉕一四・五一・七二
鳥毛立女屏風　④一六二　㉕一〇八
（「屏風」なし）　㉕一四・五二・七二
鳥毛帖成文書屏風　④一六三　㉕一〇八
鳥毛疊成文書　㉕一四・五二・七二
鳥書屏風　④一六三
（「屏風」なし）　㉕一四・五二・七二
鳥毛　㉕一三・三七・五一・七二
鳥形　㉕一三・三七・五一・七二
百濟畫屏風　④一六三
（「屏風」なし）　㉕一四・五二・七二
古人宮殿　㉕一四
夾纈（屏風）　④一六〇
（「屏風」なし）　㉕一三・三七・五一・
　七二
山水夾纈屏風　④一六三　㉕一〇八
（「屏風」なし）　㉕一四・五二・七二

本草形　㉕六一
菴室草木鶴夾纈屏風　④一六四　㉕一〇八
（「屏風」なし）　㉕一四・五二・七二
驎鹿草木夾纈屏風　④一六五　㉕一〇八
驎鹿草木　④一六五（付箋）
鹿草木　④一六五（付箋）
鹿草木夾纈　㉕一四・五二・七二
鳥木石夾纈屏風　④一六七　㉕一〇九
（「屏風」なし）　㉕一四・五二・七二
鷹木夾纈屏風　④一六七　㉕一〇九
（「屏風」なし）　㉕一四・五二・七二
鷹鳥夾纈屏風　④一六八　㉕一〇九
（「屏風」なし）　㉕一四・五二・七三
鳥木夾纈　㉕一四・五二・七三
鷹鴒草木屏風　㉕一〇八
鷹鶴夾纈屏風　④一六八　㉕一〇九
（「屏風」なし）　㉕一四・五二・七三
鶴形橡地臈纈屏風　㉕一〇七
古人鳥夾纈屏風　④一六八
（「屏風」なし）　㉕一四・五二・七三
鳥草夾纈屏風　④一六九　㉕一〇九
（「屏風」なし）　㉕一四・五三・七三
鳥草屏風　㉕一〇九
鳥草夾纈　㉕五三

臈纈(屏風) ④一六〇・一六九
(「屏風」なし) ㉕一三・一四・三七・
五一・五三・七二・七三
橡地象羊木屏風 ㉕一〇七
熊鷹鷺鳥武麟屏風 ㉕一〇八
書屏風 ④三三七 ㉕三二・六二
(「屏風」なし) ㉕三七・五一・七二
歐陽詢真跡(屏風) ④一七八
歐陽詢真跡屏風 ④一九二
歐陽春《(マヽ)》眞跡書(屏風) ㉕三一
臨王義《(マヽ)》之諸怗書 ④一七八
王義之諸牒書(屏風) ㉕三一・五一・七
二
(不比等)真草雑書(屏風) ④三三七
池亭 ㉕六二
刺纈屏風 ㉕六二
薄墨馬形 ④一九六・一九七
天台觀畐 ㉕六二
雜畫 ㉕一三・三七・五一
飛帛 ㉕六二
綵色畫屏風 ②六〇八
黒地獅子鹿□屏風 ㉕一〇七
紫地靑畫木屏風 ㉕一〇七
靑地屏凧木屏風 ㉕一〇八
赤地屏凧木屏風 ㉕一〇八
紫地白靑畫屏風 ㉕一〇八
鸛鵄木屏風 ㉕一〇八
(屏風の背)
碧絁背 ④一六〇〜一六五・一六七〜一六
九
碧綾背 ④一六一〜一六三・三三七
白絹背 ④一七八
白紙背 ④一七八
(屏風の縁)
赤紫綾縁 ④一六〇
紫綾(綾)縁 ④一六〇・一六二・一六三
皂綾縁 ④一七八
碧綾縁 ④一七八
緋地錦縁 ④一六一・一六三
緋地花錦縁 ④三三七
紫地錦縁 ④一六二
碧地錦縁 ④一六一
緋紗縁 ④一六二
紫緋《(マヽ)》縁 ④一六三
面背夾纈縁(緣) ④一六四〜一六九
面背紫夾纈縁 ④一六九
面背白橡臈(﨟)纈縁(緣) ④一六四・一六
五・一七〇
面背滅紫臈(﨟)纈縁(緣) ④一六六・一六
九
面背紅臈(﨟)纈縁(緣) ④一六六・一七〇
面背滅紫目交臈纈縁 ④一六六
面背青臈纈縁 ④一七〇
面背山納縁 ④一六八
面紫目交縁 ④一六三
面夾纈縁(緣) ④一六四〜一六八
面紫目交夾纈縁 ④一六四
面雲納(繝)綾縁 ④一六九
面紅臈(﨟)纈縁(緣) ④一六四・一六六
面白橡目交臈纈縁 ④一六五
面紫目交臈(﨟)纈縁 ④一六四・一六五・
一六七
面白橡臈纈縁 ④一六五・一六七(赤)
面滅紫臈纈縁 ④一六六
面紫臈(﨟)纈縁 ④一六八〜一七〇
面雲繝綾縁 ④一六六・一六七
面滅紫目交臈纈縁 ④一六七
面山納縁 ④一六八
面紫山納縁 ④一六九
背紅夾纈縁 ④一六三

背夾纈緣(緣)　④一六四~一六九
背緋夾纈緣　④一六九
背夾纈紅緣　④一六四
背紅臈(臈)纈緣(緣)　④一六四・一六六
背青臈纈緣　④一七〇
背青褐臈纈緣　④一七〇
背白橡(橡)臈(臈)纈緣(緣)　④一六四~一六八
背皂目交臈(臈)纈緣(緣)　④一六四・一六五・一六七
背滅紫臈纈緣　④一六四
背皂臈纈緣(緣)　④一六五・一六八
背白橡(橡)目交臈纈緣　④一六六・一六七
背紫目交臈纈緣　④一六八
背緋臈纈緣　④一六九
(屏風の接扇)
紫皮接扇　④一六〇~一六三・一七八
緋皮接扇　④一六一~一六三
紫韋接扇　④三三七
白綾接扇　④一七八
緋絁接扇　④一六三~一六九
夾纈絁接扇　④一六二
紅夾纈接扇　④一六四
紅臈纈絁接扇　④一六二
黄臈纈接扇　④一六三
紅臈(臈)纈接扇　④一六四~一七〇
臈纈接扇　④一六四
紫山納接扇　④一七〇
(屏風の帖・骨)
木帖　④一六〇・一六一
白木帖　④一六三
白帖木　④一六二
班竹帖　④三三七
檜木假作班竹帖　④一六〇
木假作班竹帖　④一六二・一六三
柒木帖　④一六一~一六三・一七八
烏柒木帖　④一七八
赤柒木帖　④一六二
柒木畫帖　④一六三~一六五・一六七~一六九
烏柒銅葉帖角　④一七八
金銅鏤葉帖角　④三三七
金銅釘葉帖角　④一七八
葉帖角　④一七八・三三七
碧牙撥鏤帖　④一六〇
紅牙撥鏤帖　④一六一
柒木骨　④一七八
(屏風の釘・金具)
鐵釘黒柒　④一六〇
金銅隱起釘　④一六〇
金銅浮漚釘　④一六一
黒柒釘　④一六一~一六三
金銅釘　④一六一~一六三・一七八・三三七
烏油釘　④一六三~一六五・一六七~一六九
柒鐵打　④一六九
(屏風)装束　④一六一
白碧牋紙(屏風)　④一七八
黄白碧緑等絁(屏風)　④一七八
塗胡粉別錄書傳(屏風)　④一七八
五色紙　④三三七
衣屏　②六四四
(屏風袋、牒類、(六)袋・牒類項参照)
繪御障子　⑮二三四
障子　④五一六　⑥三二一　⑧四六〇　⑬一

七一 ⑭三〇七・三一一 ⑲一四九
紙障子 ⑤一三八
壁代障子 ⑯五七三
障子骨 ⑥四八二
障子料(紙) ⑭三一一

## (九) 薫爐・火爐・燈爐

銀薫爐 ④一七八 ㉕三一・三七・四八・六八・六九・八三・一一三
薫爐 ㉕八八
火爐(爐) ①五七九・五八〇 ②五九二・六三四・六四〇 ③五七九 ⑤六七二・六七五・六八一 ⑥四六七 ⑦二三四 ㉑二三六 ㉔三七
中火爐(爐) ⑥四六七 ㉑二三六
瓷大爐 ⑯五八一
白銅火爐(爐) ①五八〇 ③五七九 ⑤六七五・六八一
(白銅)火爐 ②五九二・六三四
(銅)火爐 ②六三四
(鐵)火爐 ②五九二
(金涅)火爐 ②六三四
火爐机 ①五七九
火爐足 ㉔三七
火爐坐敷物 ②六四〇
中火爐(爐)褥 ⑥四六七 ㉑二三六
火爐足脩理料(白沙) ㉔三七
火舎 ㉕一二二・一二六
小火舎 ㉕一二二
大火舎 ㉕一二三
狭侍火舎 ㉕一二三
鐵爐(爐) ②六三四 ⑯二八六 ㉕一一三
火取 ①五七九
火鉗 ①五七九
火棹 ⑤一一八
燈 ①五五四
蝎蠋 ②六三九
炬(胡麻油) ⑯三七六・三九三・四〇一・四一三・四二〇・四六〇・四八二・五〇五 ⑭七四
燈料(胡麻油) ⑯四七六
堂燈料 ⑯五〇一
燈堂料 ④二四一
燃燈 ④五一八
燈心用料 ⑯二七二
懸燈 ⑤三四一 ⑯二三一・二三六・二三九
燈爐(爐) ③五七一・五七二 ④四一三 ⑤三三五・三四五 ⑪八・五〇八・五〇九 ⑫三〇〇・三〇一 ⑮三三一

（耳金・坐）・二二二一
燈（楼）　2六一三
燭臺　3五八〇
燈坏　5六七二
燈臺　5六七二
燈爐綱　2六四四

厨子は、最も著名な例として『国家珍宝帳』記載の品、北倉2赤漆文欟木御厨子壹口（北Ⅰ20 21 138 139）があげられる。次いで中倉162黒柿両面厨子壹口（中Ⅱ78 214）、中倉163柿厨子壹口（中Ⅱ214）がある。要は正面、扉を開ければ内側に棚があって、品物が置かれる状態になっている。

棚は、北倉174棚厨子貳脚（北Ⅱ189）がある。置台であって厨子に入らない大きな品物を置き、整理できる。

机には、北倉176榻足几六脚（北Ⅱ190 191）、南倉173榻足几七脚（南Ⅲ208 209）がまずあげられ、榻足几のいかなるかを知ることができる。厳密には構造的に多少の相違があるが、要は、檜製の座机風のものである。なかには、天板の周辺を少し残して内側を全体浅く掘り凹める工作をする例があるのは、箱状のものを、落し込みで置くためである。文書中しばしば辛櫃と併記するのは、榻足几がその置台になっていたためである。

机に関して、中倉198漆高机壹枚（中Ⅲ109）は、細い足が左右九脚、みなで十八脚あり、このような例を現在、多足几（たそくき）と呼んでいるが、文書中には、そのような語はみない。これらも単に机とよんでいたのだろう。この類は、その後の中倉202の残材整理にともなって、復元整理されたもの、未復元のものなどがあり（中Ⅲ116～119）、当時、かなり用いられた思う。要は立礼の場合の机であろう。

坐具、敷物等の遺例には、北倉150花氈参拾壹床（北Ⅱ19～46 151～161）、北倉151色氈拾四床（北Ⅱ47～49 162～166）、南倉150ノ56白綾褥貳張（南Ⅲ31 104）、中倉202（龍鬢袷筵）（中Ⅲ25 128）、南倉151藺筵拾帖（南Ⅲ105 106）、南倉152藺筵褥心参束（南Ⅲ107）がある。

花氈、色氈は羊毛製のカーペットで、それは本来北方遊牧民のものである。いまこれらが北倉におかれているのは、『屛風花氈等帳』の記載を意識した明治の整理期の仕事であろうが、それら記載品は天平宝字三年に出蔵されており、ことにそれらの内に「東大寺印」をみることは、献納品としてあり得ない、というのが松嶋順正先生の論であった。が、奈良時代の品であることは疑いない。

白綾褥二張には「講座茵」と墨書銘があるので座具である。藺筵に今の畳表である。現今のような畳はない。文献にみる畳はここにみる藺筵の類であろう。

なお、椅は高座のそれは「八　佛具」㈡高座・礼盤など項にあげたが、その他は、本項に掲示する長椅がある。実は先に述べた榻にも〝こしかけ〟の意があるが、それらの例をみると、必ずしもイスの意ではなさそうである。イスの例として南倉67赤漆欟木胡床壹脚（南Ⅰ83 210）があげられる。

軾は、北倉47御軾貳枚（北Ⅰ240 241）、北倉48紫檀木畫挟軾壹枚（北Ⅰ120～123 241）、中倉167漆挟軾（中Ⅱ217）などがあげられる。挟息は後世の脇息である。北倉46白練綾大枕壹枚（北Ⅰ240）も、この類であろう。

床は、北倉49御床貳張（北Ⅰ242 243）があげられる。今日の寝台である。

鎮石は、北倉24白石鎮子八箇（北Ⅰ36～39 163～167）、北倉155青斑鎮石拾挺（北Ⅱ51 171 172）があげられる。

鏡は、北倉42御鏡拾八面（北Ⅰ74～82 191～209）が『珍宝帳』記載の品と考えるものである。また南倉70鏡参拾八面（南Ⅰ84～88 212～228）に、大小、背面装飾さまざまのものを伝える。また鏡を納める鏡箱も、付属品として多彩な例をみる。これら、特に南倉の鏡類は『大安寺資財帳』にみる多量の鏡と共に合せ考えるべきものであろう。

筥、箱、函は、ハコで、中倉136漆皮箱貳合第一号、二号(㊥Ⅱ201)以下、中倉161漆箱第三七号～四〇号(㊥Ⅱ213)まで、いわゆる献物箱と称するものをみる。このほか北倉、南倉の鏡箱、その他各倉に各種の箱など、多くの例がある。

また草莒、白葛莒は、中倉38白葛箱壹合(㊥Ⅱ102)、同132白葛箱参合(㊥Ⅱ199)の類であろうし、漆黒葛莒は、中倉44赤漆葛箱(㊥Ⅱ105)の類、同23葛箱柳箱残欠(㊥Ⅰ225～230)にも葛、柳、竹などの箱をみる。

皮莒、漆塗革莒、漆皮箱などは、中倉81漆皮箱壹合(㊥Ⅱ152)、同94漆皮箱壹合(㊥Ⅱ166)、同136漆皮箱貳合(㊥Ⅱ201)、その他、北倉(北Ⅰ196～209)、南倉(南Ⅰ216～221 228 229)の鏡の箱を多くみる。

合子は、円形印籠蓋造の器である。北倉25銀平脱合子四合(碁子入)(北Ⅰ40～43 168 169)、同154銀平脱合子一合(絃糸入)(北Ⅱ169)、中倉140漆合子二合(㊥Ⅱ203)、同175金銀繪碁子合子二合(㊥Ⅱ222)などがあげられる。その他、「一二　香・薬、身体部位名、疾患」項で述べる薬合子がある。檜、槻の挽物の合子である。

櫃とは、例外もあるが、凡そ大型の木製収納箱で、なかでも辛櫃は大型で、形式的には長側面に脚が各二、計四脚つくのと、脚がなく長側面やや上に横桟のつくのとの二種がある。四脚形式は漆塗と白木があるが、横桟形式のはみな白木である。文書ではその区別はみえないが、漆塗とあれば四脚と考えてよい。北倉178古櫃九合(北Ⅱ192 193)、同183古櫃四拾六合(北Ⅱ200～207)、中倉24古櫃九合(㊥Ⅰ82 231 232)、同199古櫃六合(㊥Ⅲ110)、南倉74古櫃貳拾参合(南Ⅰ232～234)、同174古櫃拾合(南Ⅲ55 210)、同186古櫃四拾九合(南Ⅳ205～212)にみるのがそれである。辛櫃の材は大体杉材である。

文章中、辛櫃、机、白布を併記するのがあるが、机は櫃の置台と考えられる。白布は、内面に敷くのか、あるいは今日、正倉院では櫃に中身が入っている場合に晒布を平帯状にしたもので蓋・身を緊縛するが、そのようなものであったかもしれない。

繪櫃は、南倉168漆櫃貳合(一合密陀繪雲鳥草形、一合密陀繪龍虎形)(南Ⅲ51 52 205 206)、同170赤漆櫃貳合(内一合密陀繪雲兎形)(南Ⅲ53 206)などが相当する。

帳は、空間を仕切る垂幕であろう。南倉146幔帳幞類拾五点(南Ⅱ80～82 226～233)のなかにそれらしいものがある。

覆は、櫃覆、厨子覆などとあるよう、物品の上にかぶせたもの。保護、荘飾の二通の意識があったろう。南倉145覆類七点(南Ⅱ78 79 223～225)のなかにそれらしい例があり、また南倉77緑紗几覆(南Ⅱ11 87)に「子日目利箒机覆帯」と墨書があり、一例である。また北倉49御床覆壹條(北Ⅰ243)もそれである。

褥は敷物でテーブルセンターの類である。中倉177献物几貳拾七枚(㊥Ⅱ91～96 224～232)の内九枚に天板の型に合わせた敷物をおくが、そこに「褥」とあるので、それと知る。このほか南倉150褥類五拾六点(南Ⅲ18～31 79～104)が、一般実用的な褥で、裂地も美しくさまざまである。

敷布は、布というように右の褥のような華やかなものでなく、ただの布裂であるため、敷布と称したのだろう。箱、櫃の内底に敷く感覚である。

袋は、南倉144袋類拾六点(南Ⅱ220～222)に各種の袋をみる。このほか薬類の袋、楽器類の袋、屏風類の袋などはそれぞれの項で記す。

注意しておきたいことは、献物帳関係の楽器類の袋で、同じ仕様の袋に入る楽器類は、それらが何らかの理由での同一グループのものと考えられよう。献物帳の品々もルーツの異なるものが寄せ集められたことを私は予想している。

幞子、幞は今日の風呂敷の類である。北倉1御袈裟幞袷参條(北Ⅰ16 132～134)があるが、『珍宝帳』に「碧綾幞」とあるのに相当する。また中倉202(㊥Ⅲ198)の布幞第一号は一角隅に平紐がつき、「布幞子一條」と墨書があり、具体例を知る。また南倉124呉楽八拾五物の内(南Ⅱ137 140 142 143 145 149 156)にもみえ、また南倉146幔帳幞類拾五点(南Ⅱ230～233)中にも類例がある。

　帯は、南倉147帯緒類参拾五点(南)Ⅱ82〜84 234〜240)に、さまざまな帯類をみる。

　屏風は、『珍宝帳』によると百畳(一畳は凡そ六扇、いわゆる六曲屏風)が献納されたが、その内の主なる繪屏風は弘仁年間、嵯峨天皇によって出蔵され、その他が残ったが、経年によって破損し、今日、姿を留めるのは、北倉44鳥毛篆書屏風六扇(北)Ⅰ84〜87 211〜213)、同鳥毛立女屏風六扇(北)Ⅰ88〜99 214〜216)、同鳥毛帖成文書屏風六扇(北)Ⅰ100〜102 217〜219)、同山水夾纈屏風四扇ほか夾纈屏風(北)Ⅰ103〜111 220〜229)、同臈纈屏風四扇(北)Ⅰ112 113 230〜233)である。いずれも繋ぎの接扇が朽損して一扇ずつになっている。

　屏風の袋は、北倉45揩布屏風袋参口(北)Ⅰ114 115 237〜239)があるが、これは献物帳関係ではない。それらは中倉202櫃五拾四合(中)Ⅲ142〜148)中にみるのがそれである。

　また画面がなくなって、骨だけになった中倉203屏風骨五拾九束(中)Ⅲ236 237)がある。又それらに整理した古裂を貼って、いわゆる屏風装として利用保存する例(中倉202)(中)Ⅲ215 223)もある。

　これらの遺例と照合することによって『珍宝帳』に記す細部構造の語句が理解される。

　その他、南倉69屏風貳扇(南)Ⅰ211)を伝える。

　火爐、火舎という語で、正倉院の例であげられるのは、中倉165火舎四口(中)Ⅱ80 81 215 216)である。白石(大理石)製のやや大型のもの、金銅製、小形の白銅製である。調度の項に入れたのは暖房用と考えてのことだが、白石火舎一雙は、大佛殿あたりでの焼香爐であったかもしれない。

　調度用として香をたくという意味では、北倉153銀薫爐壹合(北)Ⅱ51 169)、中倉67銅薫爐壹合(中)Ⅱ27 147)があげられる。球形の本体の中に、回転しても水平を保つ鐵爐が内蔵されていることで著名である。

　燈燭の関係品としては、残念ながら燭台などは正倉院には見当らない。南倉33金銅剪子壹枚(南)Ⅰ133)が、韓国で同形のものが発掘され燈心の切り用具とみられ、正倉院のも燈心切の鋏であることが明らかとなった。

# 七　佛像・菩薩像

## (一)　佛像・菩薩像


仏(佛)　⑤三八〇　⑫四二九　⑯四九六・
　五八一　㉕一三二・一三三
仏(佛)像(像)　②五七六・五八〇・六二六
　(像)　④一〇六・四一一　⑤三四四
　⑬一七一・二一七　⑮二〇〇・二〇三
　⑯四九六　㉕三三七
慈賀寺仏像　⑯五九二・五九三
仏像一具料　②五七六
佛菩薩像　④四〇八・四〇九
諸佛菩薩　③三五八　④一二二
十方三世諸佛菩薩(薩・薩)　③二四一・二
　四二・二四四・二四六　⑫三九五
千佛像　②五八一・六二六
經仏像　⑭三二五(寫畐)
坐仏像(銀墨寫)　⑫二八八
御像　④一〇六

卅二相八十種好料　②七二〇
仏跡畐　②七一〇
仏跡　㉔四四七
佛分　②五八四〜五九二・五九四・五九六
　〜五九八・六〇二・六〇三・六〇五・
　六〇六・六一九・六二〇
佛物　②六三〇〜六四六
仏装束　⑮一六二
佛供養　②六三二
佛(仏)御供養　④四三四・四三八　⑯二四
　二
結仏御供養　⑮三三八
三寶爲供養　⑰五九八
造佛所(所)　①五五三　⑭三〇六　⑤一九
　四・一九五
造奉佛所　②三六〇
私仏所　⑯五八二
大安寺造仏所(解)　③二三七
甲可寺造仏所　②五七六

奉造經仏像所(解)　⑭四〇一・四〇二
造仏司　④二九四・四〇九　⑨三四一　⑭
　一七一
丈六仏　⑯二六九
丈六像　②六二六
丈六即像　②六二六
丈六坐像　㉕二〇七
丈六仏卄　⑯二七二
丈六分　②五八四・五八六〜五九〇・五九
　七・五九八・六〇二・六〇四
奉造丈六像所　⑤三八〇
金銅五寸佛　㉕一二〇
銀仏　㉔二一六
鑄佛　⑩六六二
繡仏像　⑬二一七
金渥銅像　②五八一・六二六(像)
金渥雜佛像　②五八一・六二七
金渥木像　②五八一
檀像　②五八一　⑤六七一(観音菩薩)・六

七九(同上)
木葉形佛像　②六二七
花仏　⑤一九三
化仏　②五七六
仏御輿　⑮三三五
金堊押出銅像　②五八一
塔基打出仏像　⑤一九八
塔基打出像　⑤一八八
金堊潅佛像　②五八一・六二七
潅佛分　②五八五・六一九・六二〇
灌仏御輿　⑤三四五　⑯二一一
灌仏大壷(金堊)　⑤四八二
金堊押出千佛像　②五八一
金堊千佛像　②五八一
三重千佛像　②六二六
仏𦬇　㉕一五八(御願)・一五九(中宮御願)
三坐仏𦬇　⑤六七四
𦬇　②五七六　④五三五(料)　⑤一二九・一九三・一九四　⑮二三七　⑯二三六　⑰五五八
菩薩　⑤三七五・三七六・三八〇
二𦬇　⑤六七四
十二𦬇　⑤六七四
菩薩物　②六三〇・六三四・六四〇・六四三・六四四
菩薩分　②六三一
造上山寺菩薩所　⑤三七五
銅𦬇所　⑮一四〇
釈色𦬇所　⑤三四七
造菩薩司(近)　②四五八
大𦬇　⑤一四三　⑮二五四・二五五
𦬇像　⑤四七八　⑮一八七　㉕三三七
侠侍𦬇　⑤一二九・一九六
侠侍菩薩　⑤三七九
菩薩像　②六二八
菩薩像書　⑦二五
懸𦬇　⑮三三二
銅𦬇像　⑤一八八・一九八
金堊菩薩像　②六二七
押金薄𦬇　⑤一九三
錯平并磨塗菩薩　⑤三七五
埝𦬇　⑤三四一　⑯二四三
埝菩薩　⑤三七五
埝并彩色𦬇　⑮二三七
壊菩薩　⑤三七五
即宍色菩薩　②六二八
釈(彩)色𦬇　⑤三四二　⑮二三七・二四三
彩色𦬇正躰　⑮二一九
釈(彩)色𦬇像　⑤二四六・三四七　⑮二二二
飛𦬇　⑤六七四
飛天𦬇　⑤一二九・一三〇
飛天菩薩　⑤三七九
倭琴持坐𦬇　⑯九
箜篌(持坐𦬇)　⑯九
塗金青飛天𦬇　⑤一九三
光料飛天　②五七六
銅𦬇像天衣　⑤一九八
押着仏光飛天𦬇　⑤一九三
𦬇御料金物　⑮三七一
𦬇御料　⑮三七二
押金薄仏光飛天𦬇　⑤一二八
織絨佛像　②六二七
繍佛像　②六二七　⑬二一七
繍菩薩像　②六二八
畫像　②六二八
畫佛像　②五八二・六二七
三界畾像　⑯五七八
畫像霊山浄土　④五一〇
畫像補陁落山浄土　④五一〇
大般若四處十方會畾像　②六二七

華嚴七處九會畾像 [2]六二七
大唐和上進内紫帳金墨像 [13]一一二
仏合五十七鋪 [25]六一
仏五十四(七)鋪 [12]四二八
裏在仏像(写経) [7]二〇
涅槃像土 [2]五八二
四方五佛像 [4]四〇九
宮殿(殿)像 [2]五八一・六二六(像)
帝子御方宮殿 [15]一八七
兩曼陁羅佛 ㉕一三二
立釋迦佛像 [2]五八二
金涅洞釋迦像 [2]五八一
釋迦井 [12]二四八・二五〇・二五一
藥師 [6]二八九
藥師像 [12]二五六
藥師佛(仏) [2]五八六 [5]三七九 [12]三九八
藥師佛像 [4]四〇八
立藥師佛像 [2]五八二
金埿銅藥師像 [2]五八〇
七仏藥師像 [11]三九一
畫七佛藥師佛様 [5]三七五
藥師彌勒菩薩 [24]一一
藥師佛分 [2]五八六・五八八
藥師悔過所 [5]一九四
阿弥(彌)陁仏(佛) [2]五九四 [5]一九七 [12]二五五 [14]三三六
阿弥陁仏像 [3]六四〇 [5]六七一・六七四 [9]六一〇(坐) [14]三六九 [15]二〇〇・二四三・二四四
石山寺阿弥陁仏 [5]一九七
阿弥陁淨(浄)土 [5]二四三(陁ナシ) [12]二五六 [13]一一二 [14]四〇三 [15]一八五
阿弥陁浄土變 [5]六七三 ㉕二〇
御齊(齊)會(會)奉造淨(浄)土(土) [5]二〇六 [15]一八五
安置浄土 [5]六七七
西方浄土 [3]三八八
阿弥陁佛分 [2]五九四
弥陁 [24]五
阿弥陁悔過知識 [17]一一
无量壽(人名) [1]一三
弥勒菩薩 [4]四〇九
弥勒菩薩像 [2]九九
弥勒(勒)井 [12]二五〇 [24]五
弥勒佛(仏) [2]五九一・五九七 [5]一九六
弥勒佛像土 [2]五八二
弥勒観世音井像 [5]一九二
弥勒佛分 [2]五八九・五九一・五九七
盧舎那佛(仏) [4]一二一・一二三・一七一・一七五・三三七 [25]二二九
盧(盧)舎那(那)仏像 [3]二三八 [10]三三九・三四〇
盧舎那仏像形持 [25]六七
毗盧舎那仏 [4]一〇六
河内盧舎那仏 [16]二二三
大仏(佛) [3]二八一・二八四〜二八七・二九二 [10]三三七・三四〇・六六三 [12]二九一 [16]五六九・五八三
奉鑄大仏像 [25]七六・七七
大仏像 [4]一八七 [16]五九三
大佛山形 ㉕四・七八
舎利 [2]五八二 [5]一八二・二七三・三四四 [15]二三七
分舎利佛土 [2]五八二

## 七　佛像・菩薩像

舎利於御身奉入　⑤二七三　⑮二三七
観(觀・観)世音菩薩(薩・薩)　②五八四・五八七・五九〇・五九一・六一九　④四〇九
觀(観)世音菩薩像　②五八一　④二九九　⑤六七四
観世音井像　④一〇七(黄像)　⑬一六八
観世井　⑤一九六
観自在井　⑫二四七・二五〇
觀音像　⑦三一
一丈六尺観世音井　④四二〇
觀世(人名)　①四三
観(觀)世音菩薩(薩)分　②五八七・五九〇・五九一・六一九
十一面悔過(衆僧)　⑥四六五　㉑二三五
十一面悔過所　④九二(紫微中臺)　⑫四四〇
檀像観音菩薩　⑤六七一・六七九
純金観世音井像　④一〇七
埝観(觀)世井　⑤二七三　⑮二三三・二三六
釈(彩)色埝観世音井　⑤三四二　⑮二三三(音、脱)
(観世音井像)黄像　④一〇七
上宮王等身観世音菩薩木像　④五一〇
千手千眼菩薩　㉕二〇六
千手千眼井　⑫二五六
千手千眼像(余義仁様)　㉕二〇六
千手井　⑩三四〇
大千手井像　⑮四五六
大千手井御手　⑤一九六
千手千眼悔過　⑬四八五(所)
不空羂索観自在井像　⑬一一二
不空羂索像　㉕二〇七
不空羂索菩薩　⑤六三二
不空羂索井　⑤六二九・六三四(羂)
不空井　⑩三四〇
羂索井　⑨三二六
文殊師利井　⑫二四七・二四八・二五〇・二五一(文殊師利)・二五二(文殊須利井)
文殊　④一二一　⑫二五一
普賢(井)　④一二二　⑫二四七・二五〇
井御頂　⑯二〇八
脇侍菩薩八部等卅六像　②六二七
得大勢菩薩像　⑤六七四
无盡意井　⑫二四七・二五〇
五大井　④四一二
五大力井　⑫四二九
妙見井　⑫二五七
　妙見宮　⑳一三〇
虚空地藏井　㉕一六三
音聲菩薩像　⑤六七一・六七四
頭逘光菩薩　⑮一二五
琉璃光井　⑫二四八・二五一
勝義生井　⑫二四七・二五〇
提婆井　⑫二四八・二五一
護法井　⑫二四八・二五〇・二五一
清弁井　⑫二四八・二五一
分別門井　⑫二五一
分別明井　⑫二四八
師子鎧井　⑫二四九・二五一
師子吼井　⑫二四八・二五一
常提(啼)井　⑫二四八・二五一
賢慧井　⑫二四七・二五〇
井御頂借天井　⑯二〇八(作覆)・二三六(作料)

卄繧　⑤一九三
四王　⑤一九七(埝)　⑯五一九(供養)
四天王　㉕一二二
四天大王　③二四一・二四六
四大天王　③二四三・二四八
四天大王衆　③四七
即四天王像　②六二八
壇四天王像　②六二八
四王所　㉕八
四王彩色所　⑥二五六・三八三・四五四　⑲二四八　⑳二二二　㉕三五四
四天王分　②五八五・六二〇
四天王物　②六三〇・六三一・六三七・六四三・六四四
持國天王　⑫二四七～二五一
増長天王　⑫二四七～二五一
廣目天王　⑫二四七～二五一
多聞天王　⑫二四七～二五一
力士　⑫二四九
金對　⑤五三七　⑫二四九
金對力士　②六一三・六四八(剛)　⑤四八一・五四〇
金對力士形　②五八二・六二八(剛)
金對密(蜜)跡　③二四一・二四三・二四六(剛)・二四八
金對分　②五八四・五八五・六二〇
僧愼你耶藥叉大將像　⑫二五三
天龍八部　③二四一・二四三・二四六・二四八
即八部像　②六二八
八部物　②六三一
八部等物　②六三七
毗婆沙羅王像　②六二九
毗婆沙羅王形　②六四八

五

梵天　③二四四　⑫二四七～二五一・三九五
梵王　③三五八
帝釋(釋)　⑤六七九　⑫二四七～二五一
梵王帝釋(釋)　②六二九・六四八　③二四一・二四三(尺)・二四六・二四八
十二天　㉕一二三
大弁(マヽ)才天女像　③六二〇　⑫二五三
大才弁天女壇　③六五〇
吉祥(祥)悔過(所)　⑤四六九　⑥三六四・四六五　⑯四九三・四九六・五八四　㉑二三四　㉒二八六・三六九
南吉祥悔過(所)　⑯四三四
樂天　④四八三
十弟子釋迦佛像　②五八二
舎利弗　⑫二四九・二五二
舎利子　⑫二四九
大目揵連　⑫二四九
迦葉丼　⑫二五一
迦葉　⑫二四八
迦葉遺　⑫二四八
須菩提　⑫二四八・二五一
富樓那　⑫二四九
優婆離　⑫二四八
阿難　⑫二四八・二四九・二五二
難陀　⑫二四九・二五二
羅睺羅　⑫二四九・二五二
(石山寺)太子像　⑤一九七
石山寺太子仏像　⑤一八八
金埿太子像　②六二七
法王像　④五一一
羅漢像　⑤六七四
羅漢畫像　②六二八

即羅漢像　②六二八
維摩　⑫二五一
維摩居士　⑫二五一
維摩詰　⑫二四八
維摩詰像土　②五八二
維摩吉像　⑫二五二
維摩像分　②五八七
佛聖僧　①四一一　②一九二・一九四　③六二六
聖僧分　②五八四〜五八九・五九七・六〇二・六〇三・六一九・六二〇
聖僧物　②六三〇〜六三四・六三七・六四一
聖僧供養　②六三二
无着廾　⑫二四八・二五〇・二五一
世親廾　⑫二四八・二五〇・二五一
尊者世親　⑫二四九
馬鳴廾　⑫二四七・二五〇
龍樹廾　⑫二四八・二五一
龍樹　⑫二五一
法護論師　⑫二四九
衆賢論師　⑫二四九
尊者世友　⑫二四九
尊者妙音　⑫二四九

波斯匿王　②六二九・六四八
弗加(袈)沙王　⑫二四九・二五二
普荘厳童子　⑫二四七・二五〇
善財童子　⑫二四七・二五〇
雪山童子　⑫二四八・二五〇・二五一
羅刹　⑫二四八・二五〇・二五一
阿私仙　⑫二四八・二五〇・二五一
放牛難陁　⑫二四九・二五二
達摩陁羅　⑫二四九・二五一
優婆掬多　⑫二四八
曇无徳　⑫二四八
海雲比丘　⑫二四七・二五〇
海童(幢)比丘　⑫二四七・二五〇
迦多延尼子　⑫二四九
弥沙塞　⑫二四八
阿説耆　⑫二四九・二五一
和加利　⑫二四九・二五二
薩婆多　⑫二四八
末田地　⑫二四八
提婆設摩　⑫二四九
摩訶僧祇　⑫二四八

神(神)王　②六四八　⑤二七四・三四一・三八〇　⑮二三三・二三七・三〇三・三〇四　⑯二三九
畫神王像　⑫三九八
神王形　⑨六一二　⑬二二
(捻)神(神)王　⑤二七四・三四一・三四七　⑮二三七
釈色神王　⑤三四二・三四七
銀畫神王形　⑨六一二　⑬二二
灌仏神王　⑤一九七
大善神王　③二四一・二四三・二四四・二四六・三五八　⑫三九五
主畫神　⑫二四七・二五〇
主夜神　⑫二四七・二五〇

廾寶冠(冠)　⑤一九三　⑯二四二
雕并捻作廾寶冠　⑤一九三
雑玉寶冠　⑤六七四
押金薄廾寶冠　⑤三四二
花柒塗(廾)寶冠　⑤三四二
押廾寶冠金薄　⑤三四七
塗(廾)寶冠花柒　⑤三四七
宍色菩薩天冠銅　②六四六
押金薄藥師佛侠侍菩薩寶冠　⑤三七九
押銀薄(藥師佛)侠侍菩薩寶冠月形　⑤三七九

雕作并押金薄飛天菩薩寶冠 ⑤三七九
侠侍𦬇寶冠緒 ⑤一二九
四王寶冠飛炎 ⑤一九七
作𦬇寶冠所 ④四六三 ㉕三一一
山堂寶冠作所 ⑯二五七
御髪螺 ②五七六
塗金青侠侍菩薩五軀御鬘 ⑤三七九
御鬘 ⑤一九三
御目髪(畫飛点𦬇) ⑤一三〇
佛菩薩眉間玉形 ⑤三八〇
御手 ②五七六
大千手𦬇御手 ⑤一九六
雕作(大千手)𦬇御手并継 ⑤一九六

## (二) 佛座・佛光など

御坐(坐)礒形(形) ⑤三四一・三四二 ⑮二一九・二三三 ⑯二四三
礒御坐(坐) ⑤二七三 ⑮二三六
礒坐(坐) ⑤二七四 ⑮二三七
礒 ⑤六七九
埝礒坐 ⑤三四七
沈礒 ⑤六七九
彩色礒 ⑤三四七
池礒敷瑠琉地 ⑤六七四
基 ⑤六七四(上階、下階)・六七九
座(座) ④一〇七 ⑤一九六
御座二階 ④一〇七(瑇碧・水精)
仏臺(臺) ④一〇七・二九九・五一〇 ⑤二四三 ⑭三三五 ⑮四七〇
樫臺(仏台) ④一〇六
佛菩薩座 ㉕六七
佛(仏)座 ①五五九(座) ⑯五八一
仏座甕形并花實 ⑤一九六
仏座花實 ⑤一九六
仏座大床 ⑯二二三
大仏御産(座ヵ)花(畫) ⑬二一五
大佛山形 ㉕四・七八
丈六仏御坐花 ⑯二六九
仏御座花 ⑯二六九
丈六仏𦬇御坐花 ⑯二七二
座花 ⑤一八八
倒花 ⑯二七〇
花實 ⑤一九六 ⑯二七二
仏御座花枚 ⑯二一七
仏𦬇御座(坐)花枚 ④四七一 ⑯二一七 ㉕三一九
𦬇御坐花枚 ⑯二六九
懸花々枚 ⑯二七二
花枚 ⑯二七二
作坐料 ⑯二一六
佛座地代帳 ④五一五
(塞)蓮花座 ②五七六
八角木座 ②五七六
観世𦬇座肬金堺 ⑤一九六
𦬇座肬金 ⑤一九七
(菩薩)座・肬金魚子 ⑤三七六
白蓋 ④一〇七
蓋 ④二九九
菩薩座・花形 ⑤三七六
𦬇御坐 ⑤三五二

金蓮花坐（檀像観音菩薩）　⑤六七九
仏侠侍井座花實　⑤一九六
井座大床并花實　⑤一九六
井座甕形　⑤一九六
（菩薩）座・銅物金　⑤三七六
（菩薩）座・銅物　⑤三七六
（菩薩）座・花　⑤三七六
繪仏井御座金物　⑤二四一
仏光　⑤一二九・一三〇・一九三・一九六・三八〇
大仏光　⑤一九七
大光哳　⑯一二
造大仏光所　⑪八
塗花柒仏光　⑤一二九
居身光　④一〇七
仏光塔枚　⑤一二九
侠侍井光　⑤一二九
井光日月枚　⑤一二九
押金薄仏光　⑤一九二
　同枚順　⑤一二九
仏光麻柱　⑤一九三
井光柱　⑤一三〇・一九三
塗丹（侠侍）菩薩光柱　⑤三七九

仏光搆立麻柱　⑤一三〇
麻柱　⑤三八〇
四王廻麻柱　⑤一九七
光料飛天　②五七六
仏井光料板　②五七七
仏光飛天井　⑤一二八・一九三
羂索井光柄花蕚　⑨三三六
（仏）光基桁　⑤一二九
井縟　⑤一二九・一九三
縟　⑤一二九
弥勒仏光玉　⑤一九六
井光順　⑤一九三
順　⑤三七六・三七九
彫花惣　⑤五七六
佛張柱（裹布）　②六四〇
佛懸緑綱　②六四七
佛懸横木　②六四七
木綎　⑤一九三・三八〇
銅井像天衣　⑤一八八・一九八
壊菩薩天衣　⑤三七五
玉枚（仏光）　⑤一二九
懸玉（貫桂井）　⑤一二九
懸玉　⑤一二九・一九三
井懸玉　⑤一二九・一九三

菩薩懸玉四條并光　⑤三七五
井懸玉貫料銅葝　⑤一三〇
井懸玉緒料銅葝　⑤一九四



佛像関係は、正倉院には少ない。南倉153佛像型参枚（(南)Ⅲ32 108）は、押出佛製作の雄型と考えられるもの。南倉154墨畫佛像壹軀（(南)Ⅲ33 108）は、別名、麻布菩薩で著名なもの。南倉155彩繪佛像幡壹條（(南)Ⅲ34 109）は、宝冠をかぶる特異な彩色像を四坪に画く。

佛龕として、南倉158漆佛龕扉四扇（(南)Ⅲ37 110 111）、南倉159同上壹扇（(南)Ⅲ112）は内面に金銅押出佛を貼している。南倉160漆金銀繪佛龕扉四扇（(南)Ⅲ113〜116）も同類の品で、この扇がつくという長六角厨子の殘材が別にある（中倉204漆六角厨子基趾椊壹枚）（(中)Ⅲ238）。それぞれに見事な佛像が描かれている。

南倉161刻彫蓮花佛座貳枚（(南)Ⅲ117）は、白檀材であるから、檀像の台座であったろう。

また南倉166銅鐵雜鉸具（(南)Ⅲ49 182）の日光形は光背であったろうか。

## 八 佛具

佛具 ㉕一三〇
荘嚴物 [3]五七五 [12]二八七
大般若會調度 [2]六四六
佛張柱（裹布） [2]六四〇
佛懸横木 [2]六四七
佛懸緑綱 [2]六四七

### （一）經机・香花机・經嚢など

経（經・経）机 [2]六〇一 [5]一三八・二八八・二九七 [9]二 [10]二八〇・二八一 [12]四三二 [15]二五一 [16]六七・五九一 ㉕二九九
一切經机 [4]八九（経） [10]二八〇・二八一 [12]四三二
柒（經机） [9]二
白木（經机） [9]二
佛供机 [5]六七八
結作仏御供養黒木机 [16]二四二
積經基・机・覆 [24]五四二・五四三（積經基）
經輿（装束所） [16]五七六
經輿（餝所） [16]五七四・五七五
案机 [2]五九三
前机 [4]四一二 [16]二一一・二五三・二六一・二六二・二六八 [21]二三六（高座前机） ㉕二五四
前机上角金 [16]二六一
前机上問金 [16]二六二
火爐（爐）机 [1]五七九 [2]六四七
花香机 [4]四一二
香机 [2]六〇一 [15]三一七
花（花）机 [5]五三五・六七八 [6]四六七 [21]二三六
花机金物 ㉕一三〇
折肱㉕一三〇
細銅㉕一三〇
経（經・経）臺（臺） [2]五九三・六四二・六四七 [3]五九一（綵玉） [4]三四・一八三・四一二・五一四 [5]四六三 [15]三三一 [16]四三四
柒経（經）臺 [4]三四 [5]四六三
綵玉経臺 [3]五九一
經臺阿世端 [15]三三一
經筥 ㉕一三五
管（經管ヵ） [2]七一一（着柒） [12]二九一（楹並塗末香）（赤欄繼中在蓋） [24]四四七（着柒）
紫細布袋（經管の袋） [12]二九一
経（經）覆（覆） [3]五七五 [4]五一六 [12]二八七
経（經・経）嚢（嚢） [2]五九三・六四三 [3]六二四・六二五 [4]四一二・四一三 [5]六七一・六七七 [12]三八六・四三〇 [14]三一七

## 八 佛具

有緒（経嚢） ③六二四（玉緒・糸緒）
无緒（経嚢） ③六二四
白羅表（經嚢） ④四一三 ⑭三二七
龜甲錦表（經嚢） ④四一三 ⑭三二七
緋地錦表（經嚢） ④四一三 ⑭三二七
雲繝錦表（經嚢） ④四一三 ⑭三二七
紅羅刻物表（嚢） ④四一三 ⑭三二八（縫物表）
高麗小町錦表（經嚢・嚢） ④四一三 ⑭三二八
赤紫羅表（經嚢・嚢） ④四一四 ⑭三二八
白緋地交表（經嚢・嚢） ④四一四 ⑭三二八
赤紫綾表（經嚢・嚢） ④四一四 ⑭三二八（綾）
江（紅カ）地綸（経嚢） ⑤六七七
（帙は経巻用が多いが、便宜上、「五 文具」(九)帙項に置く）
仏樻 ㉕六一
仏御樻 ⑫四二八
經（經）樻 ③五七五 ④二二九・五一二 ⑪二五五 ⑫二八八 ⑭四四一 ⑮二三三 ㉔四一・五六一 ㉕六六
繪經樻 ⑮二三三
朱塗経樻 ⑪二五五
国分冣勝王経樻 ④二二九
經藏辛樻 ②三〇
跣樻 ②七一五
三寶布施樻 ①五八一
珠繩嚢（納殿・観音像） ④一〇七（金糸堺）
經藏厨子 ①五五四・五五五
一切経厨子 ④二三〇
（厨子類は便宜上、「六 調度」(一)厨子・机・坐具など項に掲示）
一切経緑覆 ②六四四
一切経厨子覆紐 ④二三〇
經覆 ④五一六（表赤紫羅裏赤蜂子掐）

### (二) 高座・礼盤など

髙（高）座（座・坐） ①五五四・五五五・五六三・五六四・五六七 ②五七九・六〇六・六四七 ④四一二・四七〇 ⑤一七八・一八二・三四五 ⑮一八一・三〇一・三〇六・三二一・三二四～三二七 ⑯二一一・二四二・二六一・二六四・二六六・二七九 ㉑二三六 ㉕二七
經藏髙座 ①五五四・五五五
白木高座 ④五一四
高座寶頂 ④五一四
髙坐盖 ④四七〇・四七一 ⑯二六七・二七一・二七二
壊髙坐盖二覆裏於料 ④四七〇・四七一 ㉕三一八・三一九
高座短疊 ⑮一八九
高座茵 ④五一五
高座薦 ④五一五
高坐大床 ⑯二六六
大床 ①五六三 ⑯二五三・二六二
登 ①五六三

椅　⑯二六一
髙(高)座(座・坐)前机(几)　①五六三　⑤三四五　⑥四六七　⑮三六七　⑯二六八　㉑二三六
髙(高)座(座)前机褥　⑥四六七　㉑二三六
高坐橋　⑯二六六
橋(橋)　④五一四　⑯二三六・二三九
高座橋薦　④五一五
高座橋打料　⑮三二六
高座金物　㉕一二九
鉾木々尻　㉕一二九
鉾木菱釘　㉕一二九
折肱　㉕一二九
大壇間　㉕一二九
鋪(高座礼盤)　㉕一二七
破鋪　㉕一三〇
廾高坐(副橋)　⑯二三六
高坐(料)肱(肬)金(物)　⑤三四一　⑮三〇一・三〇二・三六八　⑯二三一(座)・二三九
(高坐料肱金)　⑯二六一
高坐上角金　⑯二六一
下角金　⑯二六一
上角波佐目　⑯二六一

下角波佐目　⑯二六一
高坐肱金料蝌目釘　⑯二六四
経蔵高座隅銅　①五五四
(椅料肱金)
高坐椅角金　⑯二六一
波佐目　⑯二六一
椅角勾金　⑯二六一
(前机料肱金)
前机上角金　⑯二六一
波佐目　⑯二六二
下角金　⑯二六一
前机上間金　⑯二六二
下間金　⑯二六二
(蓋料肱金)
蓋角金　⑯二五三・二六二
波佐目　⑯二五三・二六二
蓋枚桁金　⑯二五三・二六二
(大床料肱金)
大床上角金　⑯二五三・二六二
下角金　⑯二五三・二六三
弥比良上間金　⑯二五三・二六三
弥比良下間金　⑯二五三・二六三
都麻上間金　⑯二五三・二六三
都麻下間金　⑯二五三・二六三

波佐目　⑯二五三・二六二・二六三
波佐目金　⑯二五三
礼盤　①五六三　④四一二(礼版)　五一四　㉕一二七
礼盤坐　②六四七
礼盤薦　④五一五
礼盤茵　④五一五
礼盤短疊　⑮一八九
礼盤榻　⑯二五四・二六三・二六八
肱　⑯二六三
礼盤榻上角金　⑯二五四・二六三
下角金　⑯二五四・二六四
波佐目　⑯二五四・二六四
礼盤金物　㉕一二九
折肱(礼盤金具)　㉕一二九
間(礼盤金具)　㉕一二九
聖僧榻　⑤六七七
道師榻　⑤六七七

## (三) 麈尾・如意・香爐・念珠

麈尾 [2]五九三・六四二
獣 [4]五一三(柒涅)
獣尾 [4]五一三(深涅)・五一四(赤色)
如意 [2]六四二 [25]四八
犀角如意 [21]二三九
[虫]拂 [25]四八
金涅鐃 [2]六四六
塔鋺 [2]六三二
錫杖 [1]五五五 [2]五九一・六三四 [4]五一一 [5]六七二・六七九 [25]四九 ㉕一二三・一三五
錦鍼 [5]六七九
古様錫杖 [4]五一一
新様錫杖 [4]五一一
大錫杖 ㉕一二三
(鐵)大錫杖 ㉕一二三
(銅)大錫杖 ㉕一二三
白銅錫杖 [25]四九
(白銅)錫杖 [5]六七九
(白銅頭)錫杖 [2]六三四
(銅頭)錫杖 [2]六三四
磬(磬) [1]五六一・五六二・五七七(磬形小飾ヵ) [2]五九一・六三四 [5]一八九・六七二・六七五・六八二 [16]二一七九 [24]二九・三〇 ㉕一二六・一三三
大磬 ㉕一三三
白銅磬 [5]六七五
(銅)磬 [2]五九一
(鐵)磬 [2]五九一
磬臺花木 [5]六七五・六八二
香爐(爐) [2]五七九・五八九・六三三 [3]五八〇 [4]五一一 [5]六七四 [8]五七六 [21]二三九 [25]四五・五〇 ㉕一四五
紫檀御香爐 [21]二三九
(牙)香爐 [2]六三三
鍮石香爐 [4]五一一 [25]五〇
(鍮石)香爐 [2]五八九・六三三
白銅香爐(爐) [3]五八〇 [8]五七六 ㉕四九・一四五
白銅香(爐) [25]四九
香臺 [16]五七八(紫毛甲)
香爐(坐具・褥) [4]五一一
(白銅)香爐 [2]五八九・六三三
白銅單香爐 [2]五八九
(赤銅)香爐 [2]五八九・六三三
(銀)香爐 [2]六三三
香鎰 [2]六三三
念珠 [4]一二九・三九五 [5]六七二・六七九・六八三 ㉕三五・四一
純金念珠 [4]一二九・三九五
白銀念珠 [4]一二九・三九五
真珠念珠 [4]一二九・三九五
紫瑠璃念珠 [4]一二九・三九五(紫階隔)
(紫琉璃)念珠 ㉕三五・四一
碧瑠璃念珠 [4]三九五
(碧瑠璃)念珠 ㉕四一
(紺琉璃)念珠 ㉕三五
瑪瑙念珠 [4]一二九・三九五(瑪璁)
水精念珠 [4]一二九・三九五 [5]六八三
(精)
(水精)念珠 ㉕三五・四一
琥碧念珠 [5]六七二・六七九(水精節)
虎魄念珠 [4]一二九・三九五
(虎魄)念珠 ㉕三五・四一

誦數(数・數)　②五九八・六三五　④五一
七　㉕五・七一
(銀)誦數　②六三五
(銅)誦數　②六三五
(牙)誦數　②六三五
(紺琉璃)誦數　㉕五・七一
(紫石)誦數　㉕・七一
(水精)誦數(數)　②六三五　㉕五・七一
(水精琥珀交)誦数　②六三五
(琥珀)誦數　②六三五
(琥碧)誦數　㉕五・七一
五香誦數　④五一七
白檀誦數　②五九八
(白檀)誦數　②六三五
(菩提樹)誦數　②六三五
(新羅)誦數　②六三五
白玉網　㉑二三九

## (四) 袈裟・陰背など

袈裟　②五九六・五九七・六四一　④一二
二・五一六　⑫二五一　㉕五・三五
(御袈裟)・四八(御袈裟)
御計佐　⑮三七六
九條刺納樹皮色袈裟　④一二三
(九條)袈裟　㉕五・四八
七條褐色紬袈裟　④一二三
金剛智三藏袈裟　④一二三　㉕五・四八
(褐色紬)袈裟　㉕五・四八
七條織成樹皮色袈裟　④一二三
(織成樹皮色)袈裟　㉕五・四八・七一
七條刺納樹皮色袈裟　④一二三
(七條)袈裟　②六四一　㉕五・四八・七一
(五條)袈裟　②六四一
(刺納樹皮色)袈裟　㉕五・四八・七一
(納)袈裟　②六四一
(二百納)袈裟　④五一六
(綿納)袈裟　②五九七
麻納袈裟　②五九七
(紫羅綾)袈裟　②五九七
(白綀)袈裟　②五九七
(麻)袈裟　②五九七
(青褐)袈裟　④五一六
(蓮褐)袈裟　④五一六
(黄褐)袈裟　②五九七
(青褐)袈裟　②五九七
(蘖比色)袈裟　②五九七
(赤色)袈裟　②五九七
(橡)袈裟　②五九七
皮袈裟　⑫二五一
陰脊　②五九六・五九七
(黄褐)陰脊　②五九七
(青褐)陰脊　②五九七
(紫羅綾)陰脊　②五九七
(坐具、「六　調度」(一)厨子・机・坐具など
項参照)
被　②六四三(紫羅・赤紗)
黒紫紗帔　④五一六
偏袒　②六四三
裳　②五九七(鳩染色)・六四三(緟・黄褐)

## (五) 幢・幡・蓋


幢(幢) [2]五七三(撞)・六〇七 [5]一七
八・三三五 ㉕一二〇・一四一(□幢)
寶幢 ㉕一二〇・一三九
大寶幢 [16]五七五・五七六
古寶幢 ㉕一三三
摩尼幢 [16]五七一・五七五
香幢 [16]五七六
竪幢(幢) [5]一三七・一七八・一八六・三
四五・三五二
作幢 [5]一八三
十二丈撞 [2]五七三
幢木横木 [24]三四
端銅 [24]三四
幢末鐵物 [16]二三六
幢末轆轤 [5]一八一
幢料轆轤 [15]二九六
在葟 間塞 筒 [15]二九六
幢末轆轤鐵物 [5]三四一(石坐間壊) [16]二
三二
乏(足)髙(高) [5]三三五・三四五 [15]三二
六・三二八・三六八 [16]二三六

幡 [13]一七二 ㉕一二〇・一二三・一二
四・一三〇
大幡 [24]三一
小幡(幡) [2]五九五・六四〇(羅、唐綿、
紫、綠、唐羅、四色綾) [3]五七五
(紅) [5]六七二・六七五(赤紫身 黒
紫身)・六七八(繡身畫乏)・六八三
(様) [6]四六七 [12]二八八(紅) [16]五
八一・五八二・五八四・五九〇 [21]二
三七 [24]三二
小幡頂鳳形 [24]三二
堂幡 [5]六七二・六七五・六八三
潅頂幡 [2]五九五・六三九(潅)
狛幡 [16]五七四
高麗□幡 ㉕一四一
咋雜玉幡 [5]六七四
玉幡 [24]四一(横) ㉕一二〇
幟幡 [16]五七五
金銅裁物冒甲 [16]五七五
金銅裁物花枚 [16]五七五
羅小幡(幡) [6]四六七 [21]二三七
白羅小幡 [16]五九〇
紫組小幡 [16]五八二

糸交幡 [4]五一五
糸幡 [16]五七四・五七五・五七八・五八
四・五八八 ㉕一二四
紫糸幡 [16]五七八・五八四
紫□幡 [16]五八三
紫糸小□ [16]五八五
紫糸□幡 [16]五九二
押金着糸幡 [16]五八八
五色絲交幡 [2]五九五
白幡 [16]五九一
持幡 ㉕一一八
督幡 [16]五八七
緆(昜)幡 [16]五七〇・五七一・五七三・五
七四
二丈枚幡 ㉕一四一
枚幡鐃鐸 ㉕一二〇
仏臺幡 ㉕九九
古幡 ㉕一三六
講說幡裝束 [16]五九三
様(小幡) [5]六八三 [16]五八二
幡横木 [24]三一
幡軸 ㉕一二五
金銅切物幡 [5]六八一
金銅切蚰舌 [5]六八一

幡桙荘柱 ㉕三〇三
天井幡懸鐶 ⑯二五六・二五九
天井鐶坐 ⑯二五六・二五九
柱幡懸肱金 ⑯二五六
肱金坐 ⑯二五六
柱幡懸肱 ⑯二五九
柱肱坐 ⑯二五九
鳳憣裁銅 ①五七四
鈴 ①五七四
鈴子鐵 ①五七四
髙座寶蓋憣 ①五六四
用憣頭裁銅 ①五六四
角居鳳咋幡 ①五六五
用憣頭裁銅 ①五六五
鈴 ①五六五
琉璃雜色玉 ①五六五

（幡蓋部分装飾部品）
用單憣頭裁銅 ①五七四
鈴 ①五六五・五七四
玉節等花形銅薄 ①五七四・五七八
口座金銅花枚 ⑯五七三
中節裁銅 ①五七六
下節裁銅 ①五七六

中間裁銅 ①五七六
少裁銅 ①五七六
鈴・子鐵 ①五六四・五七六・五七七
鈴玉 ①五七七・五七八
磬 ①五七七（磬形瓔珞）
十字磬 ①五七七
玥瑚形 ①五七七・五七八
琿渠形 ①五七七・五七八
真珠 ①五七七
紺刾玉 ①五七七
琉璃雜色玉（丸玉・小刾玉） ①五七四
琉璃雜色玉 ①五六五・五七五・五七七・五七八
丸玉・废玉 ①五七七
丸玉・废玉・懸玉・大刾玉 ①五七八
水精玉 ①五六五・五七四

潅（潅・灌）頂 ②六四〇 ③一二五 ⑤六七二・六七五（紫纐身 緋纐身 雜色足） ⑯二六四・二八八 ㉔三五・四一 ㉕一四一
潅頂幡 ②五九五・六三九
金埿銅潅頂 ②五九六
組大潅頂 ②六三九

纐大潅頂 ②六三九
秘錦大潅頂 ②六三九
秘錦潅頂 ②五九五
九丈潅頂 ②五七三
灌頂蓋宗木（楠・塗柒） ㉔三〇
上下環銅 ㉔三〇
環茎銅 ㉔三〇
環位銅 ㉔三〇
架穴位銅 ㉔三一
盖架（欟・塗柒） ㉔三一
幡横木（櫟・塗柒） ㉔三一
盖表裁銅 ㉔三一
大鋪 ㉔三一
大鈴・子鐵 ㉔三一
小鋪 ㉔三一
小鈴・子鐵 ㉔三一
鈴 ㉔三七
鈴位花形 ㉔三一
鋪鈴等固銅糸 ㉔三一
黄糸 ㉔三一
小幡頂鳳形 ㉔三一
鋪 ㉔三五・四一
幡鎮 ㉔三三

表銅　[24]三三
裏銅　[24]三三
内輪銅　[24]三三
内鈴　[24]三三
鈴・鈴子鐵　[24]三三
表花形　[24]三三
鎮料　[16]二二六
鎮毛　[24]三三
(灌頂料)　[24]三五
端環　[24]三四
中銅　[24]三四
打立環　[24]三四
(灌)頂笠根　[16]二六九
(灌頂料銅物)　[16]二六四
笠根目塞　[16]二六四
灌頂上下緒付金　[16]二六四
中莖上下端　[16]二六四
寶頂　[12]四二八
阿弥陀佛寶頂　[2]五九六
高座寶頂　[4]五一四
寶頂銅物　[5]一九八
寶頂懸木錦袋　[4]五一五
寶帳　[2]六四〇(紫羅・横寶帳・牟田・魯帳・班帳)
寶頂袋　[2]六四四

蓋　[2]五九六・六四〇　[3]五七五　[4]二九九・四一二　[5]六七四　[12]二八七　[16]二五三・二六二・二六七・二六八・五七五・五七七・五八八　[24]三一　㉕一三一(破損蓋)・一三五
講讀師蓋　[16]五八四
寶蓋　[1]五六二
　寶蓋柱　[1]五六二
錦蓋　[16]五七八
紫羅蓋　[4]一〇六
紫蓋　[16]五七八
白蓋　[4]一〇七　㉕一二〇(白蓋具骨等)
持蓋　[2]六四三
經厨子蓋　[6]四六七　[21]二三七
高坐蓋　[16]二六七
夾纈蓋四角押　[16]五八二
蓋(頂)　[5]六七四
蓋(八角)　[5]六七四
　染漆蓋骨　[16]五六八
　蓋頰　[16]四〇〇
蓋柱　[16]二六七

蓋柱本坐　[16]二六七
蓋葛形　[16]二六七
蓋二覆墋料　[16]二六七
蓋三重墋料　[16]二六七
蓋二重墋料　[16]二六七
蓋裏　[16]二六七
蓋枚桁丸桁垂木并多々理形及波佐目　[16]二六七・二六八
(蓋料肱金)　[16]二六二
蓋角金　[16]二五三・二六二
波佐目　[16]二五三・二六二
蓋枚桁金　[16]二五三・二六二
堂天井鏡　[4]四六三　㉕三一一
堂天井倒花(花)鏡　[4]四七〇　㉕三一八
天井鏡　[4]四六八　㉕三一六
天井倒花料鏡　[16]二九四
小鏡(高座寶頂)　[2]五一四
裏着鏡　[1]五七五
鏡位花形　[1]五七五
固幢末鏡懸　[15]三一八

## (六) 鍾

鐘 [15]四三九 [16]二六四
鍾 [2]五九一・六二六・六三三 [5]一二五・一八二・三四四 [15]一四一
鍾臺 [5]一七八・一八三(鐘)・三三五・三四五 [15]三三一・三三三・三七〇・三七一
(銅)鍾 [2]六三三
(白銅)鍾 [2]六三三
石山寺鍾 [5]一二五

## (七) 幡蓋荘厳用その他玉・鈴

玉 [1]五六五・五七一〜五七四・五七七・五七八 [2]一〇七・一四八・一四九・六〇七・六四一・六四六 [4]一〇七・四一三・五一二・五一四・五二七・五三二 [5]一二九・一三〇・一九三・一九四・一九六・六七四・六七七 [9]六一二 [12]二六五・四八五 [14]三二七 [16]五七二・五七三・五七五 [25]三六九 ㉕四九・八四・一二〇・一三九
雑玉(銹) [4]四一三・五一二・五一四 [5]六七四・六七七 [9]六一二 [12]二六五 [13]二三 [14]三二七 ㉕三六・四九・八四・一三九
雑小玉 ㉕四一
全金白玉 [2]六四六
白玉 [2]一四八・六四一・六四六 [21]二三九(網)
竹玉 [2]一四八
丸玉 [1]五六五・五七四・五七七・五七八 [2]一四八
戻玉 [1]五六五・五七七・五七八
懸玉 [1]五七八 [5]一二九・一三〇・一九三・一九四・三七五
刻玉 [1]五七二・五七三
大刻玉 [1]五七八
小刻玉 [1]五六五・五七四
紺刻玉 [1]五七七
黒刻玉 [1]五七一
赤刻玉 [1]五七一
青吹玉 [16]五七五
緑吹玉 [16]五七三
勾縹玉 [2]一四九
赤勾玉 [2]一四八
黒玉 [1]五七一
紺玉 [2]一四八・六四六
青玉 [1]五七一 [2]六四六
緑玉 [2]一四八
縹玉 [2]一四八・六四六
赤玉 [1]五七一
小赤玉 [2]六〇七
(玉類は用途が多様であるが、幡蓋用が多いので、ここに集める。なお、水精玉・琥珀玉・石玉は、「一二三　工芸材料・技法」(二)玉・石・瑠璃・土工項参照)

玉合料　①五七三
玉和合　①五七三
玉作料　①五七三
玉幡(横)　㉔四一
玉幡　㉕一二〇
覔珠玉使　②一〇七
祢奇玉作部　②一四五
作玉所　①五五八
山階山玉作所　⑭六五

鈴　①五六四・五六五・五七四・五七六・五七七　②六三五　④五二七・五三二　⑤四八六・五三九　⑯三二五・四八三・五六八・五七〇〜五七二・五七四・五七九　㉔三〇〜三三・三七　㉕四二・四五・四七
大鈴　㉔三一
小鈴　㉔三二
内鈴　㉔三三
鈴玉　①五七六〜五七八
鈴子鐵　①五七四　㉔三三
子鐵　①五七六・五七七　㉔三一〜三三
└座金銅花枚(飾玉座金ヵ)　⑯五七二

## (八)　香・花・燈

(香、「一二　香・藥、身体部位名、疾患」㈠香項参照)
(香爐、㈢麈尾・如意・香爐・念珠項参照)
香坏(白銅)　②五九〇
香樻　⑤六七三・六八一(在鐵)
裓(表紫、裏緋破)
花供養(料田)　㉓四二八
└花臺　⑯五七五
花香具　②六〇〇
(香花机、㈠經机・香花机・經嚢など項参照)
香・花・油　⑤七〇五〜七〇八
奉御燈　⑥三九六
供燈　⑤五三三
千燈(料田)　㉓四二八
千燈悔過　⑭二一八
千枝燈調度　④四一三
繪千枝燈　⑬二三一
万燈會　③三五七・三五八　⑤六三七

大佛御燈料　③三五七(殿)・三五八
御燈油　③三五七
并御油可奉　⑰五五八
仏御鉢油　㉕二五五
御油奉　⑭一七八(奉御油)
懸燈料　⑤三四一(肬金、石坐)　⑯二三一・二三六(部作)・二三九(肱金、在坐)
瓷油坏　①五七三
白銅燈坏　⑤六八二
(在火枕)　⑤六八二
白銅燈臺　⑤六八二
燃燈說戒温室料　④五一八
(なお、佛具の例に類するものとし、「六　調度」㈨薫爐・火爐・燈爐項参照)

## (九) 供養具・鉢・鋺・盤・箸

(「二 食料・食用具」(一〇)食膳用具項に収録したなかで、佛前供養にも用いる類を再掲する)


供養具 [2]五八五・六三二
白銅供養具 [2]五八五・五八六
佛供養具 [2]六三二
聖僧供養具 [2]六三二
鉢(鉢) [2]五八五・五八六・六三二 [5]六七二 [25]四七
須恵鉢 [16]四八二
瓷(瓷)鉢(坏) [1]五七三 [16]五六九・五七八・五八三
塞鉢 [2]五八六
薫鉢 [2]五八六
鐵鉢 [2]五八六・六三二 [4]五一一
銅鉢 [2]五八六
(白銅)鉢 [1]五五五 [2]五八六・六三二 [5]六八二 [24]三六
白銅漿鉢 [2]六三三
金銅鉢 [5]六八一
銀鉢・輪 ㉕一一七
大佛御鉢(金渥、在各輪) ㉕一一六
大佛御鉢(銀、在各輪) ㉕一一六
佛供木鉢 ㉕一三一
木鉢 ㉕一二四
柒渥木鉢 ㉕一四三
檜坏輪 [16]五六九
青子鉢 ㉕一二〇
青地鉢 ㉕一三五
鋺(鋎・鐃) [2]五八五・五八六・六三二 [3]五七九 [25]四七・四九・五〇
五重鋺 [2]五八七 [3]五八〇
白銅五重鐃 [25]四九
迊羅五重鐃 [25]四九
金鐃(鋎) [2]六三二(全金) [15]三七六(加奈) [25]四五
白銅鋺(鐃・鋎) [2]五八五〜五八七・六三二
銀鋺(鐃・鋎) [1]五五五 [2]六三二 [21]二三八・二三九
金渥銅(鋎) [2]六三二
飯鋎 [2]六三二
白銅飯鋺 [2]五八六
多羅 [2]五八五・五八六・五八八・六三二
(白銅)多羅 [2]五八五・五八六・五八八・六三二
白銅小多羅 [4]五一七
(銀)多羅 [2]五八八・六三二
盤 [2]六三三 [5]二九九 [14]四〇四 [16]四八三・四九六 [20]三三二 ㉕一二一・一二四
大盤 [14]四二六 [16]四九六 [25]四七
花盤 [4]二二二 [13]二一六 ㉕一一六
木花盤 [13]二一四・二一五
染木花盤 [23]六一八
繪花盤 [4]二二二 [13]二一六
彩色花盤 [21]二三六
花形菓盤 [5]四八二
納箸花盤 [21]二三九
銀花盤 [4]二二二 [13]二一五・二一六 [21]二三九
花形盤(塗物) ㉕一二一
白銅盤 [8]五七六 [25]四九
白銅大盤 [2]六三三

白銅小盤　[9]二九九　[11]四九九
白銅小佐良　[4]一〇八
銀盤　[21]二三九
銀大盤　[21]二三八
銀花盤　[4]二二二　[13]二一五・二一六　[21]
　二三九
金盤　[3]五九二
小金盤　[7]二三三
[迊]羅盤　[25]四九
白銅鉗　[2]五八八
(白銅)鉗　[2]五八五・五八六
銀鈚鉗　[4]五一七
白銅匙箸　[25]四九
鐯　[2]六三四
匙(匕)　[2]六三一・六三四　[3]五八〇
鈚　[2]五八五・五八六　[25]五〇
(銀)木葉匕　[2]六三四
(白銅)窪匕　[2]六三四
白銅窪匕　[2]六三四
白銅匙(鈚)　[2]五八五・五八六・五八八
水甁　[2]六三三　[4]四三三・四三七
白銅水甁　[2]五八九　[25]四七
漢軍持　[2]六三三
胡軍持　[2]六三三
薬甁　[2]六三三
柘榴甁　[2]六三三
洗豆甁　[2]六三三
青子甁　㉕一二一
壷(銀、水精、白銅、金涅)　[2]六三三
堤壷　[2]六三三
白銅壹(壺ヵ)　[2]五九〇
小壺　㉕一二一
白銅鋺　[2]五九〇
香鋺　[2]六三三
單香　[2]六三三
其盤　[2]六三三
鉢　[5]六七二　[16]五八一
白銅鉢　[5]六七五・六八一

佛具に分類した項目は多い。この内、正倉院の遺例に類すると考えられるものを掲示しておく。

まず經嚢の類としては、中倉33沈香木塗經筒壹合(㊥Ⅰ241)、中倉34檜金銀繪經筒壹合(㊥Ⅰ95 243)がある。裂製ではないが、同類である。

麈尾は、南倉50麈尾四枚(南Ⅰ194 195)があげられる。柿柄麈尾には同型の漆塗の箱を伝え、その他、瑇瑁柄麈尾、漆柄麈尾、金銅柄麈尾などである。

如意は、南倉51如意九枚(南Ⅰ78 79 196 197)がある。材質には瑇瑁、犀角、鯨鬚など珍貴な材を用いる。当時の如意の姿は、手の部分が後世のように大きく広がらない、小ぶりなことである。又、材質的には南方産であり、元来は中国南部辺のものではなかろうか。

香坏、塔鋺は、南倉27金銅大合子四合(南Ⅰ66 131)、同28金銅合子壹合(南Ⅰ132)、同29赤銅合子参合(南Ⅰ67 132)、同30黄銅合子壹合(南Ⅰ67 132)、同31佐波理合子壹合(南Ⅰ67 132)があげられる。材質的にも多彩である。大合子は大佛殿の行事に用いるような特殊な例であろうが、他はこれまで云われるように柄香爐とペアであろう。

錫杖は、南倉64錫杖参枚(南Ⅰ208)を伝える。二枚は白銅、一枚は鐵。鐵は頭の姿が素朴で、他より先行すると思う。又、これには箱もつく。

磬は、南倉178器物残材雑塵(南Ⅲ235)中に、鐵磬一枚をみる。鋳造で破損しているが、わが国最古例であろう。後世の流麗な磬とは異

なり、きわめて素朴な姿である。

香爐は柄香爐で、南倉52柄香爐五口(南Ⅰ80 81 198 199)がある。いずれも獅子鎮の唐代の形式である。赤銅製が二、白銅が一、黄銅(鍮石、真鋳)が一、紫檀が一である。

焼香具として南倉37漆金薄繪盤壹雙(南Ⅰ70 71 135)があり、これに関連すると考えられるのが南倉174ノ17黒漆塗香印押型盤(南Ⅲ61 218)がある。後世の時香盤のようなものとされている。中倉165火舎四口(中Ⅱ215 216)も、焼香用かもしれない。一応、「六 調度」項に入れた。

念珠は誦數ともいい、当時ふた通りの云いかたがあった。南倉55琥碧誦數拾参條(南Ⅰ82 201~204)、同56雑玉誦數壹條(南Ⅰ204)、同57水精誦數五條(南Ⅰ204 205)、同58菩提子誦數壹條(南Ⅰ205)、同59誦數殘欠五條(南Ⅰ206)がある。現今と同じ百八つが多いが、そうでないのもある。それと緒が朽損して明治期に補修したものもあり、はたしてみなが当初の姿を伝えているかどうか問題があろう。ことに水精玉は、新旧の判断はつかない。南倉56雑玉誦數壹條の珠三十六個は、百八個の三分の一である。又、全体的な形式は、さまざまで類別すればいくつかの形式になる。まだ一定形式化はなかったと思う。また箱が付属するものもある。

袈裟は、著名なものは『国家珍宝帳』所載の、北倉1御袈裟九領(北Ⅰ10~15 126~131)と、南倉95袈裟七領(南Ⅱ94~96)があげられる。前者は、九條が一領、七條が八領である。内一領は「金剛智三蔵袈裟」と伝えるものである。後者は二十五條が三領、十七條が一領、その他である。

幢幡、宝頂、蓋類は、南倉184大幡殘欠四裹(南Ⅳ30 31 89~91)、中倉202(中Ⅲ35~37 157~160)、南倉185幡類殘欠百参拾八裹(南Ⅳ32~64 92~204)、南倉155彩繪佛像幡一條(南Ⅲ34 109)、同156金銅幡四條(南Ⅲ35 109)、同181吉字刺繍飾方形天蓋殘欠壹裹(南Ⅳ24 84 85)、同182方形天蓋殘欠六裹(南Ⅳ25~28 85~87)、同183八角天蓋殘欠参裹(南Ⅳ29 88)、同164幢幡鉸具(南Ⅲ39~42 119~123)、中倉196天蓋骨拾壹具(中Ⅲ20 102~109)、同197天蓋骨殘欠(中Ⅲ109)、などがあげられよう。なかでも大量にみるのは、聖武天皇一周忌斎会道場幡であろう。先記の大幡もそれであり、幡類殘欠もその殆んどがそれである。一周忌幡は錦幡と羅幡があり、ともに幡身は四坪である。

玉、鈴を、この佛具項に入れたが、正倉院宝物中にみる大量のそれらは、私は佛具・荘厳具とみるからである。中倉195鈴鐸類参拾壹連(中Ⅲ14~19 96~101)、同178水精玉六連(中Ⅲ10 66)、同179曲玉拾壹連(中Ⅳ10 67 68)、中倉180露珠千百拾五枚(中Ⅲ69 70)~同188雑色瑠璃拾壹連(中Ⅲ92)、南倉164幢幡鉸具六点(南Ⅲ39~42 119~125)、同165幢幡鉸具壹樻(南Ⅲ43~48 126~179)などそれである。

中倉180~188までの概数は約六万四千個であり、これら大量の玉、鈴鐸類は「興福寺西金堂造営記録」中の「瑠璃玉十五万…」という記事に通じるものである。

供養具としては、食用具と重複するが、まず鉢には、南倉9磁鉢貳拾五口(南Ⅰ59 118~122)、同10漆鉢六口(南Ⅰ123)、同11銀鉢四口(南Ⅰ124)、同12銀鉢壹口(南Ⅰ124)があげられ、形態から、同13銀壺壹雙(南Ⅰ60 61 125)も、銀鉢を大きくしたものである。文書中の瓷鉢が右の磁鉢のようなものと考える。

銀鉢のなかには飯粒の痕がついたのがあったと記憶する。

鋺は、南倉47佐波理加盤四百貳拾六口(南Ⅰ77 173~187)があげられる。

多羅は皿で、盤も同じである。南倉46佐波理皿六百九拾七口(南Ⅰ76 156~172)があげられる。なかには実際に繪具皿に用いた痕跡のある例もあるが、このことは文書中にもみる。

また盤の類には、南倉8磁皿貳拾九口(南Ⅰ56~58 114~118)に、大中小、さまざまな磁皿をみる。

鉗は、南倉166銅鐵雑鉸具壹樻の第五五号鐵挾子八拾枚(南Ⅲ184 185)が相当する。箸の用をなすものである。

箸は、南倉86金銀箸壹雙(南Ⅱ17 91)があげられる。

匙は、南倉45銅匙参百四拾五枚（南I75 151〜155）、同43金銀匙壹枚（南I75 151）、同44佐波理匙壹枚（南I151）があげられる。銅匙は、匙面が円形と長形とがセットになっている。そして銅匙とするが、佐波理皿（南倉46）、佐波理加盤（南倉47）と同じく、材質は佐波理であり、これらいずれも多量である点、鋺、皿、匙でセットであった筈である。

水瓶では、北倉43漆胡瓶壹口（北I83 210）、中倉69白瑠璃瓶壹口（中II29 148）、南倉24金銅水瓶壹口（南I64 129）、同25佐波理水瓶貳口（南I65 130）があげられる。法隆寺伝来品であるいわゆる王子形水瓶は正倉院にはみられない。

# 九　樂・樂器・遊戲具

## (一)　樂


樂　⑤四八三・五三九
樂物　⑤四八六
唐(唐)古樂　⑤四八二　⑯五八七
古樂　⑤四八六　㉕一三九
破陣樂　⑤四八六
中樂　⑤四八二(唱歌)・四八六(鼓打)
唐散樂　⑤五三八
散樂　⑤四八二　㉕六一
堂地築平散樂人　⑯二八四
唐雜樂　⑤五三八
雜樂　⑤五四一・六三六
宗明樂　⑤四八六
大唐樂調度　②六四七
高(高)麗(麗)樂　⑤四八四・四八六　⑯五八七
高麗樂人　⑧二二一(官人　師)
狛樂　⑯五八六
婆利久太　⑤四八七
呉樂　⑤四八五・五二三・五三七・五三九　㉕一四〇
呉裹　⑤五三八
呉樂所　⑫三三三
伎樂　②六〇七・六四八　㉕一一八・一三一
官樂(分)　⑤五四〇
樂所　⑯五八五
呉樂所　⑫三三三
花會唐(唐)樂所　⑤六五七　⑰七一
樂物計定所　⑤四八六
音聲所　③五六九　⑫三二〇
音聲舍人　⑧二一九・二二〇
歌女　②三八九・四七二


## (二)　樂器・樂具


樂器　④一二二　⑤六七四
琴　②六四一　⑤六七二・六七六　⑥五三八　⑯二六八　㉕三一・三七・四八・五一・六三・六四・六八・八一・八三・一〇四
純金目　⑤六七六
(袋)錦緘裏緋　⑤六七六
雜琴　②六四二　㉕八三
琴懸緒并鐶等　⑯二六八
琴絃　④一七八　㉕八八・一一三
雜琴絃　㉕八三
墨縄料琴絃　⑤三六三
緒塗料(柒)　⑯二六八
御琴　㉕六八

柒琴 ④一三一 ㉕六四・一〇四
　紫檀軫　牛角足 ④一三一 ㉕一〇四
　「腹内有嶧山之岫幽人所玩等字」④一三
　一
　(袋)紫綾袋緋綾裏 ④一三一 ㉕一〇四
柒塗琴 ㉕八一
　(袋)赤紫袋 ㉕八一
銀平文琴 ④一三一 ㉕八一・一〇四
　軫足並象牙 ④一三一 ㉕一〇四
　「腹内有司兵韋家造此琴字」④一三一
　(袋)紫綾袋緋綾裏 ④一三一 ㉕一〇四
瑟 ㉕六九
楸木瑟 ④一三一 ㉕三六・五一・六八・
　八二・一〇五
　木畫兼瑇瑁 ④一三一
　臨岳 ㉕六九
　瑟(部分)二端、側 ㉕六九
　(袋)臈纈袋緑裏 ④一三一 ㉕一〇五
　　(緣は緑ヵ)
　臈纈袋 ㉕六九・八二
箏(箏) ②六四二 ④一三一 ⑤五三九・
　六七二・六七六 ⑯五八一 ㉕三七・
　四八・五一・六八・六九・八二・一〇
　四・一一三
　(袋)黒紫絁裏緋　着柱絁 ⑤六七六
桐木箏 ④一三一 ㉕三六・五一・八二
　木畫兼瑇瑁 ④一三一
　(袋)臈纈袋緑裏 ④一三一
　臈纈袋 ㉕八二
綾槻箏 ㉕一〇四
　(袋)臈纈袋　緑裏 ㉕一〇四
箏琴 ②六四二 ㉕六八
箏絃 ④一七八 ㉕八八・一一三
新羅琴 ④一三二 ⑤五三八・六七二・六
　七六 ㉕三七・五一・六八・六九・八
　二・一〇五
　(袋)絁表黒紫綾　裏綾緑纈 ⑤六七六
金鏤新羅琴 ④一三二 ㉕八二・一〇五
　枕尾並染木 ④一三二
　枕尾並桐木 ④一三二
　枕尾 ㉕一〇五
　緑地畫月形 ④一三二
　罸面畫 ㉕六九
　(袋)臈纈袋緑裏 ④一三二 ㉕一〇五
　臈纈袋 ㉕八二
　(袋)紫地錦袋緋裏 ④一三二 ㉕一〇五
　紫地錦袋 ㉕八二
　紫兩面袋 ㉕六九
檜(檜)木倭琴 ④一三〇 ㉕三七・五一・
　八一・一〇四　倭琴持坐井 ⑯九
　頭尾枕脚並着赤木 ④一三〇
　「上面着縹紙記五言詩」④一三〇
　(袋)臈纈袋緑裏 ④一三〇
　裹臈纈袋 ㉕八一
和琴 ⑤六七二・六七六
　(袋)緑絁・緑斑絁 ⑤六七六
東琴 ④一五一(烏柒鞁の注記)
箜篌 ④四六五・四七〇 ⑬二一七 ⑯
　九・二五一・二五八・二六八・二七
　二・二七三 ㉕三一三・三一八
竽篌 ⑤五三九
　箜篌懸垂木鐶坐 ⑯二五八
　箜篌打立坐 ⑯二五六・二五八
　緒槎料 ④四六五 ㉕三一三
壊箜篌 ④四七〇 ㉕三一八
箜篌(分錢) ②六三一

琵琶　[2]六四二　[5]六七二・六七六(大唐後漢)　[16]五八一　㉕三一・三六・五○・六八・六九・八一・八二・一○四
(袋)赤紫㡧　裏淺緑甲纈　[5]六七六
袋　㉕六九
(部分名称)面、槽、轉手、頚、伏手、横返手　[5]六七六
槽、柱　㉕六九
琵琶絃　[4]一七八　㉕八八・一一三
紫檀琵琶　[4]一三一・一九八　㉕三六・五○・六八・八二・一○四
緑地畫捍撥　[4]一三一・一九八　㉕一○四
(袋)紫綾袋緋綾裏　[4]一三一・一九八　㉕一○四
赤紫袋　㉕八二
螺鈿紫檀琵琶　[4]一三一・一九八　㉕八一・一○四
緑地畫捍撥　[4]一三一・一九八　㉕一○四
(袋)紫綾袋浅緑臈纈裏　[4]一三一・一九八　㉕一○四
赤紫袋　㉕八一

雜樂比巴　[5]五四一
螺鈿紫檀五絃琵琶　[4]一三一　㉕八二・一○四
紫檀五絃琵琶　㉕三六・五○・六八
五絃琵琶　㉕六九
龜甲鈿捍撥　[4]一三一　㉕一○四
罸面螺鈿　㉕六九
五絃琵琶絃　㉕一一三
(袋)紫綾袋淺緑臈纈裏　[4]一三一　㉕一○四
紫綾袋　㉕六九
赤紫袋　㉕八二
螺鈿紫檀阮咸　[4]一三一　㉕八二・一○四
紫檀阮咸　㉕三六・五一
緑地畫捍撥　[4]一三一　㉕一○四
(袋)紫綾袋浅緑臈纈裏　[4]一三一　㉕一○四
赤紫袋　㉕八二
阮咸絃　[4]一七八　㉕一一三
中絃　[4]一七八　㉕一一三
小絃　[4]一七八　㉕一一三
絃　㉕三一・三七・四八

紅牙撥鏤撥　[4]一三一・一九八
牙撥　㉕八一
黄楊撥　㉕八二

尺八　[5]五三八(唐)・五四一　㉕一一・三七・四一・五一・八一・八二・一○四・一○五
玉尺八　[4]一二九　㉕一○四
(玉)尺八　㉕三七・四一・八一
樺纒(マヽ)尺八　[4]一三○　㉕一○四
(種樺)尺八　㉕三七
(樺纒)尺八　㉕四一・八一
(竹)尺八　㉕三七・四一・八一
刻彫尺八　[4]一三○
刻雕尺八　㉕一○四
(刻彫)尺八　㉕三七・四一(刻雕)・八一
雕石尺八　[4]一三一　㉕一一・三七・五一・八二(折不用)
雕石折尺八　㉕一○五
(袋)髙麗錦袋浅緑綾裏　[4]一三一
高麗錦袋　㉕八二
甘竹簫　[4]一三一　㉕三七・五一・八二・

一〇五
(袋)紫綾袋緋綾裏　④一三一　㉕一〇五
赤紫袋　㉕八二
楸木帯　④一三一　㉕一〇五

横笛　④一三一(撗)　⑤五三八(唐)・六七六(唐)・六八三(大唐)　⑯五七九・五八一　㉕三七・五一・八二・一〇五・一四〇
(袋)紫交縫械　⑤六七六
紫械　⑤六八三
雕石横(撗)笛　④一三一　㉕一一・三七・五一・八二・一〇五
(袋)高麗錦袋浅緑臈纈裏　④一三一　㉕一〇五
高麗錦袋　㉕八二
笛吹　⑤四八五・五三九・五四一
笙　②六四二　④一三一　㉕一一・三一・三七・五一・八二・一〇五
合笙　⑤六七二・六七六・六八三
(袋)沙合纈械　⑤六七六・六八三
呉竹笙　④一三一　㉕一一・三七・五一・八二・一〇五

柒縢壺　④一三一　㉕一〇五
(袋)紫綾袋浅緑臈纈裏　④一三一　㉕一〇五
赤紫袋　㉕八二

呉竹竽　④一三一　㉕一一・三七・五一・八二・一〇五・一一五
柒縢壺　④一三一　㉕一〇五
(袋)紫綾袋緋綾裏　④一三一　㉕一〇五
赤紫裂　㉕八二
紫綾袋　㉕一一五

篳篥　⑤五三八
篳篥頭　⑤五三八

皷(鼓)　②五八　⑤五三九・五四〇　⑯五六九・五七九・五八〇　㉕一二一(青子筒)
唐古樂皷　⑯五八七
中樂皷打　⑤四八六
狛樂小皷　⑯五八六
皷筒　⑤四八二　⑬三一九(綵色)　㉕一二五(黒塗)
鉦盤皷　⑤六五八

皷(鼓)撃　⑤五二三・六五八　⑯三二五
皷(鼓)打　⑤四八五・五三九
伎樂細皷筒・輪　㉕一三一
(皷)懸緒　⑯五八〇
皷皮　㉕一三九
片皮　⑤四八二
皷片輪　⑤四八五・五四〇
鎔皷　⑯五八五
青子筒(皷)　㉕一二一
皷帒　⑤四八五
高麗樂兩打　⑯五八七
鉦盤　⑤四八五
鉦盤打　⑤四八五
鉦盤撃　⑤五三七
方響槌　⑤四八六
百子　⑯五七〇・五七九　㉕一四一
白子　⑯五八〇
桙舞末額　⑤四八六
末額　⑤四八二・四八六
駒形　⑤四八六
振皷帛　⑤四八六
弄人　⑤四八六
弄人鈴　㉕一四一

奚婁 ㉕一三一
白盤 [5]四八六 [16]五七九・五八一・五八八
百盤 [16]五七〇
鈴 [5]四八六
黄楊桴 [5]五三八
蝶笠 [16]五八〇・五八七 ㉕一四一
陎笠 [16]五七〇
疊笠 [16]五七九
庛着鈴 [5]五三九
帔子 [16]五八〇
牟子 [16]五七〇・五七九
褋子 [5]五四〇
狛鉾 [16]五七〇
勒肚第 [5]五四〇
表着 ㉕一一八(伎楽装束)
行主 [5]五四一(樂ヵ)
狛犬 [16]五七〇(樂ヵ)
狛犬 ㉕一四〇
狛師子 ㉕一四一


## (三) 面


面 [5]四八二 ㉕一一八・一二三・一二四・一三三・一三五・一三六
作面 [5]四八二
布作面 [5]四八六・五三九
伎樂装束面 ㉕一一八
伎樂様楲舞面 ㉕一三三
頭形 [2]六四三
獅子頭 [2]六四三 ㉕一二三
獅子(頭) [2]六〇七(五色毛、在袴)
師子面 ㉕一二〇
師子 ㉕一一八
師子子 [2]六〇七(衣服具)
治道(面) [2]六〇七(衣服具)
呉公(面) [2]六〇七(衣服具)
金對(面) [2]六〇七(衣服具)
金對桙持 [5]五三七
金對力士桙取作頭 [5]五四〇
迦楼羅(面) [2]六〇七(衣服具)
崐崘(面) [2]六〇七(衣服具)
力士(面) [2]六〇七(衣服具)
波羅門(面) [2]六〇七(衣服具)
大孤父 [5]四八五・六五八 [16]三二五
太孤児面 [5]五四〇
孤子(面) [2]六〇七(衣服具)
酔(醉)胡 [5]六五八 [16]三二五
酔胡(面) [2]六〇七(衣服具)
羅凌王(面) [2]六四七
倭胡(面) [2]六四七
老女(面) [2]六四七
咲形(面) [2]六四七
舞面 ㉕一二三・一三六
舞装束 ㉕一二二〜一二四
作頭 [16]五七〇・五八一・五八七
半面 [16]五七〇 ㉕一四二
嗔面 ㉕一四二
帍頭 [2]六四三・六四七
龍(龍)頭 [5]四八二 [16]三八六 ㉕九九・一四〇(牟)

## (四)　遊戯具

木畫紫檀棊局　[4]一三一　㉕一〇五
木畫紫檀碁局　㉕一一・三六・四八・八二・八八・九四
牙床脚　[4]一三一　㉕一〇五
牙界　[4]一三一　㉕一〇五
花形眼　[4]一三一　㉕一〇五
龜形器　[4]一三一　㉕一〇五
碁子壺　㉕一一・三六・四八・八八
碁子器　㉕八二
金銀龜甲龕（棊局）　[4]一三一　㉕一〇五
龜甲龕（碁局）　㉕八二
棊子　[4]一三〇・一三一　㉕一〇五
碁子　㉕三六・四二・五九・八〇
白碁子　[4]一二八
白棊子　㉕一〇三
黑碁子　[4]一二八
黑棊　㉕一〇三
黑・白（碁子）　㉕八〇
紅撥樓（碁子）　㉕八〇
紅牙撥樓（碁子）　㉕八〇
木畫紫檀雙六局　[4]一三一　㉕一一・三六・四八・八二・八八・九四・一〇五
牙床脚（雙六局）　[4]一三一　㉕八二・一〇五
柒緣籧篨龕　[4]一三一　㉕一〇五
柒塗緣籧篨龕　㉕八二
雙六枰　㉕一三七
雙六頭　[4]一二八　㉕三六・四一・八一・一〇三
雜玉雙六子　[4]一二八　㉕三六・四一・八一・一〇三
雜玉雙子　[4]一二八

樂名については、正倉院宝物中にみるものは、大歌（南倉118）（南Ⅱ34 35 116 117）、唐古樂（南倉119）（南Ⅱ36 37 118〜124）、唐中樂（南倉120）（南Ⅱ125）、唐散樂（南倉121）（南Ⅱ38〜41 125〜127）、狛樂（南倉122）（南Ⅱ42 128〜133）、度羅樂（南倉123）（南Ⅱ43 44 133〜136）、呉樂（南倉124）（南Ⅱ44〜49 136〜157）、雜樂（南倉125）（南Ⅱ50〜55 158〜161）などがあり、それぞれの用物の一端が知られる。なお、これらの服飾類は便宜上、「一　織物・糸綿・服飾」で掲示する。

琴は、北倉26金銀平文琴壹張（北Ⅰ45 170）が現存する。『国家珍宝帳』記載の銀平文琴、漆琴は、弘仁五年十月十九日に出蔵、同八年五月二十七日に先記に替えて返納された琴二張の内の一張が右掲の金銀平文琴である。

瑟は、南倉177樂器殘欠（南Ⅲ233）中に殘欠をみる。

箏も、その南倉177樂器殘欠（南Ⅲ63 64 231〜233）、同187琴瑟類殘材壹箱（南Ⅳ214）中にみる。

新羅琴は、北倉35新羅琴貳張（北Ⅰ60 61 178 179）、南倉100新羅琴殘欠壹張（南Ⅱ102）、同177樂器殘欠（緒止）（南Ⅲ234）がある。『珍宝帳』所載の新羅琴は弘仁十四年二月十九日に出蔵、同年四月十四日に替えて返納されたのが北倉現存のものである。北倉175新羅琴槽貳合（北Ⅱ190）がある。

和琴は、北倉181檜和琴殘欠貳張（北Ⅱ194）、南倉98檜和琴壹張（南Ⅱ20 102）、同187琴瑟類殘材壹箱（南Ⅳ213 214）があげられる。

箜篌は、南倉73箜篌貳張（南Ⅰ230 231）を伝える。二張とも殘材である。一張は瑇瑁螺鈿槽、一張は漆槽である。

琵琶は、北倉27螺鈿紫檀琵琶壹面（北Ⅰ48 49 171）、南倉101琵琶四面（南Ⅱ21〜29 103 104）で、南倉の一面が楓槽であるほかは紫檀槽である。

五絃琵琶は、北倉29螺鈿紫檀五絃琵琶壹面（北Ⅰ51〜55 172）がある。『珍宝帳』記載の品である。

阮咸は、北倉30螺鈿紫檀阮咸壹面(北Ⅰ56 173)、南倉125ノ1桑木阮咸壹面(南Ⅱ50 51 158)の二面を伝える。前者が『珍宝帳』記載の品である。また後者には、南倉125ノ2深緑絁阮咸袋壹口(南Ⅱ51 158)の袋があるのが貴重である。

絃楽器の絃は、北倉154銀平脱合子壹合(北Ⅱ169 170)に納入されて伝来した。『屏風花氈等帳』記載の品で、白絃、斑絃、大小絃、筝絃と称するのが存する。

撥は、北倉28紅牙撥鏤撥壹枚(北Ⅰ50 171)、南倉102琵琶撥壹枚(南Ⅱ105)がある。前者はいわゆる紅牙撥鏤、後者は紫檀金銀絵である。これらをみると、現今の撥のよう幅広でなく、縦長の狭い姿であるのが特徴だろう。

尺八は、北倉20玉尺八壹管(北Ⅰ33 161)、同21尺八壹管(北Ⅰ33 161)、同22樺纒尺八壹管(北Ⅰ34 162)、同23刻彫尺八壹管(北Ⅰ35 177)、同34彫石尺八壹口(北Ⅰ59 177)、南倉110尺八参管(南Ⅱ32 108)がある。北倉のものは、みな『珍宝帳』所載のものである。

簫は、南倉112甘竹律貳口(南Ⅱ109)がそれである。これらは明治の修理で現在二口になっているが、元来は一口になるべきもので、『珍宝帳』記載の「甘竹簫」に相当する。

横笛は、北倉33彫石横笛壹口(北Ⅰ58 176)、南倉111横笛参管(南Ⅱ108)があげられる。南倉の一管は牙で、北倉の彫石のは『珍宝帳』所載品である。

笙は、北倉31呉竹笙壹口(北Ⅰ174)、南倉109笙貳口(南Ⅱ31 32 107)がある。

竽は、北倉32呉竹竽壹口(北Ⅰ57 174 175)、南倉108竽貳口(南Ⅱ31 107)がある。笙、竽とも北倉のは『珍宝帳』所載のものである。

篳篥は、正倉院にはみない。

鼓は、南倉114磁鼓壹口(南Ⅱ33 109)、同115漆鼓貳拾貳口(南Ⅱ110~113)、同116鼓皮殘欠(南Ⅱ114 115)がある。

面は、南倉1伎楽面百六拾四口(南Ⅰ10~53 90~103)があげられる。ただこれら総てが伎楽の面であるかどうかは議論の余地があろう。なおこれらの面の袋が、南倉5伎楽面袋貳拾参口(南Ⅰ106~108)、同6両口面袋貳拾八口(南Ⅰ108~113)として伝存する。本来、それぞれに面が納っていたはずであるが、明治期の整理の折に別々にされたように思う。面と袋が別々になったのは残念なことである。これは「一　織物・糸綿・服飾」項の解説で述べた刀子とその他佩飾などが、帯と別々に離され整理されたことに通じる。

なお文書中に布作面とあるが、南倉2布作面参枚(南Ⅰ54 104)に相当しよう。目録作成者は、文書中のその語を知って命名したのであろうか。なお布作面は中倉202樻五拾四合中に、その後の整理によって発見されたものを多くみる(中Ⅲ38 161~165)

遊戯具として、まず棊局は、北倉36木畫紫檀碁局壹具、碁局龕(北Ⅰ62~65 180 181)が、『珍宝帳』記載品である。他に、中倉174桑木木畫碁局貳具(中Ⅱ88 222)がある。盤面の筋目は、いずれも今日のそれと同じである。

碁石入れとして、前者には北倉25銀平脱合子四合(北Ⅰ40~43 168 169)があり、また棊子として紅牙撥鏤棊子百参拾貳枚、紺牙撥鏤棊子百貳拾枚、白碁子百四拾五枚、黒碁子百拾九枚(北Ⅰ44 169)がある。

その他、中倉175金銀絵碁子合子貳合(中Ⅱ222)があるが碁子はない。

雙六局は、北倉37木畫紫檀雙六局壹具、雙六局龕壹合(北Ⅰ66~68 182 183)が、『珍宝帳』記載品である。他に中倉172雙六局四具(中Ⅱ86 87 220 221)があげられるが、なかには、はたして雙六局かどうか疑わしいのもある。

北倉の雙六局に関連して北倉17雙六頭六隻(北Ⅰ31 159)、同18雑玉雙六子八拾五枚(北Ⅰ31 159)、その内容は水精拾貳枚、琥碧拾貳枚、黄瑠璃拾五枚、藍色瑠璃壹枚、淺緑瑠璃拾五枚、緑瑠璃拾五枚、白碁子拾四枚、黒碁子壹枚、それとこれらを納める雙六子箱小皮箱(北Ⅰ159)がある。

また雙六頭(賽)を入れて振る道具、中倉173雙六筒壹口(中Ⅱ221)がある。なお雙六頭の目数は、相対面の数が七で、今日のそれと同じである。

# 一〇　諸道具

道具　[4]三五一
細工具　㉕一二三一

## (一)　刃器

刃(刄)器(噐)(修理)　[5]一二五・一二七・一八九・一九一・二〇〇・三七六　[15]一四九・二〇二・三一〇
雑(雜)刃(刄)器(噐)　[5]九一・九三・九四・一八一・一八三・三四一・三四六・三七八　[16]二四二・二四五
鐵雜刄器　㉕六八
刀子　[1]五五三　[3]六・七・二一八　[4]一二六・一二七・一二九・三五一・四〇六　[5]五九・二九八・三〇〇・四一一　[6]四〇・一〇一・一五四・一七五・一九五・三〇四　[9]五二四　[10]九　[13]六　[14]二四三・二七五・二七六・三〇〇・三八一・三八四・四二七　[15]六七　[16]六七・八四・四二〇・四二七・五一三　[17]二七三・三〇二　[18]一七・三二・四四八・四四九・四五五・四五七　[24]四四三　㉕六八・二七六・二八六　㉕三六・四一・八〇・八一・一〇二〜一〇四
大刀子　[5]三二九
小刀　[1]三九四　[2]五九七・六〇六・六〇七・六四五　[3]四六七　[6]八六・二二一・五〇五　[12]二七七　[13]五七・二六四・三四三　[14]二五六　[15]三七六　[16]一〇五　[17]二三七・二四二　[18]二
雑刀子　[24]三八
料理食刀子　[14]四二七
裁銅鑿刄　[24]三〇
紙刀　[14]四二七
紙刀子　[8]二二三・二八五
紙小刀　[16]三七八
細小刀　㉕一二一
鋸　[5]二三三　[15]二〇九
加奈　[4]一二九
鉇　[4]一二七(黒柿把)・一二九　㉕八〇
吉利　[15]三七六
鑽(紫檀把)　[4]一二七
錐子　[4]一二九
錐　㉕八〇
錯(黒柿把・紫檀把)　[4]一二七
木錯　[3]五〇八(錯香料)　[4]一二九　[11]五二二(錯香料)　㉕八〇
針　[2]五八四　[4]二一一　[6]一五四・二一七・二一八・四〇八・四一八・四九九　[17]二七八
金針　[2]五八四
疊針　[5]六二

## (二) 砥・鐵精・木賊

砥(砿) ①五五三・五七一 ②四九一 ③四・二一八 ④四〇六 ⑤一〇三・二〇二・二一〇・二三三・二九八・二九九・四一一 ⑥二三三・二五四・三八八・四五九 ⑨二一・四三四・四三六 ⑩八・五四二 ⑭三〇〇・四二六 ⑮六七・一八二・一八九・二〇九 ⑯六七・二四二・二七四・三〇二・三七九・四一九・四二七・五一三 ⑲二四六・三二〇 ⑳五〇二 ㉔二六・三八
礪 ①五九四 ③四六七 ⑨八 ⑬五七
青(青)砥 ⑤二〇二・二一〇 ⑮一八二・一八九 ⑯二七九 ㉔二六・三〇・三八
伊豫砥 ④四二〇
荒砿 ⑤一九九
荒砥 ⑯二八五 ㉔二六
破砿 ①五七二
破砥 ㉔二六・三八
鐵精(精) ①五六一・五六八 ⑤二〇一 ⑮一八二 ⑯二七四・三〇一 ㉔三七 ㉕四九
鐵生 ⑤二〇七・二四四 ⑮一八五
木賊 ④四二〇 ⑯六九
砥磨工 ⑯二九二

## (三) 轆轤・墨壺・墨縄

六呂 ⑮三一八 ⑯二七四・五一九
轆轤(轆轤) ⑤一八一・一八九・一九八・三四一 ⑯(二三二)・二四〇
轆轤軸料 ⑯二二三
轆轤綱料 ⑯二二五
幢料轆轤 ⑮二九六
幢末轆轤(轆轤) ⑤一八一・三四一 ⑯(二三二)・二四〇(幢末)
轆轤鐵物 ⑯二四〇
(轆轤)坐基目壊 ⑯二四〇
轆積塩料 ⑭九八
轆(轆)轒粉料 ④四三四・四三九 ⑭三四〇
墨(墨)壷 ⑤七七・三六五 ⑮二九一(壷)・二九二・三一八・三二〇・三二二・三三八 ⑯二四一
墨窪 ⑮三三一
墨壷緒 ⑤七七 ⑮三四五(墨)
墨(墨)縄(縄・縄) ③六一七 ④四六五・五二七・五三三 ⑤七七 ⑮二一九・

三三四　⑯二一三・二四一・三〇二
㉕三一三
墨縄料琴弦　⑤三六三

## (四) 篩・波氣・篦

篩(蒒)　①五五三　②五九・一七三　③八・二一九・二三〇　④三五一・四〇三・四六二・四六三・四七三　⑤二九二・三五六・三六九・四〇六・五〇五　⑥一五五・二九三・三七〇・三七九・三八一・四四九・四五一　⑩九・二六七・三〇六　⑪九四・三一七・三八七　⑬五三・二六六・二六七・三四三　⑭二七五・二七六・二九六・三八四・四〇三　⑮六八・三一九　⑯一五・六一・二七一・二七三・三四三・五〇七・五一六　⑰二七三　㉑四八五・五一九　㉕三一一・三一九・三二一
柒蒒綿　②五九
蒒胡料　⑥三七〇(生絁)・四四九(綃絁)
蒒糊料　④四〇三　⑭二九六　⑮六八
糊(胡)蒒料　⑤二九二・四〇六　⑩三〇六　⑬二六七(絹絁)　⑯六一・三四三(絁)・五〇七(絁)　㉑四八五(生絁端)・五一九(絁端)
糊并水蒒料(絁)　⑪三一七

土篩料　⑯二七三
篩白土(薄貲布)　㉕三一九
白土蒒之料(貲布)　⑯二七一
雑篩(蒒)料　①五五三　④四六二・四七三　㉕三一一(絁)・三二一(祖交易布)
温蒒料　⑥二九三(絁)・三八一・四五一(共に庸布端)
蒒綃(絹)　③八・二一九　⑩九
蒒料(絹)　⑩二六七　㉔四八五
蒒料(絁)　④三五一　⑥三七九　⑬五三　⑭二七五・二七六・三八四　⑯一五・五一六
蒒料薄絁　⑤三六九　⑬五三
蒒絁　③二三〇　⑪九四
蒒料(絁端)　⑤五〇五　⑭三八四
蒒料紗　⑬二六六・三四三
蒒料(沙絁)　④四六三
蒒料貲(布)　⑮三一九　⑰二七三
蒒料(商布)　①五五三
蒒料(染布)　⑭四〇三
蒒料裳　⑤三五六
蒒張料(細布貲)　⑥一五五
篩料(久例)　②一七三
蒒緒　⑪三八七

波氣 ⑯二七四
掃(はけヵ) ⑯一三六
箆 ①五九四

## (五) 農具・鍬・鉏・鈇・鎌など

鍬 ②一五九・六三一 ④五六・一一三・二二一・二四九・五〇五・五三七 ⑤二・四・六一・一二四・一三三・一六〇・一八〇・三四〇・四三九 ⑮二九〇・二九四・三二〇・三二五・三四六・四六四 ⑯二三一・二四〇・三〇四 ㉑二七六・二七七 ㉓四二八
古鍬 ④五〇五
唐(唐)鍬 ⑤六一・一八〇・三四〇・四三九 ⑮二九四 ⑯二三一・二四〇
鍫 ②一六六 ⑥二五三・三八四・四五五・四七一・四八〇・五〇三 ⑲二四五・三一九 ⑳二二三 ㉑四八七・四九四・五〇〇・五〇六・五一九 ㉓三二〇 ㉕三五六
鋤 ⑦一一五
鉏 ④五六・一一三・二二一・二四九 ⑮三一〇
辛鉏 ㉕二五三
都岐佐倫(備) ⑤六一・三三九・四三九 ⑯二三一・二四〇
都久佐倫 ⑮二九三
築佐比 ⑤一八〇
鍬柄 ⑮二五九・三一〇 ⑯三〇四
鍬鉏柄 ⑤一七八・一八三・一八六
鉏鍬柄 ⑮三一〇
鉏柄 ⑮二五九 ⑯三〇四
鈇(斧) ②六二五 ④五五・一一三・二二一・二四九 ⑤六〇・八三・九三・一〇四・一六〇・一八〇・三三一・三三九・四三九 ⑦一一五 ⑮一五〇・一五八・一五九・一六三・二九一・二九三・三〇七・三〇九・三四六・四六五 ⑯九七・一二四・二三〇・二四〇 ㉕六八・二五二
横斧 ⑤三二一 ⑯九七・一二四 ㉕二五二
手鈇(斧) ④五五・一一三・二二一・二四九 ⑤六〇・九三・一八〇・三三九・四三九 ⑮二九一・二九三 ⑯二三〇・二四〇
上鈇 ⑮一五九
大小斧 ㉕六八
鉝 ②六二五

## (六) 綱・縄

綱料(常陸調布) ⑭四四一
經料布 ②五七六
經料商布 ②五七六
綱料葛(取) ⑤九四
槎葛經 ⑤三七八
葛綱槎 ⑯二〇二
苧綱(經) ④五〇四 ㉕三〇五
古麻綱 ⑬二一七
緋綱(經) ②五九五・六四四 ⑤四八二 ㉕四九・八三・八四・一三九・一四〇・一四二
緋枚綱(經) ⑤二四三 ⑯五八二・五八三・五九〇〜五九二
縹經 ⑤六七三・六八一
緑經 ②六四九 ⑤六七三・六七五
古綱 ⑬二一七
丸綱 ⑯五九〇
寶綱 ⑯五七五
木經 ⑤一九三・三八〇
佛懸緑綱 ②六四七
佛物布綱 ②六四四
(法物)綱 ②六四四
通物布綱 ②六四四
燈爐綱 ②六四四

幄綱 ㉕一四二
運夏調經 ①六〇二
運調經帳 ①六〇五
捊綱 ②六四三
縄(縄・繩) ②五九七・六四四・六四七 ③五〇九・五三八 ④一五七・一五八 ⑤三一三・三五一・四六三 ⑥三八四・四五五・五〇六 ⑪三五三・五二二 ⑫二四〇 ⑬三一六・四七一 ⑮三〇・三一・三五・二二一・三一四 ⑯一〇九・二四四・二四五・三〇五 ⑳二二三 ㉑四八九・五一四・五二〇 ㉕三五五
布縄 ②六四七
荷縄布 ⑪三五三
俵縄 ⑯三〇五
麻縄 ⑤四六三 ⑫二四〇
張縄 ⑮三一四
赤糸縄 ②六四四
白線縄 ④一五七・一五八
細縄 ⑤三一三 ⑯一〇九
細縄捲料 ⑥三八四・四五五(捲細縄) ⑳二二三(縄縒)

針縄(縄・繩) ③五〇九 ⑤三五一(捲) ⑥五〇六 ⑪五二二 ⑮三三八 ⑯二四五(合槎)・三〇五 ㉑四八九・五一四・五二〇
薦縄 ⑤二四五 ⑮二二一(薦縄)
捲針縄 ⑤三五一
縄縒料 ㉕三五五
縄方料 ⑬三一六・四七一
常食米縄 ⑯二四四
珠縄(嚢) ④一〇七
象牙縄解 ②五九七

## (七) 杤・笈・箒


杤 [5]四三・四四 [6]二五四・三八九・四六〇 [13]一七四・二七九・三四九 [14]七三 [15]五二・六〇・六一・二六四・二六五 [16]四二〇 [19]二四七・三二一 ㉕一四三

檜(檜)杤 [6]三八九・四六〇 [19]三二一

松杤 [5]四三・四四 [15]二六四・二六五

白木杤 ㉕一四三

擔竿(杤) [15]五二

笈(書) [9]三二九

箒 [5]三一九・三三三・三三一 [14]四二六 [16]八六・九五・九八・一二二・一二六・一三三・三〇五

竹箒 [5]三三三・三三一 [16]八六・九五・九八・一二二・一二六・一三三・三〇五

箒竹 [5]三一九

目利箒 [16]三〇五

波々岐 [6]二一九


## (八) 鏁子・鎰・鈎・匙・鏁《くさり》など


鏁子 [1]五六七 [2]三四三・五九三・六四一 [3]五七八 [4]一九四・二六三・三五一・五一二・五一四 [5]三一九・三二三(鎌(鏁ヵ)子)・三二〇・四九六(脩匙) [6]三・五一 [8]二一七 [9]六七・三四五 [10]五四二 [11]一六九 [14]二七五・二七六・三三七・三四三・三八三 [15]二五〇・五〇二 [16]八三・八五・九五・九九・一二二・一二六・一三三・一三五・三〇二・三七八・五七〇 [24]二三四・三三〇・五六一 [25]三七二 ㉕四九・五〇・八四・一三九

鏁 [1]六三二 [2]四九三(无鏁) [3]五九六・六〇七・六〇八 [4]一一九・一二三・一二八・三三七・三六一 [5]二八八 [6]二二一 [9]二・三・三七八 [10]二六七・二七〇・六二六 [11]一六五・一六九(鏁在无鏁子)・一七六・二五五 [12]三三五 [13]四九一 [15]六七 [24]三二八・三九一・四八五 [25]三七〇

金銅小鏁 [4]一二八

小鏁(槓) ㉕一二一

金涅(涅)鏁子 [2]六四一 [4]五一二・五一四

銀鏁子 ㉕五〇・八四

柒塗銅鏁子 [3]五七八

鐵鏁子 ㉕四九・八四・一三九

三舌鏁子 [15]五〇二

番鐵(鏁子用ヵ) [5]三三三 [16]九九・一二六

鉸具(鏁子も含むか) [4]一二三

(鏁子)備番 [15]五〇二

番 [15]二九八 [16]八五

殿戸鏁 [25]三七〇

鎰(鎰) [1]四二一・四五三(鑰)・六二四・六二七 [2]三六・三七・一二三・一四四・一九八・一九九 [5]六三・二八八 [6]一二一 [15]二五〇・三〇〇・三〇一・三二五・三二七 [16]二三九 [25]三七〇 ㉕一二一・一三五

辛(辛)鎰 [5]三四〇 [15]三〇五・三四一 [16]二三一

韓鎰 [16]二三九

丸鎰 [5]一八〇・三二五・三四一 [15]二九

七・三〇一・三〇二・三〇五 [16]一〇〇・一二七・二三一・二三九
戸鎰 [5]三四〇 [16]二三一
鐵鎰 [25]三七〇
鎰金 [15]三〇一
不動(鎰) [1]四二一・六二四
不動鎰 [1]六二四・六二七 [2]一二三・一四四
不動倉鎰 [2]三六・一九八
不動鑰 [1]四五三
常鎰 [1]六二四・六二七 [2]一二三・一四四・一九八
常鑰 [1]四五三
常(鎰) [1]一九九
動(鎰) [1]四二一
糒倉鎰 [2]一二三
塩倉鎰 [2]一二三
鎰取 [4]四二九 ㉕一三五
郡鎰取 [4]四二九
鑰 [2]五九二
鑰取 [1]三九四
錠 [5]六〇・一八〇 [15]二九三
鍵 [5]六三・三二五・四三九 [15]三〇〇・三二五 [16]一〇〇・一二七・一三五・二三一
擧鍵 [16]二三一・二三八
折鍵 [5]四三九 [16]一二二・二三一・二三八・二四〇
久留理鍵 [16]二三八
戸具鍵 [15]三〇〇
蕨鍵 [5]四三九 [16]二三一・二四〇
鈎(鉤) [4]五一二・五一四 [5]六一 [15]三〇六 [25]二五一・二五二
鐵鈎 [25]二五一
房鈎 [25]二五二
糟鈚 [25]二五二
匙 [2]一九八 [3]六〇七・六〇八 [5]四九六
樻匙 [16]二七六
辛樻匙 [14]二四三
不動匙 [2]一二三
蔵納樻匕 [2]一二三
(以下は、「くさり」とみられる)
鏁 [4]一〇七
銀鏁 [2]六四五

銀鏁子 ㉕七五
銀細鏁 [4]一六〇
銀鈿鏁 ㉕一〇七

## (九) 度量衡・竿子・(竿師)

尺 ②五九七 ④一二八 ㉕三六・四一・八一・一〇三
白牙尺 ④一二八 ㉕一〇三
(白牙)尺 ㉕三六・四一・八一
象牙尺 ②五九七(長三寸)
(撥鏤尺は実用尺ではないが仮におく)
撥樓(鏤)尺 ④一二八 ㉕八一(紅牙、緑牙、白牙)・一〇三
紅牙撥鏤尺 ④一二八 ㉕一〇三
緑牙撥鏤尺 ④一二八 ㉕一〇三
(白牙)撥樓尺 ㉕八一
(紅牙)撥樓尺 ㉕八一
(緑牙)撥樓尺 ㉕八一
(紅牙撥鏤)尺 ㉕三六・四一
(緑牙撥鏤)尺 ㉕三六・四一
升 ②五九二 ⑤一二四・一六〇 ⑥五〇 ⑦二六四 ⑭四二四 ⑮三四六・四六五 ㉕二七二
三升、二升、一升 ⑥五〇
斗 ②五九二 ⑥五〇 ⑦二六四
二斗入、一斗入 ②六三五
木升 ④五三五 ⑤三七三 ⑥三八八・四六〇 ⑮三一五 ⑲三二一
木斗 ⑥三八八・四六〇 ⑲三二一
銅升 ②六三五
銅斗 ②六三五
太平 ⑤六七
呉斤 ⑤六七
寺権秤 ④一五八
官斤 ㉕一二七
寺家斤 ㉕一二七
権 ③五九三
権鐶 ⑤六一
常権 ㉕一五七
他権 ㉕一五七
斤 ②一一九 ⑤六七 ㉕八六・一二七
成斤 ②一一九 ㉕八六
初斤懸 ④三六〇
量 ①五五八 ②五九二
度量 ②五九二
福量 ②五九二
呉量 ②五九二
俵量 ②五九二
俵 ②五九二 ④四二七 ⑭三六〇・四四二 ⑮三七六 ⑯四八五
懸定 ⑮三七六
俵縄 ⑤三六六 ⑮三三九 ⑯二四四・三〇五
俵薦 ⑬二六四・二七九・二八一・三四二 ⑯四八七
牙笄子 ③五七九 ㉕四六
牙鏤筸子 ㉕四九
紅牙撥鏤竿子 ④一二八 ㉕三六・四一・八一・一〇三
左竿師、右竿師、河内竿師 ④八一
津竿師、山代竿師 ④八二
竿師 ④二〇六・三九二・三九三 ⑤六一六・六二六・六三六
竿生 二八二

刃物の一例として、南倉48庖丁拾枚(南I188)があるが、これらにはいわゆる刃はなく、細い平ガネ状のものに柄をつけたものである。

鋸は、大工用ではないが、中倉131ノ34白牙把水角鞘小三合刀子一口（㊥Ⅱ195）に鋸の例がある。注意すべきは、刃が今日の日本の鋸のように手元に引くのではなく、押して切る刃並びにみえることである。

鉇は、やり鉋である。南倉87鉇五（南Ⅱ92）、北倉7十合鞘御刀子壹口（黒柿把鉇）（北Ⅰ147 149）、中倉131ノ22黒柿把鉋一口（㊥Ⅱ189）がそれらである。正倉院の木工品をみていると、見事な鉇の削痕をとどめるものがある。ついでながら、台鉋は奈良時代には存在しないという説があるが、正倉院の木畫の復元を行った大坂弘道先生によると、台鉋がなければ、木畫の仕事は絶対に不可能とのこと、実技者の言葉は何よりも説得力がある。

鑽はキリで、南倉90鑽壹（南Ⅱ93）、北倉7十合鞘御刀子壹口（紫檀把鑽）（北Ⅰ147 149）があげられる。

錯はヤスリで、南倉88錯参（南Ⅱ92）、北倉7十合鞘御刀子壹口（黒柿把錯一、紫檀把錯一）（北Ⅰ147 149）がある。十合鞘のをみれば、これも先述の鋸と同様に押して使う目になっている。

その他、文書にはみないが、南倉91打鑽六（南Ⅱ93）、同92多賀禰四（南Ⅱ93）などタガネの例のあることを付記しておこう。

針は、実用的な例ではないが、南倉84針貳隻参隻（南Ⅱ17 91）が、銀、銅、鐵針各一隻と銀針一雙、鐵針一雙を伝存する。乞巧奠の品という。正倉院の染織品の縫目をみていると、勿論、今日にもみる普通の太さの針目が多いが、なかには驚くほどこまかな針目のものがあり、よほど細い針が用いられることもあったのである。

砥石は、一般的な砥石とは異なるが、中倉194金剛砂壹裹（㊥Ⅲ95）があげられる。

墨壺は、中倉116紫檀銀繪小墨斗壹口（㊥Ⅱ178）が、実用ではないがあげられる。その他、南倉174ノ3銀平脱龍船墨斗壹口（南Ⅲ57 212）は、大型であるが、荘飾過多のきらいがあり、儀式用のように感じられる。

農具の類では、南倉79子日手辛鋤貳口（南Ⅱ13 88）が儀式用ではあるが、八世紀の農具の一つ、辛鋤の実態を示す貴重な例である。

綱、縄については、「六　調度」㈦帯緒項でも示したが、南倉147帯緒類参拾五点（南Ⅱ82〜84 234〜240）があげられる。また中倉202に、紐心麻綱（㊥Ⅲ154）と称するものを多量に伝える。麻縄の表面を赤絁で包むようになっており、いまは赤絁が破損して麻縄状であるが、本来は赤い綱であったはずである。この用途が何か、あまり意見はないが、『続日本紀』天平勝宝八歳十二月己亥条に、灌頂幡、道場幡と共に緋綱の名がみられ、正倉院に大量にみる道場幡に対応する緋綱に相当するだろう。

箒は、儀式用であるが、南倉75子日目利箒貳枚（南Ⅱ10 86）が、具体例としてあげられる。処々にガラス玉が取付けられているので玉箒とも称する。本体の材はコーヤボーキということらしい。

鏁子は、まとまった例として、南倉167鏁子四拾参具並具匙（南Ⅲ50 200〜205）として、銀一具、金銅十四具、鉄二十八具である。これら以外、箱類に直接付属する鏁子、匙がいくつかある。私見では南倉167鏁子は、元来、主に辛櫃に付いていたもので、明治期に宝物全体が分類整理された時に、辛櫃からはずされ一括集められたものと思う。特に金銅製のは、「東大寺献物帳」による奉献時、赤漆辛櫃に付けられていたものであろうことは、既に述べた。唯一銀製のものも献物帳関係であったろう。その舌金具は一枚、二枚、三枚まであり、このバネ状の舌金具を匙でしぼると、本体から離れるという仕組である。なお肝心な点は、鏁子は全て鍛造品である。いま一つ、北倉2赤漆文欟木御厨子壹口（北Ⅰ20 21 138 139）に付属する金銅鏁子の形式は、右掲の例とはやや異なることを指摘しておく。厨子本体と同様、古様というべきか。

鎰は、戸の貫木の穴や戸のおとしなどを引っかけて開く折鍵であろう。南倉166ノ76鑰匙貳枚（南Ⅲ193）にみる類である。ただ本品は比較的新しいものではなかろうか。ただ形式としては、こういうものである。私も子供の頃、これで納屋の戸をいつもあけていた。

物差としては、北倉13紅牙撥鏤尺貳枚（北Ⅰ28 154）、同14緑牙撥鏤尺貳枚（北Ⅰ29 155）、同15白牙尺貳枚（北Ⅰ156）、中倉51紅牙撥鏤尺四枚（㊥Ⅱ22 23 131）、同52斑犀尺壹枚（㊥Ⅱ132）、同53木尺壹枚（㊥132）、同54未造了牙尺貳枚（㊥Ⅱ132）などがあげられる。撥鏤尺は実用尺とはいい難いが便宜上掲示する。なお中倉53木尺は長さ一尺五寸で、面白い。他はみな一尺である。

尺度は、『国家珍宝帳』所載の白牙尺（一尺さし）を、松嶋順正先生は二九・六センチとされるが、毎日新聞社『正倉院宝物1 北倉Ⅰ』刊行に際しての実測では、二枚とも二九・七であったので、私は二九・七センチ説である。

量目は、『珍宝帳』記載の「漆胡瓶」の「受三升半」に、松嶋先生が黍を入れて割り出されたのによれば、当時の一升は現今の四合三勺余であったといわれる。かつて澤田吾一氏が、正倉院文書中の諸国の正税帳より算出した当時の一升は、今量の四・〇六合とされた。

重量は、松嶋先生が正倉院の銀器類に刻銘する斤両から割り出されたところでは、当時の大一斤は今量の約六七〇グラムである。これには大小があり、小称は大称の三分の一である。『種々薬帳』中の五色龍骨の白絁の裹には「五色龍骨二斤九両大」と墨書するが、薬帳には「七斤十一両」とあり、小称で、両者の割合は、正しく三対一となる。

# 一一　車馬・船桴・輿など

## (一)　車

車　①五五七～五六〇　②一五五・一七一～一七三　③四一二　④二八八・四五〇　⑤九六・一〇〇・一〇一・三一六・三一八・三一九・三二四　⑦一七一・二二七　⑩三〇八　⑪二八〇　⑬二六六・二七三・二七四・二八〇・三四四・三四八　⑭九・一四・七四・七五・七七・二二三・三四八・三八六・三八九・三九一・四二一・四二五　⑮五四・一六六・一七三・三五〇　⑯八二～八四・八九・九一・九三・九五・九九・一〇三・一〇七・一一三・一三一～一三三・一三五・一九〇・一九一・二一四・二七四・二八三～二八六・三〇三・三〇四・五七一　㉕三〇一

牛車　⑯三〇三
司車　⑯二七四
古車　⑯二八三
小車　⑯二七四・三〇三・三〇四
堀土引小車　⑯二七四
寶車　⑯五七一
餝寶車　⑯五七六
　擧幌(餝寶車料)　⑯五七六
　障泥板(餝寶車料)　⑯五七六
返送車　⑯二八五
返上車　⑯二八六
間車　⑯三〇三
小車釘　⑯三〇四
車軸　⑯三〇五
車近　②五二二　⑨二五五
肩(負)車　②一七一・一七二

負車　⑬二六五　⑭三八九
(負)雇車　③四一二　④二八八　⑤九六・三一八　⑬二六六・二七三・二七四・二八〇・三四四・三四八　⑭九・一四・七四・七五・七七・二二三・三四八・四二五　⑮五四・三五〇　⑯九三・一〇三・一一三・一三三・一三五・二一四・二八四～二八六・三八一　㉕三〇一　㉕三四
(負)運雇車　⑤三一六・三一九・三二四　⑯八三・八四・八九・九一・九五・九九・一〇三・二八六
運米雇車　⑭四二五　⑮五四
負運綿雇車　⑯一〇三
運比蘇木雇車　⑭三四八
運車　①五五七～五六〇　②一五五・一七一・一七三　⑦一七一・二二七　⑯八二・一九〇・二八五・二八六
運材車　⑩三〇八

運雑物車 ⑯二八四
運生銅車 ⑯二八六
運青菜車 ⑯二八六
運買草車 ⑯二八六
車賃 ⑭三九一 ⑮一七三 ⑯一三一・二八四〜二八六
車(賃) ④四五〇 ⑭三八九・三九一 ⑯一三一
肩車(賃) ②一七二
雇車賃 ③四一二 ⑬二七三 ⑭三二四 ⑯一〇三・一三三・二八四
雇車(賃) ⑤三一八 ⑬二六六・二七四・二八〇・三四四・三四八 ⑭二三三・三四八・四二五 ⑯九三・一三三・二八五・三八一 ㉕三〇一 ㉕三四
雇車(往還功) ⑯一〇三・一三三
負雇車(賃錢) ⑭七四
運車(賃) ①五五七〜五六〇 ⑯八二・二八五・二八六
運車駄賃 ①五五八
運白石賃 ④三六一
(負)運雇車(賃) ⑤三一九・三二四 ⑯八三・八四・八九・九一・九五・九九・二八六

負運綿雇車賃 ⑯一〇三
負車(賃) ⑬二六五
積車 ⑤一〇〇・一〇一
載車 ③四一二 ⑪二八〇
車功 ⑦二六三 ⑭三二四
材木并藁直車功 ⑦二六三
車馬功 ④四二七 ⑭三六〇
車馬力 ⑯一八五
車負材法 ⑮一六九
泉負法 ⑮一六九
運賃料 ④三六二

## (二) 馬・牛・蒭秣

馬 ②六一五(庛毛、栗毛) ④四一五 ⑭三六〇 ⑯一八五・二八三・三〇四
鼠毛馬 ⑮四三八
御馬 ①四六三・六一一 ②一〇五 ④三一・四二七 ㉑二七九 ㉕二六九
國師御馬 ㉔五六三
(皇太子)御馬(甘) ㉕二二二
御馬部領使 ②一〇八
不用馬 ①四六四・六一八 ②二二〇・一四二(歯、字另)
驛傳馬 ②一三六
傳馬 ①五九三・五九四 ②五九・六八・七一・七七〜七九・九〇・九二・一二〇・一三八・一四二・一九五
不用傳馬 ①六一三
父馬 ①六一一
牧馬 ②四九
牧馬牛 ②一三六
牧子④三一
知牧事④三一
食馬 ⑭四四五

牛 ①五八八 ②六一五(黒毛、斑毛、黒
斑毛、腹斑毛、大斑毛) ⑯二八三
乳牛 ②六四・一三八
駄 ①五五七 ⑤二四二 ⑭四〇〇 ⑮一
六〇・一六八・三一三
駄一匹可負員 ⑮一六八
駄一匹賃 ⑭七八
馬賃銭 ⑮一六九
駄賃 ⑮二二五
運駄 ②六五 ③一九六
負駄 ⑤四八・三五七 ⑮二七〇
雇駄 ⑤三五九・四三七 ⑯二一四・二一八
七
負来雇駄 ⑤三五九
雇馬 ⑥二〇三 ⑲三二四
負馬 ⑤四三六・四三七
馬荷 ⑮一六九
蒭(𦱳) ⑫三一一・三一二 ⑭三〇七・三
〇八 ⑯三〇五 ⑳四四四 ㉑二七九
乾𦱳 ⑭三三三 ㉑二七八・二七九
交易乾𦱳 ㉑二七八

秣 ㉕三四九
飼秣 ①四六三 ②一〇五(稲)
飼稲 ②一〇五・一三八
馬秣 ㉔五五一
馬牛秣 ㉔五五一
飼糠米 ①六一一
鳥粫粮 ②三九九
馬食料 ②一五三 ⑦二二三
厩 ⑯二一一
庄厩 ⑮三六九
馬装 ①六〇九・六一〇・六一六
驛馬帳 ①五九八
傳馬帳 ①五九八
種馬帳 ①五九八
繋飼馬帳 ①五九八
伯姓牛馬帳 ①五九八
兵馬帳 ①五九八・六〇一

## (三) 船・桴

舩(船) ①五九八 ②一六 ④八〇 ⑤二一
三〇・二三一・三一三 ⑮一六八・二
〇五・四五二 ⑯二〇三・二四〇・三
八一
川船 ⑮四五二 ⑯三八一
古川船 ⑯二四〇
公私船冂 ①五九八
遣唐使第二舩 ②一六
(向京防人)參般②一三九
中般(防人)②一三九
後般(防人)②一三九
返舩(船) ⑤三一三 ⑯二〇三
舶 ㉑二七七
梶 ⑤二三〇 ⑮二〇五 ㉔七(左右)
馬舩 ⑥一一九
桴(料) ⑤八一・一二一・一五八・二二
九・二五二・三四九・三五六 ⑮四四
六 ⑯一九九・二〇六・三〇六・三〇
七
採桴編料葛 ⑤三四九

桴料葛　⑤二三九

捊綱　②六四三

桴葛　⑤八一

桴編　⑤八一・三四九

編桴　⑮四六二

桴貫　⑯一九九・二〇六

編桴湊　⑤一〇二

(採)桴棹　⑤一八四・三四八　⑯一八九

(採)棹　⑤一二三・一五七・二二八

漕(漕)桴　⑤二三九　⑯三〇六

桴漕　⑤八一

桴領　㉕三〇三

桴師　⑤二六五

桴夫　⑤八一

水手　㉔七

漕運桴夫　⑤八一

(桴工、「一四　工人」項参照)


## (四)　輦・輿


御輦(装束料)　⑯五九一

乗輿　④二一〇(具注暦)

輿　⑮一四一

香輿(夫)　⑮五二

紫輿　㉔二〇九

御輿人　⑤三四七・三四九　⑮一六二　⑯二四九

駕人　㉔五五四

灌仏御輿　⑯二一一

經輿装束所　⑯五七六

經輿筋所　⑯五七四・五七五

## (一)　香


香　[1]三九四　[2]六〇二　[4]四一二・五一四　[5]三二五・七〇五~七〇八　[12]二六五　[16]一〇〇・五六三　[24]一二九　[25]四五・四六・四八~五〇・二六七　㉕三四・五三

雑香　[5]三二五　[12]二四〇　[16]一〇〇・一二七・三七八　[25]五〇・五二　㉕六六・一〇〇

雑名香　[4]五一四

名香　[15]五二・六〇・六二　[16]四八三

単香　[2]六三三

塗末香　[12]二九一

合香　㉕三七・五〇・八四・一三八

五香(誦数)　[4]五一七

沉香　[2]六三八　[3]五七九・五八一　[4]一二七(刀子把)・一二八・一七六

沈水香　[2]六〇二

枕香　[25]四五

大沉香　[4]一七六

沉(厨子)　[7]二二五

(沉(軸)、「五　文具」(八)軸項参照)

沉水(軸)　[7]二一・一九八・二〇七

浅(淺)香　[2]六〇二・六三八　[4]五一二　㉕三八・四五・六六・八二・一〇六

全浅(淺)香　[4]一五八　㉕一三

裛衣香　[3]五八一　[4]一二四・一二六・二〇一・二〇二　㉕三七・四一・八〇・一〇二

衣香　[2]六三八　[5]六七九　[25]四五

薫衣香　[3]五七九・五八〇　[25]四六(薫)

白檀香　[2]六〇二

白檀　[2]六三八

丁子香　[2]六〇二・六三八　[4]五一二　[25]五〇

丁子　[25]四五

丁香　[3]五七九・五八一　[7]一九八・一九九・二〇三・二〇七・二一二・二一三・二二五　[24]一二九　[25]四六・四八

薫(薫・熏・董)陸香　[2]六〇二・六三八　[3]五七九・五八一　[25]四六

薫(薫・董)陸　[1]五六一　[3]五七九　[4]四二二　[5]三二五　[16]一〇〇・一二七　[25]四五・四七・四九　㉕一〇〇

薫(董)香　[3]五七九　[5]六七二・六七九

龍脳香　[3]五八一

青木香　[2]六〇二・六三九　[3]五七九・五八一　[4]一七六　[7]一九九　[16]一二七　[25]四五・四六

青木　[5]三二五　[7]一九八・二〇七・二一二・二一三・二二五　[16]一〇〇　[24]一二九

生木香　[7]二〇三

零陵香　[2]六三九

蕶凌香　⑫二六五
苓蔆香　④五一四
雲陵香　③五八一
甘松香　②六〇二・六三九　③五八一　④五一四　⑤六七九　⑫二六五
詹唐香　②六〇二
欝金香　②六〇二
蘓合香　②六〇二・六三九
百和香　②六三九
甲香　②六〇二
安息香　②六〇二
藿香　②六三九　③五八〇　④五一二・五一四　⑤六七九
楓香　②六〇二
草香　⑦一九八・一九九・二〇三・二〇七・二一二・二一三・二一五
草(草香)　㉔一二九
行香(行香具)　㉕一三三
榅並塗末香　⑫二九一
錯香料(木錯)　③五〇八　⑪五二二
香輿　⑮五二
香臺　⑮五九・六〇　⑯五七八(錦蓋少合纈帳同結上縹帯、紫毛甲在)
香水　⑤三四四　⑭四四一　⑮五二・五九・六〇・六二　㉕三三二
香水罍　⑤六七二・六八〇
柒塗香水器　④五一六
納袋(香)　④五一四
香印　①五六七・五六八・五七九
香印盤　①五八〇
香印坐花(花)　⑤六七三・六七五・六八三
香印料板　①五五九
香鋺并其盤　②六三三
焼料・香水料・熏經料　⑮五二
焼香料・香水料　⑮六〇
香水料・薫一切經料　⑮六二
持香輿夫・持香水夫・焼香舎人・灑香水舎人　⑮五二・五三
持香臺夫・持香水夫・焼香舎人・灑香水舎人　⑮五九・六〇
持香水夫・灑香水舎人　⑮六二
擔香水夫料　⑭四四一

## (二) 薬

香薬　㉕三四・五三
薬　②六〇二　④一七一・一七五　⑤四三五　⑥一三〇　⑬二六八・二七一・二七三〜二七五・二七七・二七八・二八〇・二八二・二八三・三四四・三四八・三七〇　⑭三・一九八・二〇四・二七九・三四五　⑯五〇四　⑰五八七・五九四　⑱二〇八・四六八・四七〇　⑳五六　㉔二三一　㉕二六九　㉕一・四・七・三四
雑薬　④二〇二　⑯五〇四
薬料(薪)　④三三一　⑭八六
(小豆)　⑥三七二・四〇一・四一三・四二〇　⑳七七
(糯)　⑥三七六
薬作料(白米)　⑤三一　⑮四八九
(米)　⑮四九四
作薬料(白米)　⑤三三
作薬分料(米)　⑭一七
合薬料　④一八七・一九三
薬分　㉒一九一

藥分米 [4]七九
藥分料(米) [14]九九・一〇一
藥分之大豆 [6]一七二
藥分酒 [24]一一七
非時藥作用料(充唐和上) [25]二五五
藥服 [5]四三五
麝香 [2]六〇二・六三八 [3]五七九 [4]一二七・一七二・一九一 [25]四五・四九・五〇・五二 ㉕二・五・一五・三六・三八・四一・四二・六〇・六六・七五・八一・八七・九〇〜九二
麝香壹齊又壹筒 [2]六三八
射香 [3]五七〇
犀(犀)角(角) [2]六〇七 [3]五七〇 [4]一三〇・一七二・一九〇 ㉕六・一五・三八・四二・五九・七五・八〇・八六・八七・九〇
犀角(角)器(器) [4]一七二 ㉕一五・三八・四二・七五・九〇・九四・一〇九
犀(犀)角(角)坏 [3]五七〇 [4]一二八 ㉕六・三八・四一・八一
白犀角(角) [4]一三〇 ㉕四・三八・四二・八〇
斑犀 ㉕三八・四二
斑(斑)犀角(角) [4]一三〇 ㉕五九・八〇
朴消 [4]一七二・一九一 ㉕一五・三八・四二・七五・九〇・九三・一〇九
蕤核 [4]一七二・一九一 ㉕一五・三八・四二・七五・九〇・九三・一一〇
小草 [4]一七二 ㉕二・一六・三八・四二・七六
畢撥 [4]一七二・二〇二
蓽撥 [25]四八
擇撥 ㉕七五・九〇
畢拔 [3]五八〇
畢(樺・箪)撥根 ㉕二・一六・三八・四二・六七・九二・一一一
胡桝(枡) [4]一七二・一九一 ㉕一六・三八・四二・六〇・七五・九〇・九一
寒水石 [4]一七二・一九一 ㉕一七・三八・四二・七五・九〇・九四・一一〇
阿麻(摩)勒 [4]一七二 ㉕一七・三八・四二・七五・九〇・九三・一一〇
奄(阿)麻(摩)羅 [4]一七二 ㉕一七(阿)・三八(奄)・四二(奄)・七五(奄)・九〇(奄麻)・九四・一一〇(奄麻羅)
黒(黑)黃連 [4]一七二 ㉕一七・三八・四二・七五・九〇・九三・一一〇
元靑 [4]一七二 ㉕一七・三八・四二・七五・九〇・九三・一一〇
靑葙草 [4]一七二 ㉕一七・三八・四二・七五・九〇・九三・一一〇
白皮(及) [4]一七二 ㉕一八・三八・四二・七五(及)・九〇・九三・一一〇
理石 [4]一七二・一九〇 ㉕一八・三八・四二・七五・九一・九三・一一〇
禹餘粮 [4]一七二 ㉕一八・三八・四三・七五・九一・九三・一一〇
大一禹餘粮 [4]一七二 ㉕一八・三八・四三・七〇・七五・九一・九三・一一〇
龍(龍)骨 [4]一七二 ㉕一八・三九・四三・七六・九一・九四・一一〇・一四五
五色龍(龍)骨 [2]六〇三 [4]一七二 ㉕一八・三九・四三・七六・九一・九三・一一〇・一四五
白龍(龍)骨 [4]一七二 ㉕一八・三九・四三・七六・九一・九三
龍(龍)角(角) [4]一七二 ㉕一九・三九・四三・七六・九一・九三・一一〇
五色龍(龍)齒 [4]一七二 ㉕一九・三九・

四三・七六・九一・一一〇
五色龍臼　㉕九三
似龍(龍)骨石　[4]一七三　㉕一九・三九・四三・七六・九一・九三・一一〇
雷丸　[4]一七三・一九一　㉕一九・三九・四三・七六・九一・九三・一一〇
鬼(鬼)臼　[2]六〇三　[4]一七三・一九一　㉕一九・三九・四三・七六・九一・九三・一一〇
青石脂　[4]一七三　㉕二〇・三九・四三・七六・九一・九四・一一〇
紫鑛　[4]一七三　㉕二〇・三九・四三・六六・七六・九一〜九四・一一〇
赤石脂　[4]一七三　㉕二〇・三九・四三・七六・九一・一一〇
鍾乳床　[4]一七三・一九〇　㉕二〇・三九・四三・七六・九二・一一一
似鍾乳床石　㉕九二
檳榔子　[4]一七三・一九〇・一九一・二〇二　㉕二・二〇・三九・四三・七六
完縦容　[4]一七三　㉕一一一
宍縦容　[3]五八〇　[4]一九〇・一九一　㉕三(宍繼)・二一・三九・四三・七六
宍縦　㉕九二
内縦容　㉕七〇
巴豆　[4]一七三　㉕二一・三九・四三・七六・九二・一一一
無(无)食子　[2]六〇三　[4]一七三・一九一　㉕二二・三九・四三・六〇・六七・七六・九二・一一一
厚朴　[4]一七三　㉕二二・三九・四三・九二・一一一
厚朴子　㉕七七
遠(遠)志　[3]五八〇　[4]一七三　㉕二二・三九・四三・六七・七〇・七七・九二・一一一
呵梨勒　[3]五七九(呵蔾勒)・五八〇　[4]一七三・一九〇・一九一・二〇二　[25]四五(呵莉勒)・四九・五〇(呵梨□)　㉕一〜三・二二・三六・三九・四一・四三・六〇(阿梨勒)・七七(呵唎勒)・八一(同上)
訶黎勒　[4]一二六
桂心　[2]六〇三　[3]五八〇・五八一　[4]一七三・一八八・一九一・一九三・二〇二　[14]二七九　[16]五〇四　[25]四五・四六　㉕一・二・四・七・二三・三九・四四・六〇・六七・七〇・七七・九二・一一一
芫花　[4]一七三　㉕二四・三九・四四・四五・七七・一一一
人叅(參)　[3]五八〇　[4]一七三・一八七・二〇二　[25]四五・四九　㉕一・二四・三九・四五(塵)・六〇・六七・七〇・七七・九四・一一〇・一一一
人心　[4]一九一　㉕三
大黄　[2]六三六(太)　[3]五八〇(太)・五八一(大・太)　[4]一七四・一九一　㉕二〜四・二五・三九・四五・四六・六〇・六七・七〇(太)・七八・一一一
臈蜜(臘密)　[1]五五五(鑞)・五六一・五六九　[3]五八〇　[4]一七四　[5]二〇一・二一〇　[15]一八二・一八九　[16]三〇一(蔄蜜)　㉕四・二六・四〇・四六・七八・九〇(蔄蜜)・一一二
甘草(草)　[2]六〇三・六三六　[3]五八〇　[4]一七四・一九一　㉕二〜四・七・二六・四〇・四七・六〇・六七・七〇・七八・一一二・一四五
芒消　[2]六〇三　[4]一七四・一九一・二〇二　[25]四七　㉕一・二七(芒硝)・四〇・四七・七九・一一二

蔗糖 [4]一七四 ㉕二七・四〇・七九
紫雪 [2]六〇三 [4]一七四・一九〇・二〇二 ㉕二・二七・三八・四七・七九
胡同(桐)律 [4]一七四・一九〇 ㉕二八・四〇・四七・七九・一一二
石塩 [4]一七四 ㉕二八・四〇・四七・七九・一一二
猬皮 [4]一七四・一九一 ㉕二八・四〇・四七・七九・一一二
新羅羊脂 [4]一七四・一九〇 ㉕二八・四〇・四七・七九・一一二
防葵 [4]一七四・一九〇 ㉕二九・四〇・四七・七九・一一二
雲母粉 [4]一七四 ㉕二九・四〇・四七・七九・一一二
蜜陁僧 [4]一七四・一九〇 ㉕二九・四〇・四七・七〇・七九
戎塩 [4]一七四 ㉕二九・四〇・四七・七九・一一二
金石陵 [4]一七四・一九〇 ㉕三〇・四〇・四七・七九・一一二
金石綾州 [2]六〇三
石水氷 [4]一七五・一九〇 ㉕三〇・四〇・四七・七九・一一二・一一四・一一五
内薬 [4]一七五 ㉕三〇・四〇・四七・七九・一一二
狼毒 [4]一七五・一九一 ㉕三〇・四〇・四八・七九・九二・一一二
冶葛(葛) [2]六〇三 [4]一七五・一八八・一九一・一九九 [23]六二五 ㉕三〇・四〇・四八・七九・一一二
香附子 [2]六〇二
松子 [3]五八〇 [25]四九
多良 [3]五八〇
木槵子 [25]四八・四九
黄良高 [18]二〇八
七氣丸 [18]二〇八
干薑丸 [18]二〇八
心仲膏 [25]二六九
萬病膏 [2]一九七 [25]二六九(万)
神明膏 [2]一九七
密抜 [25]四五
(薬)塵 ㉕三九・四〇・四五・四七・七八
地黄煎料 [2]九〇
雄黄 [3]五七〇
牛黄 [3]五七〇 [25]四六
鐵臼 [16]三七八
鐵薬旧(臼ヵ) [2]五九〇
玉杵 [3]五七〇
針刺灸 [4]二一一
灸 [1]三七六(右手於) [2]二七四(右手梂)・二七三・二七四(左手梂二灸)・二七七(左手梂)・二七六(右手蕉良)・二七六(左足於)
懐温石 [12]二五六
蛭食治 [6]一六六 [17]五七七
針生 [4]二八二
薬薗司 [4]一八八
宮薬師所 [10]一二二
典薬助 [15]一三一
典薬寮 [2]四〇五
内薬司 [2]四六〇
内薬頭 [15]一三〇
内薬侍醫 [2]四〇五
侍醫(毉) [1]四一三 [2]四六一 [3]一二三
醫 [1]六〇五
醫生 [4]二八二

醫(瞖・瞖)師　②一三・一四・六三・四七三・四七四　③五一四　④二九　⑤五四三・五四五　㉕一九五

## (三)　薬袋・褁・壺など

麝香　袋　④一二七
袋・褁　④一七二　㉕一五・三八・四二
錦袋　㉕三六・四一
御袋　㉕八一
犀角　帒　④一七二・一九〇
袋　㉕一五
朴消　帒　④一七二
袋　㉕一五・三八・四二・七五・一〇九
蕤核　帒　④一七二
袋　㉕一五・三八・四二・七五・一一〇
小草　帒　④一七二
袋　㉕一六・四二
畢撥　帒　④一七二
袋　㉕七五
畢撥根　袋　㉕一六・三八・四二・一一一
胡桝　帒　④一七二
袋　㉕一六・三八・四二・七五
寒水石　帒　④一七二
袋　㉕一七・三八・四二・七五・一一〇
阿麻(摩)勒　帒　④一七二
袋　㉕一七・三八・四二・七五・一一〇
奄(阿)麻(摩)羅　帒　④一七二
袋　㉕一七・三八・四二・七五・一一〇
黒黄連　帒　④一七二
袋　㉕一七・三八・四二・七五・一一〇
元青　管(容器か形状か不明)　④一七二　㉕一七・三八・四二・九〇・一一〇
青葙草　帒　④一七二
袋　㉕一七・三八・四二・七五・一一〇
白皮(及)　帒　④一七二
袋　㉕一八・三八・四二・七五・一一〇
理石　帒　④一七二
袋　㉕一八・四二・七五・一一〇
禹餘粮　帒　④一七二
袋　㉕一八・三八・四三・七五・一一〇
大一禹餘粮　帒　④一七二
袋　㉕一八・三八・四三・一一〇
龍骨　帒　④一七二
袋　㉕一八・三九・四三・七六・一一〇
五色龍骨　帒　④一七二
袋　㉕一八・三九・四三・七六・一一〇
白龍骨　帒　④一七二
袋　㉕一八・三九・四三・七六
龍角　帒　④一七二
袋　㉕一九・三九・四三・七六・一一〇

五色龍齒 帒 ④一七二
　袋 ㉕一九・三九・四三・七六・一一〇
似龍骨石 帒 ④一七三
　袋 ㉕一九・三九・四三・七六・一一〇
雷丸 帒 ④一七三
　袋 ㉕一九・三九・四三・七六・一一〇
鬼(鬼)臼 帒 ④一七三
　袋 ㉕一九・三九・七六・一一〇
青石脂 帒 ④一七三
　袋 ㉕二〇・三九・四三・七六・一一〇
紫鑛 帒 ④一七三
　袋 ㉕二〇・三九・四三・七六・一一〇
赤石脂 帒 ④一七三
　袋 ㉕二〇・三九・四三・七六・一一〇
鍾乳床 帒 ④一七三
　袋 ㉕二〇・三九・四三・七六・一一一
完(宍)縦容 帒 ④一七三
　袋 ㉕二一・三九・四三・一一一
巴豆 帒 ④一七三
　袋 ㉕二一・三九・四三・七六・一一一
无食子 袋 ㉕二二
厚朴 帒 ④一七三
　袋 ㉕二二・三九・四三・一一一
遠志 帒 ④一七三
　袋 ㉕二二・三九・四三・七七
呵梨勒 袋 ㉕三六
　御袋 ㉕四一・八一(青錦)
桂心 帒 ④一七三
　袋 ㉕二三・四四・一一一
芫花 帒 ④一七三
　袋 ㉕二四・四四
人叅 帒 ④一七三
　袋 ㉕二四・三九・四五
大黄 帒 ④一七四
　袋 ㉕二五・四五・七八・一一一
臈蜜 帒 ④一七四
　袋 ㉕二六・四六
甘草 袋 ㉕二六(无袋)・四〇
芒消(硝) 帒・壺 ④一七四
　袋・壺 ㉕二七・四七・七九・一一二
　(石壺)
蔗糖 埦 ④一七四 ㉕二七
　垸 ㉕四〇・七九
紫雪 壺・合子 ④一七四
　紙 ④一九〇
　合子 ㉕二七・三八・四七
胡同(桐)律 壺 ④一七四 ㉕二八・四七・七九・一一二
　紙 ④一九〇
石塩 帒 ④一七四
　埦 ㉕二八
　垸 ㉕四七
新羅羊脂 紙 ④一九〇
　垸 ㉕七九
防葵 壺 ④一七四 ㉕二九・四七
　袋・壺 ㉕七九
　紙 ④一九〇
雲母粉 合子 ㉕二九・四〇・四七・七九・一一二
蜜陁僧 壺 ④一七四 ㉕二九・四〇・四七・七九
　紙 ④一九〇
戎塩 壺 ④一七四 ㉕二九・四七
金石陵 壺 ④一七四 ㉕三〇・四七・七九・一一二
　紙 ④一九〇
石水氷 壺 ④一七五 ㉕三〇・四〇・四七・七九
　紙 ④一九〇
内薬 裹 ④一七五 ㉕三〇・四〇・四七・一一二
　垸・袋 ㉕七九

狼毒　帒・壺　④一七五　㉕三〇・四〇・四八・七九・一一二
冶葛(葛)　壺　④一七五　㉕三〇・四〇・四八・一一二
袋・壺　㉕七九

香としては、北倉41全淺香壹材(北Ⅰ190)、中倉80裛衣香九裹(㊥Ⅱ152)、中倉135黄熟香壹材(㊥Ⅱ51 200)があげられる。織田信長らが切り取ったのは黄熟香である。

薬物については、いちいち名はあげないが、北倉50犀角器壹口(北Ⅱ10 62)～同105冶葛壺壹口(北Ⅱ14 94)までが『種々薬帳』記載関係のものである。それぞれの容器もそこにみる。続いて、北倉106薬壺五口(北Ⅱ14 95 96)、北倉107薬垸貳口(北Ⅱ15 97)、同108黒漆槻薬合子壹合(北Ⅱ99)、同109槻薬合子拾七合(北Ⅱ15 99～102)、同110檜薬合子拾合(北Ⅱ15 102～103)をあげ、以下、『種々薬帳』記載以外、帳外品として、北倉111雄黄(北Ⅱ104)～同145薬袋壹口(北Ⅱ116)まで、各種のものを示す。なかには薬物でないものも含む。

本編の薬物名の配列順は、便宜的に『種々薬帳』の順とした。

なお正倉院薬物の全般的な研究については『正倉院薬物』(植物文献研究会、昭和三十年)がある。

『種々薬帳』に記す「帒」は袋と同義と考えられ、事実、桂心、芫花、人参、大黄、臈蜜、甘草など大量にみるもの、それと厚朴のそれは実態は麻布の袋である。それ以外で現存のものは白絁の単《ひとえ》である。そして、そこに記す量目の墨書が、『種々薬帳』のそれによく一致するから、それらは献納当初のものと考えてよかろう。とすれば、記録は「帒」(袋)といっても、実態は異なる姿であったことになる。それと、毎日新聞社『正倉院宝物2　北倉Ⅱ』の原稿作成段階で薬袋類の寸法再確認のための計測を行っている時に気付いたことは、織幅がほぼ当時の絁一幅で一定した白絁であることから、長い白絁を適当な長さに切っては、薬物名、量目を書いて包んでいったように考えられ、当初の作業の一端がしのばれる。袋、壺、垸の実態については、『正倉院宝物2』を参照されたい。

なお、現在、槻薬合子十八合、檜薬合子九合を伝えるが、松嶋順正先生は、いつの納入か不明といっておられた。文献的には『種々薬帳』紫雪条にみえる。その他、延暦六年以後の曝涼使解の紫雪、雲母粉にみえる。

## (四)　身体部位名、疾患など

頂　①三五六
頭　③四六〇
髪際　④二一四
左髪際　⑥四四二
右鬢際豆牟自　⑥四三一
左殯　⑥四四四
右顚　⑥四三四・四三七
額　①三三三・三三七・三四八～三五〇・三五一・三五五・四八五・四九七・五〇七・五〇九～五一一・五一九・五二〇・五二二・五二五・五二六・五二九～五三三・五三六・五四四・五四六・六四七　②二七八・二七九　③四五九　⑥四三五・四三六・四三八・四四二
額上　①五〇一
額中上　⑩二六六
右額　①三四三
額右鬢際　⑥四三三
額左　①五〇〇
面(靣)　①三五七・三七一・三七三・三七

八・五一二・五三一
左面 ①五三六
右邊 ①五二八

眉 ①三六四・五二〇
眉相 ③四五九
眉間 ①三三四・三四六・三四七・三七四・四九二・五二四・五二五・五二八・五三三・五四八 ⑥四四二〜四四四
左眉 ①三三六・三四一・三四四・三四七・三四九・三六八・三七四・三七八・五二〇・五二八・六四九 ②二七四 ⑥四三五
同方(左)眉 ③四五九
左眉上 ①四九三 ③三三一
左下眉 ①三五七
右眉 ①三三〇・三四八・三六〇・三六五・三六六・三七四・四九二・五二八・五三三・五四八 ③四五九・四九
○
右眉上 ⑥四四一
右眉後上 ③四五九
左右眉本 ⑥四四〇

目 ①六五〇
目下 ①六四七
目間 ①三三七・三七一 ③三四四
目合 ②二七四・二七五
目相 ①五三六
左目 ①三二三・三三四・三四八・四八六 ②二七八 ③四六〇
左目邊 ①三六五・三七四
左目本 ①三七〇・四八七・五二〇・五二二・六五〇 ②二七五 ⑥四三四
左目本上 ⑥四四四
左目本下 ⑥四四三
左目上 ①四八八・四九九・五〇七・五〇九・六四四
左目下 ①三五二・三五四・三五九・五〇九・五一四 ③三八九 ⑥四三九 ⑪一一三
左目尻 ①三五四・三五九・五一四・五一六・五三五・五三八
左目後 ①三四八・三六七・三七九・四八八・四九五 ②二七三 ③三八九・四五九 ⑥四三三・四三七 ⑪一一三 ⑮二七

左目用尾 ②二七九
右目 ①三三〇・三七五・四八六・五〇八 ⑥四三五・四三八・四三九
右目本 ①五〇九・五三六 ③四五九・四六〇 ⑥四三一・四四一
右目本下 ⑥四三四
右目上 ①四九七・四九九・五四四 ㉔六六
右目下 ①三三〇・三四五・三五二・四九七・五一九・五二四・五三〇・五三三・五四八・六四七 ⑥四三〇・四三五・四三六
右目尻 ①五〇〇・五〇九・五一〇・五一五・五二二・五二四・六四二
右目後 ①三四九・三五三・三七三・三七五・三七七 ②二七九 ③三五五・四六〇・四九〇 ⑥四三七〜四三九・四四三
右目後下 ⑥四三四
右目邊 ②二七九
右瞼 ①三七四・三七八
右目蓋 ⑥四三五・四四二
一目 ①二六・六〇・七七・七九・三六八・三六九・五三九・六五〇

二目　①五三・六五・七三・三二五・三八
八・五一三・五四六・五九九
兩目　①七三
皐(鼻)　①三三九・三四〇・三四二・三四
八・三七四・五三〇・五三七・五四
〇・五四三・五四六・五四八・六四
二・六四七・六四八・六五〇　⑥四三
〇・四三二・四三六〜四三九
皐邊　①五三七
皐前　①五二九
皐上　①三七三・四八二・五〇〇
鼻柱　④二一四
鼻折上　⑩二六六
左皐柱　①三三六
左皐本　①三四九
左皐邊　①三七六・五四七　③四六二(鼻)
左皐右邊　⑥四四三
左鼻福良　⑥四三〇・四三一
鼻左福良　⑥四三一
皐左　②二七四　③四九〇(廐昌)　⑥四四

二

皐左邊　①四九四
左鼻杵　③四五九
右皐　①五〇〇・六四五
鼻右　⑥四三六
鼻右邊　⑥四三六〜四三八
皐右柱　①三一九
右皐柱　①四九八・五一五
右皐邊　①三五二・三七三・五〇八・五三
五・五四四
右皐本　①三六六
右鼻折　⑮二七
右皐門　①三六八
鼻太平理　③四六一
人中　⑥四三五・四四二
地中　⑥四三九・四四四
頬　①三五二・四九九・五一一
左頬　①三三四・三四〇・三四五・三四
七・三四九・三五〇・三五二・三五四
〜三五七・三五九・三六四・三六七〜
三七〇・三七二〜三七八・三八〇・四
八二・四八八・四九三・四九八〜五〇
〇・五〇八・五〇九・五一一〜五一
三・五一五・五一七〜五二〇・五二
五・五二八・五三一・五三五・五四
〇・五四四・五四七・五四八・六四三
②二七六・二七八・二七九　③三四
四・三五五・三九〇　⑥四三〇・四三
二・四三三・四三五・四三九　⑪一一

三

右頬　①三一八・三二九・三三〇・三三
四・三三五・三四〇・三四二・三四
三・三四六〜三四九・三五一〜三五
四・三五七〜三六〇・三六二〜三六
四・三六七〜三七一・三七三〜三七
五・三七九・四九七・四九九・五〇
〇・五〇七〜五〇九・五一三・五一
五・五一八・五二一〜五二六・五三〇
〜五三三・五三五・五三七・五四〇・
五四三・五四四・五四八・六四二・六
四四・六四七・六四八・六五〇・六五
一　②二七四〜二七六・二七八・二七
九　③三八九・三九〇・四七七・五〇
二　⑥四三〇・四三五・四三六・四三
九　⑪一一四　⑮二七　㉔一六
左髙(高)頬　①五二二　③四五九・四九〇
⑥四三〇・四三二・四三三・四三七・
四三八・四四〇
左髙頬邊　①四九〇
左上頬　①三三三

右上頬 ①三五二・五二九
左右頬 ①三五〇・三五二・三五三・五三六 ②二七九
高頬 ①三七八(髙)・五三〇
右髙(高)頬 ①三三四・三四二・四九四・五〇六・五四二 ③三四四 ⑥四三二・四三七・四三九・四四一
左輔車 ④一八六 ⑥四四四
右輔車 ⑥四三九
右輔車下 ③四九〇
左耳 ①三四九
左耳羽 ③五二四
左耳内羽 ⑥四四三
左耳前 ③四六二
左耳後 ⑥四三四・四三七・四四五
左耳下 ②二七七
右耳前 ⑥四三二
右耳下 ①五四三 ⑥四四一
右耳羽 ④一八六
左右耳 ①三五〇
両耳 ①三三三
右耳 ①三五九・三六四・三七六・五四八
耳右下 ③四六〇
二耳 ①七七
左右耳都牟自 ③四六〇
口 ①三四一 ④二一四
口下 ①六五一
口邊 ①三五五
左口上 ①五〇〇
左口邊 ①五一三・五二一
左口辟下 ③三四四
右口 ⑥四三六
右口側 ①六四三
口右吻 ⑥四四四
口右祁良良 ③四五九
口佐岐良 ③四六〇
牙齒 ④二一四
脣 ①五二〇・五四三・五四六・六四八
上脣 ①三二九・三四〇・五〇七・五〇九・五三七・五四九
上久治比留 ③四六一
下脣 ①三五〇・五一九・五三三・五三五・五四八
左脣 ①三六九・五二五・五四一・五四七 ⑥四三二〜四三四
左上脣 ①五二一・五四四
脣左上 ③三五五
左下脣 ①四八二
右脣 ①五〇六・五二五・五三八・五四〇・五四八
右上脣 ①六四五
〓(頤・頣) ①三二九・三三三・三三四・三三八・三四二・三四三・三五二・三五五・三五九・三六四・三七八・三八〇・五〇八・五〇九・五一一・五一三・五一五・五一九〜五二一・五二六・五三一・五三八・六四三・六四七 ⑥四三三 ⑮五二一・六〇・六二
左〓 ①三七〇
左頣下 ⑥四三六
右頣 ①五一一・五一二・五一四
頣左下 ④一八六
頣右 ③四九〇
右頣下 ⑥四三一
頸(頚・頸) ①三七〇・四九三・五一四・五一九・五二四・五二七・五三一・五三三・六四二・六四三

左頸　①五一一　⑥四四一・四四三
頸(頚・頸)左　①四八二・四八五・五一一
　③三二一・四五九　⑥四三三
頸左右　⑥四四二
頸左右本　⑥四四五
右頸(頚・頸)　①三三三・五一一・五二七
　③四六一　⑥四四三
頚(頸)右　③三五六・四九〇・五〇二　⑥
　四三三・四三四・四四三
右頸下　③四六一
宇奈自之左　③五二四
左腕　①三四〇・三五三・三五四・三七
　二・三七七・五二一
右腕　①三一九・三五〇・三五七・三六
　四・三六七・五二五・五三〇・五四六
右脇　③五二四
左臂　①三五三・三六七
右臂　①三四二・三四三・五一一・五二一
手　①三七三　④二一四・二一五
一手　①六六
手指　①三五七
左手　①三四一・三七二・四九七・四九
　八・五〇〇・五二七　②二七五　④五
　二四　⑥四三四
左掌　①三三九・三七七・五四八
左手比治　②二七六
左手上　①四八六・四九九
左手梂　①四九八　②二七三・二七四・二
　七七・二八〇　⑥四三〇
左手指　①三五七
左(手)大指(指)　①五四八　②二七三
左大指俣　③五二四
左(手)食指　①三三三　②二七四・二七五
　⑥四三一・四三三・四四三
左中指　①三三九
左手小指　⑥四三〇
右手　①三三八・三四一・三四九・三五
　四・三六〇・三七六・四九五・四九
　八・五四三　②二七六　③五〇二　⑥
　四三六　⑮二八
右手穢良　②二七六
右掌　①三四〇・三六五
右手本　⑥四三五
右手梂　①六五〇　②二七四・二七九　⑥
　四三〇・四三一・四三三・四四二
右指　①四九五
右手指　①三三七・三七四
右(手)食指　①三七四　⑥四三〇・四三
　八・四四二
右中指　①三六二　⑥四三八
右手名无指　③四五九
一支　①三〇・三九・三三九・三四八・三
　六七・五三六
一枝　①六〇・七二・七四
二支　①三四九
一足　①三二・三六
右足　①三三三　②二七四・二七五
左足　①五二七　②二七六
左足久比須　②二八〇
右足比佐上　②二七九
右足波岐　②二七八
足小指　④二一五
右脛　①五三一・五四六
右方与保呂久保　③四五九
股内　④二一四
胥　④二一四
内踝　④二一五
踝　④二一五
足趺　④二一六

右米食　①三六二
右肬析　③四六一
玉躰　⑤三二八
胃菅　④二一四
遍身　④二一四
肝𧾷　④二一五
膝脛　④二一六
皿　②五七〇～五七三　③三四七～三五二　④二一一～二一七　⑲一一〇
大便　小便　②七一五
頭疵　③四六〇
面疵　①五三一
額疵　①三三三・三四八・五〇九・五二〇
眉相疵　③四五九
左眉疵　①三四一・三四四・六四九
左目尻疵　①三五九
左目後疵　②二七三
左目用尾疵　②二七九
右目於呰　⑥四三九
右目於疵　⑥四三五・四三八
右目邊疵　②二七九
右目後疵　②二七九　③三五五
頬疵　①三五二・五一一
左頬疵　①三五九・四八八　③三九〇　⑪一一三
左髙頬疵　⑥四四四
左右頬疵　①三五二
右頬疵　①三三五・三六〇・三六八・三七五　②二七八　⑥四三九　⑪一一四
⑮二七
右輔車下唇　③四九〇
鼻於疵　⑥四三〇
右𦤶疵　①五〇〇
左耳下疵　②二七七
左脣於疵　⑥四三三
頚疵　①五二四
右腕疵　①三五七
左手於疵　④五二四
左手於呰　①三四一
左手大指疵　②二七三
左手食指疵　②二七四・二七五　⑥四三一・四三三
左手小指疵　⑥四三〇
右手於疵　②二七六
右手於呰　①三四一
右手呰　①四九五
右手拯疵　⑥四三三
右手於赤呰　⑥四三六
右手食指疵　⑥四四二
右中指疵　⑥四三八
右手名无指疵　③四五九
左𧾷久比須疵　②二八〇
右𧾷於疵　②二七四
右𧾷比佐上疵　②二七九
右𧾷波岐疵　②二七八
頂疪　①三五六
額疪　①五一九
面疪　①三七三
右眉後上布須閇　③四五九
左目後疪　①三七九
左目下疪　①三五四
右頬疪　①三五四・三七三
左眉疪　①五二〇
右頚疪　①五一一
顋疪　①五二〇

頤贅　①三二九
右方与保呂久保尔在志比祢　③四五九
不見目　③四六〇
右目亡　①三二〇
左目悪　①三三四
左目不見　②二七八
左目盲　①四八六
左目眥(殘疾)　①三二三
一目盲(殘疾)　①二六・六〇・七七・七
九・三六八・三六九・五三九・六五〇
二目盲(篤女)　①三二五
二日盲　①六五・五九九
二目盲(篤疾)　①五三・五一三
二目盲(癈疾)　①七三
兩目盲(篤疾)　①七三
二目不明(殘疾)　①五四六
二目不明(癈疾)　①三八八
両耳龍耳(殘疾)　①三三三
二耳聾(殘疾)　①七七
鼻左厭畳　③四九〇
皐折　③三五五
右腕无　①三一九

左食指爪无　①三三三
左手指爪碎　①三五七
左手比治析　②二七六
手指折(殘疾)　①三五七
右手勾　①三四九
右手梂折　②二七四
一手折(殘疾)　①六六
左手鞆伮(佩ｶ)疵　②二七五
一足折(殘疾)　①二二・三六
一支不便(殘疾)　①五三六
一支癈(癈疾)　①三〇・三九
一枝癈(癈疾)　①六〇・七二・七四
一支癈疾　①三三九・三四八
一支癈女　①三六七
二支癈(篤女)　①三四九
右足踝觔絶(殘疾)　①三三三
左足不便　①五二七(殘疾)　㉔一六
下重(殘疾)　①一〇・三四
久漏(殘疾)　①九三
痼　①四九七
癲狂(癈疾)　①一七
癲狂(篤疾)　①三四八・三六九

残(殘)疾　①一〇・二二一・二二六・三四・三
六・六〇・六六・七三・七七・七九・
九一・九三・一一八・一二五・一三
四・一三六・一三七・一四一・一五
二・一七一〜一七三・一七五〜一七
七・一八四・一八七・一八九・一九
九・二〇〇・二一八・二六〇・二七
二・二八八・二八九・二九一・二九
四・二九五・三〇三・三二三・三三
三・三五七・三六八・三六九・五四
〇・六四三・六五〇
癈疾　①一七・二六・三〇・三九・四九・
五二・六〇・六六・七二〜七四・九
九・一〇九・一一八・一三六・一四
〇・一五七・一七二・一九一〜一九
三・二〇二・二一〇・二一三・二四
七・二六二〜二六四・二八九〜二九
一・三三九・三四五・三四六・三四
八・三八八・五一二・五一三　②一
〇・一〇四　③三六七・三七四　⑪四
七六
癈女　①三六六・三六七
篤疾　①四九・五二・五三・七三・一三

四・一九五・一九六・二〇八・三四
八・三五七・三六八・三六九・四九
四・五一二・五一三　[2]一〇・一〇四
萬疾女　[1]二〇八・二一二
萬女　[1]三二五・三四九
病　[2]一〇(令)　[4]三三八　[5]九三・三四
二　[6]三七三・四〇二・四二二・五〇
七　[14]四四八　[15]四五八・四六五　[17]
四五四・四五六〜四六六・四六九〜四
七六・五六二・五七五　[18]二一一・四六
四　[21]五〇三・五一〇・五一六　[22]二
九四・五九〇
病者　[2]一三七　[5]一二二・一五八・二二
九　[6]二七九　[25]九七
病人　[17]五六七
本病　[17]五六四
病伏　[6]八二
病臥(卧)　[5]五五二　[17]五八三　[22]五八九
臥病　[5]七八・二四二　[18]四六七　[20]六三
母病　[5]二五一　[15]四六九
親母病　[4]四八九
母甚病重　[16]三八四
妻病　[6]一二六　[17]五九八

小兒病　[2]一九一
病僧　[2]一〇　㉕四・七・六〇・九一
衆僧病　㉕六七・七〇・七七〜七九
重病　[6]三九七　[13]二三四　[14]三八二　[15]
三五五　[25]八九・二三〇
身病　[14]一七六　[15]八九・一四七　[17]五六
一　[20]六一
身之病　[4]三四〇　[14]二一二・四〇二
身沈疥病　[4]三四五
身瘦　[6]一六一　[17]五九一
頭病　[14]四四三　[17]五八七・五九〇
頭腹痛　[17]五八八
目病　[17]五六三
享痛　[6]一一〇
享痛　[17]六〇五
胷(脅)病　[4]四三〇　[6]一六四　[17]五七
八・五八六　[18]四六八・四七〇
胷心病　[22]一九一
胷痛脚痺　[24]一一七
嗽病　[17]五七二
咳咽之病　[18]四七〇
腹病　[10]四四二　[15]一〇一　[17]五八七　[18]
四六八・四七〇　[20]五七・五八・六〇
下身病　[6]三八九

胥病　[4]四八六
疋(足)病　[6]一一八・一三〇・一七二・三
三〇　[10]六六四　[17]五六六・五九四・
六〇二　[20]五一・五二・五四・五六・
五九
疋(足)瘇　[4]四四六　[14]四四七
攣疋瘇　[5]二七〇
臥脚病　[4]四一六
右疋并胥病　[6]三一二
冷(マヽ)病强迟・身體腫疼　[6]一〇八
下痢　[5]四三五　[14]三七六　[17]五八三・五
八五　[20]六二
痢　[13]四七五
利(痢)病　[13]四六二
赤利(痢)(病)　[15]八九　[17]五六五・五八一
〜五八三・六〇六　[18]四六四・四六
五・五四八　[20]五三・五五
痳痢　[17]五六三・五六五
疥疾　[2]一〇四　[21]二八三　[24]九五
疾疥　[2]一三七　[21]二八四(祢)
疾病　[15]八八
疫痢病　[20]七五
疫病　[2]三六
疫病　[2]五八

國裏疫病　[2]三六
氣上　[20]五九
霍乱　[20]六一
疫氣　[21]二八二
重患　[18]四六七
[疒+夆]　[17]五六二
瘡　[17]五九〇
瘡病　[6]一一三・二八九　[17]六〇五
頭出瘡　[6]二八九
身瘡出　[25]一六〇
虫瘡　[6]二八九
悪瘡　[4]四八七
頭悪瘡　[17]五八七
腫瘡病　[6]一一六　[17]六〇三
疥方𧾷瘡　[4]四一六
内股瘡　[17]五七七
足出悪瘡　[16]三二三
股瘡　[6]一六六
瘡口大開、出濃不止　[14]一七六
文身　[1]四八七

部位名、疾患は主に戸籍・計帳あるいは奴婢帳における個人の特徴としての記録で、部位は主に黒子（ホクロ）の所在位置を示すのに記されたもの。当時の身体部呼称がうかがえよう。疵はアザである。

# 一三　工芸材料・技法

## (一)　金工


金　[2]五八四・六三〇　[3]五九二・五九三　[4]四二四　[11]五五二〜五五五　[16]二五七・二六一〜二六四　[24]二三一　[25]四四・三一一
純金(念珠)　[4]一二九・三九五
純金(観世音井像)　[4]一〇七
純金(帯執)　[4]一三二
全金　[2]六三二・六四五・六四六
練(練)金　[1]五五四・五六二・五六三・五六八・五七四〜五七八・五八一　[2]六三〇　[4]四六五・四七八　[14]三〇九・[16]二五七　[24]三〇〜三六・四〇　[25]三一三・三二六
沙金　[2]六三〇　[4]一八七　[13]二〇七　㉕三一
生金　[2]五八四・六三〇
黄金　[25]四九
滅金　[16]二五七・二五八・二六一・三一七
滅練金　[16]二五七
金滅塗料　[1]五八一
金塗料　[1]五六八
塗練(練)金　[1]五七五　[24]三〇〜三四
金塗　[8]五七八　[16]二五七
消金　[2]六三〇
白金(軸)　[12]四九四
塗金雑物　[4]四六三
塗金料(作皮)　[16]二七四
金焼料(塩)　[14]三一〇
銀　[1]五五四・五六二・五六三・五六八・五八〇　[2]六三〇　[4]一三四〜一四一　[16]三〇一・三一七　[24]三〇・三三〜三六・二三一・三一五・五六一　㉕一〇五・一一六・一二六
准銀　[14]二六九・二七二
銀銭　[2]五八四(銭)・六三〇
水銀　[1]五五五・五六九・五七四〜五七八・五八一　[2]五八五・六三一　[4]五〇五　[16]二五七・二五八・三〇一　[24]三〇〜三六　[25]三〇五
銀錯久豆　[16]三一七
(水銀)酸苗着料　[16]二五八
銅　[1]五五五・五六四・五六五・五六八・五六九・五七四〜五八一　[2]五九二・六三一　[4]一三四〜一三八・四七一・五〇四・五〇五　[5]三七六　[16]二六四〜二六六　[24]二九〜三七　[25]六七・一五六・三〇四・三一九(長門)・三六八・三六九　㉕一二〇・一二一・一二三・一二六・一二七・一三〇
生銅　[1]五六六　[2]六三一　[5]一二五・一八九・一九七　[16]二八六　[24]四二　[25]一五六

熟(埶)生銅　[5]一二五・一八九・一九七
熟(埶)銅　[2]六三一　[4]四七〇・四七二
　[5]二〇一　[15]一八二　[16]二七二・二七
　三・三〇一・三一七　[25]一五六・一五
　七・三一八・三二〇・三七〇
末(未ヵ)能熟銅　[25]一五六
能熟上品銅　[25]一五六
練銅　[2]六三一
中銅　[24]三四
吹銅　[25]六七
悪荒銅　[2]六三一
荒銅　㉕一二七・一三〇
洗銅　[5]一八九
土交銅　[5]一二五・一九九
交土銅　[5]一八九
未進銅　㉕一二七
銅物　[4]四七三　[5]三七六　[16]二五七・二
　六四・二七四・三〇七　㉕三二〇・三
　二一
雑銅物　[16]二五四・二五七・二七三・二七
　四
雑銅(鐵物)　[4]五〇四　[25]三〇四
銅并(鐵物)　[4]五〇五
白銅　[1]五七五・五七七　[5]六七九　㉕一
　四五
銅作料　[1]五六八
雑銅磨作料　[16]二七四
裁銅鑿刃等涅料　[24]三〇
銅細工　㉕一二七
白鑞　[1]五五五・五六九・五七四〜五八〇
　[2]五八五・六三一・六四六　[4]五〇五
　[5]二〇一・二〇七・二一〇・二四四
　[15]一八二・一八五・一八九(臈)　[16]二
　六四・三〇一　[24]三一〜三三・三五・
　三六　[25]三〇五
鉛　[1]五七二〜五七四
黒鉛　[1]五六六・五七一・五七三
黒鑞　[2]五八五　[4]五一四　[25]三二六
黒錫　[4]四七八
鉛腊料　[1]五七二・五七四
鉛熬調度(猪脂)　[1]五七二・五七三
　猪脂　[1]五七一
鉛熬料(薪)　[1]五七三
鐵　[1]五六二・五六九・五七八・五七九・
　五八一・六二一　[2]六八・六九・一一
　八・一三八・一四〇・五八五・五八
　六・六三一　[4]二三八・一四〇・一四
　一・四二〇・四二四・五〇四・五〇
　五・五三七　[5]二一・四・六〇〜六四・
　七〇・一一二・一三二・二〇一・二四
　〇・二七四・三五九・四三九・六七九
　[9]三二六　[15]一四三・一六五・一八
　二・二三七・二九〇・二九二〜三〇
　六・三一五・三一八・三二一・三二
　九・三三三・三四五　[16]二一四・五七
　九　[24]三五・三六・三九　[25]二五二・
　三〇四・三〇五　㉕一〇五・一二二・
　一二三
濱鐵　[4]一二九　㉕一〇四
鐵物　[5]一三八・一八〇・一八三・三三
　九・三四一・三四六　[15]二九三〜二九
　八・三一九・三四六　[16]二三〇・二三
　八・二四〇・二四五
雑鐵物　[5]一九七・二〇〇　[15]三二一・三
　二九・三六五　[16]二四二
(雑銅)鐵物　[4]五〇四　[25]三〇四
(銅并)鐵物　[4]五〇五

洗収(銅)
洗収圡交銅 ⑤一二五・一九九(汉)
洗銅 ⑤一八九

冶(銅・生銅)
銅四斤冶三度 ⑤三七六
冶埶生銅 ⑤一二五・一八九・一九七
(綿)塞雜鑄物溫口料 ④四六八 ㉕三一六
熟銅下湯床 ⑯二七二・二七三

形(土形)
自大仏殿東罡運露盤形圡 ⑤一二六
自西堀川運露盤表形圡 ⑤一九九
露盤形作料葛 ⑤一二六
露盤形焼料薪 ⑤一二六
取焼露盤形薪 ⑤一九九
作御鏡形 ⑤一九九

(鑄作)
鑄作盤𡨚管 ⑤一八九・一九八
鑄作露盤菀柄 ⑤一八八・一九八
鑄作露盤耳管 ⑤一八八
鑄作石山寺磬 ⑤一八九
鑄作石山寺鍾 ⑤一二五
鑄作石山寺太子仏像一具 ⑤一八八
鑄作塔垂木端銅 ⑤一九八

(轆轤引)
轆轤引作露盤 ⑤一九八
轆轤引作露盤管 ⑤一八九・一九八

(錯作)
錯作露盤 ⑤一二五
錯作露盤宇湞 ⑤一二五
錯作露盤菀 ⑤一二五
錯作露盤薄仙花 ⑤一二五・一八九(花)
錯作露盤之盤 ⑤一九九
錯作露盤管 ⑤一八九・一九九
錯作露盤伏鉢 ⑤一八九
錯作露盤鐸 ⑤一八九
錯作銅井像天衣 ⑤一九八
錯作銅井像天衣并座花 ⑤一八八
錯作同井座肬金蟹目釘 ⑤一九七
錯作蟹目釘 ⑤三七六
錯作(鏡) ⑤二〇三 ⑮一八二
錯平 ⑤三七五

(磨)
磨荒砭露盤之伏盤 ⑤一九九
磨露盤伏盤 ⑤一八九
磨露盤鐸 ⑤一二五
磨同座四具銅物 ⑤三七六

(塗)
塗同座四具銅物金 ⑤三七六

(作延)
作迮井懸玉貫料銅葪 ⑤一三〇

(作打出)
作塔基打出像五十軀 ⑤一八八
作塔基打出仏像九十軀 ⑤一九八

(打魚子)
打同座四具肬金魚子 ⑤三七六
打後観世井座肬金堺并魚子 ⑤一九六
作雜鐵物并修理刄器 ⑤二〇〇
作雜鐵物 ⑤一九七
作石山寺寳頂銅物 ⑤一九八
作露盤𡨚管形并修理刄器 ⑤一八九

作露盤葩形鐵并修理刃器　⑤一二五
(刀剣金銀線巻把纏)
金銀線　④一三九
銀線　④一三五
(押縫)
金銀線押縫(杖刀把)　④一四〇　㉕一〇五
刀剣　刀身・外装　鏤(象嵌)
金鏤　④一三六・一三八〜一四一・三九四
㉕一一・一〇五
金鏤鐵上　④一三八
金銀鏤　④一二八
銀鏤　④一三三・一四〇　㉕一〇五
鏤　④一二七(刀子刃本)
鏤(象嵌ヵ)　④五一七(金塗銅花瓶)
(その他)
銅物金塗酢苗着料　⑯二五七
酸苗着　⑯二五八
熱銅下温床料　④四七〇
塗金雜物拭収料　④四六三

絞定損　⑯二五七(滅金)
銅物等杼収儀料　④四七三
(金・純金)
全金(鋌)　②六三二
全金玉　②六四五・六四六
金玉　㉕八一・一三七
金釬　②五八四
金鈄　②六三〇
金筋　㉕四七
純金念珠　④一二九・三九五
純金観世音𦬇像　④一〇七
金餝軸　⑦二一六
金鏤軸　⑫四八〇
金花形　⑤六七四
金鳳形　⑤六七四
金雜玉　⑤六七九
金作(帯)　②六四三
金(刀装)　④一三一
純金鳳(禮服御冠)　㉕四九・八四・一三八
(金銀)
金銀寶玉餝(禮服御冠)　㉕四九・八三・一
三八

金銀葛形寶珠荘(禮服御冠)　㉕四九・八
四・一三八(葛形ナシ)
(金埿)
金埿銅(鋌)　②六三二
金埿(合子)　②六三四
金埿(壺)　②六三三
金埿(酌)　②六三三
金埿杖　②六四六
金埿(火爐)　②六三四
金埿鑷子　②六四一　④五一二・五一四
金埿(大佛御鉢)　㉕一一六
金埿千佛像　②五八一
金埿押出千佛像　②五八一
金埿洞釋迦像　②五八一
金埿銅藥師像　②五八〇
金埿潅佛像　②五八一・六二七
金埿押出銅像　②五八一
金埿菩薩像　②六二七
金埿銅像　②五八一・六二六(像)
金埿雜佛像　②五八一・六二七
金埿木像　②五八一
金埿太子像　②六二七
金埿銅潅頂　②五九六

金渥鐃 ②六四六
金渥軸 ⑦二一四
銀枝金渥 ④五一四

(金塗・塗金)
銅物金塗酸苗着料 ⑯二五七
塗金雑銅物 ⑯二七四
塗金雑物 ④四六三
塗金青飛天井 ⑤一九三
金塗拭浄料 ⑯二七三
金塗銅花蹝 ④五一七
金塗銅軸 ⑫四八一
塗金軸 ⑫四八五
金塗涌立 ㉕三七一
金塗鏤銅鎊 ④五一四
金塗肱(御床) ㉕三七〇
金塗物 ㉔三七
不塗金 ⑯五七四 ㉔三〇

(金銅)
金銅鉢 ⑤六八一
金銅作鉸具 ④一二三
金銅小鏁 ④一二八
金銅肱金 ⑯五七五
金銅銭(革帯) ⑯五八七
金銅裏(帯) ④一七六
金銅鏤辟金 ⑤六七四
金銅裁物 ⑯五七五
金銅裁物(炎形) ⑯五七五
金銅切物幡 ⑤六八一
金銅切蚫舌 ⑤六八一
金銅花枚 ⑯五七三
金銅鏤葉帖角(屏風) ④三三七
金銅(順并坐) ⑯五七五(銀□鏡形)・五七
　六(金銅□形)

(鍍金カ)
鏤 ㉕三七〇(雉立)
渥樓時金 ④五一二(赤檀経檟角金)

(銀)
銀鋺(鐃・錠) ①五五五 ②六三一 ㉑二
　三八・二三九
銀大盤 ㉑二三八
銀盤 ㉑二三九
銀(多羅) ②五八八・六三一
銀盞 ㉑二三八
銀盞子 ㉑二三八
銀鍋 ㉑二三九
銀花盤 ④二二二 ⑬二一五・二一六 ㉑
　二三九
銀鈚鉗 ④五一七
銀杪 ㉑二三八
銀木葉匕 ②六三四
銀(合子) ②六三四
銀(壷) ②六三三
銀(大佛御鉢) ㉕一一六
銀鉢 ㉕一一七
銀薫爐 ④一七八 ㉕三一・三七・四八・
　六八・六九・八三・一一三
銀□鏡形 ⑯五七五
銀(香爐) ②六三三
銀(香坏) ②六三三
銀髪刘 ②六四六
銀作(帯) ②六四三
銀仏 ㉔三一六
鎊銀 ②六四六
銀為敏 ②六四六
銀玉 ②六四五
銀釙 ②六三〇
銀爵 ②六四五
銀弓束 ㉑二三九

銀銘(常陸國・武蔵國)　④一〇七
銀細鏁(くさり)　④一六〇　㉕一〇七
銀鏁(くさり)　②六四五
銀鏁子㉕五〇・七五(くさり)・八四
銀継(獸・獸尾)　④五一三
銀(誦數)　②六三五
白銀念珠　④一二九・三九五
銀軸　⑨六一二　⑫四七三・四七六・四七八・四八五・四九四・五〇五　⑬一八〇　㉕一九二
白金軸　⑫四九四
専銀山形(檟座)　④五一二
銀(刀装)　④一三四〜一四一　㉕一〇五

(銅)
銅物　⑤三七六
銅鉢(鉢)　②五八六　㉕八・三一・三五・四九・一二〇
銅佐良　③五〇八・五三八　⑪八八・五二一
銅盤　③五九二・五九三　⑨二〇七・三四五
銅小盤　⑪五〇五
銅斗・升　②六三五
銅(釜)　②五九一・六三五　⑬一一二　⑮三四三
銅竈　②一三一　⑨二九九(竈戸・臺)
銅(火爐)　②六三四
銅井樽　②六三五
銅(鍾)　②六三三
銅銘　⑤四一三
銅懸魚　㉕一二二・一三一
銅幷像(天衣)　⑤一八八・一九八(像)
菩薩天冠銅　②六四六
寶頂銅物　⑤一九八
銅頭錫杖　②六三四
銅(大錫杖)　㉕一二三
銅(磬)　②五九一
銅(誦數)　②六三五
漆塗銅鏁子　③五七八
垂木端銅　⑤一九八
銅鈴　②六〇六
幷懸玉貫料(銅葯)(緒料)　⑤一三〇・一九四
銅印　②五九三
雑銅物臈様　㉕三二〇
鳥柒銅葉帖角　④一七八
隅銅(経蔵高座)　①五五四
沓銅(経蔵厨子)　①五五四
幡頭裁銅　①五六四(高座寶盖幡)・五六五(角居鳳咋幡)
單幡頭裁銅　①五七四
鳳幡裁銅　①五七四
中莭裁銅　①五七六
下莭裁銅　①五七六
中間裁銅　①五七六
少裁銅　①五七六
上下環銅(灌頂盖宗木)　㉔三〇
環華銅(同右)　㉔三〇
環位銅(同右)　㉔三〇
架穴位銅(同右)　㉔三一
盖表裁銅　㉔三一
表銅・裏銅(幡鎮)　㉔三三
内輪銅(同右)　㉔三三
端銅(幢末横木)　㉔三四
中銅(灌頂)　㉔三四
下桁端枚銅　㉕三六八
阿不理板角肱銅　㉕三六八
高蘭基桁端枚銅　㉕三六八
三面褁枚銅　㉕三六八
高蘭中桁端枚銅　㉕三六八
四面褁枚銅　㉕三六八・三六九

鳥居桁端枚銅 [25]三六九
長押角肱銅 [25]三六九
博風端枚銅 [25]三六九
桁端枚銅 [25]三六九
椽端枚銅 [25]三六九
橋於枚銅 [25]三六九
居花形銅 [25]三六九
銅肱(上御帷張) [25]三七〇
肱銅(御牀) [25]三七〇・三七一
銅環 [25]三七〇(帷張)・三七一
銅(刀装) [4]一三四〜一三八
銅石(皮帯) ㉕一二〇

(白銅)
白銅供養具 [2]五八五・五八六
白銅鋺(鋺) [2]五八五〜五八七・六三一
白銅飯鋺 [2]五八六
白銅五重鋺 [25]四九
白銅漿鉢 [2]六三三
白銅鉢 [1]五五五 [2]五八五・五八六・六三一 [5]六八二 [24]三六
白銅大盤 [2]六三三
白銅盤 [8]五七六 [25]四九
白銅小盤 [9]二九九 [11]四九九
白銅小佐良 [4]一〇八
白銅多羅 [2]五八五・五八六・五八八・六三一
白銅小多羅 [4]五一七
白銅(鉗) [2]五八五・五八六・五八八
白銅鈋 [2]五八五・五八六・五八八
白銅匙箸 [25]四九
白銅窪匕 [2]六三四
白銅水瓶 [2]五八九 [25]四七
白銅鍋 [1]五七九
白銅壺(壺ヵ) [2]五九〇・六三三(壷)
白銅(鍾) [2]六三三
白銅(合子) [2]六三四
白銅鍬 [5]六七五・六八一
白銅奩 [1]五七八
白銅鋺 [2]五九〇
白銅(匣) [2]五九〇
白銅鏡 [2]五九〇
白銅燈坏 [5]六八二
白銅(香坏) [2]五九〇
白銅燈臺 [5]六八二
白銅火爐 [1]五八〇
白銅(火爐) [2]五九二・六三四 [3]五七九
(爐) [5]六七五・六八一
白銅磬 [5]六七五
白銅頭(錫杖) [2]六三四
白銅(錫杖) [5]六七九
白銅錫杖 [25]四九
白銅單香爐 [2]五八九
白銅(香爐) [2]五八九・六三三
白銅香爐(爐) [3]五八〇 [8]五七六 [25]四九 ㉕一四五

(迊羅)
迊羅五重鋺 [25]四九

(鍮石)
鍮石(香爐) [2]五八九・六三三 [4]五一一 [25]五〇

(鐵)
鐵鉢(鉢) [2]五八六・六三一 [4]五一一
煎塩鐵釜 [2]三三・三五・三八
鐵(釜) [2]五九二・六三五 [5]四三八
鐵釜 [5]四三九 [16]二四三 [25]六七
鐵足釜 [5]二六六
鐵鏡 [2]六三四
鐵爐 [2]六三四 [16]二八六 ㉕一一三

鐵(火爐)　②五九二
鐵薬臼(臼ヵ)　②五九〇
鐵臼　⑯三七八
鐵鈎　㉕二五一
鐵鎰　㉕三七〇
鐵鏁子　㉕四九・八四・一三九
鐵(磬)　②五九一
鐵(大錫杖)　㉕一二三
鐵熟麻　⑮一七四
鐵麻(鐵と麻ヵ)　⑤一四四
鐵莖　⑮三〇三・三〇四
鐵葪　⑤三四一　⑮三〇四　⑯三三九
葪鐵　⑯二三一
隅鐵　①五八一
鐵俣振　④五〇五
蛭鐵　⑤三四一　⑯二三一・二四〇
後塞鐵　⑤四三九
坐鐵　⑯二三八
折越枚鐵　⑤三四一　⑯二四〇
子鐵(鈴)　①五七四・五七六・五七七　㉔
三一～三三(鈴子鐵)
幢末鐵物　⑯二三六
露盤葩形鐵　⑤一二五
柒鐵(屛風帖)　④一六九
沓鐵　⑤三二三
鐵雑刃器　㉕六八
鐵(刀装)　④一三八・一四〇・一四一　㉕
一〇五
鐵物(猪足)　⑤六二・一八〇・三四〇　⑮
二九五・二九八　⑯二三一・二四〇
加奈(金)鋺　⑮三七六
金鐃　㉕四五
金盤　③五九二
小金盤　⑦二三三
金物　⑤二四一　⑮三七二　㉕一二〇・一
二五
金作帯　②六四八
蓋角金　⑯二五三・二六二
蓋枚桁金　⑯二五三・二六二
大床上・下角金　⑯二五三・二六二・二六
三
弥比良上・下間金　⑯二五三・二六三
波佐目金　⑯二五三
波佐目　⑯二五三・二五四・二六一～二六
四
都麻上・下間金　⑯二五三・二六三
礼盤榻上・下角金　⑯二五四・二六三・二
六四
灌頂上下緒付金　⑯二六四
高坐椅角金　⑯二六一
椅角勾金　⑯二六一
前机上角金　⑯二六一
兩帯金　長帯・短帯　⑯二五九
比留金(鐵)　⑮三〇五
肱金(鐵)　⑤六三　⑮三〇〇・三〇一・三
〇三・三三一
肬金　⑤三四一(懸燈料、高坐)・三七六
肱金　⑮三〇二・三六八　⑯二三一(高座、
懸燈料)・二三七・二三九(高坐、懸燈
料)・二五六(柱幡懸肱金)・二六一・
二六二(蓋、大床)
肱金坐　⑯二五六
高座礼盤等金物　㉕二一七
高座金物　㉕一一九
礼盤金物　㉕一一九
花机金物　㉕一三〇
折肱　㉕一一九・一三〇
(刀装金具)
純金装　④一三一
寶莊　④一三九

金銀荘 [4]一三三・一三四・一七六 ㉕一二
金銀鈿 ㉕一一
金銀鈿作 [4]一三三
金銀鈿荘 [4]一三一
金銀鏤鈿作 [4]一二六(刀子)
金銀飾 [4]一二六(刀子)
金銀作 [4]一二六(刀子)・一三九・一四〇 ㉕一二・一〇二
銀荘鈿作 [4]一三三
銀鈿 ㉕一一
銀作 [4]一三五・一三九 ㉕一二
銀荘 [4]一三四・三九四 ㉕一二
銀銅作 [4]一三五・一三六 ㉕一二
金柒銀銅作 [4]一三六 ㉕一二
金銅鈿荘 [4]一三二
金銅鈿 ㉕一一
金銅荘 [4]一三二〜一三五 ㉕一一・一二・一〇四
金銅作 [4]一二九・一三五・一三九 ㉕一二・一〇三
金柒銅作 [4]一三四〜一三八・一四〇 ㉕一二
銅柒作 [4]一三六

---

銅金柒作 [4]一三六
金柒銅 [4]一二七(刀子)・一四〇
黒作 [4]一三八・一四〇 ㉕一二
鍛(鍜) [1]四九・六七
銅所 [25]一〇〇
鑄(鑄・鑄・鑄)所(㪽) [3]五九三 [4]三七三 [5]一八八・一九八・五三九 [13]二二九・二四九〜二五一 [14]七八〜八〇・二〇五〜二〇七・二一五 [16]五一九・五七九 [19]二五〇 [21]二三六・二七一 ㉕一一三
造鑄所 [4]一八三
(奈良)鑄(鋳)物所 [5]二四九・三五三 [15]一八六・二二五・三七二 [16]二四五
壽物所 [5]四一二
岡(罡)田鑄(鋳)物所 [5]三一五・三八五 [16]一一一
鑄鍾所 [3]五六八
御鏡鑄(鋳)所 [5]二〇八 [15]一八六
鍜冶司 [15]二〇〇

---

当時の金属の種類は、先に記す通りである。技法としては、鋳金、鍛金、彫金、魚子、象嵌、金メッキである金銅、金銀などがあげられる。奈良時代の金属は、正倉院の例からみれば、錫との合金も含めて最も多いのは銅製品であろう。品目もきわめて多様で、いちいちの例示はひかえるが、全体的にはまだ銅の時代といえる。銅は技法的には鋳造が圧倒的に多い。これに対して鍛造は銅製品にもあるが、鐵が主で、武器、武具、その他刃物、釘など、それに鏁子あるいは農具などが鍛造である。銀製品は鋳造、鍛造ともにみえ、盤、鉢、銀壺など佛具といって良いものに限られる。なお、当時の銀製品には必ず重量刻銘のあることは留意すべき点である。金は銅に塗金、いわゆる金銅が多いが、純金としては北倉157禮服御冠殘欠中の葛形金具(㊗Ⅱ53の上端)がめぼしい例である。その他、鍮石とみえるのが銅と亜鉛との合金で今日の真鍮に相当する。例はきわめて少ないが、南倉52黄銅柄香爐第一号(㊐Ⅰ198)、南倉30黄銅合子(㊐Ⅰ67 132)があげられる。

北倉97臈蜜参拾連又貳裹(㊗Ⅱ13 84〜88)と、多量の臈蜜を伝えるが、これは鋳造用の蠟型に用いることができる。

## (二) 玉・石・瑠璃・土工


玉 [2]六四六
白玉 [2]六四六
石玉 [1]五七五
雑(雑)玉 [4]一二八・五一二 [12]二六五 [14]三二七 ㉕三六・四一・八一・一〇三
雑小玉 ㉕四一
青玉 [2]六四六
紺玉 [2]六四六
縹玉 [2]六四六
水精紺玉 [2]六四六
玉尺八 [4]一二九 ㉕三七・四一・八一・一〇四
玉箸 ㉕八三
玉石把(刀子) [4]一二九 ㉕一〇三
(玉軸、各色の玉軸の類、「五 文具」(八)軸項参照)
水精 [1]五五一 [2]六〇七・六三三・六三五・六四六 [4]一〇七・一二八 [5]六七七・六八一 [13]一三 ㉕五・七一・一〇三
水精玉 [1]五六五・五七四・五七五・五九七 [2]六四六 ㉕一三七
水精(壺) [2]六三三
水精塔 [5]六七九
御座(水精) [4]一〇七
(水精(念珠)・水精(誦數)、「八 佛具」(三)麈尾・如意・香爐・念珠項参照)
(水精(軸)、「五 文具」(八)軸項参照)
琥碧(珀) [2]六三五 [4]一〇七・一二八 ㉕一〇三
琥碧玉 [1]五七五 [2]六四六(琥)
御座(琥碧) [4]一〇七
(琥碧、琥魄(念珠)、琥珀(誦數)、「八 佛具」(三)麈尾・如意・香爐・念珠項参照)
(琥碧(軸)、「五 文具」(八)軸項参照)
瑪瑙 [4]一〇七 [13]一三(瑙)
馬瑙 [2]六四一 [13]一三(瑙)
(瑪瑙(念珠)、「八 佛具」(三)麈尾・如意・香爐・念珠項参照)
(瑪瑙軸、「五 文具」(八)軸項参照)
雑采寶珠縄(刀子) [4]一二六
石 [1]五五一 [3]五八〇 [6]二五四 [19]二四七・三二一 [20]五〇三
白石 [1]五七三 [4]一三〇・三六〇(塔呉床)~三六二(同上) [5]一九一 [24]二五 ㉕三七・四二・五九・六二・八〇・一〇四
黒石 ㉕一〇四
石軸 [5]六七七・六七八
白石鎮子 [4]一三〇 ㉕三七・四二・五九・六二・八〇
青斑鎮石 [4]一七九 ㉕三一・三七・五〇・八三(青斑石鎮子)・一一三
(雕石(尺八)、雕石(横笛)、「九 樂・樂器・遊戯具」(二)樂器・樂具項参照)
紫石 [4]一〇七
紫石(誦数) ㉕五・七一
温(瑥)石 [1]五七一 [24]二六・(四〇)
懐温石 [12]二五六
石(マヽ)温太 [16]三〇三
大坂(白)石 [16]二八六・二九一・三〇七
土代石 [16]二八六
爪石 [16]二八六

爪句石 [16]二八六
壁石 [16]二八七
柱石 [16]二八七
角柱石 [16]二八七
⿰糸男石 [16]二八七
椅歩石 [16]二八七
椅布智石 [16]二八七
戸下石 [16]二八七
辛閾石 [16]二八七
壁持石 [16]二八七
敷石 [16]九・二八七
石居 [5]二七二 [15]二三五・二三六 [16]
二〇九
返花(石工) [16]九
石坐 [5]三四〇
大床石 [15]四五六
金鼓基石 [1]五五七
石壺 ㉕一一二
安房石(軸) [13]一八
阿房石(軸) [25]一九九
石(軸) [5]六七七・六七八
石玉 [1]五七五
瑠瑪(璃) [2]六四一

黄琉璃 [4]一二八 ㉕一〇三
浅緑琉璃 [4]一二八 ㉕一〇三
緑琉璃 [4]一二八・一三九
緑琉璃鈿 [4]一三九
藍色琉璃 [4]一二八 ㉕一〇三
琉璃玉 [1]六三一
琉璃雑色玉 [1]五六五・五七四・五七五・
五七七・五七八
(紫琉璃念珠・碧瑠璃念珠・紺琉璃誦數、
「八 佛具」(三)麈尾・如意・香爐・念珠項
参照)
瑠璃壺 ㉕一三七
紺瑠琉《(マヽ)》鐸風招 ㉕一四六
瑠琉《(マヽ)》地(基二階の上階) [5]六七四
緑琉璃覆 [4]一三九(刀剣外装)
瓷(大爐) [16]五八一
瓷(瓷)鉢(坏) [1]五七三 [16]五六九・五七
八・五八三
須恵 [16]四八二
須恵鉢 [16]四八二
土器 [3]四一三(土器) [11]三五〇
陶器 [2]七八

赤玉料(朱沙) [1]五七一
青玉并黒玉料(緑青) [1]五七一
騏驎血染調度(帛) [1]五七二
赤刾玉染料(騏驎血) [1]五七一
黒刾玉染料(柒) [1]五七一
刾玉形土作調度(胡麻油) [1]五七二
刾玉形涅料(墨) [1]五七二
刾玉形塗料(破砥) [1]五七二
玉合料(赤土) [1]五七二
玉合料(白石) [1]五七三
玉和合料(河内國石川郡土) [1]五七三
刾玉調度(可路草莖) [1]五七三
玉作料(炭) [1]五七三
造玉并料用物 [1]五七三
□上吹玉宇湏 [16]五八一
平螺鈿(鏡) [4]一五九 ㉕一〇六・一〇七
(背)螺細(鈿)(鏡) ㉕七三・七四
雲母 [1]五五一
(雲母粉、「一二 香・薬、身体部位名、疾
患」(二)薬項参照)
土 [1]五七三 [5]一八六・一九七・三四

九・三五〇　⑮一八二　㉔二五
埝土　⑤一九七
鑄形料土　⑯二八五
土帒　⑤三七一（土帒）　⑯二四一
土儀　㉕三二一
埴　⑤一二八・一九一・一九二
打埴　開埴　堀積埴（瓦の土ヵ）　⑤一九二
開埴　⑤一二八
堀埴　⑤一二八
作埴　⑤一九一
白土（土）　④二六六・二六八〜二七二・三五三〜三五七・四七一　⑤二五・一二七・一九〇・一九一・二〇〇・三三七・三四六・三四九・三五〇　⑬二一八・二三四・二三五　⑭三一〇　⑮一四一・一六五・二一九・二三三・四二一・四二二・四二九（眞野）　⑯二二五・二四一・二四九・二七一・二七四・二八五　㉕三一九　㉕一四三
眞野土・好土（白土）　⑮二三三
赤土（土）　①五七二・五七三　②一三八・一四五　⑤二五・一九一・二〇〇・二七二・三五〇　⑫三四一　⑬三八　⑮二一九・二三五・四二一　⑯二四一・二四三・二四九・二七三　㉔二四
黄土　⑤三四九
白土・赤土（能利）　⑤二五
（黒土）　③三八八
白沙　㉔三七
石灰　①五七一　⑤二〇二　⑫二三九　⑭三一〇　⑮一八二　⑯二二三・二二四・二八五・二八六・三〇五　㉑三六一　㉔二四・三九・四〇
石灰春舟　㉔三九
春蓆白土赤土　⑤二〇〇
春蓆白土并赤土　⑤一九一
春蓆白土　⑤一二七
（白土）（赤土）春蓆作　⑤三五〇
（埝・攝）
埝土（切同四王土蘽并打蓆埝土）　⑤一九七
埝料土　⑤三五二
埝作　⑤一九三
埝了　⑮二一九
埝御鏡背文　⑤一九七
埝菩薩四軀木屎　⑤三七五
春蓆木屎　⑤三七六
埝觀（觀）世井　⑤二七三　⑮二三二・二三六
埝觀世音井　⑤三四二
埝神王　⑤三四一・三四七
埝（神・神王）　⑤二七四・三四一・三四七　⑮二三七
埝并彩色井　⑮二三七
埝四王御身　⑤一九七
春同四王埝土　⑤一九七
埝井并神王御坐儀形　⑤三四一
埝儀坐　⑤三四七
埝井并御坐儀形　⑯二四三
埝作井寶冠　⑤一九三
埝作井緆　⑤一九三
埝削作井緆　⑤一二九
塔本肆面具攝　②五八二
墸四天王像　②六二八
（錯平・磨塗）（埝）
錯平并磨塗菩薩四軀（埝）　⑤三七五
（雕）
雕并埝作井寶冠　⑤一九三
雕作埝懸玉　⑤一二九・一九三

雕作(大千手)卅御手并継　⑤一九六
雕(埝)四王寶冠飛炎　⑤一九七
雕穿大仏光　⑤一九七
雕菩薩懸玉并光　⑤三七五
雕作并押金薄飛天菩薩寶冠　⑤三七九

玉・石は、剞物、轆轤挽、彫刻、玉造《たまつくり》などの技法であろう。玉造はわが国でも古い歴史があるが、他の玉石の加工は大陸でのものと思う。

玉石類としては、北倉20玉尺八(北Ⅰ33 161)、同24白石鎮子(北Ⅰ36 37 163〜167)、中倉165火舎四口中白石一雙(㊥Ⅱ215)などあげられるが、それらは大理石の類といわれ、そのほか北倉33彫石横笛(北Ⅰ58 176)、同34彫石尺八(北Ⅰ59 177)、同155青斑鎮石拾挺(北Ⅱ51 171 172)、中倉49青斑石硯壹枚(㊥Ⅱ21 130)、同50青斑石鼈合子壹合(㊥Ⅱ21 130)などは蛇紋岩といわれる。同74玉器壹枚(㊥Ⅱ149)は軟玉、北倉25黒碁子・白碁子(北Ⅰ44 169)の前者は蛇紋化した橄攬岩、後者は硬玉といわれる。

瑪瑙の類は、中倉56軸端五拾七具又五拾八隻の一部に瑪瑙がある(㊥Ⅱ24 139 140)。また中倉100瑪瑙玉壹枚(㊥Ⅱ169)、同77瑪瑙坏貳口(㊥Ⅱ32 150)などがある。正倉院には余り多くない。かつてエジプトのカイロ博物館の展示室で瑪瑙の坏を数点みたことがある。

水精は玉類が多い。中倉78水精玉五枚(㊥Ⅱ151)、同107水精玉五枚(㊥Ⅱ176)、同99水精玉壹枚(㊥Ⅱ169)、同102水精長合子壹合(㊥Ⅱ170)、同127水精玉貳拾九枚(㊥Ⅱ180)、南倉57水精誦數五條(南Ⅰ204 205)など。

琥碧は、中倉105琥碧魚形壹隻(㊥Ⅱ175)、同129琥碧玉四枚(㊥Ⅱ180)、同130琥碧長合子殘欠(㊥Ⅱ180)、南倉55琥碧誦數拾参條(南Ⅰ82 201〜204)、そのほか北倉42御鏡(北Ⅰ74 76 77 79 80 198〜202 204)の鏡背に嵌装(伏彩色)した例がある。これら正倉院の琥碧に共通することは、透かしてみると真紅といって良い程、鮮明な赤色で、今日わが国の岩手県久慈地方で発掘されるというコハクはこれらとは全く異なる。また今日にいう琥碧色と称するイメージとも異なる。正倉院にみる真紅のコハクの産地がどこであるか、ミャンマーの奥地ではないかという人がいたが、まだ確認はされないようである。

石として特殊な例は、一つは中倉88紺玉帯殘欠(㊥Ⅱ33 155)の巡方、丸鞆、鉈尾が青金石=ラピスラズリといわれていることで、その産地はアフガニスタンのバダフシャンという。当時とすれば、まさに異国の珍材であった。

いま一例は、平螺鈿背に埋められたトルコ石の例で、北倉42ノ5・7・9〜11・13号(北Ⅰ74 76 77 79 80 196 198 200〜202 204)、南倉70ノ2・5号(南Ⅰ85 86 215 218)などにみる。これらのなかには右の青金石=ラピスラズリの細片が入った例もある。

石の最後に記しておきたいのは、中倉131ノ1青石把漆鞘金銀鈿荘刀子(㊥Ⅱ39 181)で、まず刀子の形式、刀身の姿、その地金など、他の刀子類とは全く異なる点、大陸伝来の品であることは確かであろう。その把に他に類例のない淡緑に白の斑が入った美事な石で、その産地が知りたいものである。

瑠璃つまりガラスは、アルカリ石灰ガラスと鉛ガラスに分けられる。前者は、中倉68白瑠璃碗壹口(㊥Ⅱ28 147)、同69白瑠璃瓶壹口(㊥Ⅱ29 148)、その他。後者には中倉72緑瑠璃十二曲長坏壹口(㊥Ⅱ31 149)、院蔵中にみる多数のガラス玉類の殆んどが、これである。中倉55未造着軸貳百貳拾枚(㊥Ⅱ24 133〜138)のなかの紺色のはアルカリ系である。『正倉院御物目録』に「六拾枚　瑠璃端」とあるのがそれである。

鉛ガラスのガラス玉としての色調は黄〜濃褐系は鉄による着色、緑〜濃緑は銅によるもの。玉の色彩が多種多様にみえるが、要は右の二系統に濃淡の差をつけたもので、黒というのも透かしてみれば濃緑か濃褐かである。文書中にみる琉璃玉製法は鉛ガラスであることを示し、奈良時代の文献と遺例とがよく一致している。なかにきわめて少例ブルーの玉をみるが、これはコバルトによる発色でアルカリ石灰ガラスである。これは右記の紺色の軸端にかなりみるが、要は鉛系とは別系統である。

　なお焼物として、南倉7磁瓶壹口(南Ⅰ55 113)、同8磁皿貳拾九口(南Ⅰ56～58 114～118)、同9磁鉢貳拾五口(南Ⅰ59 118～122)など多量にみえる。単彩、二彩、三彩と釉薬のかかった焼物であるが、これが食器類中にもみる瓷、陶であったろう。

　なおまた捻、攝の像とみるのは今日にいう塑像のことである。

## (三) 木・竹・葛工など

檀(檀)　②五八一(像)　⑤六七一(観音菩薩)・六七九(同上)

紫檀(檀)　④一二六・一二七・一二九・一三一・一三二・一三五・一三八～一四一・一七〇・一九八　⑤六七六・六七九・六八〇　⑬一一五　⑯五八一　㉑二三九(香爐)　㉕一一・一五・三五・三六・四八・五〇・五一・六八・六九・八一～八三・八八・九四・一〇四・一〇五・一〇九・一一三

(紫檀(軸)、「五　文具」(八)軸項参照)

(紫檀琵琶・螺鈿紫檀琵琶・螺鈿紫檀五絃琵琶、「九　樂・樂器・遊戯具」(二)樂器・樂具項参照)

屑(紫檀)　⑬一一五

赤檀(檀)　②六四一(小櫃)　④一二六・一三六・一三八(以上、把)・五一二(経櫃)　⑦二一(赤檀軸)

白檀(檀)　②五九八(誦数)・六三五(誦数)・六四六　④一〇七　⑤六八〇　⑨六〇八・六一二　⑬二三(函)

(白檀(軸)、「五　文具」(八)軸項参照)

二八二

木　②六三四　④一三八(佩刀把)・一六〇～一六三(屏風帖)・一七八　⑫五一一(経軸)

木皮　④一四〇(佩刀把)

木根　④一三五・一三七(大刀把)

(素木(軸)、「五　文具」(八)軸項参照)

白木　③五七八(榻)　④一六三(屏風帖)・五一四(高座)　⑤四九六(机)・六八〇(榻・柱)　⑦二六二(机)　⑧一九二(書函)　⑨二(經机)　⑩二七〇(机)　⑫二六五(机)　⑬三(函)・四六・九一・九六(以上、机)　⑯三七七(榻足机)・三八三(猫足机)　⑰三四(榻足几)・三五・三七・四〇～四四・四八(以上、榻足机)　㉕一四三(杤・小辛櫃)

(白木辛(韓)櫃、「六　調度」(四)櫃・明櫃・折櫃・辛櫃など項参照)

(白木(軸)、「五　文具」(八)軸項参照)

(白木(籤)、「五　文具」(十)籤項参照)

染木　④一三二(新羅琴枕尾)・一六三(以下、屏風帖)～一六五・一六七～一六

九

柒木 ④一六一～一六三・一七八（以上、屏風帖・骨）
烏柒木 ④一七八（屏風帖）
赤柒木 ④一六二（屏風帖）

桐 ①五五七（花形） ⑤六七六（箏） ㉔二六・三〇（鳳形） ㉕六九
①五五七（大倭國・河内國・山背國・岡田園）
桐木 ④一三一（箏）・一三二（新羅琴）・一四八（鞁） ㉕三六（箏）・五一（同上）・六八・八二（箏）・一〇五（新羅琴）
楠 ㉔二六・三〇（灌頂蓋宗木塗柒）
蘓芳木 ㉔二九
赤木 ④一三〇・一三六～一三八
（赤木（軸）、「五 文具」㈧軸項参照）
黑木 ⑯二四二（机）
楸木（瑟） ④一三一 ㉕三六・五一・六八・八二・一〇五
楸木帶（甘竹籥） ④一三一 ㉕一〇五
槻 ④一四七・一九四 ㉕六九
文槻 ㉕四八
黃楊 ⑤五三八（桴） ㉕八二（撥）

（黃楊（鑯・占）、「五 文具」㈩鑯項参照）
樫木 ⑳三三一
樫 ②六〇三（莒） ④一〇六 ⑤六七六（琵琶伏手）
（樫（軸）、「五 文具」㈧軸項参照）
由志木 ⑭三三四
檜（檜） ⑤六七六 ⑥三八九（杓）・四六〇（杓） ⑲三二一（杓） ㉔三四
檜（檜）木（倭琴） ④一三〇・一六〇（屏風帖） ⑤六七六（和琴） ㉕三七・五一・八一・一〇四
（檜木（軸）、「五 文具」㈧軸項参照）
氣美 ⑤六七六（和琴）
枌 ④一〇六・五一四
室木（軸） ⑨五九九・六一〇
松梠（軸） ⑨六〇四
槐 ⑯二八八
楊（莒） ④四三四・四三八
松（枌） ⑤四三・四四 ⑮二六四・二六五
赤檀 ⑫二九一
榲（榲）木 ④一五八（匣）・一五九（匣） ⑫二九一 ㉕七三
牟久木（把） ④一三五～一三八・一四〇
梓（御弓） ④一四一・一九四 ㉕一三

檀（御弓） ④一四七・一九四 ㉕一三
小檀（御弓） ④一四八 ㉕一三
棗木 ④一二七・一二九
棗（軸） ⑬九
蒜木 ⑪一六〇
梨子木 ⑯四四五
（梨・梨木（軸）、「五 文具」㈧軸項参照）
櫟 ㉔三一（幡横木塗柒）
文欟（欟）（木） ③五七八 ④一二三・三九五 ⑤六八一 ㉕五〇・八四・一三八
欟 ㉔三一（盖架塗柒） ㉕一三
欟（欟）木 ④一三〇 ㉕四一（厨子）
綾欟 ⑨三四五 ㉕四〇
綾欟木 ㉕八一
綾槻 ④五一四（厨子） ㉕一〇四（箏）
淺梲木 ㉕一〇五（厨子）
朽木（軸） ⑧一九〇
黑（黒）柿 ④一二七（刀子把）・一二九（同上）・一三一（瑟・下足）・一三六（大刀把）・一四九・一七九（箸筒）・三五一 ⑤六七五（櫃）・六七九（水精塔基） ⑧一九〇（黑林櫃）・一九一（同上） ⑭二七五・二七六 ㉕一〇五（瑟・下足）・一一三

黒柿木 ④一四九(鞍)
黒柿端 ⑭二七五
(黒柿(軸)、「五 文具」(八)軸項参照)
繪黒柿色 ④一〇六
菩提樹 ②六三五(誦數) ⑫二五一
木畫(木象嵌)
④一三一(桐木箏・綾槻箏・楸木瑟) ㉕五一・六八・一〇四・一〇五
④一三二(木畫紫檀碁局・同雙六局) ㉕一一・三六・四八・八二・八八・九四・一〇五
④一七〇(紫檀木畫挾軾) ㉕一五・三五・四八・八三・八八・一〇九
(木畫(軸)、「五 文具」(八)軸項参照)
(木繪(軸)、「五 文具」(八)軸項参照)
木繪(大唐) ④五一三
木繪 ㉕六八(箏琴)
榲並塗末香(經管) ⑫二九一
(木屎、(六)漆工・塼・平脱・平文項参照)
竹 ④一三一・一四一・一六〇・一六二・一六三・一七六・三三七・五一二・五一四 ⑤二九八・二九九・四一一・六七六・六八三 ⑥二五四・三八八・四六〇・五〇五 ⑦二一四 ⑨二〇七 ⑭二三九〜二四一・三七四 ⑮六七 ⑯四二〇・四二七・五一三 ⑲二四七・三一一 ⑳五〇三 ㉑四八八・四九五・五〇一・五〇八・五一三・五二〇 ㉓三二〇 ㉕一一・三七・四一・五一・八一・八二・一〇五・一一五・一四〇
節長竹 ⑨二〇七
標紙料竹 ⑥二五四・三八八・四六〇・五〇五 ⑲二四七・三一一 ㉑四八八
表紙竹 ⑤四一一
表紙料竹 ⑨三四五 ⑭三七四
着表紙料 ㉑五二一
竹(軸) ⑦二一四 ⑰一〇八
(竹帙、「五 文具」(九)帙項参照)
(竹箒・箒竹、「一〇 諸道具」(七)杓・筅・箒項参照)
斑(斑)竹 ④一七六・三三七・五一二・五一四 ⑤六七六・六八三
假作斑竹(帖) ④一六〇・一六二・一六三
甘竹(簫) ④一三一 ㉕三七・五一・八二・一〇五
呉竹(笙・竽) ④一三一・一四一 ㉕一一・三七・五一・八二・一〇五・一一五
呉竹形 ④五一三
笶 ⑤二〇二 ⑮一八二 ⑯三〇三 ㉔二五・三五・三七
籐 ④一三三・一三五〜一三八(以上、大刀)・一四四・一四六・一四七(以上、弓)・一五〇(胡禄)
籧篨 ④一三一 ㉕八一・一〇五
樺(纏) ④一三〇・一三五〜一三八・一四一・一四二・一四四・一四六・一四七・一五一 ㉕三七・四一・八一・一〇四・一〇五
(纏)筋 ④一四八
白葛(箱・莒) ④一二四・一九九・二〇一 ㉕一〇二
黒葛白(莒) ③五四九
(漆)黒(黒)葛(葛)(編箐・莒) ②六一一 ④一〇七・一九九 ⑨六〇五 ⑪一六六

白黒葛(莒) ④一九九
柳(箱) ②四五八
白柳(箱) ④一二八 ㉕一〇三
斑藺(箱) ㉕一一三
苧 ㉔三八・三九
草(白筥) ②四四〇 ⑧五六〇
草(莒・箱) ②六四二 ③六〇八 ⑧三三
六・五六〇 ㉕七四
柒草(莒) ④一〇七
柒塗草(箱) ㉕七四
可路草莖(刻玉調度) ①五七三 ㉔二五
蒲花 ⑤二四〇・三五九 ⑯二四三
麻代 ⑤二四〇
蟹(蟹)羽(樺ヵ) ⑤一七一・一八一・一八
三
賀尓葉 ⑤一五六
(麻(紙)・穀(紙)・穀皮(紙)・葉藁(紙)・
檀(紙)・梶(紙)・斐(紙)・楸(紙)・松
(紙)・竹幕(紙)・楡(紙)・杜中(紙)・胡桃
(紙)、以上、「五 文具」(四)紙各項参照)
木賊 ④四二〇 ⑯六九
如椹實(白玉) ②六四六

緊膜 ④一七六
鞊䩬 ④一二六 ㉕三六・四一・八〇・八
一・一〇二・一〇三
吉膜 ④一二九 ㉕一〇四
吉䩬 ④一三三

正倉院宝物は校倉による地上伝世のため、繊維、木竹など有機質の品がよく伝存する。作例も多量でいちいちの例示はしないが、木工品は箱の蓋をあけて内部をみると昨今の作のように真新らしく、木の香りさえ漂う雰囲気である。

木質には、紫檀、黒檀、白檀、沈香、鉄刀木など高貴な外来材がまずあげられる。なかでも紫檀の多用が目立つ。これは本編にもその名が多くみえ、文献と実態がよく一致する。とくに琵琶の槽などに一木《いちぼく》の大材が用いられている。そしてそこに螺鈿、木畫など、象嵌技法で文様が施されていることなど、東アジア八世紀を代表する唐王朝の華麗な雰囲気をよく今日に伝えるものである。

一般材としては、針葉樹では檜、杉が多用され、大型の櫃は、もっぱら杉材であることも注目される。他の木工では檜を多用している。わが風土のなかでの良材の選択がすでになされている。広葉樹材では、欅、柿、黒柿、牟久、樫、桑、朴、楠、伊須、黄楊木、楓、桐、沢栗、その他がある。それぞれ適材適所に用いられている。黒柿は今日でも重用するが、当時、蘇芳で染めて、黒柿蘇芳染と称して宝物中にも多くみえ、高貴な紫檀の代用としたらしい。文献にみる側は、それらに対応するものである。

その他、竹、葛、柳、藺、マコモ、カヤツリグサ、アケビのツル、樺櫻皮、籐、麻がある。竹も現今での植物分類学上、いく種もあることが明らかにされたが、それとは別に斑竹と称して黒っぽい複雑な斑文の付く竹を当時重用している。更にそれを人工的につけたものを假斑竹と称する。葛は白葛箱など、アケビのツルで編んだものといわれる。藺は畳表、文書にみる蟹羽は曲物などに必要な樺櫻皮のことらしい。なお鞊䩬は、老木の木と皮の間に生じる多孔菌類の柔組織という。

『正倉院御物目録』にも多くの木材名をみるが、かつて石田茂作先生から伺ったことは、目録作成時にそれぞれ専門家をよんで意見をきいたらしく、木工品は木工技術者に木材名を調べさせた結果のことらしい。これらの材名は、第二次大戦後における各種特別調査の一環での木工品調査の際も、時の調査員から大して異論はなかった。

なお当時の木工技法には、指物、挽物、刳物、曲物などがある。基本はやはり指物で、大型の厨子、櫃、机などが代表であろう。挽物はロクロによる製作で、円形のものはみなこれによる。これは大量生産にも適する。一方、指物は一品製作である。

なお木工技法に関係して木畫(木象嵌)について概略すれば、北倉37木畫紫檀雙六局(北Ⅰ66 67)がその代表で、堅い紫檀材を地に、白い牙、綠角(鹿角を綠色に染める)、黒檀、黄楊木など色彩の異なる堅い材の細片を組合せて文様にしたものを埋め込む。木畫文様には繪畫文や幾何学文などがある。

院蔵品に木工品、木材種、その他植物種の多いことは南北にのびる温帯に位置するわが国の位置、風土を反映するものである。

## (四) 牙・角・瑇瑁・貝工など


牙　[2]四三九・六三三(香爐)・六三五　[3]五七九(牙梳・牙笄子)　[4]一二二・一三一・一三二・一四〇・一四九・五一一　[5]四四二・五二〇　[7]二〇八(牙軸)・二〇九(同上)　[8]五五九　[9]六一二　[12]二八八(牙軸)　[13]二三　[25]四六(牙笄子)・四九(牙鏤箄子・牙鏤梳)　㉕三六・四一・五〇(牙床脚)・八一・八二・八四・一〇四・一〇五・一三八

牙(笏)　[3]五八一　[4]一二三・一二七・一二八　㉕三六・四一・八一・一〇三

通天牙(笏)　[4]一二八　㉕三六・四一・八一・一〇三

牙(爵)　[2]六四六

牙(梳)　[3]五七九　[25]四六

牙鏤梳　[25]四九

牙(口指壺)　[2]六四六

(牙(籤・占)、「五　文具」(一〇)籤項参照)

白牙　[4]一二六・一二八・一七六　㉕三六・四一・八一・一〇三

象牙　[1]五六四・五七七・五七八　[2]五九七　[4]一三一・五一二・五一四　[8]一九〇　[24]二九　㉕一〇四・一二二・一三五

染牙　[4]五一四

撥鏤(樓)　[4]一三六～一三八

牙撥鏤　㉕一〇四

紅撥樓(碁子)　㉕八〇

紅牙撥鏤　[4]一二六・一二八・一三一・一六一・一九八　㉕三六・四一・八〇・八一・一〇三

緑牙撥鏤　[4]一二六・一二八　㉕三六・四一・八一・一〇三

碧牙撥鏤　[4]一六〇

紺牙撥鏤　㉕八〇

麀角撥鏤　[4]一五〇・一五一

牙鏤　[25]四九

畫牙　[2]四三九

書牙　[8]五五九

犀(犀)角(角)　[2]六〇七　[3]五七〇　[4]一二七・一二八・一三〇・一三八・一七二・一七六・一九〇・三九五　[21]二三九　㉕四～六・一五・三六・三八・四

一・四二・五九・七五・八〇・八一・
八六・八七・九〇・九四・一〇三・一
〇九
班（斑）犀角（角） ④一三〇・一七六 ㉕五
九・八〇
班（斑）犀 ④一二六・一二七 ㉕三六・三
八・四一・四二・八〇・一〇二
烏犀 ④一二七
白犀角（角） ④一三〇 ㉕四・三八・四
二・八〇
白犀 ④一二六・一二七
切犀角 ㉕五
牛角（角） ④一三一・一五〇・一五一 ㉕
一〇四・一四〇
水牛角（角） ④一七六・一九四
水牛純角（角） ④一四八 ㉕一三
水牛 ㉕八一
小水牛 ㉕八〇
水角（角） ④一二七・一二九 ㉕三六・四
一・一〇二・一〇三
牙水角 ⑤六七二・六八〇
猪牙 ③五〇八・五三八 ⑪四九九・五二
一

麂（鹿）角（角） ④一四一・一五〇・一五一
㉕一〇五
（麂角小）（墨） ④二六三
（犬牙） ⑧五八六
大魚骨笏 ④一二八 ㉕三六・四一・八
一・一〇三
瑇瑁 ④一三一・一三九 ㉕一〇四・一〇
五
玳瑇 ④一三四
瑇瑰（箸） ④一七九 ㉕三一・四九・八
八・一一三（箸）
龜甲 ④一三一・一三二 ㉕六九・八二・
一〇四・一〇五
龜甲鈿（五絃捍撥） ④一三一 ㉕一〇四
罸面螺鈿 ㉕六九
金銀龜甲（龜） ④一三二 ㉕一〇五
硨渠 ①五六一・五六四・五七七
珊瑚 ①五六一・五六四・五七七
真珠 ①五七五・五七七・五九七 （上、
中、下、）④一〇七・一二九・三九五
貝 ④一二八 ㉕三七・四一・八一
班（斑）貝 ④一二六・一二七 ㉕三六・四
一・八〇・一〇二

（螺鈿紫檀）
琵琶 ④一三一・一九八 ㉕三六・五
〇・八一・一〇四
五絃琵琶 ④一三一 ㉕五〇・六八・六
九・八二・一〇四
阮咸 ④一三一 ㉕三六・五一・八二・
一〇四

牙、角、瑇瑁、貝など、正倉院に牙角類が多いのも東西文化交流の一端をしのばすものである。牙は象牙でインド、アフリカがあるが、当時はおそらく前者だろう。主な用例は、北倉10牙笏壹枚(北Ⅰ153)、同11通天牙笏壹枚(北Ⅰ152)、同15白牙尺貳枚(北Ⅰ156)、中倉123牙櫛参枚(中Ⅱ179)、同126牙玦貳枚(中Ⅱ179)など、その他、中倉131刀子六拾口(中Ⅱ39〜50 181〜198)のなかに把鞘としてみる。

角には犀角と水牛角があるが、後者は少ない。犀角には北倉8三合鞘御刀子のなかの斑犀把(北Ⅰ26 150)、同16犀角杯貳口(北Ⅰ30 157 158)、同50犀角器壹口(北Ⅱ10 62)、中倉75犀角坏壹口(中Ⅱ149)、同52斑犀尺壹枚(中Ⅱ132)、その他これも中倉131刀子六拾口のなかに把の例がかなり多いが、斑犀、白犀、烏犀など犀角が多く用いられる。そのほか南倉51犀角如意、斑犀如意(南Ⅰ78 79 196 197)がある。斑犀《はんさい》とはアメ色が濃い部分と薄い部分がまざったものである。又、坏があるのは、犀角自体に藥効があると考えられたことから、それで液体を飲んで藥効にあやかったのだろう。

水角は、北倉9小三合水角鞘御刀子壹口(北Ⅰ27 151)、中倉131刀子中に数点みるのみである。

魚骨は、北倉12大魚骨笏壹枚(北Ⅰ153)、中倉87魚骨笏壹枚(中Ⅱ154)がある。鯨の骨といわれる。

瑇瑁はいわゆる鼈甲である。代表的なのは、中倉146瑇瑁螺鈿八角箱壹合(中Ⅱ63 206)、南倉50瑇瑁柄麈尾一枚(南Ⅰ195)、南倉51瑇瑁竹形如意二枚、瑇瑁如意二枚(南Ⅰ78 196)、南倉65瑇瑁杖二枚(南Ⅰ209)など、いずれも重厚な作品である。

眞珠は、北倉157禮服御冠殘欠(北Ⅱ55 176 177)に数多くみられる。

貝は、北倉6斑貝鞊鞢御帯殘欠(北Ⅰ25 145)、中倉124貝玦貳拾六枚(中Ⅱ179)、同125貝環五枚(同上)、その他、螺鈿として紫檀に埋められものがある。夜光貝といわれる。

象牙には今一つ撥鏤と称する著名な例がある。北倉13紅牙撥鏤尺貳枚、同14綠牙撥鏤尺貳枚(北Ⅰ28 29 154 155)、中倉51紅牙撥鏤尺四枚(㊥Ⅱ22 23 131)、北倉5綠牙撥鏤把鞘御刀子壹口(北Ⅰ24 143)、同28紅牙撥鏤撥壹枚(北Ⅰ50 171)、その他碁石、如意、中倉131刀子にいくつかみる。要は牙の表面を紅、紺、綠などに染めて、文様を彫って牙の白地が文様となる技法である。

なお先の(二)玉・石・瑠璃・土工項で記した鏡の背面の平螺鈿であるが、これも貝殼で主文様を構成している。これまでの知見によれば、鏡背の地金全体に筆墨で文様のアタリをつけ、そこに文様となる小単位文様の貝殼をおき、まわりにタール様のものをうめて大きな文様とし、貝殼のすき間に先記のようにトルコ石など細片石を播き、全体が平になるように研ぎ出したと考えられている。鎌倉時代に盗難に遭って破損したのを明治年間に修理しているが、その平螺鈿背を紫外線で照射すると、明治修理のもの、あるいは部分は反応はないが、修理の手が入ってないものは淡い橙色を発する。両者は明らかに差がある。

なお、ここにみる牙角瑇瑁は、先述の紫檀など檀木類と共に南方色豊かな材質である。かくも南方色豊かなものが正倉院宝物の代表的なものを構成していることは、正倉院文化の源流を考える上で重要な問題点を示している。つまりその文化の基底は北のシルクロードよりむしろ中国南部、東南アジア方面と太くつながっているということであろう。

## (五)　皮革・羽毛工など

皮　①六一八
荒皮　⑯二七四(牛)
作皮　⑯二七四
洗皮　④一三四〜一三八・一四〇・一四四・一四六〜一五一・一五八　⑤二五八　⑮二三四
繪洗皮　⑤二五八　⑮二三四
韋　②一一八　⑫二四〇・二四一　⑯三〇二
韋皮　⑯二七四
洗韋　①六一〇　②一一九
紫韋　④三三七
麀韋　①六一二
麀(鹿)洗韋　②五八・一一八
麀洗草　①六一二
麀洗□　②一一八
牛草　②一一九
白草　①五七一・五七二　㉔二五・三七・四〇
紫革　⑫五一〇
(革(莒・箱)、「六　調度」(三)筥・箱・函・

匣・合子類項参照）
牛皮　[2]五六・一一九・一三八・一九二
　[16]二一六
牛作皮　[4]五〇四・五〇五　㉕三〇四・三
〇五
馬皮　[2]五八・五九・六九・一一八・一一
九・一四一・一九二
死馬皮　[1]四六四・四六七・四六八・四七
〇・四七一・六一三　[2]一八
死傳馬皮　[2]七五・八七・八九・九六
傳馬死皮　[2]七一・七二・一二〇・一四二
死傳馬壹匹皮　[2]一九五
馬牛皮　[2]一四六
麀（鹿）皮　[1]六〇二・六一〇　[2]一五・五
九・一三八・一四〇　[6]五八一　㉕一
三五
猓皮　[1]五八九
鮫皮　[4]一三二〜一三四・一三六・一三
九・一四〇　㉕一〇五
紫皮　[4]一三一〜一三六・一三八〜一四
〇・一四四〜一五一・一五三・一五
四・一六〇〜一六二・一七八　[12]五一
〇　[17]一二六（紫皮帙）　㉕一〇五
緋皮　[4]一五二・一五三・一五五・一五
八・一六一〜一六三
赤皮・小赤皮　[16]五六八
黄皮　[4]一四五・一四六　[13]三〇七・三一
一・三一七・四七〇
黄皮煮料　[4]三三一・三三三　[13]三〇四・
三一〇・三一三　[14]八七・八九
皂皮　[4]一五七・一五八　[16]二八二
黒皮　[4]一三四
白皮　[4]一三二〜一三四・一五三・五〇七
臈油皮　[4]一三三（帯執）
裏皮　[16]八五
吹皮　[16]二九四・三〇四　[24]三七
古吹皮　[16]二一六
皮端　[1]五六七
偃鼠皮　[4]一二六　㉕三六・四一・八〇・
一〇二
吹皮等練料　[24]三七
白羽　[4]一四九・一五〇
白黒交羽　[4]一四九
黒羽　[4]一四九・一五〇
山鳥羽　[4]一四九
山鳥尾羽　[4]一四九
鵰羽　[4]一四八〜一五一
鵰尾羽　[4]一五〇・一五一
鷹羽　[4]一五〇・一五一
鴈羽　[4]一四八
雉羽　[4]一四九〜一五一
雉尾羽　[4]一四九・一五〇
鵠羽　[4]一五〇
紅鶴羽　[4]一五一
尾羽　[4]一五一
鳥毛　[4]一六〇・一六二・一六三　㉕一
三・一四・三七・五一・五二・七二・
一〇八
羽莖　[4]一四二・一四四
玉虫　[4]一五〇・一五一
馬髪　[24]二五
白馬髪　[24]三三
麀毛　[1]五六七　[4]二六三　[12]二四〇　[16]
三〇二　[24]二五・三〇・四〇
猪髪　[1]五六七　[16]三〇三
鯨鬚　[4]一四八・一四九
鎮毛　[24]三三

五色毛 ②六〇七
緋毛 ㉔三三
赤毛 ②五九五
編毛 ㉔三三
（狸毛（筆）、鹿毛（筆）、兎毛（筆）、「五 文具」㈠筆項参照）

正倉院には皮革品は多くはないが、靴、皮帯、武具類、それに漆皮箱があげられる。残念ながら皮革について、加工した品をみて何の皮と云える人はいないようで、調査はできてない。唯一、もう故人になられたが、馬鞍十具を長年にわたって修理を完了され、さらに靴、皮帯を修理された牧田三郎氏（鎧師）が、詳しい人であったろうか。凡そ牛、馬、鹿ということであったろうか。特異な意見では尾崎元春先生が大刀外装調査の折、黒作大刀の漆が剥落して木地がみえ、そこに薄皮らしきがみえるのを、猿の皮かと話されたが、後世の鞘にそのようなことが行われたのかどう知らないが、真偽の程は定かでない。胡籙や黒作大刀（㊥Ⅰ 12 30 106～121 147～152）に白い皮紐がつくが、これが文献にみる洗皮である。鹿皮のなめし皮らしい。その他、北倉38金銀鈿荘唐大刀（(北)Ⅰ 70 71）には『国家珍宝帳』記載通り紫皮の帯執がつき、中倉8黄金荘大刀（㊥Ⅰ 26 145）のそれには赤い皮がつく。文献にいう緋皮に相当しよう。

その他、漆皮箱が多く伝存するが、当然、胎は何かの皮である。これは、一枚皮を円型、角型になじませて、被せ蓋造形式として漆で塗りかためたもので、法隆寺献納宝物にもみえ、奈良時代に流行したが、後世にはみえなくなったものである。

羽は、中倉6箭八拾束（㊥Ⅰ 25 124～141）に、雉、雁、鵠、山鳥、鶴、鵰、鷹、隼の羽、尾がみえ、明治の復元品がそえられる。『珍宝帳』記載の羽名に通じる。「四 武器・武具」項の解説参照。

毛は、図版では示しえないが、幡脚垂端に染毛を用いているのを伝えている。

毛といっても鯨鬚の例は、南倉51如意九枚の内、鯨鬚金銀繪如意一枚（(南)Ⅰ 197）がある。工芸品の材料になったのである。

玉虫は先述の箭八拾束のなか第四一～四三号が玉虫飾であり、『珍宝帳』の例に通じる。



## ㈥ 漆工・塼・平脱・平文

柒（漆・漆） ①五五七・五六二～五六四・五六六・五六七・五七〇・五七一・五七九・五八〇・六一一 ②五九・一四〇 ④一二三・一三二・一三九・四二〇・四六八・四七三・四八六・五三四・五三五 ⑤一・五・三五・三六・五九・一二九・一九六・三四二・三四七・三六三・六七五・六七八～六八一・六八三 ⑦二五八・二六二 ⑮一三八～一四〇・二一九・二九〇・三三四・三四三 ⑯五九・二一三・二一七～二一九・二四一・二六六～二七一・二七三・二七九・三〇一・三八五 ㉔三〇・三一・三四～三六・四四七 ㉕三一六・三二一 ㉕三七・一〇五・一〇七・一四〇
（塗）〔柒・漆〕（塗・涅） ①五六七 ②六〇三・六〇四・六四五 ④五一三・五一五 ⑥三・五 ⑨六五・五九九・六〇四・六〇五 ⑪五五七 ⑫三九・二六五・三八九 ⑬二一〇・二一一 ⑯

二八二　㉕七三・七四　㉕一四〇
桼(机)　[5]六七五・六八〇・六八一　[7]二五八・二六二　[12]二九〇　[13]九一・九六　[24]三三八
桼塗(机)　[2]六〇三　[4]五一五　[9]六〇五
(漆塗(机・箱・辛櫃)、「六　調度」㈠厨子・机・坐具など項、㈢筥・箱・函・匣・合子類項、㈣櫃・明櫃・折櫃・辛櫃など項参照)
(桼塗(軸)、桼軸、「五　文具」㈧軸項参照)
桼塗(草箱)　㉕七四
桼涅(草莒)　㉕六六
上品桼　[5]五　[16]三〇一
(陸奥・上野)上品桼　[5]五
中(品桼)　[5]五　[16]三〇一
越国(桼)　[5]五
陸奥殿桼　[5]二
墨桼(漆)　[16]二六六〜二六九・二七一
黑(黒)桼　[1]六三四　[3]五七五　[4]一四四・一四七・一四八　[12]二八八　㉕一二〇
黒桼(釘)　[4]一六一〜一六三

黒桼(軸)　[4]一四
赤桼(軸)　[4]一四
烏桼　[4]一四八・一四九・一五一・一七八
赤桼(漆)　[1]六三四　[4]一二三・一三〇・一四二・一四四〜一四八・一六二・三三七・三九五　[17]三七・四〇〜四二　㉕四〇・四一・四九・八三・八四・一三八・一三九
朱漆　[15]六一
朱桼(軸)　[8]四五八　[9]六〇一
土桼　[5]一九六(土漆)　[16]二一八・二一九・二六六〜二七一・二七三
土塗桼　[16]二七〇
花(花)桼(漆)　[5]二二九(仏光)・三四二(幷寶冠)　三四七(同上)　[16]二一九・二六九・二七一
花塗　[16]二六九・二七〇
染漆　[16]五六八(蓋骨)
橡色漆　[11]四七四(軸)
麁毛桼　[4]一四四・一四六・一四七
陰桼　[4]一三八
佐目桼　[16]二一七・二六九
佐米塗　[16]二一九
佐目塗　[16]二七一

久佐利燒塗　[16]二六八(鐶)
燒塗　[16]二四二・二六九(釘)
桼鐵(屏風金具)　[4]一六九
絞桼(桼絞)(料)　[4]四六八・四七三　[5]一九六　[16]二七三　㉕三一六・三三一
挍桼絁絹　[1]六一一
桼絞料(調綿・調布)　[1]五六八
桼茆綿　[2]五九
掃墨　[1]五六二〜五六四・五七一・五七九・五八〇　[4]四二三　[16]二七九　[24]二四・三〇・三一・三四〜三六
木屎　[5]三七五・三七六(春茆)　[24]二四
繪桼(函)　[4]一〇八
(桼朱頂(軸)、桼(軸)、桼塗(軸)、朱漆(軸)、赤桼(軸)、黒桼(軸)、「五　文具」㈧軸項参照)
桼背(鏡)　[4]一五九　㉕一〇六・一〇七
来桼帳　[1]五九八
壞(料)　[4]四七〇・四七一　[5]一九六・三七五・三七六・六七四　[16]二一八・二一九・二六六〜二七二
塞鉢　[2]五八六
壞(裏紙)　[6]四一六　[20]三三一

壜仏并御坐花枚　④四七一　⑯二一七　㉕三一九
壜笠篌　④四七〇　㉕三一八
壜髙坐盖　④四七〇・四七一　㉕三一八・三一九
壜菩薩天衣　⑤三七五
壜(菩薩)座・花形　⑤三七六
壜(弥勒仏)侠侍并座花實　⑤一九六
塞蓮花座　②五七六
壜金色　⑤六七四
壜宍色　⑤六七四
則　①五六二・五六八・五七九〜五八一
則料　①五六八
柒則料　①五七九
則柒料　①五六二・五八〇
則布料　①五七九〜五八一
則細布　①五六二
即　②六二八　⑤三七五・三七六
即宍色菩薩　②六二八
即四天王像　②六二八
即八部像　②六二八
即羅漢像　②六二八
(その他、壜)

花　④四六七・四七〇　⑯二一八・二六九〜二七二　㉕三一六・三一八
倒花　⑯二七〇
花實　④四七〇　⑤一九六　⑯二一八・二七〇・二七二　㉕三一八
大花實　⑯二七〇
小花實　⑯二七〇
懸花實　⑯二七二
花枚　④四六七・四七〇・四七一　⑯二一七・二一九・二六九〜二七三　㉕三一六・三一八
大花枚　⑯二七〇
小花枚　⑯二一九・二七一
懸花々枚　⑯二七二
壜堂天井倒蓮花々枚　④四七〇　㉕三一八
壜同花枚　④四七〇　㉕三一八
壜同花實　④四七〇　㉕三一八
壜堂内柱　④四七一　㉕三一九
(丈六)仏御(坐)座花　⑯二六九
并御坐花枚　⑯二六九
丈六仏并御坐花　壜料　⑯二七二
壜髙坐盖　④四七〇・四七一　㉕三一八・三一九
(盖)壜　⑯二六七

(漆皮)
柒皮　④一五九・一六〇(箱)・一五九(匣)
柒封傳苻　①四六一
(磨塗・平疊)
磨塗同(弥勒仏)仏座甍形并花實　⑤一九六
磨塗同仏光并絞漆　⑤一九六
磨塗同仏座花實　⑤一九六
磨塗仏光　⑤一九三
磨塗并懸玉　⑤一九三
磨塗同(弥勒仏)并座大床并花實土漆　⑤一九六
作同并座大床并花實　⑤一九六
作同并座甍形　⑤一九六
壜同座　花并磨塗　⑤三七六
磨并花柒仏光　⑤一二九
平疊同仏光并座　⑤一九六
(末金鏤)
末金鏤　④一三二
(平脱)

平脱(箱) ④一九九
銀平脱(箱) ④一二六・二〇二
銀平脱(合子) ④一三〇 ㉕三六・四二・五九・八〇・一〇四
銀平脱(胡瓶) ④一六〇 ㉕一三・三七・七五・一〇七
銀平脱(梳箱) ④一七八 ㉕三一・三七・四八・八三・八八・一一三
金銀平脱(鏡) ④一五九 ㉕七四・一〇六・一〇七

(平文)
銀平文(琴) ④一三一 ㉕三七・五一・八一・一〇四
銀平文(革莒) ㉕六八
銀薄平文(莒) ㉕六五
金銀平文(琴) ㉕六四
金銀平文(鏡) ㉕七三

(大刀外装平文)
葛形平文 ④一三四
葛形獣草形平文 ④一三三
葛獣形平文 ④一三三
龍鱗葛形平文 ④一三三
葛形獣形平文 ④一三三

漆は、正倉院の伝来品をみていても、漆工にかかわるものが多く、漆工は後世、日本を代表する工芸となるが、その素地はすでに奈良時代にあったといえる。本編にみるように当時すでに様々な漆に関する語がみえ、今日のそれらの淵源である。技術的なものにふれておけば、塼、則、即は音読みが通じ、いわゆる乾漆技法である。正倉院の面(南倉1)のなかにもそれがある。布を型になじませ、漆を塗って固める。これを何回か繰り返して造形する。塼の塞は本来「ふさぐ」という意であり、乾漆の型はおそらく雌型であったろうと、塼の字から感じられる。

末金鏤は、北倉38金銀鈿荘唐大刀(北I69〜71 184)が『国家珍宝帳』の記事にみえ、現品からみれば、漆で下絵をかき、その上から金の細粉を播き、その上に更に漆を塗り、研ぎ出して文様を表現したもの。外装調査の折の松田権六先生の所見であった。

平脱は、胎に金や銀の薄板の文様を貼りつけ、その上に漆を塗り重ねて、後、金銀の文様部にかかる漆を剝がし取ったもので、北倉25銀平脱合子(北I42 43 168 169)、同43漆胡瓶壹口(北I83 210)をはじめ、正倉院宝物中に多くの例がある。

平文は、平脱での剝がし取りの所を研ぎ出しで漆膜を除いて文様を出したものである。今のところ、北倉26金銀平文琴壹張(北I45〜47 170)が唯一の例である。平脱は金銀の文様の周辺にそって不規則な剝がし跡がみえるが、平文琴では研ぎ出しているから剝がし跡のようなものは見られない。『珍宝帳』によれば大刀外装に「平文」がみえる。

## (七)　染織・三纈・刺繍・染料

(裂地不明の三纈・刺繍・組緒など)
纈　[4]一三五　[6]四九九　[12]二九〇
(纈絁、「一　織物・糸綿・服飾」(一)布・
絁・帛・絹項参照)
淺纈　[5]六八三
淺緑纈　[5]六七五・六七七・六八〇・六八
三
緑纈　[4]一七六　[5]六七六
浅緑綾纈　[4]一三四
綾緑纈　[5]六七六
紫纈　[5]六七九

袷纈　[12]二九〇
合纈　[5]六七六〜六八〇・六八三　[16]五七
八・五八〇
淺緑合纈　[5]六八〇
緑合纈　[5]六八〇
緋合結　㉕六一
赤黒紫合纈　[5]六八〇
沙合纈　[5]六七六・六八三

夾纈　[4]一六〇　一六三〜一六九　[16]五八
二　㉕一三〜一五・三五・三七・四
八・五一〜五三・七二・七三・一〇
八・一〇九
紅夾纈　[4]一六三・一六四
夾纈紅　[4]一六四
緋夾纈　[4]一六二・一六九
紫夾纈　[4]一六九
紫目交夾纈　[4]一六四

臈(﨟・腊)纈　[4]一三〇〜一三二・一四六
〜一四八・一六〇・一六四・一六九
[5]五二四・五二五・六七六・六七七
[6]四六六・四六七　[16]五六九・五七
四・五七六・五七七・五八四・五八七
[20]三二三　[21]二三五・二三六　㉕一
三・一四・三七・五一・五三・六九
(臈結)・七二・七三・八一・八二・一
〇四・一〇五
押臈纈　[4]一八四・一八五(臈纈押)
染臈纈　[13]二一三　㉕二〇七
蝎結　[4]五一二
黄臈纈　[4]一六三　[16]五八七
黄⿱艹褐(褐)　[2]五九七・六四三

白橡臈纈　[4]一四〇・一六四〜一六八・一
七〇　[5]四八四　[16]五六八・五七七
白橡目交臈纈　[4]一六五〜一六七
[困]橡臈纈　[4]一六七・一六八
皂臈纈　[4]一六五・一六八
皂目交臈(﨟)纈　[4]一六四・一六五・一六
七
浅緑臈纈　[4]一三一・一三二・一七六・一
九八　㉕一〇四・一〇五
緑臈纈　[4]一二三
青臈纈　[4]一七〇
青⿱艹褐　[2]五九七
青褐臈纈　[4]一七〇
青地臈纈　[16]五七六
紅臈　[4]一六二
紅臈(﨟)纈　[4]一六二・一六四〜一七〇
緋臈纈　[4]一六二・一六九・一七〇　[5]六
七九　[17]七一
緋地臈纈　[12]二九二
紫臈(﨟)纈　[4]一六八〜一七〇
滅紫臈纈　[4]一六四・一六六・一六九
紫目交臈纈　[4]一六四・一六五・一六七・
一六八
紫目交　[4]一六三

滅紫目交繝纈 ④一六六・一六七
雑銅物繝様 ㉕三三〇
雑鑄物繝様 ⑯二二六
淺緑甲纈 ⑤六七六
甲頡㉕一四四
緑結幡 ②五九四
紫結幡 ②五九七
蘇芳結幡 ㉕六一
結上 ⑯五七八
紫絞 ㉕六一
揩布 ④一六〇〜一六五・一六七〜一六九
繍(帙) ③六四三・六四九 ④三八・六一・九九 ⑪七九・一七六・三五三・三五四 ⑫四八〇 ⑬一七三・一九六 ⑯三七七・三八三 ㉕一七九・一八六
竹繍帙 ⑨六〇九 ⑩二八一 ⑫二六五・三九一・四三二・四三三
葛形繍帙 ⑯三八三
天人并獸形繍帙 ⑫四八〇 ⑬一七三
繍(綵帙) ③六四九 ④八七

繍帳 ②五九六
繍八部帳 ②六〇七
繍(繍)佛(仏)像 ②六二七 ⑬二二七
繍菩薩像 ②六二八
繍大灌頂 ②六三九
繍(額) ②六四七
繍線鞋 ④一七八
繍蓐 ④五一三
繍(灌頂)(堂幡)(小幡) ⑤六七五・六七八
繍(袋) ⑤六八〇
紫繍・緋繍(灌頂) ⑤六七五
紫繍(袋) ⑤六八〇
江(紅カ)地繍(経嚢) ⑤六七七
紅羅繍(鏡帯) ④一五九
繍緑緋糸(仏像?) ⑯五九二
刺納(袈裟) ④一二二 ㉕五・四八・七一
刺納鞋 ④一七八
紅羅刺物(経嚢) ④四一三
紅羅縫物 ⑭三二八
雑色刺物(綿衣) ④四七四
白綾縫物地(半臂) ⑯五八〇
千納 ⑯五七四・五七七
二百納(袈裟) ④五一六

納 ②五九七・六四一 ④五一六
麻納袈裟 ②五九七
紫山納 ④一六九・一七〇
山納 ④一六八
紫交縫 ⑤六七六
雲間(配色) ③六四九(帙) ⑯五七四(羅千納)・五七七(欄)
織物 ⑯五九〇
絞 ②六〇七
赤蜂子指 ④五一四(納香袋)・五一六(経覆裏)
緋組(大刀懸) ④一四〇
紫組(大刀懸) ④一二六・一三二・一三五〜一三九・一四一 ㉕一〇五
緋紫板縚(大刀懸) ④一三九
紅白縚綬(大刀帯) ④一二六
紫板縚(大刀懸) ④一三八・一三九
縚綬(鞍) ④一四八・一四九
白線組(甲) ④一五二〜一五七
白線縄(甲) ④一五七・一五八
赤紫組(大刀帯執) ④一三一 ④一四四(弓把)

黄糸組(甲)　④一五七
黒紫組(大刀帯執)　④一三二　④一四二(弓把)・一四四(同上)
橡線組(甲)　④一五七・一五八
組糸　②六九
緑組(弓把)　④一四七
縁(緑ヵ)糸丸組　④一〇七
赤糸組　②六四六
緋糸丸組　④一〇七
緋(丸組)　⑥四五三
五色丸組　⑫二九〇
組堺紐　㉕一四〇

(裂地不明の染色名)

綵帛　②六四一
赤　②六四〇
裏赤　②五九四(袷の裏裂が赤色の意、以下同じ)
赤色　②五九七
赤染　⑤六七八
朱芳裏　⑰一二五(「裏」の意は前に同じ)
紅深染裏　③五七五　⑫二八七
紅　③五七五　⑫二八七・二八八
裏紅　③五七五　⑫二八七
紅染　②五九七
緋　②五九・六四三　⑯五六八・五七二　㉕六一　㉕一四二
表緋　⑯五七七
緋裏　④一八三　⑥四六五　⑦二〇四・二一二・二一四・二一七　⑧四五八　⑨六〇七・六一二　⑩七　⑪三五三・三五四　⑫二・二九〇・四三四　⑯五六八・五七七　⑰一二五・一二六　⑳三三　㉕一〇五
裏緋　②六四四　⑤六七六　⑫二八七　⑯五七六
緋緑　⑦二一四　⑨六〇九　⑰一二六(製品の縁周りに緋色の裂をめぐらす意、以下同じ)
染緋　㉔三三
高機緋　②六四一
黄　②六四〇・六四一
黄地　⑯五七七・五八〇
淺黄裏　㉕六一
縹　②六四〇
縹染料　⑬二八〇
縹地　⑯五七七・五八〇
縹裏　⑰一二六・一二七
緑　②六四〇・六四四　⑥二九七
表緑　②六四〇　⑤六八〇
緑裏　②五九三・五九四・六〇八　⑦一九九　⑪三五四　⑫四七四・五〇九　⑯五六八　㉕六一　㉕一〇四・一〇五
裏緑　②六四〇
緑地　④九〇
淺緑　②六四〇・六四一
裏淺緑　②六四〇　④五一五　⑤六七六・六七九・六八〇　⑨六〇四・六一五
淺緑裏　⑫二八八　⑯三七七　㉕六一
黒緑　②六四四
紫　②六四〇・六四四　⑯五六九
表紫　②六〇八　③五七五　⑫二八七
中紫邊　⑨六〇八
紫緑　③五七五　④一八三　⑧四五八　⑨六〇四・六〇七　⑫二八七・二九二・四六一〜四六五・四六七〜四六九・四七四・五〇九　⑰二一・八九・一二六・一二七　㉔三九〇
赤紫　⑤六七五
赤紫緑　㉕一七九
紫緋緑　④一六三
紫紺　②五九四

黒紫 [5]六七五 [11]四七 [24]二九
黒紫縁 [25]一七九
橡 [2]五九七 [6]二九五 [24]一〇
水（マヽ）橡裏 [25]六一
紺 [2]五九九
紺色 [2]六〇七
表紺 [2]六四四 ㉕一四二
皂 ㉕一四一（皂は『国家珍宝帳』記載の
袈裟の縁にみえ、茶色がかった黒色で
ある）
鳩染色 [2]五九七
蘗比色 [2]五九七 [8]五七八（蘇）
深染 [5]六七八
洗染 [4]四七五 [25]三二三
樹皮色（袈裟） [4]一二二
青褐（褐）（袈裟） [2]五九七 [4]五一六
黄褐（袈裟） [2]五九七
蓮褐（袈裟） [4]五一六
（当時の染色の色彩表現については、「一
織物・糸綿・服飾」項や「五 文具」(四)紙
項など参照）

（染料・媒染剤）

雑染草 [25]二〇七
染草 [25]二〇七
蘗芳 [1]五六一・五六四 [3]五七九〜五八
一 [25]四四〜四六・四八・五〇（蘇）・
五二（蕪） ㉕六九
染蘗芳 [1]五六一
蘗芳卞 [4]四七八 [25]三二六
卞 [4]四七九・四八〇 [12]二四〇 [25]三二
七〜三二九・三三一
朱芳 [2]六〇七・六三八
朱芳（帳） [2]六〇七
蘇（蘗）芳（御弓） [4]一四八・一九四 ㉕一
三
（蘇芳（軸）、「五 文具」(八)軸項参照）
紫草 [1]五八七 [2]一五一（部領）
紫草根 [2]四三・四九・五五
紫草園（園） [2]四三・四九・五四
紫根 [25]四八
絁根（紫根ヵ） [6]五九一
染料紫 [1]六一〇
茜 [25]一一三・二〇七
赤根（茜ヵ） [2]一五三 [7]二二三
紅花 [6]四一二 [15]三五〇
波士木 [25]二〇八

藍 [3]四〇七・四一〇〜四一二
藍園（薗） [3]四〇六・四〇七・四〇九〜四
一二 [11]三二三 [25]八
胡桃染 [1]五五三
呉（呉）桃染 [6]一九・二九七 [16]五六八・
五八〇
胡皮桃葉 [24]二五
胡桃葉 [24]二五
胡桃皮 [1]五五八 [24]二五
垣津幡染 [1]五五四
恒（マヽ）津服（紙） [7]九
垣津幡 [24]二五・一一〇（紙）
木芙蓉染 [1]五五四
木芙蓉 [1]五五八 [24]二五
比佐宜染 [1]五五四
比佐宜葉 [24]二五
比佐佐葉 [24]（落書）
蓮葉染 [1]五五四
蓮葉 [24]二五
松染（紙） [10]二六八
楸葉 [1]五五八
組花（紅花ヵ） [4]五〇四 [25]三〇五
灰 [25]二〇八
椿灰 [1]五五八 [24]二四

酢糟　[25]二〇八
仮沙（蕪芳染調度）　[1]五六一・五七三
（黄蘗、橡は主として写経用紙の染料であるが、便宜上、ここにおく）
黄（黄）蘗（檗）　[2]四九一・六七〇　[3]四六五・四八九　[4]四〇一　[5]二九三・三九〇・四〇五　[7]二五七・二六一　[9]一九二　[10]三〇八　[12]二七五　[13]四・五四・九一・九六・九七・二四二・二四六・三七五　[14]八六・二九四・三八四・四二七　[15]六七・七三・七八・二四二（煑黄蘗）・四三九　[16]六三・一一五・一八四・三四二・三四六・三四七・三八二・四二四・五〇八・五〇九・五一六　[18]五八七　[20]二二六・三二八
蘗　[4]四二〇　[7]一六八　[11]三二六・五三三　[14]五九　[25]二一一
橡（橡）・橡　[2]六七〇　[4]四〇二　[9]一九二　[13]四・五七・三七五　[14]二九四・四二七　[15]六七・七三・七八　[16]三四二・四二四　[18]五八七
橡（橡）子　[3]四六五　[10]三〇八　[11]四七
[12]二七五　[13]五四　[25]二〇七
橡（橡・橡）汁　[5]二九三・三九〇・四〇五　[13]五四・二四二・二四六　[16]六三・三四二・五〇九
橡斗　[25]三四六
織錦　[2]一九七
織綿（錦）　[1]六〇九
錦生　[1]六〇九
織錦綾羅手　[2]四五八
錦機　[1]四六六
无綾（文綜）　[1]六一二・六一三
磯形无綾（文綜）　[1]六一三
少車牙无綾（文綜）　[1]六一三
散花有綾（文綜）　[1]六一二
少寶有綾（文）　[1]六一二
綾機　[1]四六六
綾綜　[1]六一二
織綾　[1]六〇九
綾司　[24]八六
綾生　[1]六〇九
羅機　[1]四六六



織生（綾羅）　[2]一一六
綜・文綜　[1]四六六・六一二・六一三
織糸　[2]六九
染女　[25]二〇八
縫女　[3]五七二
縫被屋女　[14]九・一六
染所　[2]四六九
染臈纈所　[25]二〇七
内染司　[2]四〇九
縫物所　[25]二一〇
縫所　[10]三六六
衣服所　[5]二三五

夾纈は後世の板締めと称するのに相当するもので、板に文様を彫って、その板二枚の間に裂地を挟んで緊縛し、板の背面にあけた穴から染料を注入したと考えるもの。板の間に染める裂地を幾枚も折りたたんで染め、展開すれば同文様が同時に幾枚か染め上がるという趣向である。したがって染料の浸透性を考慮すれば、紗、羅、薄い絁など薄手のものが適する。そして文様を左右対称にするなら版木は裂一幅の半分でよいわけである。北倉44山水、鱗鹿草木、鳥草各夾纈屛風(㊗I 103 105 110 220〜222 227)など、縦中心に折あとが残って左右対称の図柄がそれである。鳥木石夾纈屛風(㊗I 106 223)は裂一幅の文様で、これは長い裂を縦方向に折って板にはさんだと考えられる。要は夾纈は大量生産むきである。『国家珍宝帳』所載の屛風百畳の多くが夾纈であったのはそのためであろう。

合纈は右の工程を参照すれば夾纈のことであろう。

臈纈は、今日でもよく行われる蠟防染である。蠟おきは手書きもあるが、型でおく場合が多いようである。北倉44臈纈屛風(㊗I 112 113 230〜233)は小さい型を組合せて大きな文様にするもの、北倉1御袈裟箱袋(緑臈纈絁)(㊗I 18 19 136 137)は、小文様を連続して全面に広げるものなどがある。文書にもみる銅物臈様(㉕三二〇)、鋳物臈様(⑯二一六)が、その型であろう。臈纈は一点製作で、夾纈に比べて非能率的であり、『珍宝帳』での臈纈屛風の数が少ないのもそのためであろう。なお、これらに用いる臈蜜は㈠金工項で述べたように北倉に多量に在する。

甲纈は、纐纈でいわゆる絞染であろう。結幡もそれと考える。

揩布は、『珍宝帳』の屛風袋にみえるもので、型おそらく木型をつくり、それとバレンでもって文様をつけたものである。

繡は、刺繡であろう。刺物もそれであろう。刺物は、その現物の袈裟(北倉1)(㊗I 10 11 14 15 126〜131)からみれば、いわゆる刺子である。とくに袈裟にみる千納、二百納、納なども刺子のことと考える。

染色は、現在までの知見によれば次の通りである。

赤系統は、本邦産茜の根から煎汁をとり、灰汁媒染(アルカリ)で染める。緋はこれであろう。紅は紅花の色素を灰汁でとかし、定着がしにくく、回数を重ねて染める。そのほか、東南アジアに産するマメ科の木、蘇芳の心材の細片を煮出して、明礬媒染で赤色、灰汁媒染で赤紫、鉄媒染で紫に発色する。右掲の蘇芳がそれである。

赤は、茜と蘇芳が考えられる。朱芳は蘇芳であろう。紅は紅染、深染は回数を重ねたものとみられる。

黄系統は、黄蘗、刈安、梔子《くちなし》、波自があげられる。黄蘗はミカン科の落葉喬木、その樹皮を煎じて染汁をつくる。それを写経用紙に用いるのは、防虫のためである。刈安は山野に自生するススキに似たイネ科の多年草で、煮出して染汁をつくる。梔子は果実をつぶして煎じて染液をつくる。波自は櫨かという。黄系は化学的にはベルベリン系、フラボノイド系という。

縹は紺色の薄い色、いわゆる藍染のもの。藍はタデ科の一年生草、その葉を自然醱酵さて藍玉をつくり染液をつくる。

緑は、緑色そのものの草木染の染料はない。必ず黄染と藍染とをかけあわせて表わす。

紫系統は、右述の蘇芳による場合と、紫草の根、紫根による場合とがある。紫根の染液をとり灰汁媒染で染める(『万葉集』三一〇一番歌)。灰汁を少なくして酢を使用すると赤味の紫になるという。

茶系統は、呉桃、桑、橡などがあげられる。呉桃の名は折々みるが、いわゆるクルミ。その樹皮、葉、実の皮などか。桑、橡の皮、あるいは橡の実など、要はタンニン質を含む植物素材からの染液を用い灰汁媒染で染めたもの。

正倉院の染織品を長年実見して感じたことの一つは、裏裂に緑色を配した例の多いことである。本項の見出頻度データも、そのことを裏付けている。貴色の紫を裏地にすることはなかった筈である。

## (八) 彩色・顔料・膠


彩(釈・綵・采)色 ②六〇八 ③五七一・五七四・五七五 ④二六〇・二六三・二六五・二六六・二六九・三五三〜三五八・四七八・五一二 ⑤二四六・二五一・二七三・二七四・三四二・三四七 ⑥四六六 ⑫二四二・二五二・二五三・二八七 ⑬二一四・二二九・二三四・二四五 ⑭三六九 ⑮二二二・二三三・二三七・四五七 ⑯九 ㉑四九九 ㉕一九八・三二六 ㉕四・七八

綵色物 ②六〇三

彩色物 ⑤二四六 ⑮二二三

雑彩 ③六四一

彩色(井) ⑤三四二 ⑮二一九・二三七・二四三

彩色(井像) ⑤二四六・三四七 ⑮二二二

釈(彩)色埝観世音井 ⑤三四二 ⑮二三三

彩色(神王) ⑤三四二・三四七

宍色(菩薩天冠銅) ②六四六

釈色(礒) ⑤三四七

厨子彩色帳 ③五六六 ⑫二四二

(四王彩色所、「七 佛像・菩薩像」(一)佛像・菩薩像項参照)

朱 ④五〇一 ⑮五一

朱沙 ①五六四・五七一 ②六〇二・六三五 ③五〇八・五七三・五八一・五九二・五九三・六四〇 ④二六三・二六九・二七〇・二七二・四二三・四七七〜四八一・四八三 ⑧二一八・二二一九・四〇〇・六一二 ⑨三・六〇五 ⑩五五八 ⑪一六三・一六四・三九一・五二一 ⑫二四〇・二四一・二五三・二五四・二五七 ⑬二三四・二三五 ⑯二二三・二二四 ㉓六二一 ㉕四五・四九〜五二・三二六〜三二九・三三一

珠沙 ⑫二五七 ㉕一九八

洙沙 ⑫二五五・二五六

上口朱沙 ⑮三五一

(中)朱沙 ⑮三五一

下朱沙 ⑮三五一

朱沙(交寫) ⑨三

朱沙寫 ⑧六一二

朱沙并墨交寫 ⑨六〇五

丹 ①五七一・五七三・五七四 ②六〇三・六三六(唐) ③二三七・二三八・五七四・五九二・六四〇 ④二六三・四七八〜四八二 ⑥五(塗)・二五二(地) ⑧五七六 ⑪三九一 ⑫二三九・二五三〜二五七 ⑬二〇四 ⑭二四 ⑮三五一 ⑯二二四 ⑲二二五・一二六・二四五(地) ㉓六二二 ㉔四四七 ㉕一二二・一二九・一三六・一五〇・一五一・一五三・一五五・一五七〜一六三・一九八・三二六〜三三〇

上丹 ㉕六四・六六

中丹 ㉕七三・七九・八五・九一・一〇一・一〇二・一〇六・一〇八〜一一二・一一六〜一二一・一三七・一四四・一六三

下丹 ㉕一二三・一二四・一二六・一二七・一三二・一三五・一三八〜一四一・一四三〜一四七

(丹)下品 ㉕一二九・一三六

下品丹 ㉕一四二

(唐)丹 ②六三六

丹坏 ⑫二三九

丹洗碎 ㉕一五五
丹煮所 ⑯二七三
濫丹 ⑫二四〇
雑(雜)丹 ③五七三 ⑭三四四 ⑯三〇〇
黄丹 ③五八〇
石丹 ㉔二九一
丹點 ②七一一 ㉔四四七
丹寫(料) ⑧二一八
丹交寫 ⑧五七六
麒麟血 ①五七一・五七二(染)
烟子 ②六〇三 ③五七四・五八〇・五八一・五九二・五九三・六四〇 ④二六三・四八〇~四八三 ⑪三九一・三九二 ⑫二三九・二四二・二五三~二五五 ⑭三三五・三四四 ⑯二二三・二二四 ㉓六二一 ㉕四六・五〇~五二・三二八~三三一
烟支 ㉕一九八
烟(炬)紫 ②六三六 ④四七八~四八〇 ㉕三二六~三二八
烟子(小) ⑫二五三
中烟子(中) ④二六三 ⑫二五五~二五七 ⑮三五一
大烟子 ⑫二五三 ⑮三五一
紫土 ①五六九 ③五七四 ④二四〇・四七八 ⑪三九一 ⑫二四〇・二五三・二五五~二五七 ⑬一〇・一一 ⑭三三五・三四四 ⑯三〇一 ㉔三九 ㉕九八・三二六
同黄 ②六〇三 ③五七四・五八〇・五八一・五九二・五九三・六四〇 ④二六三・二六九・二七〇・二七二・四七八~四八一・四八三 ⑪三九一 ⑫二四〇・二五三~二五七 ⑬二三四・二三五 ⑭三八三 ㉓六二一 ㉕四九・五一・五二・三二六~三二九・三三一
中同黄 ㉕一一六
茼黄 ⑮三五一
銅黄 ③五九二 ⑫二四〇 ㉕五〇・一九八
雌黄 ①五六一・五六二 ②六〇三・六三六 ③五八〇 ④二四〇・四二二 ⑧二一八 ⑨三四五 ⑪一六二(正誤字料) ⑬一〇
紫黄 ⑧二一八
雄黄 ③五七〇
黄 ②六〇三
緑(綠・録・緑)青 ①五七一・五七三・五七四 ②六〇三・六三五 ③二三八・五七四・五九二・六四〇 ④二二三・二六九・二七〇・二七二・四七八・四七九・四八二・四八三 ⑥二五二(地) ⑪三九一 ⑫二三九・二四一・二五三~二五七・四〇六 ⑬三八・二三四・二三五 ⑭三三五・三四四 ⑯二二三~二二五・三〇〇 ⑲一二五 ㉓六二二 ㉔三八・三九・五八六 ㉕一九八・二六八・三二六・三二七~三三一
中緑 ㉕一六三
白緑(綠・緑) ①五六七 ②六三五 ③二三八・五七四・五九二・六四〇・六四一 ④二六三・四七八~四八一・四八三 ⑥五(塗)・二五二(地) ⑪三九一 ⑫二三九・二五三・二五四(白)・二五六・二五七 ⑭三三五・三四四 ⑯三〇〇 ⑲一二五(塗)・一二六 ㉓六二一

二　㉕一九八・三二六〜三二九・三三一
(緑青)依麁更作　㉓六二二
金青(青)　②六三五　③五七三・五九二・五九三・六四〇　④二六三・四七七〜四八〇・四八二　⑤二三〇・三七九　⑪三九一　⑫二三九・二四一・二五三〜二五七　⑭三八三　⑮三〇八　⑲一二五・一二六(塗)・二四五　㉓六二一　㉕五一・五二・一九八・三二六・三二八・三三〇
青金　④四七九　㉕三二七
紺青　②六三六
白青(青)　③二三八・五七四・五九二・五九三・六四〇　④二六三・四七八〜四八〇　⑪三九一　⑫二三九・二四一・二四二・二五三〜二五七　⑯三〇〇　㉓六二一　㉕一九八・三二六〜三三〇
空青　②六三五　④四七八〜四八〇・四八三　㉕三二六〜三二八・三三一
青黛(帒)　④四七八〜四八〇・四八三　㉕三二六〜三二八・三三一
青代　③五七四・五九二・五九三　⑫二四一
紅青　④四七九
藍花韮　④二六三
胡粉　①五六六　②六〇三・六三六　③五七四・五八〇・五九二・六四〇　④二六三・四二二・四七八・四七九・四八二(胡)　⑤六七九　⑥五(塗)・二五二(地)　⑪三九一　⑫二三九・二四一・二四二・二五三〜二五七　⑯二三三・二三四・四二〇(地)・四二一(同上)　⑲一二六　㉓六二二　㉔三九　㉕一九八・三二六〜三三〇
上胡粉　㉕六六
(倭)胡粉　㉓六二二
(唐)胡粉　④二六三(唐)　⑫二四〇　㉓六二二
唐胡粉　⑫二三九　⑯三〇〇
好白土　⑮二三三
油色料　⑯二一六
烏油(釘)　④一六三〜一六五・一六七〜一六九
遍　③五七四
金墨(墨)　④一〇八・五一〇　⑤二五一・六七四　⑨二〇七　⑪一六四・二五五・五〇五・五五二〜五五五　⑫二五四　⑬一一二　⑯四二一
金泥(涅)　②八　③五〇八　⑦一二二・二五六・二六一　⑨三〇〇　⑪四九八・五一二　⑫七　⑬八・八八・九三　㉔九三
金涅・久豆　⑫七
銀墨(墨)　②六三〇・六四六　③四七六　⑤六七四　⑪一六〇・一六二・四五四・四九七・四九九・五〇〇・五三三・五五五　⑫二五四・二八八・三三九　⑯四二〇・四二一
銀涅　⑪四九八　⑫六・七
金字　③四・一二七・二四五・五〇五・五〇六・五〇八　④五一一　⑤六六七・六七七・六七八　⑦二〇〇・二一一・二一六・二三〇　⑧二一〇　⑨二一九

四・二九五・二九九・六一二 [11]一六一・三五四・四九一・四九二・四九六〜四九八・五〇九・五一三・五一六〜五一九・五二一・五二八・五三二・五三三 [12]一七二・二六五・二九三・二九四・四〇三・四八七 [13]二二・一八六 [25]二〇・四〇・一九六・二六七
金字題 [7]二一六・二二〇
銀字 [25]二〇五
金泥(涅)字 [7]二〇一・二〇五・二一一
銀涅字 [7]二〇七
金銀字 [12]三九
金銀交字 [7]二一一
　瑩板 [5]六六六
金薄 [1]五六三・五六四・五七五 [3]五七四・五九二 [4]二六三・四六二・四七八〜四八〇・四八二・四八三 [11]三九一 [12]二四〇・二四一・二五三・二五四・二五六・二五七 [24]二九 [25]一五八・三二六〜三二八・三三〇・三三一 ㉕三一・三五・四八・一一三
金薄敷 [3]五九四・六一四・六一五 [12]一六七・一七〇・三三五・三三六・三三九・三四二・三五〇
敷金薄 [12]三四二
押金薄 [4]四六七 [5]一二八(仏光飛天丼)・一二九(仏光)・一九二(同上)・一九三(丼)・三四二(丼宝冠)・三四七・三七九(菩薩宝冠) [13]二一五 [16]五八七 [25]三一六
押金着(糸) [16]五八八
金薄押 [4]五一〇 [16]二七三 ㉕六九
打金薄 [16]二二四
金薄打 [24]四〇 [25]三一〇
温(溫)石 [1]五七一 [24]二六・四〇(金薄打調度)
金銀薄 [12]三五一
金鏤(新羅琴) [4]一三一 ㉕三七・五一・六八・八二・一〇五
金鏤(軸) [12]四八〇
金塗鏤(高座寶頂) [4]五一四
銀薄 [1]五七五 [4]二六三 [11]三九一 [12]二五三・二五七
銀薄敷 [3]五九四 [12]一六七・三五〇
敷銀薄 [3]六〇三 [12]三五一 [13]三
押銀薄 [5]三七九(菩薩寶衬月形)
銅薄 [1]五七四・五七八
金(薄ヵ) [3]五九二・五九三
(装飾紙に用いた金銀敷薄塵、「五 文具」(四)紙項参照)
金色 [5]六七四
宍色 [5]六七四
斑色 [4]五一三
(軸端に各種顔料を塗る例、「五 文具」(八)軸項参照)
膠(膠) [1]五五五・五五六・五六四・五六七・五七〇・五七四・五八一 [3]五七四・六四〇 [4]二三三・二六三・四七八・四七九・四八一〜四八三 [6]二五二・三八三・四五四・四七一・四八〇・五〇三 [7]一一二 [9]三四五 [11]一六三・一六四・三九一・四九九 [12]二三九・二五三・二五四 [13]一〇・一一・三八 [15]三一五 [16]二七四 [19]二四五・二四八・三一九 [20]二二二 [21]四八七・四九四・五〇〇・五〇六・五一九 [24]二九・三六・三九 [25]一九

八・三二六・三二七・三二九〜三三一・三五四
膠解溫料(炭)　[24]三九
膠筆料(鹿毛)　[24]三〇
阿膠(膠)　[3]五〇八・五三八・五九二　[4]二四〇　[8]二一八・二二九　[11]五二一・五三三(金字界料)　[12]二四〇・二四一・二五五〜二五七　[13]二七一・三四九　[14]二四三・三三五・三四四・三八三　[15]一八一　[16]二四二・三〇一
金柒(塗)　[1]五五七　[2]五九　[4]一三二〜一四〇・一五七・一五八・二四〇　[24]三三　㉕一二
(蕤芳、(七)染織・三纈・刺繡・染料項参照)

本項に収録するように、奈良時代には多くの彩色、顔料があった。これらの文献例も、まとまった例としてわが国最古に属するものである。各種の顔料が用いられたわが国最古の作品はいうまでもなく法隆寺金堂内の壁画であった。惜しくも火中したが、そこに用いられた顔料の研究が山崎一雄先生によって行われており、ここにみる各種顔料が既に金堂内壁画に用いられていたことが明らかにされている。そしてそれらは白色顔料以外は近世、いや今日に至るまで、同名で用い続けられている。

正倉院には例外的に大量の丹が、北倉148丹百貳拾六裹(㊗II18 117〜148)として伝来するが、もちろん顔料にもなろうが、むしろ一酸化鉛として鉛ガラスや焼物の釉薬の材料等、工芸用のものであったろう。その他、中倉42白墨壹挺(㊥II105)が、白色顔料の一種、鉛白である以外は、顔料そのものの伝来はない。しかし保存状態の良好な正倉院の中倉177献物几貳拾七枚(㊥II224〜232)、中倉136漆皮箱貳合以下、同161漆箱四合(㊥II201〜213)の献物箱類、その他にみられる彩色されたものの色合をみれば、紫系などむつかしいもの以外は素人目にも、おおよその顔料名の見当はつく。金銀泥薄ももちろんである。ただ薄の例はきわめて少ない。

現在の北倉の大量の丹は、その包み紙(丹裏文書)からみても明らかに造東大寺司関係の品である。明治期の整理で、これを北倉に置いたのは、薬物類があったからであろう。

## (九)　繪・畫・下地

金繪　[9]六一二　[13]二二
金黒繪　[4]五一六
金墨繪(軸)　[16]四二一
金墨畫(漆塗經櫃)　[11]二五五
金泥畫　㉕六九
金銀繪　[1]五六二　[16]二七九
金銀墨畫　[5]六七四
金銀泥繪　[4]五一二
金薄畫　㉕六九
銀繪　[9]六〇八
銀畫　[9]六一二　[13]二二(神王形)　㉕四九・八八
銀墨繪(軸)　[16]四二〇
柒泥墨繪　㉕一四〇
木繪　[4]五一二・五一三　㉕六九　㉕一四三(辛櫃)
墨畫(櫃)　㉕一四二
繪黒柿色　[4]一〇六
黒繪(韓櫃)　[25]三六五
墨繪(辛櫃)　㉕一四三

胡粉地(軸) [6]二五二 [16]四二〇・四二一
　[19]二四五
塗胡粉(軸) [4]一七〇・一七八 [6]五
胡粉畫 [5]六七六
胡粉塗(軸) [16]三八三
胡粉地銀墨繪(軸) [16]四二〇・四二一(銀
　墨以繪)
胡粉地金墨繪(軸) [16]四二一
胡粉下塗料(石灰) [24]三九
白緑地(軸) [6]二五二 [19]二四五(緑)
白緑塗(軸) [19]二二五
緑青地(軸) [6]二五二 [19]二四五(緑青)
丹涅 [4]五一三
丹地(軸) [6]二五二 [19]二四五
丹地繪(軸) [5]四三五
塗丹 [5]三七九 [6]五
塗丹(芇光柱) [5]三七九
金青(青)地(軸) [6]二五二 [19]二四五
金青塗(軸) [19]二二六
緑地畫月形(新羅琴) [4]一三二 ㉕一〇五
緑地畫捍撥(琵琶・阮咸) [4]一三一・一九
　八 ㉕一〇四
繪 [4]一〇八 [13]一五

繪料 [4]七五
繪花盤 [4]二二二 [13]二一三
繪樻 [3]六五〇 [16]五七九
繪辛樻 [13]四六 [16]四五九・四八二
繪(軸) [14]二二
繪寺負形 [13]二三一
繪法王像 [4]五一一
繪大仏殿畐 [4]二二二
繪国分㝡勝王経樻 [4]二三九
繪凡様 [13]一六五
繪千枝燈 [13]二三一
副様(繪) [15]一八七
様料(紙) [12]二三九
繪所桉骨・繪御鐙・繪經樻・繪帒形皮筥・
　繪銅御坏・繪御障子・繪御飯樻・繪
　机・繪洗皮 [15]二三三・二三四
素畫 ㉕六一
綵色畫 [2]六〇八
罫面畫 ㉕六九
畫山水 [5]六七九
畫水形 [5]六七六
畫山水形 [5]六七八
畫山水鳥獸 [5]六七九

畫飛廾鳥雲花等形 [5]六七四
畫木葙 [5]六七二・六八〇
畫机 [6]四五八
丹畫廾并花等 [5]六七九
畫飛天井四軀御目髪并塗金青 [5]一三〇
畫飛廾等形 [5]六七四
扇畫帝釋二像 [5]六七九
金繪・銀畫神王形 [9]六一二 [13]二二
畫七佛藥師佛様 [5]三七五
(屏風畫、「六　調度」(八)屏風・障子項参
照)
(畫)屏風 [4]一六〇
山水畫(畫) [4]一六〇・一六二 ㉕五一・
　七二
水山畫(山水畫) ㉕一三
大唐(唐)勒政樓前觀樂圖 [4]一六一 ㉕一
　三・五一・七二
大唐(唐)古様宮殿畫(畫) [4]一六一 ㉕一
　三・五一・七二
唐古様宮殿畫 ㉕六一
古様山水畫(畫) [4]一六一 ㉕一三・五
　一・六一・七二
古様卆草畫(畫) [4]一六一 ㉕一三・五

一・七二
子女畫(畫) ④一六一 ㉕一四・五二・七二
古人畫(畫) ④一六一・一六三 ㉕一四・五一・七二
古様宮殿畫 ④一六二
素畫(畫)夜遊 ④一六二 ㉕一四・五二・七二
夜遊素畫 ㉕六一
鳥畫 ④一六〇
鳥毛帖(疊)成文書 ④一六三 ㉕一四・五二・七二・一〇八
百濟畫 ④一六三 ㉕一四・五二・七二
雜畫 ㉕一三・五一
紫地青畫 ㉕一〇七
紫地白青畫 ㉕一〇八
綵色畫 ②六〇八
薄墨馬形 ④一九六・一九七
散樂形 ④一九六
散樂 ④一九七
國畐(圖) ④一六〇・一六一
唐(唐)國圖 ㉕一三・五一・六一・七二
天台觀畐 ㉕六二

畐 ⑩五五四 ⑮三一四
所々庄畐 ⑬二〇四
仏殿畐 ⑬一六九
大仏殿畐 ⑬二一六
東大寺畐 ④一一六・一一七(圖)
庄畐 ④一八四
(畫(軸)、繪(軸)、雜色(軸)、彩色(軸)、綵(軸)その他各種彩色軸、「五 文具」(八)軸項参照)
須理畫 ⑯九
天井畫 ⑫二五二
畫様 ⑫二四三
様(屏風) ④一九六・一九七
様(様)料紙 ③五六七 ⑫二四三〜二四五
畫作料(大豆) ⑥三二六・三七六・三九三・四一三・四八二
(彩工)
廻天井花 ④四八二 ㉕三三〇
彩色宗屋天井板 ④四七八 ㉕三二六
外衿理板(板別在花) ④四八〇 ㉕三二八
(須理板、「三 建築」(四)建築部材項参照)
堺須理花 ④二六七
木畫須理花 ④二六八

塗白土須理板 ④二六八
彩色天井板花 ④三五七
壁内隔上廻樂天 ④四八三 ㉕三三一
雲形 ④四八三 ㉕三三一
須理畫 ⑯九
天井畫 ⑫二五二

花(花) ④二六七・二六八・三五三〜三五七・四七八〜四八〇・四八二 ⑥四六六 ⑭三〇九 ⑯二二四 ㉕三二六〜三二八・三三〇
彩色花 ④三五三〜三五八 ⑥四六六(綵色花)
堺花 ④三五四・三五五・三五七・三五八
木畫花 ④三五五・三五六
花様 ⑯二二四
花實 ④二六九〜二七一 ⑬二三四・二三五
堺畫朱沙花實 ④二七〇 ⑬二三五
堺朱沙并黑畫(師) ④二七二
花實朱沙堺畫 ④二六九 ⑬二三四
右方花實 ④二六九 ⑬二三四
花枚(牧) ④二六九〜二七一・四八二 ⑬

二三四・二三五　[14]三〇九　[25]三三〇
花枚(牧)木畫　[4]二六九・二七〇　[13]二三四・二三六
白土花枚(牧)　[4]二七〇　[13]二三五
(金薄)押花枚　[4]四八二　[25]三三〇
左方蓮花枚　[4]二七一
倒蓮華花枚　[14]三〇九
花莖　[4]四八〇　[25]三一八
畫料(墨)　[4]四七八　[25]三一六
畫絁　[3]六四〇　[15]四七〇
畫絁料白絁　[14]三六七
帛帳(畫材)　[15]三二一
畫帳　[15]四七〇
畫機　[5]四六三　[13]二一四(畫)
(寫畐)機并張繩(敷板)　[15]三一四
彩色切　[4]三五三・三五七
堺切　[4]三五三・三五七
堺畫(切)　[4]二七〇
木畫切　[4]三五三・三五七
塗白土切　[4]三五三・三五七
繪所(斫)　[4]一八四(檜斫)・二六三　[15]二一三三
畫(畫)斫(所)　[6]二六三・二六八　[10]三六六　[23]六二一
彩色所　[15]四二五・四二七〜四三六
彩所　[15]四三五
厨子畫斫　[3]五九二
繪花(花)盤所(斫)　[4]二三一　[13]二一六
(四王彩色所、「七　佛像・菩薩像」㈠佛像・菩薩像項参照)
綵色大仏殿柱所　[21]四九九
釈色并斫　[5]三四七
畫(畫)工司　[2]四六四　[4]二五九・二六〇
畫師司　[4]二二七・二六六・二七二(畫)

## ㈢ 形

輪草形(新羅琴)　㉕六九
大草形(新羅琴)　㉕六九
花形　[1]五七四・五七八(玉節等)　[2]五九一(鏡)　[25]三七〇(涌立)
表花形(幡鎮)　[24]三三
花形眼(碁局)　[4]一三一　㉕一〇五
居花形銅　[25]三六九
金花形(盖)　[5]六七四
鏡位花形　[1]五七五
鈴位花形　[24]三二
桐花形　[1]五五七
大蓮花形(盖)　[5]六七四
木葉形金　[16]三二五
木形(新羅琴)　㉕六九
呉竹形　[4]五一三
葛形　[16]二六七
金色葛形(経臺)　[4]五一四
金銀葛形(御冠)　㉕四九・八四・一三八
鳳形　[24]三〇(桐)　[24]三二(小幡頂)　㉕六九(新羅琴)

金鳳形(盖)　[5]六七四
鈍金鳳(御冠)　㉕四九・八四
紫地鳳形(御軾)　[4]一七〇　㉕八三

花鳥形(柒胡碓)　[4]一六〇　㉕一〇七
銀繪并花鳥形(小函)　[9]六〇八
鳥花等形(柱)　[5]六七四
鳥花形　㉕七三・七四(以上、鏡)・七五
　(胡瓶)
草鳥形(新羅琴)　㉕六九
雲鳥形(鏡)　㉕七四
鳥獣形(鏡)　㉕七四
禽獣形(鏡)　[2]五九一
鳥獣花形(鏡)　㉕七三
鳥雲花等形(盖)　[5]六七四
遠山并雲鳥草等形(新羅琴)　㉕六九
龜形(棊局)　[4]一三二　㉕一〇五
兎形(白石鎮子)　[4]一三〇
線地鹿形(半臂)　[16]五八〇
牛形(白石鎮子)　[4]一三〇
薄墨馬形(屏風)　[4]一九六・一九七
龍形(鏡)　㉕七四
龍鱗(大刀)　[4]一三四

師子形(白石鎮子)　[4]一三〇

水形(床)　[5]六七六
儀形(經臺)　[4]五一四
淺香儀形(白鐫鳥)　[2]六四六
榮枝儀形(經臺)　[4]五一四
海儀形(鏡)　[2]五九〇
専銀山形(樻座)　[4]五一二
雲形　[4]四八三　[25]三三一
(緑地畫)月形(新羅琴)　[4]一三二　㉕一〇
　五
(緋地畫)月形(新羅琴)　㉕一〇五
山水形　[4]五一二(樻)　[5]六七八(帙)
山水虫形(鏡)　㉕七四
金銀泥繪山水形(木繪)　[4]五一二
日月形(樻座)　[4]五一二
日象(新羅琴罰面)　㉕六九
炎形　[16]五七五

珊瑚形　[1]五七七・五七八
硨渠形　[1]五七七・五七八
牛角銭形(革帯)　[16]五七九
綵繪女形(人勝)　㉕一一三

散樂形(屏風)　[4]一九六
寺貟形　[13]三三一
多々理形　[16]二六七
寶形　㉕一三五
火打形　㉕一二〇(枚幡鐃鐸)・一二七・一
　三四(大仏殿寶鐸)
井光日月形　[5]一二九
天人并獣形(繡帙)　[12]四八〇
町形(綵帙)　[7]一九八
古様(厨子)　[4]一二三・三九五(様)
副様(繪)　[15]一八七
(鏡背面下繪)　([5]二〇四〜二〇五間の折
　込み)
(鏡背面文様、「六　調度」(二)鏡項参照)
葛形裁文(大刀)　[4]一三二・一三四
蒲陶文裁(大刀)　㉕一〇四
葛形平文(大刀)　[4]一三四
葛形獣草形平文(大刀)　[4]一三三
葛獣形平文(大刀)　[4]一三三
龍鱗葛形平文(大刀)　[4]一三三
葛形獣形平文(大刀)　[4]一三三
葛形(大刀)　[4]一三七・一三八
葛形文(大刀)　[4]一三三

# 一四 工人


金銀銅鐵工(手) ②四五八

金工 ⑯二九四

銅工 ①五五二・五六八 ④五〇 ⑤四六四 ⑨三〇〇 ⑮二〇〇・四四六・四四九・四五〇 ⑯一〇 ㉔三七

銅鐵工 ①五六八 ③四〇二 ④四七〇 ㉔三七 ㉕三一八

熟銅火作工 ㉕三二〇

火作工 ⑯三〇七

鐵工 ①五五二 ⑤一・三・三〇・三七・七〇・七八・八二・八三・八九・九三・九四・一四六・一六四～一六七・一七九・一八三・一八六・二〇三・二一二・二三五・二四一・二五七・二七六・二七七・三三八・三四二・三四六・三五一 ⑮一四三・一四六・一六二・一七五・一七六・一八二・一九三・二〇〇・二一〇・二一三・二一八・二三〇・二四一・二四二・二九一・三一九・三四七・三四八・三八一・四二一・四二三・四二七・四三二 ⑯一〇・二四八・二五〇～二五二・三〇八～三一二・三一四・三一五

銅鐵柒工奴 ⑦三六

鑄(壽、鑄、鑄)工 ④五〇・四七二 ⑤一六〇(上手)・一六三・二〇三・二〇五・二一〇 ⑮一七七(上手)・一七八・一八〇・一八二・一八九 ⑯一〇・二七三・三〇九～三一二・三一四・三一五 ㉕三二〇

罡田鑄物師 ⑤三八五・三八六 ⑯一一一・一一九(岡)

罡田鑄師 ⑤四〇一

鑄物師 ⑩六六二

鑄物工 ⑯三〇八・三一〇

天井倒花料鏡鑄作工 ⑯二九四

鏡作 ⑯三一三

上手工(鑄工) ⑤一六〇 ⑮一七七

造銅竈工 ②一四七

金涅工 ⑯二九三

熨金工 ⑯二九四

鍛(鍜) ①四九・六七

魚子打工 ⑯二九三

鈴工 ①五五二

金薄工 ⑨三〇〇 ㉕二九四・二九九

打金薄工 ⑯二九四

押金薄工 ⑤三四二・三四七 ⑯二四八・二五〇～二五二

鑄作 ⑤一八八・一八九(鑄)・一九八

鑄物 ④四六八(鑄) ⑭三三四 ㉕三一六・三七〇

雜鑄物蔦様 ⑯二一六

木工 ①五五一・六〇〇 ③五五九 ④四二三・四七四・五二五 ⑤一・二・一〇・一三・一八～二三・二九・三〇・三七・三八・七四・七六・七七・八

三・八八・八九・九三・一一一・一三
二・一四六・一六四～一六七・一八
一・一八二・二一二・二三五・二三
七・二五七・二七四・二七六・二七
七・三四二～三四四・三五三・三六
一・三六三・三六五・三六八～三七
〇・五四〇 ⑨三〇〇 ⑩三一〇 ⑬
一五七 ⑭三三五・三四五・三五〇・
三五二～三五四 ⑮一四〇・一四一・
一四五～一五一・一五三・一五六・一
七六・一八四・一八七・一九三・一九
八・二〇〇・二〇二・二〇三・二〇
五・二一〇・二一一・二一五・二一七
～二一九・二三一・二三七・二三九・
二四一・二四二・二五九・二九一・二
九二・三一九～三三一・三三四・三三
八・三五六・三八〇・三九九・四〇
一・四〇二・四一三・四一五・四一
九・四二一・四二三・四二七・四三
二・四四二・四四六・四四九・四五〇
⑯九・三〇・三一・二〇八・二二七・
二四一・二四二・二四七・二五〇～二
五二・二八八・三〇六・三〇八～三一
二・三一四・三一五・三二九 ⑲一〇

〇～一〇二・二五〇 ㉕三三一
木(工) ⑮二一七・四二八
雇木工 ⑤八八 ⑮四五一
雇役木工 ⑤三七〇
様木工 ⑤八八・八九
山作木工 ④四七四 ㉕三三一
司木工 ⑤一九・八八・一一五・一二〇・
一二一 ⑮一七一・一七三 ⑯一八四
木工長上工 ㉑二七七
木工寮長上 ④二九四
大工 ③五三五(国分寺大工家) ④三九
七・四七七 ⑮二一一・四二九 ㉕一
四七・三二五
益田大工 ⑮二〇〇
少工 ㉕一四七
飛彈工 ㉔二九五
斐太匠(近) ②四〇一・四〇二・四七三・
四七四
飛驒匠(近) ②四六三・四六四 ㉔二九
三・二九四
近 ①三七六
樌工 ⑤一五六～一五九・一六五～一六
七・一七〇・一八一・一八三・三四六
⑯一九九・二四八・二五〇～二五二

仏師 ①五五一・五五四 ②五七七 ⑨三
〇〇・三〇一 ⑮二五四・四一九・四
二三 ㉕一五九
仏(佛)工 ④五〇・四二三～四二五・四七
六 ⑤二五一・二七五・三四一・三四
六・三七六 ⑧四六〇・五八二 ⑮二
一八・二三九・四一七・四二〇・四二
一・四二六 ⑯二四七・二五〇・二五
一・二九三・三〇八・三一〇・三一
四・三一五 ㉕三三四
花枚仏工 ④四二四・四二五
大仏像雑工 ⑯五九三
造菩薩司近 ②四五八
造菩薩司工 ②四五八
柒工 ④二四〇・二四三 ⑤三四一・三四
七 ⑯二四八・二五〇～二五二・二七
四・三〇八・三一〇～三一一・三一
四・三一五 ⑦三六
造(塗)朱漆工 ⑮六一
塗工 ⑤二一六・二一七 ⑮三六三 ⑯二
九三

土(圡)工 ⑤二七・二八・三〇・一三三・一四六・一六四〜一六七・一八一・一八三・二二一・二五八・二七七・三三七・三四六 ⑮一七六・一九三・二〇〇・二一三・二一八・二二〇・二三一・二四〇・二四二・三八〇・四二九・四四六・四四八・四五一 ⑯二四八・二五〇〜二五二・二九三
石工 ①五五七 ④三六〇・四二九 ⑯九・三〇七〜三一一・三一四・三一五
石作敷工 ④三六二
作敷工 ⑯三〇七
轆(轆)轤(轤)工 ⑤二〇三 ⑩三一〇・三一一(轆轤縄引) ⑬二五〇 ⑯三〇八・三一〇〜三一二
近江轆轤工 ①五五二
轆轤師(工) ⑭四〇八
造轆轤雑工 ②一四七
六呂工 ⑮一八二
玉工 ①五七二
造軸工 ⑪三二七・三二八
畫(畵)師 ①五五四 ③五六八・五七一・五七二・六三六 ④一八四・二二二・二二七〜二二九・二四〇・二四三・二四四・二六五〜二六七・二七一・二七二・三五三・三五七・三五九・四一四(印)・四三四・四三八・四四三・四四四 ⑤二三七・二四一・二四六・二五七・二七六・二七七・三四七・三六八 ⑥四一〇・四一五 ⑪八 ⑫二五二・二五七・三九八・四〇六 ⑬五七・一六一・一六三〜一六五・一六七・一六八・一七〇・一七一・二一三〜二一六・二二八〜二三一 ⑭一一五・三〇二・三二五・三三五・三三六・三四四・三四七・三五〇〜三五四・三九八 ⑮一七四・二一五・二一八・二二二・二三〇・二三三・二三九・二四一・二四四・二四五・三二三・四一七(奉造并畵師)・四一九〜四二一・四二三・四三一・四四四・四七〇 ⑯八・二四七・二五〇・二五一・二九三・三〇八・三一〇〜三一二・三一四・三二五 ㉑二一八 ㉓一七四 ㉕三〇二(宅)
恵師 ④二六八〜二七〇 ⑬二一九・二三四・二三六
恵師(人名) ①三・四・一五一
倭畫(畵)師 ④三五九 ⑭三四七・三九八 ㉓一七四
和畫(畵)師 ④三四五 ⑭一一五
河内畵師 ④二二七 ⑬一七六
川内畵師 ④七五・三五七
箸秦畵師 ④二二七
能登上畫師 ⑮三一三
息長畫師 ⑪八
畫師池守(印) ④四一四
畵師司人 ④二二八
畵師司長上 ④二二七・二六六・二七二
(畫)
繪師 ㉕二〇二
大仏殿廂繪畵師 ④三五三
彩色畵師 ④二六五・二六七・二七一(畫)
堺畵師 ④二六五・二七一(畫)
堺(畫師) ④二六七
工畵師 ⑤二三七 ⑮二一五(畫)
木畫師 ④二七一
木畵(師) ④二六六・二六八
塗白土畫師 ④二七一
塗白土緑青同黃畫師 ④二七二
堺朱沙并墨畫師 ④二七二

畵工 [1]五五一 [2]一〇八 [4]二九八(畫) [5]三四二
堺畫(工) [4]二六九 [13]二三五(依正誤表)
畫(畵)工司人 [4]三五四・三五七
畵生 [3]六二〇
畫(畵)部 [4]二五九・二六六・二六八・二七〇・二七二 [13]二三六
畫(畵)工司 [2]四六四 [4]二五九・二六〇・二六八・二七〇・三五三・三五四・三五七 [13]二一九・二三六
雑(雑)工 [1]五九三(雑工生) [2]一四七 (轆轤雑工) [4]四七二・四七三・四七五・四七七 [5]一・二二・八五・一二六〜一二八・一三〇・一三一・一四六・一八八・一九〇〜一九二・一九四・一九五・一九八・一九九・二〇二〜二〇四・二一一・二三四・二四四・三六〇・三六三・三六五・三六七・三七五・三七七・三七九〜三八二 [15]一五二・一六五・一八三・一九〇・一九九・二一〇・二五六・三一五・三二〇・四六五 [16]一九二・二四一・二四三・二四九・二五二・五九三 [25]三一〇・三一五・三一八〜三二一・三二三〜三二五
雑工肵 [4]五〇
(山)作工 [4]五四(運「造」作工)・三六〇・三六二 [5]七八・九一・一一五・一四九・一八二・二三一・三四四 [16]一八九・一九二・二二一・二二五・二四八・二七四・二七五・二九四・三〇七 [25]三二〇
𧾷遅作工 [5]一八二・三四四 [16]二四八・二七五
足遅作敷工 [16]三〇七
真作工(塔呉床白石作工) [4]三六〇・三六二
眞作工 [16]二九二・三〇七
白石作工 [4]三六一
造弩追工近 [1]五九三
御貫簀竹工 [2]一四六
吹皮二張作工 [16]二九四
細工 [5]二〇三 [15]一八二
砥磨工 [16]二九二
瑩生(畫師) [4]二四〇・二四一・二四三
(校)瑩生(写経所金字) [2]五四七・五四九 [3]一二八・五〇五 [9]二九五・二九七 [11]四九二・五一五・五一九
瑩板 [5]六六六
(瑩紙、「五 文具」(四)紙項参照)
瑩(軸) [13]一六三
堺打工 [16]二九二
筆工 [11]二二八
造軸工 [11]三二八
丹工 [16]三〇八〜三一〇
臈纈工 [4]一八四
粉作滔工 [5]二二七
木石土凡齒角工 [2]四五八
織栁箱手 [2]四五八
ス工 [5]二三九
印工 [13]一七一(鏤壇法印)
熟工 [16]二七三
目工 [5]九三
國工 [2]四五八
近江紙工 [1]五五二
紙師 [23]二九四・二九五
紙打仕丁 [5]四一二 [14]一七
胥工 [5]二一六・二二七 [15]三六三
堂瓦葺工 [16]二九三
葺堂様上 [15]三九二

檜皮葺工 ⑤一六四・一八一・一八三・三三六・三四六 ⑯二四八・二五〇〜二五二
葺檜皮工 ⑮三九六
檜皮蓋工 ⑤二三九
檜皮工 ⑤三五五
採檜皮様工 ⑮三八五
(葺)檜皮様工 ⑮四四三・四五八
様檜皮葺(工) ⑤一九
凡(瓦)工 ④三七二・四七二 ⑤一二七・一二八・一九二・三七八・三七九 ⑯二九三・三〇八〜三一〇 ㉕三三〇
生瓦作工 ⑯二九三
瓦焼工 ⑯二九三
玉瓦作工 ⑯二九三
作凡仕丁 ②四七四・四七五
瓦竈二烔作工 ⑯二九三
削作工 ⑯二七五
山作所司工 ㉕三一六
塗講師房工 ⑮三九六
塗講師房様工 ⑮三九七
堂壁中塗(土)工 ⑯二九三
垣築工 ⑯二九三
司工 ①三七六(營厨)・四八二 ②四五八(造菩薩) ⑤七〇・七七〜七九・九一・九三・一二一〜一二三・一四九・一五六・一五八・一五九・一六四・一六七・一七七・一八二・三三七・三三八・三四二・三四四・三四六〜三四八 ⑮一四四・三四七 ⑯一八九・一九二・二〇八・二四七・二四八 ㉕三一六
造司曹工 ㉕一五四
造宮省工 ①三七六
司雑工 ⑯二四九
營厨司工 ①三七六
下野國薬師寺造司工 ①四八二
長上工 ②四七三・四七四 ㉑二七六(造宮長上工)・二七七(木工長上工) ㉔二九三・二九四・二九五(長上)
損長工 ㉔二九五
番(畨)上工 ②四七三・四七四 ③五三五(内匠寮) ㉔二九三〜二九五
番上近手 ②四五八
下畨匠丁 ①六〇二
出家畨上工 ②四六四
畨匠(近)(丁) ①六〇二・六〇八 ②五六(様)
匠丁帳 ①六〇五
雇工 ④三六一・四一〇 ⑤七〇(上手・中・下・已下)・七七〜七九・八八・九一・九三・一一五・一二〇〜一二二・一四九・一五五〜一五九・一六三・一六四・一六七・一七五・一七七・一八二・二〇七・二一一・二一五・二二一・二二七・二二八・二七八・三三六・三三七・三四二・三四四・三四六・三四七・三七二 ⑥二二六・二三一・二三二・二四五・二四六・二八三 ⑮一四四(上手・中・下・已下)・一八五・一九〇・三四五・三四七・三四八・三七八・三九二・四〇五・四五一・四五九・四六三・四六四 ⑯一八四・一八九・一九二・二〇八・二四七・二四八・三〇六 ⑲三二四

## 一四　工　人


雇役工夫　⑮一六六・四四二

雇役工　⑮四五一

日雇工　⑤九一・九三

様(様)工　④五二　⑤三・四・七八・八〇・八八・九三・九六・一一五・一二〇〜一二三・一三六・二〇六・二一四・二七八・三六一　⑮一七一・三二四・三二七・三四五・三四七・三四八・三五七・三六一・三六二・三七八・三八五・三九一・三九三・三九七・四四三・四五八

桴工　④四六八・四七三　⑤一〇五・二五六・二八一・三六七・三六八・四〇〇・四〇一　⑮三二〇・三二九・四二四・四四五　⑯三三二　㉕三一六・三二三

# 一五　錢・質物・本利

## (一)　錢

錢(錢)　①三三五・三三九・三四五・三四六・三五一・三五八・三六四・三六五・三六七・三六九・三七二・三七六・三七八・三八〇・三九八・四〇五・四〇八・四一一・四二〇・四九五・四九六・五〇一・五五五・五五七〜五六〇・五六六〜五六九・六三一・六三二・六四二・六四五・六四七・六五〇　②二・三・七七・一五四・一五五・一六一〜一六五・一六六・一六七・一七一〜一七三・一七九・一八〇・一八二〜一九〇・三六三・三六四・五一二・五一四〜五一八・五二一・五二二・五四〇・五四一・五四八〜五五一・五五九〜五六四・五七五・五七六・五八四・五八五・六三〇・六三一・六七〇・六七九・六八〇　③一二六・一二八・一三五・三一五〜三一七・三三四・三九一・三九五・四〇五・四〇六・四一二・四一三・四一九〜四二五・四六五・五〇八・五一三・五二八〜五三五・五三七・五五九・五八二　④四三・四九・六七・八三・一一四・二六一・二六四・二六九〜二七三・二七五・二七九・二八七・二八八・二九二・二九五・二九七・三四五・三四六・三五〇・三五一・三五三〜三五八・三六〇〜三六二・三六八・三九七・三九九・四〇二・四一〇・四一一・四二一・四二四・四三三・四三七・四三八・四四八・四五〇・四五一・四五五〜四五七・四六一〜四六五・四六七・四六九・四七四・四八五・五〇七〜五〇九・五二〇・五二六・五二七・五二八・五三二〜五三五・五三七〜五三九　⑤五・三五・三六・四八・五九・六五〜六七・七五・七六・八五〜八八・九五・九六・一〇五・一一一・一一二・一三四〜一三六・一四〇・一四一・一四四・一四五・一四七・一四八・一五五・一六二・二〇六・二〇七・二一〇・二一四〜二一七・二二〇・二二一・二二六・二三〇・二三九・二四〇・二四四・二五一・二六一・二六五〜二六九・二七一・二七四・二七八〜二八一・二八三〜二八五・二八九・二九三・二九九・三〇一〜三〇八・三一〇・三一一・三一三・三一五〜三一八・三二〇・三二一・三二四・三二九・三五五〜三七三・三九〇・三九五・三九八・四〇〇・四〇一・四〇七〜四一七・四三六・四三九・四五五・四六七・四七七・四七九・四九七・四九八・五〇〇

○・五○七・五一一・六九三・七○一・七○三 ⑥九・四二～五○・五五・六四・六七・七○・七四・八三・八六・一一四・一二五・一七三・二○二～二二一・二二三・二七二・二七四・二七五・二七八・二八五・二八六・二九一・三一二・三一三・三一五・三一七・三二四・三三一・三六八・三七四・三七九・三九○・三九二・三九六・三九八・四○八・四一八・四二三～四二七・四四七・四六八・四六九・四七四～四七六・四八五・四九八・五○九～五二○・五二二・五三六・五三七・五三九～五四二・五六七・五六八・五七○・五七二・五八四・五八五 ⑦三六・三七・一○二・一三○・一三三・一四二・一四五・一五七・一五八・一七一・一七二・二二七～二三○・二三二・二三五～二三九・二五六・二五九～二六一・二六三・二六五～二六九・二七二・二七三・二七五・二八七・二九八～三○○・三四九・三七○・三八二・三八五・三八七・三八九・三九○・四二

一・五一一～五一三・五四二～五五二・五七八・五八七・五九八～六○一 ⑧三・二二・三九・四五～四七・六一～六六・一○八・一一○・一五○～一五二・一五五～一五九・一七○・二二二・二三一～二三五・二四○・二四六・二八五・三五二～三五五・三七三～三七六・四八二・四八五～四八七・四九七～五○四・五○六～五○九・五一一・五一五～五二四・五七九～五八一 ⑨一四三・一五一・一五二・一六五・一七六・一七七・一九一・一九二・一九四～一九六・二四二～二五四・二八四・二八五・二九六～二九九・三二○・三二一・三九六～三九八・四八五・四八六・六二九～六三二 ⑩一～六・八四～八六・一六○・一六二・二六○・二六一・三○七・三一五・四四八～四五六・五六一・六一五～六二五・六三一～六三六 ⑪四八・七一・一五九・三一六・三六四・三七二・三七四～三八○・四一九～四二一・四四○～四四七・四五五～四五七・四八六～四八九・四九九・五二

一・五五八・五六八～五七○・五七二～五八○・五八二～五八六 ⑫三八・一八○・一八二～一八四・一九三・一九四・一九八・一九九・二五五・二六九・二七五・二七八～二八三・二八五・二八六・三一一・三四四・三四八 ⑬五四・五八・五九・八九・九四・一一九・二一七・二二三・二三四～二三六・二四一～二四四・二四七・二五七～二八四・三三八・三四○・三四一・三四七・三六四～三七二・三七五・四八八 ⑭一～一四・二八～四五・四八～五一・五三～五六・六三・七五・七七～七九・一八○・一八五～一八九・一九八・一九九・二○一～二○四・二二三～二二五・二三五～二三八・二四○～二四二・二四七・二五九・二六六・二七六・二八○～二八二・二九四・三一八・三三一・三三二・三三五・三三六・三四三・三四八～三五○・三六七・三六九・三七二・三七六・三七八・三八○・三八一・三八三・三八四・三八六・三八七・三八九・三九○・三九五・四○七・四一七

∫四一九・四二一・四二四・四三一・
四三四∫四三九・四四二 ⑮五・八・
一六・一八・一九・二一・二二・二
四・二七・三二・六五・七三・七四・
八三・八七・九七・九九・一二四・一
二七∫一二九・一三八∫一四〇・一五
二∫一五四・一五六・一五七・一六
一・一六四∫一六六・一六九・一七
〇・一七三・一七九・一八五・一八
九・一九〇・一九六・一九八・二一
九・二二九・二三一・二三二・二三
七・二四三∫二四五・二五二・二七
〇・二九〇・三〇八・三一二・三一
三・三四二・三四四・三四五・三五〇
∫三五二・三五七・三五九∫三六四・
四四一∫四五三・四五七∫四五九・四
六三・四六六・五〇二 ⑯一二・一六
∫二一・三四・五七・六三・七〇・七
二・七六・七八∫九七・九九・一〇二
∫一〇四・一〇七・一〇九・一一三・
一一五・一一七・一一八・一二一・一
三一・一三一・一三四・一八〇・一八
三。一八四・二一四・二一五・二二
六・二七七・二八〇・三〇二・三一

七・三三六・三三九∫三四一・三四五
∫三四七・三五三・三五五・三五六・
三七六・三七七・三八一・三八四・四
〇九・四一一∫四一三・四二四・四七
六・四七八∫四八一・四八六・四八八
∫四九〇・四九三・四九五・五〇一・
五〇三・五〇九・五一五∫五一七・五
二五∫五三六・五六〇・五六四 ⑰
八・一一一・一一二・一三七∫一三
九・二四一∫二五五・二五八∫二七
二・二七四∫二七八・二八〇∫二九
五・三一一∫三一九・三二二・三二
三・三二七・四八八・五一三・五三二
∫五四〇・五四三・五四四・五四六∫
五四八・五五〇・五五一・五五四・五
五五 ⑱一・二一・三一・三二
三・五七三・五七四・五七九・五八七
⑲三七・一一〇・一一一・一一六∫一
一九・二九六・二九七∫三一八・三二
一・三二四・五七二∫五七四 ⑳二一
六・三〇八∫三一三・三二一・三二
八・三三三∫三三五 ㉑一二三・二三
九・二四〇・二六八・二七八・二七
九・三六一・四一五∫四一八・四八

四・四九一・四九七・五〇四・五一
一・五二八 ㉒一・五一・五三・三七
七・三七八・三八一・四一五・四一
七・四一八・四二八・五八五∫五八八
㉓二・三・五一・一八〇・三一八・五
一六・五一七・五六八・六一六 ㉔一
〇・九一・九七・一二〇∫一二三・一
三一・一三三∫一三五・一三七・一四
四・一四六・二〇三・二〇四・二四六
∫二四八・二七四・二八三・二八四・
二八九・三一五・三六〇・三七一・三
七五∫三七七・三八二∫三八四・四〇
四・四〇五・四一七・四一八・四五
〇・四七八・五二六・五五八・五六
〇・五八九・五九〇 ㉕一・七・八・
一三・一四・二一∫二三・一五四・一
五五・一五九・一九五・一九八・二〇
九・二三〇・二三七・二三九・二四
〇・二四二・二四五・二四七・二五
〇・二六六・二七八・二八三∫二八
八・二九〇∫二九四・三〇一・三〇
二・三〇九∫三一三・三一五・三一
七・三三六・三四〇・三四三・三五

八・三五九・三六一・三六三　㉕六一・六五・一二二
銭形　[16]五七九
金銅銭(革帯)　[16]五八七
木銭(革帯)　[16]五八七
官銭(銭)　[4]二九二　[13]四八八　[25]二四五
銀銭(銭)　[2]五八四・六三〇(古)
麁銭　[24]一三三
私鑄銭　[25]一一三
大判官私銭　[19]一一八
古銭　[17]五四二　㉕六一
古(銭)　[4]五三二　[5]二一〇　[15]一九〇・一九八　[17]四九二〜四九七・四九九〜五〇一・五〇三・五〇六〜五一四・五二〇・五二一・五二三〜五四〇・五四三〜五四八・五五一　[18]一七八〜一八二・一八四・一八五・一九五〜一九九・二〇一〜二〇六
平商直古銭　㉕六一
舊銭　㉕六五
舊(銭)　㉕六五

新銭(銭)　[5]二一〇・六九三　[6]四二一〜五〇・五五・六四・六七・七〇・七四・八三・一一四・一二五・一七三・二〇三〜二一五・二一七・二一八・二二三・二七五・二九一・三一七・三二四・三三一・三六八・三七四・三七九・三九二・三九八　[15]一八九・四四八・四六三　[16]一三二　[17]二一八・二九六〜三一〇・三二〇・三二一・三二四〜三二六・三二八・五一三・五五三・五五四　[18]三三二・三三三・五七三・五七九　[19]三七・一一二〜一一七・一三二・三二一　[20]三〇八・三二二　[25]三五九
下新銭　[17]二九六〜三一〇・三二〇・三二一・三二四〜三二六・三二八　[18]三三二・三三三　[19]一三二
新(銭)　[4]五三二　[5]二一〇　[15]一九〇・一九八
下充新銭　[17]五五三・五五四
請(請)銭(銭)　[2]一五四・一七一・一七二・一八三・一八五・一八七・三〇七

[3]三九五・四〇六　[4]二七三・三四五・三六〇〜三六二・三九九・五二七　[5]三六・六六・六七・一二〇・一五五・二〇七・二二六・二八一・二八三・二八四・二九九・四三六・四九八・五〇〇　[6]六四・六七・八六・五六八　[7]一七一・二七三　[10]八四・八五　[12]二八六　[13]二四一・二四二　[14]一四・一八八・二八〇・三二八・三三五・三六九・三八〇・三八六・三八九・三九〇・四一七　[15]五・八・八三・一三九・一四〇・一六六・一七〇・一八五・三四五・三五〇　[16]四七八・四八六・五六四　[17]二三七　[18]一・二一一・五七三・五七九　[21]四一七　[24]四五二
請新銭　[6]一七三・二九一・三一七・三二四・三六八
請來銭　[14]五五・五六
收(収)納銭(銭)　[4]二七九・五三七〜五三九　[5]三〇二〜三〇四・三〇六〜三〇八・三九五・三九八・四六七　[14]四二四・四二六・四三一・四三四・四三六

〜四三九　⑮八七・四五七・四六三　⑯一二一・三三六・三三九・三四五・三四六・三五三・三五五　⑲一一九　⑳三〇九・三一〇　㉔三二五　㉕三五八・三五九

撿収銭　④四八五

納銭　⑤六七　⑭四八　⑯四九三・五一六・五一七　⑲一一六〜一一九　⑳三一一・三一二

進納銭　⑯三四〇

進上銭(錢)　⑤二八四・四五五　⑥五二三　⑭二四〇・四四二　⑮二一九　⑯三二七

進銭　⑯五七　㉓五六九　㉕二一・二三九

進送銭　㉔五五八　㉕二三〇・二六六

下銭(錢)　④四三・五三一〜五三五　⑤二六六〜二六九・三一六〜三一八・三三〇・三三一・三三四・三五五〜三七三・四一三〜四一六　⑥二〇二・二〇四・二〇六・二〇七・二一一・二一二・二一五〜二二一　⑬二五八〜二八四・三六四〜三七一　⑭一〜一三・二〇一〜二〇四　⑮四四二〜四五三・四五七〜四五九　⑯一七〜二一・七九〜八九・九一〜九七・九九・一〇二・一〇三・三五六・四七八〜四八一・四八八〜四九〇・五二五〜五三六　⑰二三八・二三九・二四一〜二五五・二五八〜二七二・二七四〜二七八・二八〇〜二九五・三一一〜三一九・三二二・三二三・三二七・五三五・五五〇　⑱三二二　⑲一一〇・一一一・三〇四　⑳三〇八〜三一二・三三五　㉕一五四・一五五・二四五・二七八・二八三〜二八八・二九〇〜二九四

下新銭　⑥二〇三〜二一五・二一七・二一八

充(充)銭(錢)　②三一二・五一四　④五三三・五三七　⑤一〇五・一四八・四〇〇　⑦三四九・五五七　⑧二一・二七八・四九八・四九九・五〇二・五〇六・五〇九　⑪三五〇　⑫二八二　⑬二五八　⑭二八〇　⑮三五二　⑰五四七・五四八・五五五　㉔一四四・三六〇・四七〇　㉕一九六

可充銭　⑦五一二　⑧五〇六〜五〇九・五一一

下充銭(古)　④五三三　⑬二五八・二六一　⑰五一三・五三二〜五四〇・五四三・五四四・五四六・五四七・五五四

下充古銭　⑰五四二

下充新銭　⑰五五四

直(直)銭(錢)　①五五五・五五八〜五六〇・五六六・五六七　②一五四・一五五・一七一〜一七三・一七九・一八〇・一八二・一八四〜一八八・一九〇・三五九・四五六・四五七・六七〇　③一九六・五五九　④六七・三六八・四五五・四六一・四六二・四六四・四六五・四六七・四六九・四七四　⑤五・六五・六六・四七七・五一一　⑥五三九　⑦一〇二・一七一・一七二・二二七〜二三〇・二三五・二三六・二五九・二六〇・二六七〜二六九・二七二・二七四・二七五　⑧四七・二二二・二七六・二八五・四八七・五七九〜五八一　⑨一九一・一九二・三〇一　⑩八五・三一五・五六四　⑪四八六〜

四八八　⑫二五五・二七八〜二八〇・三一一　⑬八九・九四　⑭五四・七四〜七九・二二五・三八〇・四〇〇・四〇二　⑮九・二二・八四・一二八・二四四・二四五・三〇八・三五一・五〇二　⑯七六〜八一・五六〇　⑰五五一　⑳三三四　㉑三六一　㉒五九　㉔九・一〇・五六〇　㉕七・一九八・三〇九・三一〇・三一三・三一五・三一七・三二二・三三六　㉕六五
平直錢　㉔四一七
沽直錢　⑤二七八
價錢(錢)　②一八三・一八四・五五九　③一三五・三三四・五一三　④四九・八三・一一四・二八七・三五〇・四四八・四五一・四六一・四六三・四六四・四六七・四六九・五二〇　⑤一一二・一四五・二二〇・二六六・七〇一・七〇三　⑦二九八〜三〇〇　⑩三〇七　⑭二八一・二八二　⑮九・一四〇・一五二・一五四・一九六・三四三・三四四　⑯一一・一六・七七・一一七・二二六・三七七　⑳三三三・三三四　㉑二七八　㉓六一六　㉔五二六　㉕三〇九・三一一・三一二・三一五・三一七
價料錢　⑤三一〇　⑯一〇七
准錢(錢)　⑤六五・二六一・二六五　⑭二八〜四五・一八五・一八七　⑮二四五・三五一　⑳八六　㉕二四七
准新錢　⑥八六
用錢(錢)　④二八八・五〇九　⑤八五・三二九　⑥二七五　⑦二五九　⑪四二〇・四二一　⑫一九四　⑬九四　⑭一四・七一・三四三・三八〇　⑯一三二・二八〇・五六四　⑰八　⑲三二一　㉑二七八・二七九　㉔一〇
所用錢　⑬三三八・三四〇・三四一・三四七
用代錢(錢)　⑥四七四　⑮四六六
雜(雜)用錢(錢)　①五六六　⑥二七八　⑭三八九　⑲三二四　⑳三〇九
雜用料錢　⑮二四五
往用錢　⑭五〇
粁(料)錢(錢)　②五七五・六七〇　④二九七　⑤三一〇　⑨一九一・四八五・四八六　⑩二六〇・二六一　⑪四二一　⑫一九九　⑭二三五〜二三七・二四一・三八四・三八六・三九〇　⑮五　⑯一一三　㉔三八二・三八三・四五一・四五二・四七八・五八九　㉕一五九・三六三
本錢　⑭四八　⑯三八六
計錢　⑮三五一　㉕一四
商錢　④五〇八
養錢　⑮二七
食用錢　⑫一八〇
月粮錢　㉓三一八
月料錢　⑦二六七
挍料錢　㉔四〇五
馬賃錢　⑮一六九
負錢　⑯二一四
奉送(送)錢　④五二六　⑭一八〇　⑮四五四
送來錢　㉓五一七
送料錢　⑭六三
報納錢　⑭五一

返上銭 ⑮一四〇
返報銭 ⑮四五四
残(殘)銭 ④五二八 ⑭二八一・三一八
可殘銭 ⑮四五九
遺銭 ⑬九四 ⑭四九
可充銭 ⑨一九四・一九五
可減銭 ⑧五〇三・五〇四
可得銭 ⑨一五一・一五二・一六五
六念銭 ㉔三七五
装銭 ㉕八
給銭(錢) ④三五七 ⑤一六二・二〇六・二六一 ⑦五一二・五四二・五七八・五九八〜六〇一 ⑧二二・一五五・三七六 ⑮二二九・三六一・三六二 ㉑五二八 ㉔一四六・四六六
庸(庸)銭(錢) ①五五七 ②一五五・一七三 ⑦三六・三七・一七一
賃銭(錢) ①五五七〜五六〇 ②一七一 ③四一二 ⑦三二七 ⑭七四・七五・七七・四〇〇
功(切)銭(錢) ④二六四・二七一・三五三・四一〇・五〇七 ⑤四八・六五・七五・九一・一一一・一三六・一六一・一六二・二一四・二一六・二二一七・二二〇・二三九・二四〇(依正誤表)・二七八・二八〇・五〇七 ⑪四八 ⑭三九五・四〇七・四一八 ⑮一二四・一五三・二二九・二七〇・三五七・三六〇〜三六四 ⑯一八〇・一八三・一八四 ㉑二七八
功(切)・功料(錢) ④二七二 ⑤二二七・二八一・二八二 ⑥八九・一七七・二〇二・二一八・二二六・四一八・四四七・四九九 ⑦二六九・四二一 ⑫一八〇 ⑬二三五・二七二・二七六・二七九・二八一・三四八 ⑭三・一五・三三九・三四五 ⑮一二七・一七三・一七九・二三二・四四二〜四四四・四五八・四五九 ⑯一七〜二〇・八〇・八三・八五〜八七・一〇〇・一〇三・一七九・二一五・二二〇〜二二三・二八三・二九二・三〇六・三八一・四八三 ⑰二五一・二六三・二六六・二七二・二八七・二九五・二九六・二九九・三〇二・三〇九・三一六・三三四・三二八 ⑱四 ⑲一一六・一一七・三二四 ⑳三〇九 ㉑二七九・四九七 ㉕一五四・三〇二
功料銭 ⑭四〇七・四一八
輸調銭 ①三三五・三三九・三四五・三四六・三五一・三五八・三六四・三六五・三六七・三六九・三七二・三七六・三七八・三八〇・四九五・四九六・五〇一・六四二・六四五・六四七・六五〇 ㉑二七九(輸
輸調(錢) ①五〇六・五〇七・五一〇・五一三・五一五・五一七〜五一九・五二一・五二四・五二七・五二九・五三二・五三四・五三八・五四〇・五四二・五四三・五四五・五四七
神戸調銭 ②七七
調銭 ㉑二七八・二七九
錮銭 ㉑二七九
出擧銭 ③三九一・三九五・四〇五
輕税銭 ①三九八・四〇五・四〇八・四一一・四二〇
要劇(劇)銭 ⑤二一〇・二三〇 ⑮一五六・一八九・一九六・四五九
考銭 ⑮二二一

輸考錢　⑮二三二
考料出錢　⑪四二〇
考錢帳　⑮二三二
錢用杜　⑯八八
錢用帳　⑤三一五・四一三　⑥二〇六　⑭三〇二　⑯一七・九一・一八三・一八四・三五五・三五六・四七八・四八六・五二五・五二六　⑰二三七　⑲一一〇
錢納帳　⑥四二　⑯三五三・四九二　⑲一一二
間錢下帳　⑭二〇一
功銭帳　④三五三
鋳銭寮使部　①三六五
鋳銭寮史生　①三六五
鋳(鑄)銭司　②一五〇(長門國)　⑮四六七
月借銭(錢)　⑥二七二・二七四・二八五・三一二・三一五・三九〇・四二三〜四二七・四七四・四七五・四八五・五〇九・五一〇・五一二〜五一八・五二〇・五三六・五三七・五四〇〜五四二・五六七・五七二・五八四・五八五　⑮四四一　⑲二九六〜三〇一・三〇三〜三一八　⑳三二三　㉑二六八　㉒一・五一・五三・三七七・三七八・三八一・四一五・四一七・四二八・五八五〜五八八　㉓二一・三一・五一・一八〇・五一六・五六八　㉕三五八・三六一
借銭(錢)　④二六一・二七三　⑤三五・三一三・三三一　⑥五一一・五一九　⑮一三八・二九〇　⑲三七・三一〇　㉒四一七・四一八
借用銭　④五〇八　⑪四一九・四二〇　⑭四八　⑯一一八　㉑一二三　㉔二七四
借新銭　⑲一一四
借用代銭　④四八五
借儲銭　③四〇六
借來銭　㉕三〇二
借納銭　⑲一一六・一一八・一一九
借請銭　⑭五〇
利銭　①六四一
借用銭杜　⑯二四
銭借用錄帳　⑪四二〇

(布施銭・施銭、「一六　布施・祿」㈠布施項参照)

## (二) 質物


質物 ⑥二七二・二七四・三九〇・五一一・五八四～五八六 ⑲二九七・三〇一・三〇五・三一三
質物布 ⑥二七二・五一一・五一八 ⑲二九九・三〇二・三〇四・三〇五・三〇七・三〇八 ㉒三七七・三七八
質布 ⑥二七四・四二三・四二五・五一二・五一三・五三六・五四一・五六八 ⑲二九八・三〇三 ㉓五六八
質物調布 ⑥二八五
質物布施料調布 ⑥四二四
質調布 ⑥五一五 ⑲三〇九
質物白絁 ⑳三〇九
質物夏衣服 ⑥四七五
質家 ⑥四二六・五一五 ㉒三八一
質物家 ⑥二七四・四二七・五一〇・五六七・五八五 ⑲二九七・三一五 ㉒四一七
質物板屋 ⑥三九〇 ⑲三〇〇・三一二・三一六
質(田) ③四〇五
質物口分田 ㉒四一八
質口分田 ③三九五
質大刀身 ⑲三一三
質物婢 ⑲三一三
妻子等質物 ⑲二九七


## (三) 本・利


夲(本)・利 ③四六八・四六九 ④三五九 ⑤四六七 ⑥二七二～二七四・二八五・二八六・三一二～三一四・三三一・三九〇・三九一・四二三～四二七・四六八・四六九・四七五・四七六・四八六・五〇九～五二二・五三六・五三七・五四〇～五四二・五六七・五六八・五七二・五八四・五八五 ⑲二九七～三一八 ⑳三一三・三一八 ㉑四一八・四一九 ㉒一・三九・五二・五三・三七七・三七八・四一七・四二八・五八五～五八八 ㉓二～四・五一・一七九・一八〇・五一六・五六八 ㉕三五三・三五八～三六一

# 一六　布施・祿

## (一) 布施

布施(料) ①六〇八・六一七 ②一・三・五八・三六二・四八二・四九九・五〇九・五一二・五一五・五一八・五二二・五二四・五三三・五三五・五三九・五四三・五四六・五四七・五五一・五六〇・五六一・五六五・五六九・五八〇・六一六・六八〇・六八五・七二八 ③六五・七〇・七三・九一・一二三・一二三・一二七・一二八・一三〇・一三三・一三七・一四二・一八二・一九二・二〇二・二〇七・二〇八・二一三・二六三・二六四・二七一・二七四・二八〇・三一二・三三六・三四三・四一九・四二二・四二五・四七一・四七八・四八〇・五一五・五二一・六三二・六三四・六三八・六四〇 ④二三六・二九二・三一六・四九三 ⑤三八・三一六・三九二・三九七・三九八・四〇五・四九八・五〇三 ⑥三八・四一・四三・四四・五六・七九・八九・九〇・一三〇・一三八・二八六・二九五・三一八・三七〇・四九七・五二四・五三五・五四一・五五六・五五八・五六六・五七〇 ⑦二三七・二六六・五一二 ⑧六三・六六・一九三・二一三・三七六・五一五 ⑨四八・一三四・一三七・一七〇・一七六・一九四・二四四・二四六・二四九・二五〇・二九九・三二二・三五八・三六一・三六二・四一三・四一六・四一七・四八六・五一一・五九四・六〇九・六三一 ⑩一八〇・二三一・三〇六・三〇七・四五六・四八六・五八八・五九二・五九七・六〇二・六〇四・六〇九・六一〇・六一二 ⑪三・一五九・一六〇・二四一・二五〇・二八四・二八八・二九五・三三七・三三八・三四四・三六一・三六三・三七六・三七九・四三八・四三九・四四七・四四八・四六六・四六九・四七一・四七二・四七七・五五七・五六九 ⑫二二・二九・三一・三三・三五・三六・三八・一八二・一九五・二七三・三四四・三四八 ⑬四三・四四・五二・七二・一一四 ⑭三・五・二五・五一・六三・一八四・一九七・一九八・二〇三・二〇四・二二四・二二五・二三七・二三八・二四〇・二四二・三四四・三七一・三七六・三八五・三八八 ⑮二一・一四・四〇・六五・六九・九三・九四・九六・九七・一〇五・一四六・二四三・三四九・三七五・四四四・四五八 ⑯八九・九

給布　②一五九・一六七　③一〇三　⑦三九・四三・一〇〇・一二〇・一二三・一三〇・一四六・一五八〜一六一・一六四・一六五・一六七・一八五・五九九　⑨一七一・三三二　⑫一八九　⑬七一
給絁　⑦一四二・一四五・一四六・一五七・一五八　⑨三五九・三六二・四一三・四一七
布施銭(銭)　②一・三六二・五一五・五四〇・五四七・六七〇　③一二八・三一四・四一九・四二三　⑧六一・一〇八・一五〇・五一五・五八一　⑨一七六・一九二・二四二・二四六・二五〇・二九五・三二一　⑩二六〇・三一五・四五四・六三一・六三五・六三六　⑪七一・三七四・三七六・三七七・三八〇・四四〇・五五八・五六八・五七〇　⑫三八・一九三・二五五　⑭六三　⑮九七　㉔二〇三・二〇四・二八三・三七六
布施料銭　⑭二二四
施銭　⑦二六八　⑪五六九・五七二〜五八〇・五八二〜五八六　⑮二四三　㉔四六六
布施法　③四八七・四八八　⑪五六九　㉕八(布施法ヵ)
定布施法　⑪五五七
僧尼施法　④二八四
布施物注料　⑥二六
布施作料　⑥三八
布施文作料　⑥四一
布施文　⑧五八二　⑪二三八・四二六　⑳四五一・四五四
定六宗布施法　③五四八
華嚴宗布施法文案　⑪五五七
布施帳　⑫一八七
布施充帳　⑧三五二
布施文帳　⑨二六六
書誤料　②三五三

## (二)　禄

禄　⑤二三三　⑮二〇八(祿)
禄布　⑤二三三　⑮二〇九(祿)
禄絁　⑤一四五
禄物　③三五八　⑤一四六
禄法　④二八三
女禄法　④二八四

# 一七 土地

## (一) 田

田 ①六三五～六四〇 ②四三・四九・五四・一三六・二五八・二五九・二六一～二七一・三三五・三三六・六一六・六五七 ③四六・一三四・一三五・三二八・四〇五・五〇〇・五〇一 ④二四六・二五二・二五五・三六五・三七六～三八一・三八三～三九〇・五一八 ⑤二八六・四六〇・五二六・五三一・五三二・五四三・五四六・五四七・五五〇・五五一・五五六～五六〇・五六三～五六六・五七〇～五七七・五八五～五八七・五九一・五九二・六〇三・六一三・六二六・六二八・六三九～六四三・六四六・六四八・六四九・六五一～六五四・六八二 ⑥五七七・五九七・五九八 ⑦一・四五～四九 ㉑二七三～二七五・二八一・二八二 ㉓四二八 ㉕二〇〇・二七〇

水田 ②一一六・六一五・六五三 ③四二・二四二・二四四～二四六 ④二六二 ⑤五三一・六三九 ⑫三九三・三九四 ㉔五四八 ㉕二一八

陸田 ③四五 ④二〇六 ⑥五九〇～五九二・五九五 ⑦一

水陸田 ③四七

田地 ④五二・一一一 ⑤四七七・五三四

口分(尒)田 ①四一七 ③三九五 ④三八三・三八五・五二〇 ⑤五四九・五五〇・五五三・五五六～五五八・五六三・五六四・五七一・五七四～五七七・五八五・五九一・五九二・六〇三・六一三・六三九・六四二・六五四 ⑥二七四 ⑲二九七 ㉑二七四・二七五 ㉒四一八 ㉕二〇〇

口分(尒) ②二五九・二六三・二六九(舊) ⑤五五〇・五五四・五五五・五六四～五六八・五七〇・五七一・五七四・五七六・五七八・五八〇・五八三・五八四・五八六～六一三・六二六・六四三・六五四

正丁口尒 ⑤五七一・五七三・五八五・五八八・五九二・五九五～五九七・六〇〇～六〇二・六〇五～六〇九

口尒代 ⑤五七二・五七四

受(受)田 ①九九・一〇〇・一〇五・一〇六・一〇九・一一三・一一五・一一八・一二一・一二三・一二五・一二六・一二八・一三四・一三七・一三九・一四二・一四三・一四六・一四九・一五八・一六〇・一六三・一六五・一六八・一七〇・一七一・一七三・一七六・一七七・一七九・一八七・一九〇・一九一・一九九・二〇

○・二○二・二○四・二○七・二○
八・二一一・二一四・二一七　②二五
九　㉕二一九
郡司職田　②二五九
少領職田　⑯五七
位田　㉑二七三・二七四
官位田　⑥五九八
沒官田　⑤五五四・五五六・五五九・五六
四・五六六
沒官墾田　⑤六三九
公田　②六五四　④三八二・三八五　⑤五
七四・六三一・六三四・六三九〜六四
一・六四四・六五一・六五三・六五
五・六五七
乗(乘)田　②二五八・二五九・三三六　⑤
五五五〜五五七・五五九・五六四・五
六五・五七○〜五七六・五八七・六○
九　㉕二○○・二○三
屯田　①四○三・四○五・四一一
管田　②二五八・二六三・二六九
公廨田　②六二・二五九
勅旨御田　⑤五五三
中衛府作御田　①四一一
和泉宮御田　②七八
牧田　④五○七　⑮一二四
射田　①六○一　②二五九
驛起田　②二五九
營田　④二五七
入田　②二五九
副田　③三三二
沽田　④二四六
賣田　④五二・七九・八○・一一一・一二
九・三六八
質口分田　③三九五
質物口分田　㉒四一八
質門田　③三九一
免田　③三五七
輸田　①四三一・四三三・四三六
見輸祖(租)田　①六三五〜六三九
不輸(輸)祖田　①六三五〜六四○　⑤五三
二
熟田　②六五五(百姓)　④二五一・二五二
好田　④三六五
上田　⑤二八六
吉田　④二五二
悪田　④三六五
堪田　②二五八
不堪佃　②二五八
損田　②一四(伯姓)　⑤五四八〜五五○
損百姓口分田　⑤五四九・五五○
損百姓田　⑤五四八・五四九
損公田　⑤六四四・六五五
荒廢田　②三三五　⑤五四七
漑水之田　③三二八
開田　②六五二　④四九・五三・一一一・
一一四・二○六・二一九〜二二一・二
四六・二四七・三五○・三七五・三七
六・三七九・三八一・三八六・三八
八・三九二・五一八　⑤五四五・六六
二・六八五
開(田)　②六五二〜六五四　④二○六
未開田　②六五二〜六五五　⑤六六六
見開　④五二・五七・一一一・二一九・三
四二　⑤四七六・六四二・六五三・六
六二〜六六五・六八六〜六九一
未開　④五二・五七・一一一・二○六・二
一九・三四二・三七五・三七六・三七
九・三八二・三八六・五一八　⑤四七
六・六四二・六五三・六六二〜六六
五・六八六〜六九一
墾田(地)　②二五八・六二六・六五一・六
五三・六五五　③四五・一三三〜一三

五・二四〇・二四七・三三四・五〇〇・五一三 ④五八・二〇六・二五七・三七五・三八二・三八五・三九三・五一八 ⑤五二六・五五一・五五二・五五四〜五五九・五六四・五六六・五七一〜五七七・五八五〜五八七・五九一・六一三〜六一五・六三九・六四〇・六四二・六四三・六四六〜六五四・六五六・六六二・六八五・六九一 ⑦四五・四六・四八・四九 ⑯三四一 ㉓四二七 ㉔五二六・六〇四 ㉕二〇〇・二〇三・二一八

墾(田) ⑤五五五・五五九・五六〇〜五六二・五六六〜五七〇・五七五・五七七・五七九〜五八三・五八五・五八六・五八八・六五〇

開墾田 ㉕七六

墾開成田 ⑤五六三

墾陸田 ③四五

墾地 ②六二六

造田 ⑦四七

新田 ④四一六

舊田 ㉑二七五

代田 ㉑二七五

伯(百)姓田 ②六一七・六五二 ⑤五四八・五四九・五五四・五五五・五八四

伯(百)姓口分(尒)田 ①四一七 ④三八三・三八五 ⑤五四九・五五〇・五五六〜五五八・五六三・五六四・五七一・五七四〜五七七・五九一・五九二・六〇三・六三九・六四二・六五四 ㉑二七四・二七五

伯(百)姓(之)口分(尒)(田) ④二五一(口々分)・三七六・三七九・三八五・三八八 ⑤五四八・五四九・五六五・五六六・五七〇・五七三・五七四・五八七・六四四・六五四・六五五 ㉑二七三・二七四

百姓熟(孰)田 ②六五五・六五六

百姓(之)墾田 ②六五三・六五五 ④三八二 ⑤五五二・五五五〜五五九・五六四・五六六・五七一〜五七三・五七五〜五七七・五八六・五八七・五九一・六一三・六四〇 ⑤六四三・六五四

百姓墾(田) ⑤五六五・五七五

御田 ②三三六 ④五〇七 ⑤五五三 ⑮一二四

家田 ②三三六

庄家田 ③四二

右大臣家田 ⑤五四八

人夫等田 ⑦四七・四八

寺田 ③三三四 ④三七五 ⑤五四三・五五二・五五五〜五六三・五七二〜六一四・六三五・六三九・六四一〜六四四・六五四

寺家田 ④二五二・二五七 ⑤五四五・五七四・六一三・六五七

寺家墾開成田 ⑤五六三

寺領田 ③三二八

酔田 ②三三五・三三六

福田 ③三五八

田園 ④一一八

寺家雑色供尒之田 ⑤六一五・六四一・六四四

国分寺田 ⑤五六〇〜五六二

国分金光明寺田 ⑤五五六・五五八〜五六〇

東大寺田(地) ⑤五四五(使)・五四九・五六三・五七四・六二六・六二八・六三九・六四三・六五四

東大寺未開田地 ⑤六六六

東大寺墾田 ⑤六六二・六八五 ㉕二一八

四天王寺田 ㉑二七三・二七四
紀寺田 ③三三四
川原寺田 ②三三五・三三六 ⑤四六〇
薬師寺田圃 ②三三六
不空羂索井御田 ⑤六三四
不空羂索菩薩御料田 ⑤六三二
通尒田 ⑤六二九
律供尒田 ⑤六三四・六三五
千燈料田 ㉓四二八
花供養料田 ㉓四二八
放生田 ②二五九
功徳尒田 ⑥五九九
生江臣東人進功徳尒墾田 ⑤五五五
生江臣東人听進墾田 ⑤六一四
神田 ①三九九・四〇〇・四一一 ③三三四
久志麻知神田 ①四〇二
大神々田 ①三九七
太詞神田 ①四一一
社田 ㉕二一七
畫工田 ⑥五九七・五九八
樋蒔田 ⑦四七

## (二) 薗地・畑

薗地 ②六一六・六五七 ㉔三二四(營薗)
西薗(薗・園) ⑤三八一(領) ⑥九五・一五一・一五二・一八九〜一九一・二四一・三二六・三七六・三九三・四〇〇・四六一 ⑱一一・二七・一〇四・一〇五 ⑳三三 ㉑五二〇
薬薗 ④一八八(司)
紫草園(園) ②四三・四九・五四
藍薗(薗) ③四〇六・四〇七・四〇九〜四一二 ⑪三三三 ㉕八
䂼原薗 ⑯九三・一二三
𥓳原薗 ⑤三一七(領)
御井薗 ⑥五八七
寺薗 ④一一七
大安寺園 ④一一八
恵美薗 ④三七二
綺園 ⑮三一三(領)
畠 ③四六 ④三五〇 ⑤五三一 ⑥五七七・五九一〜五九三 ⑦四七〜四九 ㉑二八二 ㉓四二七
田畠 ③四六 ㉑二八二
御畠 ⑮二一四
畠田 ⑦四七・四八
壟 ⑦四五 ㉕二二四
洫 ㉕二二五
野地 ③五一三 ④四九・五二・五七・一一一・二一九・三八二・三九二 ⑤六九一
野(地) ④三七六〜三八六・三八八〜三九〇 ⑤五四三
伯姓野地 ④三八二
桑野 ④二四六
山地 ⑤五三一
山林岳嶋 ②六一七
常地 ⑥五七七・五九二 ⑮一二八
溝(溝) ④二五一・二五二・三六五(大)・三八五 ⑤五三六 五四七〜五五一・六四一・六五五 ⑥五〇七
宇弖美溝 ④二五一
溝地 ⑤六四四
溝壖 ⑤六一五・六四一・六四二・六四四・六四五・六五三
溝渠 ③三五一・三五二

樋　④五七・一一四・二二一・二五一・三
五九
度樋　④二五〇・二五一　⑤五五〇
堤防　①六一七　③三五一・三五二　④二
一〇
御井　②六五三
井　②五七一・五七二　③三四八〜三五〇
④二二〇・二二二・二二三　⑦四八

## (三)　地

地　③一一二・一三三　④一一四・一一
八・三四二・三五〇・三七五・三七
六・三七九・三八二・三八五・三九
一・五二〇　⑤四七七・五一一・六四
二・七〇一・七〇三　⑥一・一二〇・
五一五・五九九　⑮一二八　⑲二九七
㉔五二五　㉕二〇〇
陸地　②六一六
寺院地　②六一二・六四八
寺地　⑤五四四・六四二・六五三　⑥一
堂地築平　⑯二八四
院内地　③三二八
院地　④五一七
庄地　④一〇九(狂)　⑤七〇一
宅地　㉕七〇
家地　③一一二　④四九　⑤四七七　⑥三
八九・三九七・五九九　⑮一二八　㉓
六一六　㉔五二六
(壹區地)　③一三三　④四五一・五二〇
⑥一・一一九・二七四・四二六・四二
七・五一〇・五一五・五六七・五八五
⑲二九七　㉒四一七
(二分之一、四分之三)　⑥一
(十六分之半)　⑥二七四　⑲二九七
(十六分之四一)　⑥四二六
(十六分之一、四分之一)　⑥四二七
(十六分之一)　⑥五六七
(卅二分之一)　⑥五一〇
功徳尓家地　⑥五九九

## (四) 圖籍など

田藉（籍） ⑤五二六・五五二・六一八
（籍）・六二六・六四一（籍）・六四三・
六五四
畠籍（籍） ⑤六一五・六四一・六四四・六
四五
畠田藉 ⑤五六三
田畠藉 ⑤五二六
畠田藉帳 ⑤六一四
田圖 ④二五三 ⑤五八五（畠）
文啚 ㉕二〇三
圖堺 ④一一七
田畠券文 ⑤六八二
水田帳 ⑤六三九
畠券 ⑤六四一・六四四
二歳畠 ⑤六四〇・六五三
畠 ⑤五四四・六四一・六九一
天平元年畠 ⑤六三五
天平元年十一年合二歳畠 ⑤六四〇・六五
三
天平（廾年）勝寳六年校畠 ⑤六三五
班田司 ④八一

正倉院のこの関係としては、中倉14東大寺献納図書拾点中、東大寺山堺四至図壹張（㊥I 61～63 204 205）、東大寺開田地図拾張（㊥I 64～69 206～211）があげられる。

# 一八　動物・植物

## (一)　動物


鳥　⑤三八七
孔雀鳥　②三九九
鴨　⑤三八八
鶏帳　①五九八
　鶏養仕丁　②四二九　⑧五四三・五四四
御鷹　②一三三
　鷹養人　②一四八
　鵜甘　⑤二五二
犬　②一四八
御犬　②一三三
犬馬　⑤三三二
(馬・牛、「一一　車馬・船桴・輿など」(二)馬・牛・蒭秣項参照)
(鳥名は、鳥毛を用いた例、「四　武器・武具」(五)箭・楯項参照)
(食用動物、「二一　食料・食用具」(五)動物性食料項参照)


## (二)　植物


雑生木　⑥一二一
栗　⑥一二一
梨　⑥一二一
桃　⑥一二一
梅　⑥一二一
槐　⑥一二一
柿　⑥一二一
加治木　⑥一二一
薬　⑥一二一
橡　⑥一二一
枇　⑥一二一
楊　⑥一二一
榪莎　⑥一二一
藤(取人)　⑤六五
小松　⑪三五一
林　③三二八　㉕二〇〇

栗林　②六一七
竹葉・竹原　④三一
草　②五七一・五七三　③三四七・三四八・三五〇～三五二　④二一一～二一七　⑯二八六・三〇五
種　②五七一・五七二　③三四八・三四九　④二一一・二一三・二一六・三六〇　㉓四二九
苗子　④二五七
苗實　⑤六四二・六五三
如椹實　②六四一・六四六
如桃子核　⑯一〇
（食用植物、種稲、「二　食料・食用具」㈠穀類項、㈡蔬菜類項、㈢海藻類項、㈣果物類項参照）
（染料の草、葉名、「一三　工芸材料・技法」㈦染織・三纈・刺繍・染料項参照）
（樹種植物名は、このほか、「三　建築」㈣建築部材項、「一三　工芸材料」㈢木・竹・葛工項参照）

## 一九　その他


官物　⑯二七七
賻物　⑮二三〇
新羅物　㉕五〇
私蘆物　④四三一
念物　㉕四七・四八・五一・五二
悔捨物料　㉕二二一
芒削黒丸(如桃子核)　⑯一〇
貝玦　④二二八　㉕三七・四一
貝鈌　㉕八一
銀為敏　②六四四
玉忩曲　②六四六
額　②六四七
玉杵　③五七〇
(全)金玉　②六四五・六四六・㉕八一・一三七
銀玉　②六四五
金釙　②六三〇
銀釙　②六三〇
金蔵　①五五五

小寶　⑯五七〇
金糖　㉔一三五
奠鉛　⑥五一
盧　⑤八二
敷鑽　⑤一〇六
篝　②六四二
繼貝　㉕一四四
堝　④四三四・四三八
懐温石　⑫二五六
瑩板　⑤六六六
鎭料　⑯二二六
燃料　⑯二二六
火取　①五七九
火鉗　①五七九
火棹　⑤一二八
黒(細吉)　⑯四八二
大床蚫舌　⑯五七六
上吹玉宇湏　⑯五八一
粳(自京中求運)　⑤一二五・一八九・一九九

腴(自京中運)　⑤三八一
「周礼曰、正月望雲氣、青為蟲、白為喪、赤為兵、黒為水、黄為豊」　㉓六一三

幣帛　②一一六(幣)　④五三二(弊)　⑤七
七(薢)　⑮三四五(薢)　⑯三二四(弊)
神弊帛五色　①六四一
神弊帛(薄服)　㉕二一二
祭幣帛(使)　②九一
五色弊帛　④五二七(弊)　⑯二四一(薢)・
三〇〇
大神宮幣帛(使所)　㉔五四八(依写真版)
薢亘　⑤四〇(亘)　⑮二六一
信弊(之)物　④一二四・三九五
供祀幣(稲)　②三七
繍儀仗旗　⑭二〇八・二〇九
(繍)儀仗　⑭二一一
院中鎮祭(陰陽師)　④四七三　㉕三三一
鎮祭料粥盆　⑮四四七
壇殿壊所祭料　⑮四四七
神鏡　④五二七

神祭料　④五三二
神并祭雑用料　④五三三
神祭祀滔食料　②一九九
鎮祀地(陰陽師)　⑮四四四
神鎮祭料　⑯二四一
拝祭料　⑤二六一
祭墳用　⑯四八二
私神祀　⑰五七三
私祭礼　⑰六〇六
祠祀　⑰五七三(祠祀　⑥一六九)
私氏神奉　⑥四〇七
私神祭祀　⑥一七一
私神祀奉　⑥一七〇
山神祭料　⑤七七
神社春祭礼　⑤五五二
八幡神宮　⑦四九四
八幡太神　㉔三一六
加茂神税　①六〇二

鴨大神又氏神祭奉　⑥一七一
神祭　①三九九・四一二
祭神　①三九七・四〇〇〜四〇四・四〇
七・四〇九・四一〇・四一二・四一三
以神命令奉　②一四一
墓(鬼霊)　④四一二
御葬(時)　⑮一六二
大御多末(魂)　⑬四〇
齋食　④四八七・四九四　⑥一二八　⑮九
〇・九一　⑰五七一・五九五・六〇
三・六〇四
齊食　④四四五
濟食　⑥一一七
私齋食　④四五八　⑥一一八　⑰六〇三
一七日齋食　④四〇八
七日齋食　⑥一一六　⑰六〇四
(御)齋會　④一八九(堂)・五〇三(司)　⑤

五七三(斉)　⑦二五(転読)　⑬一五七
(板屋)　⑮一〇〇　⑯五八八
七七御斉会(所)　⑤二四三
斉会帳　①五九八
高麗客人礼仏会日　⑯三二四
安居僧等坐　㉔五
安居国忌　③三五八
百索縷　④一二九　㉕三七(鏤)・四一・八
一(白)
人勝　㉕三一・三五・四八・一一三
開眼墨筆　㉕一三七

# あとがき

本書の刊行については、昭和四十四年に『奈良朝食生活の研究』を出版直後、それを担当して頂いた山田亨氏から、石田茂作先生が引続いてと、当時の吉川圭三社長に話を進めておられるようだと聞かされた。しかし私としては、今少し時間をかけて整理したいからと取りさげてもらった経緯がある。その後、身辺輻輳のままであったが、平成六年、改めて編集部からの打診が始まり、やっと思いたった。

序文にも記したが、『大日本古文書』が使用している異体字をなるべくとりあげたいという、大変困難な私の申し出を受け入れてもらい、しかもこの種の本の性格上、組み上ってくると不備が目立ち、分類を変更したり、また項目を前後左右に移動することはなはだ多く、それでもって仕上げた感があり、編集部、印刷所組版の方々に多大の迷惑をかけたことに、まずもっておわびしたい。

私事で恐縮であるが、父龍雄は若き日、宮内省帝室博物館（現、東京国立博物館）の鑑査官補であり、蔵田蔵、小林剛、山辺知行、岡田譲、尾崎元春の諸先生が同時代で、帝室博物館で紀元二千六百年記念として、初めての正倉院展が開かれた頃でもある。父の縁で後年、私も諸先生の知遇を得た。父は石田先生に随行して朝鮮軍守里廃寺発掘調査にも加わったときく。公務の傍ら奈良朝の人名を整理し、ほぼ完成していたが、先生が先記拙著序文に書かれたように、先の敗戦後の困難時に遭い、上梓することなく筆を折った。本書がその償いの幾分かになれば幸いである。父最晩年のある日、二人で昔話をするひと時、本書の上梓を話したらとても喜んでくれた。もって冥福を祈りたい。あわせていつも暖かく見守ってもらった岳父及川真学師の冥福も祈り、感謝の意を表したい。

なお石田先生には、昭和五十年八月のある日、池袋のご自宅によばれて参上した折り、「遺言」と端書のある紙撚で綴じた原稿箋数枚を渡された。力あらば完成したいと思っている。

平成十三年　新　春

編　者

著者略歴

昭和八年　東京に生れる
昭和三十五年より二ヵ年　聖徳太子奉讃会研究生
昭和三十七年　立正大学大学院修士課程修了
　元　正倉院宝物調査員
現　在　宗教法人　広島　妙法寺代表役員
　　　　学校法人　妙法寺学園副理事長

〔著書・論文〕

『奈良朝食生活の研究』（昭和四十四年、吉川弘文館）
『奈良朝服飾の研究』（同四十九年、吉川弘文館）
『万葉流転』（同五十七年、教育社）
『正倉院』（名宝日本の美術、同五十七年、小学館）
『天平美術への招待』（平成元年、吉川弘文館）
『正倉院への道』（同三年、吉川弘文館）
「『国家珍宝帳』と光明皇后」（日本美術全集3『正倉院と上代絵画』、同四年、講談社）
「国家珍宝帳願文と最澄願文との係わりをめぐって」（『高嶌正人先生古稀祝賀論文集』、同六年）


正倉院文書事項索引

二〇〇一年（平成十三）三月十日　第一刷発行

編　者　関《せき》根《ね》真《しん》隆《りゅう》

発行者　林　英　男

発行所　株式会社　吉川弘文館
郵便番号一一三―〇〇三三
東京都文京区本郷七丁目二番八号
電話〇三―三八一三―九一五一〈代〉
振替口座〇〇一〇〇―五―二四四番

印刷＝理想社　製本＝誠製本

正倉院文書事項索引（オンデマンド版）

2017年10月1日　発行

編　者　関《せき》根《ね》真隆《しんりゅう》

発行者　吉川道郎

発行所　株式会社 吉川弘文館
〒113-0033　東京都文京区本郷7丁目2番8号
TEL　03(3813)9151(代表)
URL　http://www.yoshikawa-k.co.jp/

印刷・製本　株式会社 デジタルパブリッシングサービス
URL　http://www.d-pub.co.jp/

関根真隆（1933～）
ISBN978-4-642-72364-0